SEIRIN PRACTICE

プラクティス
金銭消費貸借訴訟

梶村太市
西村博一　[編]
井手良彦

青林書院

はしがき

　本書『プラクティス　金銭消費貸借訴訟』は，「青林プラクティス・シリーズ」の一環です。同シリーズは，訴訟代理人や当事者等が裁判を実践していく上で不可欠の法律知識やノウハウについて，訴訟事件数の多い事件類型ごとに実務的観点から解説するものです。

　金銭消費貸借訴訟は，訴訟事件の中でも，その難易度といい問題点の多さといい，ある意味ではアルファでありオメガであるともいわれます。法科大学院や司法研修所では，最も基本的な事件類型の一つとして貸金返還請求訴訟を取り上げ，訴訟物論や要件事実論等について初歩的問題点から難易度の高い論点にわたって議論し尽くします。貸金返還請求訴訟は，準消費貸借を含めた訴訟物論や要件事実論をはじめ，利息・遅延損害金や利息制限法の問題，弁済や消滅時効に絡む諸問題，あるいは保証人と保証契約に絡む諸問題など，検討すべき課題は多数に上ります。

　本書は，複数の章立てとし，その章ごとに「概説」欄を設け，その下に「Q＆A」を配置します。解説の基本的方針として判例理論や裁判所の実際の見解や運用を中心に置いています。重要な学説は取り上げますが，学説はあくまで参考程度に留め，あくまで貸金返還請求訴訟の運用実務上参考になるかどうかの視点から分析することにします。

　本書の構成は，第1編において金銭消費貸借における重要事項を説明し，その上で第2編及び第3編において掘り下げた論述を展開します。すなわち，第2編では，貸金返還請求訴訟について概説において総論部分を取り上げ，Q＆Aにおいて紛争事例の設例について個別的に掘り下げた分析をします。第3編においては，関連訴訟として，保証債務履行請求訴訟・過払金返還請求訴訟・求償金請求訴訟等を取り上げます。これによって，貸金返還請求訴訟の実務的問題点は網羅的に検討できたと自負します。

　本書の執筆陣は，簡易裁判所において実際に貸金返還請求訴訟を担当している裁判官が中心であり，貸金返還請求訴訟の実際の現場の雰囲気が具体的に伝わってきます。本書が貸金返還請求訴訟を担当される裁判官や裁判所書記官あるいは司法委員・調停委員を含め，訴訟担当者の弁護士や司法書士あるいは各

種法律相談等の相談担当者その他市民一般の方々にも広く活用されることを期待します。

　最後になりましたが，ご多忙中にもかかわらず執筆を担当された方々には大変お世話になり，深甚の謝意を表します。またいつものことながら編集の労を惜しまなかった青林書院編集部の宮根茂樹氏にも感謝します。

　　平成27年7月

編集者
梶　村　太　市
西　村　博　一
井　手　良　彦

凡　例

I　叙述方法
(1)　叙述にあたっては，常用漢字，現代仮名遣いによることを原則としたが，引用文などは原文どおりとした。
(2)　見出し記号は，原文引用の場合を除き，原則として，〔1〕〔2〕〔3〕…，(1)(2)(3)…，(a)(b)(c)…，(イ)(ロ)(ハ)…，(ⅰ)(ⅱ)(ⅲ)…の順とした。なお，本文中の列記事項については，①②③…などを用いた。

II　法令の引用表記
(1)　各法令の条文番号は，横組みとしたため，原則として算用数字を用いた。
(2)　カッコ内における主要な法令名は，原則として，後掲の「法令名略語例」により，それ以外のものはフルネームで表した。
(3)　カッコ内において複数の法令条項を引用する際，同一法令の条文番号は「・」で，異なる法令の条文番号は「，」で併記した。それぞれ条・項・号を付し，原則として「第」の文字は省いた。

III　判例・裁判例の引用表記
(1)　主要な判例集や雑誌等の名称を含む判例・裁判例の表記には，原則として，後掲の「判例集・雑誌等略語例」による略語を用いた。
(2)　判例・裁判例は，上記略語を用いて，原則として，次のように表記した。

〔例〕　大審院昭和13年4月20日判決，大審院民事判例集17巻8号726頁
　　　　→　大判昭13・4・20民集17巻8号726頁

最高裁判所第一小法廷平成25年1月17日決定，判例タイムズ1386号182頁
→　最〔1小〕決平25・1・17判タ1386号182頁

東京高等裁判所昭和30年9月29日判決，高等裁判所民事判例集8巻7号519頁
→　東京高判昭30・9・29高民集8巻7号519頁

IV 各種略語例

以下のとおりである。

【法令名略語例】

会	会社法
会更	会社更生法
刑	刑法
質営法	質屋営業法
出資	出資の受入れ，預り金及び金利等の取締りに関する法律
小切手	小切手法
商	商法
地自	地方自治法
手形	手形法
破	破産法
民	民法
民再	民事再生法
民執	民事執行法
民訴	民事訴訟法
民訴規	民事訴訟規則
利息	利息制限法

【判例集・雑誌等略語例】

大	大審院
〔連〕	連合部
最	最高裁判所
〔大〕	大法廷
〔1小〕	第1小法廷
高	高等裁判所
地	地方裁判所
支	支部
判	判決
決	決定
民録	大審院民事判決録
民集	最高裁判所（または大審院）民事判例集
裁判集民事	最高裁判所裁判集民事
高民集	高等裁判所民事判例集
東高民時報	東京高等裁判所民事判決時報
下民集	下級裁判所民事裁判例集
裁時	裁判所時報
金判	金融・商事判例
金法	金融法務事情
最判解説	最高裁判所判例解説
ジュリ	ジュリスト
新聞	法律新聞
判時	判例時報
判タ	判例タイムズ
法セ	法学セミナー
民商	民商法雑誌

編集者・執筆者一覧

編　集　者

梶村　太市（常葉大学法学部教授・弁護士）
西村　博一（宇治簡易裁判所判事）
井手　良彦（東京簡易裁判所判事）

執　筆　者（執筆順）

梶村　太市（上　掲）
増田　輝夫（明石簡易裁判所判事）
中林　清則（富山簡易裁判所判事）
桐　　忠裕（札幌簡易裁判所判事）
野藤　直文（四国中央簡易裁判所判事）
餅井　亨一（札幌地方裁判所刑事訟廷事件係長）
丸尾　敏也（福岡簡易裁判所判事）
堀田　　隆（立川簡易裁判所判事）
脇山　靖幸（旭川簡易裁判所判事）
笹本　　昇（東京簡易裁判所判事）
舘　　敏郎（札幌簡易裁判所判事）
宇都宮庫敏（大阪簡易裁判所判事）
神谷　義彦（佐伯簡易裁判所判事）
辰巳　　晃（大阪簡易裁判所判事）
有田　麻理（旭川地方裁判所書記官）
千矢　邦夫（高松簡易裁判所判事）
中内　　篤（大阪簡易裁判所判事）
井手　良彦（上　掲）
西村　博一（上　掲）
西村　　彬（弁護士・弁理士）

〔平成27年7月現在〕

目　次

はしがき
凡　例
編集者・執筆者一覧

第1編　金銭消費貸借の基礎知識

第1章　金銭消費貸借の成立 …………………………………………… 3
Q 1 │ 金銭消費貸借の意義・成立要件 ……………………[梶村　太市]…… 3
　　　金銭消費貸借の意義及び成立要件について説明しなさい。
Q 2 │ 金銭消費貸借の要物性 ……………………………[増田　輝夫]…… 14
　　　金銭消費貸借の要物性（現金交付の変型，有価証券に関するもの）について説明しなさい。
Q 3 │ 借増し・借換え ……………………………………[中林　清則]…… 22
　　　借増し・借換えについて説明しなさい。

第2章　利息・遅延損害金
Q 4 │ 利息債権 ……………………………………………[桐　　忠裕]…… 30
　　　利息債権について説明しなさい。
Q 5 │ 利息・遅延損害金に対する法的規制 ……………[野藤　直文]…… 35
　　　利息や遅延損害金に対する法的規制について説明しなさい。
Q 6 │ 利息計算の公式・計算方法 ………………………[餅井　亨一]…… 41
　　　利息計算の公式（年利・日歩・天引きなど）及び計算方法について，事例を設定した上で説明しなさい。
Q 7 │ 利息制限法に関する最高裁判所判例 ……………[丸尾　敏也]…… 44
　　　利息制限法の適用上，確立した最高裁判例について説明しなさい。
Q 8 │ 貸付初日・弁済日の利息処理，閏年の日数処理，金銭の端数処理
　　　　　　　　　　　　　　　　　　　　　　　　……[餅井　亨一]…… 56
　　　貸付初日・弁済日の利息処理（借換えを含む），閏年の日数処理，金銭の端数処理について説明しなさい。

第3章　弁　済
Q 9 │ 代物弁済 ……………………………………………[堀田　　隆]…… 60
　　　代物弁済について説明しなさい。
Q10 │ 弁済期をめぐる諸問題 ……………………………[脇山　靖幸]…… 72
　　　弁済期をめぐる諸問題（土曜，日曜，祭日，期限の利益喪失など）について説明しなさい。

第4章　金銭消費貸借の終了
Q11 │ 金銭消費貸借の終了事由 …………………………[笹本　　昇]…… 76
　　　金銭消費貸借の終了事由について説明するとともに，訴状（請求の趣旨及び原因）の起案例を示しなさい。

第5章　消滅時効
Q12 │ 貸金債権の消滅時効 ………………………………[舘　　敏郎]…… 87
　　　貸金債権の消滅時効について説明しなさい。

第6章　準消費貸借

Q13｜準消費貸借の意義・成立要件……………………［宇都宮　庫敏］……*95*
　準消費貸借の意義及び成立要件について説明しなさい。

Q14｜準消費貸借成立の場合の旧債務における保証人の地位
　…………………………………………………………［舘　　敏郎］……*101*
　準消費貸借が成立した場合，旧債務における保証人の地位はどうなるか，説明しなさい。

第7章　保　　証

Q15｜保証契約に対する法規制……………………………［神谷　義彦］……*106*
　保証契約に対する法規制について説明しなさい。

Q16｜保証契約から派生する諸問題………………………［桐　　忠裕］……*116*
　保証契約から派生する諸問題（無権代理，表見代理，日常家事債務など）について説明しなさい。

Q17｜電磁的記録による保証契約…………………………［辰巳　　晃］……*123*
　電磁的記録による保証契約について説明しなさい。

Q18｜保証契約の解約………………………………………［桐　　忠裕］……*130*
　保証契約の解約について説明しなさい。

第2編　貸金返還請求訴訟

第1章　貸金返還請求訴訟の概要……………………［梶村　太市］……*139*

〔1〕　概　　説……………………………………………………………………*139*
〔2〕　金銭消費貸借に基づく請求………………………………………………*140*
　　(1)　訴訟物（訴訟上の請求）の特定（*140*）　(2)　訴訟物の個数と異同（*141*）　(3)　一部請求の訴訟物（*142*）　(4)　貸金請求の請求原因——貸借型理論（*143*）
〔3〕　利息・損害金の請求………………………………………………………*144*
　　(1)　利息・利息債権・利息請求権（*144*）　(2)　遅延損害金（*146*）
〔4〕　準消費貸借に基づく請求…………………………………………………*147*
　　(1)　訴訟物と要件事実（*147*）　(2)　旧債務の主張立証責任に関する原告説と被告説（*147*）　(3)　新旧債務の同一性（*147*）　(4)　利息制限法違反との関係（*148*）

第2章　貸金返還請求訴訟に関するQ＆A

Q19｜貸金返還請求の要件事実……………………………［有田　麻理］……*149*
　Xは，平成16年5月1日，Yに対し，弁済期を同年6月1日と定め，100万円を貸し付けた。平成16年6月1日が到来したのに，Yが弁済しないため，Xは，Yに対し，貸金100万円の返還を求める訴訟を提起したいと考えている。この貸金返還請求の要件事実について説明するとともに，訴状（請求の趣旨及び原因）の起案例を示しなさい。

Q20｜貸金返還請求に対する防御方法……………………［有田　麻理］……*156*
　Q19を前提として，次の問題を説明しなさい。
　(1)　Yのなしうる主張（典型的抗弁）について説明するとともに，その主張書面の起案例を示しなさい。
　(2)　Yの上記(1)の主張に対して，Xのなしうる主張（再抗弁）について説明す

るとともに、その主張書面の起案例を示しなさい。

Q21｜利息・遅延損害金請求の要件事実……………………[千矢　邦夫]…… *163*

　　Q19の金銭消費貸借において、X・Y間に利息及び遅延損害金の合意があった場合、その利息及び遅延損害金の支払請求の要件事実について説明するとともに、その訴状（請求の趣旨及び原因）の起案例を示しなさい。

Q22｜訴訟上の相殺の抗弁に対する訴訟上の相殺の再抗弁の許否
　　……………………………………………………[増田　輝夫]…… *172*

　　貸金業者Xは、借主Yに対し、平成〇〇年〇月〇日付け貸金142万円の返還を求める訴訟を提起したところ、Yは、Xに対する162万円の過払金返還請求権と対当額で相殺するとの意思表示をした（抗弁）。そこで、Xは、Yに対し、平成〇〇年〇月〇日付け貸金98万円と対当額で相殺するとの意思表示をした（再抗弁）。
　　Yの抗弁とXの再抗弁の帰趨について説明しなさい。

Q23｜金銭消費貸借の成否…………………………………[中林　清則]…… *181*

　　Xは、伝言ダイヤルで知り合ったY女に対し、経済的援助をするために300万円を交付したが、その数年後、交付した現金は貸金の趣旨であったと主張して、Yに対し、その返還を求める訴訟を提起した。
　　Yのなしうる主張について説明するとともに、その主張書面の起案例を示しなさい。そのうえで、X主張の金銭消費貸借の成否について説明しなさい。

Q24｜金銭消費貸借契約の貸主……………………………[増田　輝夫]…… *192*

　　金銭消費貸借契約の貸主の認定をめぐる問題について、具体的な事例を設定したうえで説明しなさい。

Q25｜金銭消費貸借の借主…………………………………[中内　　篤]…… *199*

　　Xは、当時、Y会社の代表取締役であったAに対し、2回にわたって合計600万円を貸し付け、その際、Aは、Y会社の代表資格を明示した借用書を差し入れたものの、形式の整った契約書は作成されなかった。なお、600万円の交付はXの自宅で行われ、Aは、Xに対し、担保としてA振出しの約束手形を交付した。その弁済期が到来したのに弁済がないため、Xは、Y会社に対し、600万円の返還を求める訴訟を提起した。
　　Y会社は、A個人が借主であると主張して、請求棄却の判決を求めている。
　　Y会社の上記主張は認められるか、説明しなさい。

Q26｜利息の天引き…………………………………………[舘　　敏郎]…… *205*

　　Xは、Yに対し、弁済期1年後とし、200万円を貸し付けるに際し、利息30万円を天引きして170万円を交付した。その弁済期が到来したのに、Yが弁済しない。Xは、Yに対し、貸金200万円の返還を求める訴訟を提起した。
　　Yのなしうる主張について説明するとともに、その主張書面の起案例を示しなさい。そのうえで、X・Y間の法律関係について説明しなさい。

Q27｜期限の利益喪失の主張………………………………[堀田　　隆]…… *212*

　　貸金業者Xが借主Yとの間で締結した金銭消費貸借契約の契約書面中には、期限の利益喪失特約の合意条項が存在していた。貸金業者Xは、Yに期限の利益喪失事由が生じても、直ちに残元金や遅延損害金の支払を請求することはせず、Yの支払が途絶えた段階になって初めて、貸金の返還を求める訴訟を提起するに至った。貸金業者Xは、その訴状において、Yが最初の支払遅滞の時点で期限の利益を喪失していたとして、その時点からの残元金について遅延損害金の支払を求めている。
　　Yのなしうる主張について説明するとともに、その主張書面の起案例を示しなさい。そのうえで、貸金業者Xの貸金返還請求の可否について説明しなさい。

Q28｜約束手形等の交付による金銭消費貸借の成否………[笹本　　昇]…… *220*

　　Xは、Yに対し、100万円を貸し付けるにあたり、金銭交付の方法として、額

面80万円の約束手形と額面20万円の小切手を振り出し交付した。Yは，小切手については直ちに銀行から支払を受けたが，約束手形についてはその満期前に割引を受けたため，割引料が控除され，全部で，額面100万円に満たない金員を取得したにすぎない。その弁済期が到来したのに，Yが弁済しないため，Xは，Yに対し，貸金100万円の返還を求める訴訟を提起した。
　　　Yは，100万円の金銭消費貸借は成立していないと主張して争っている。Yの上記主張は認められるか，説明しなさい。

Q29｜手形割引による金銭消費貸借の成否……………[宇都宮　庫敏]…… 231
　　　Yから100万円の融資の申込みを受けたX銀行は，Zが振り出しYが所持する額面100万円の約束手形にYの裏書を受けたうえでの交付を受け，Yに対し，割引手数料を控除した金員を交付した。この場合，金銭消費貸借は成立するか。Xが銀行ではなく貸金業者であった場合はどうか，説明しなさい。

Q30｜金貨売買に仮託した金銭消費貸借契約の成否………[脇山　靖幸]…… 238
　　　金貨売買に仮託した金銭消費貸借契約の成否について説明しなさい。

Q31｜準消費貸借の成否………………………………………[神谷　義彦]…… 243
　　　骨董屋Xは，Yに対し，安土桃山時代の抹茶碗を100万円で売った際に，Yとの間で，その売買代金を準消費貸借の目的として100万円の金銭消費貸借契約を締結した。その弁済期が到来したのに，Yが弁済しないため，Xは，Yに対し，貸金100万円の返還を求める訴訟を提起した。
　　　上記準消費貸借に基づく貸金返還請求の要件事実について説明するとともに，その訴状（請求の趣旨及び原因）の起案例を示しなさい。
　　　Xの請求に対して，Yが上記抹茶碗の引渡しを受けるまで100万円を支払わないと主張した。このYの主張（同時履行の抗弁権の行使）は認められるか，説明しなさい。

Q32｜準消費貸借における旧債務の主張立証責任…………[井手　良彦]…… 251
(1)　Yは，都内で，洋装店と雑貨店を5店も展開し，個人で手広く商売をしていたが，平成2年1月ころからほぼ20年間にわたり，街の金融業者Xから，運転資金の名目で，年に2～4回，利息・遅延損害金年20％，返済日は借入日の1ヵ月後という約定で，30万円から70万円を借り入れていた。
　　　Yは，当初は返済日に元利金をきちんと返済していたが，だんだんと返済が遅れたり，返済されなくなったりしたこともあった。しかし，Xは，Yが手広く商売を行っているためつぶれることはないと考え，Yに融資を続けていた。
(2)　以上のような状況において，Xは，平成20年10月1日に，Yとの間で，平成20年4月1日の融資分70万円と同年6月1日の融資分60万円の合計130万円が返済されていないとして，この130万円を準消費貸借の目的として，返済日を平成21年10月1日，利息年15％，遅延損害金年20％とする金銭消費貸借契約を締結した。
(3)　しかし，Yは平成21年10月1日になってもXに対し返済しようとしない。そこで，Xが130万円とその利息の返還を請求したところ，Yは，平成20年4月1日の融資分と同年6月1日の融資分についてはまったく融資を受けた覚えがないので，Xがそのような融資をしたと主張するのならば，融資したことを証明すべきであると主張している。
　　　このようなYの主張は認められるか。
(4)　XがYの資産状況を調査したところ，平成20年2月にはYは多額の債務をかかえほぼ無資力になっており，同年8月には唯一の財産である自宅とその敷地を，妻のZに贈与（移転登記も済み）していることがわかった。Xは，そのようなZに対する贈与契約は上記(2)の準消費貸借契約に基づく債権に対する詐害行為に該当するとして取り消したいが，可能であろうか。

Q33｜貸金返還請求訴訟における審理方法………………[辰已　　晃]…… 263

目　次　xi

　　　貸金返還請求訴訟における審理はどのように行われるか，下記事項ごとに説明しなさい。
　　　(1)　第1回口頭弁論期日前の準備・審理計画の策定の段階
　　　(2)　争点の整理・立証計画の決定の段階
　　　(3)　証拠調べの段階
　　　(4)　事件終了の段階
Q34│少額訴訟手続……………………………………………［桐　　忠裕］……　*278*
　　　Xは，Yに対し，弁済期を定めずに50万円を貸し付けたが，その際，契約書や念書や借用書などを作成しなかった。その後，1年が経過したものの，Yには，50万円を弁済しようとする気配すら見受けられない。そこで，Xは，少額訴訟手続を利用してYから50万円を回収したいと考えている。
　　　Xが少額訴訟を提起する際に，留意すべきことは何か。また，少額訴訟手続における審理，判決及び執行などはどのように行われるのか，説明しなさい。
Q35│金銭債務不存在確認請求訴訟……………………………［千矢　邦夫］……　*286*
　　　金銭消費貸借に基づく債務不存在確認請求の要件事実について説明するとともに，その訴状（請求の趣旨及び原因）の起案例を示しなさい。また，同請求に対する被告の防御方法について説明するとともに，その主張書面の起案例を示しなさい。
Q36│金銭債権存在確認請求訴訟………………………………［西村　博一］……　*299*
　　　Xは，Yに対する債務名義（貸金の勝訴確定判決）を有しているが，強制執行をしないまま，その確定日から10年が経過しようとしている。この消滅時効を中断するためには，どのような訴訟を提起すべきかについて説明するとともに，その訴状（請求の趣旨及び原因）の起案例を示しなさい。

第3編　関　連　訴　訟

第1章　保証債務履行請求訴訟の概要……………………［井手　良彦］……　*311*
　〔1〕　保証債務の意義と性質………………………………………………………　*311*
　　　(1)　保証債務の意義（*311*）　　(2)　保証債務の性質（*311*）
　〔2〕　保証債務の成立と内容………………………………………………………　*314*
　　　(1)　保証契約（*314*）　　(2)　保証債務の内容（*316*）　　(3)　主たる債務者又は保証人に生じた事由の効果（*318*）
　〔3〕　保証人の求償権………………………………………………………………　*318*
　〔4〕　連帯保証……………………………………………………………………　*319*
　　　(1)　連帯保証の意義（*319*）　　(2)　連帯保証の特徴（*319*）
　〔5〕　特殊な保証…………………………………………………………………　*321*
　　　(1)　共同保証（*321*）　　(2)　根保証（*323*）
第2章　保証債務履行請求訴訟に関するQ＆A
Q37│保証債務履行請求の要件事実……………………………［野藤　直文］……　*326*
　　　Xは，Yに対し，弁済期を平成26年5月8日と定めて100万円を貸し付けたが，その際，Zは，Xに対し，YのXに対する貸金債務を連帯保証する旨約した。その弁済期が到来したのに，Yが弁済しないため，Xは，Zに対し，保証債務の履行を求める訴訟を提起したいと考えている。この場合，保証債務履行請求の要件事実について説明するとともに，その訴状（請求の趣旨及び原因）の起案例を示しなさい。
Q38│保証債務履行請求に対する防御方法……………………［丸尾　敏也］……　*331*

xii　目　次

　　Q37を前提として，次の問題を説明しなさい。
　（1）　Zのなしうる主張（典型的抗弁）について説明するとともに，その主張書面の起案例を示しなさい。
　（2）　Zの上記(1)における主張に対して，Xのなしうる主張（再抗弁）について説明するとともに，その主張書面の起案例を示しなさい。

Q39｜保証契約の錯誤無効 ··[井手　良彦]······ *341*

　　A会社の名目的な代表取締役であったYは，A会社の実質的経営者であるBから，A会社が手形貸付けを業とするX会社から50万円を借りるにあたって連帯保証してほしいと頼まれ，X会社・A会社間の継続的手形貸付取引約定書の連帯保証人欄に署名押印したが，実はその約定書には極度額500万円の根保証をする旨の記載があった。その後，Yは，A会社の代表取締役を辞任し，代わってBが就任したが，Bは，依然として代表取締役Yの名義で手形を振り出し，X会社から新たな貸付けを受けるとともに，従前の貸付けの書替えをしていたが支払が滞りがちになった。そこで，X会社は，Yに対し，上記約定書に記載された根保証を根拠に，手形割引による貸金400万円の返還を求める訴訟を提起した。
　　Yは，上記保証が根保証でなく，A会社がX会社から50万円を借り入れるための保証であると信じて保証したのであり，後になって，その保証が500万円を限度とする根保証であることが判明したのであるから，上記保証の意思表示は，重要な部分に錯誤があり，無効であると主張して争っている。
　　Yの上記主張は認められるか，説明しなさい。

Q40｜保証人が借主を代理した場合の金銭消費貸借の成否
　　　　　　　 ··[笹本　　昇]······ *352*

　　Xは，Aの代理人と称するYから，Yが連帯保証するのでAに100万円を貸してやってほしいと申し込まれたことから，Yを連帯保証人として，Aの代理人であるYに対し，100万円を交付した。その弁済期が到来したのに，Aから弁済がないため，Xは，連帯保証人Yを被告として，保証債務の履行を求める訴訟を提起した。これに対して，Yは，YにはAを代理する権限がなかったので，X・A間において金銭消費貸借は成立せず，これに附従する連帯保証も成立していないと主張して争っている。
　　Yの上記主張は認められるか，説明しなさい。

Q41｜附従性に基づく抗弁権 ··[西村　　彬]······ *366*

　　X信用保証協会（以下「X」という）は，A会社との間の保証委託契約に基づいて，B銀行に対し，A会社の借入金債務を保証した。その際，Yは，Xに対し，A会社のXに対する債務を連帯保証した。しかし，A会社が破産手続開始決定を受けた後，Xは，A会社の借入金残を代位弁済したうえで，借入金の元本及び破産手続開始決定の日の前日までの利息を破産債権として届け出た。この破産債権は，債権調査期日において異議なく確定した。破産終結によって破産手続が終了した後も，Xは，約6年間にわたってYから弁済を受け（元本から充当），その結果，求償金債権元金は完済された。しかし，Yが求償権の遅延損害金について支払をしないため，破産終結の約9年半後に，Yに対し，上記連帯保証契約に基づいて，求償権の遅延損害金合計580万円余の支払を求める訴訟を提起した。これに対して，Yは，主債務の消滅時効を援用し，本件訴訟提起時までに主債務が時効消滅し，これに伴って保証債務も消滅したと主張した。この消滅時効援用の可否について説明しなさい。

第3章　過払金返還請求訴訟の概要 ················[増田　輝夫]······ *373*
　〔1〕　はじめに ·· *373*
　〔2〕　期限の利益喪失特約の下における支払の任意性 ············ *374*
　〔3〕　過払金の元本充当 ·· *375*

〔4〕 悪意の受益者の推定……………………………………378
過払金返還請求訴訟に関する最高裁判所主要判例一覧………………381

第4章 過払金返還請求訴訟に関するQ＆A

Q42｜過払金返還請求の要件事実………………………［辰已　　晃］……400
　過払金返還請求の要件事実について説明するとともに、その訴状（請求の趣旨及び原因）の起案例を示しなさい。

Q43｜旧利息制限法1条1項にいう元本の額………………［千矢　邦夫］412
　基本契約に基づく継続的な金銭消費貸借取引において、平成8年8月26日時点で過払金2万円が発生している。同年9月1日に100万円の新たな借入れをした場合、利息制限法1条1項（平成18年法律第115号による改正前のもの。以下同じ。なお、同改正後の利息制限法は「改正利息制限法」という）にいう「元本」の額及び以降の取引に適用される制限利率はどうなるか、計算例を示しながら説明しなさい。

Q44｜過払金返還債務発生後の債権譲渡…………………［脇山　靖幸］……420
　過払金返還債務の発生後に当該貸金業者A会社が、別会社Y会社に対し、営業譲渡又は債権譲渡をしたところ、債務者Xは、Y会社に対し、A会社の過払金返還債務をY会社が承継したと主張して、譲渡前にすでに発生していた過払金の返還を求める訴訟を提起した。
　Y会社のなしうる主張及びXの反論について説明しなさい。そのうえで、上記過払金返還債務の承継の可否について説明しなさい。

Q45｜質契約における過払金返還請求の可否………………［西村　博一］……427
　Xは、Y（質屋）に対し、平成22年2月1日から同年5月10日までの間5回にわたり、ロレックスの腕時計及びルイヴィトンのバッグを質入れするとともに、質屋Yとの間で金銭消費貸借を締結して金銭を借り入れ、流質期限前にその弁済を終えた。その後、Xは、Yに対し、利息制限法1条1項所定の利息の制限額を超えて支払った部分を元本に充当すると過払金が発生していると主張して、その過払金の返還を求める訴訟を提起した。
　質店Yのなしうる主張について説明するとともに、その主張書面の起案例を示しなさい。そのうえで、Xの過払金返還請求の可否について説明しなさい。

Q46｜破産免責者の過払金返還請求…………………………［西村　　彬］……433
　Xは、自己破産手続において免責を得た後、貸金業者Y（同破産手続の債権者一覧表に掲記済み）に対し、過払金の返還を求める訴訟を提起した。
　Yのなしうる主張について説明するとともに、その主張書面の起案例を示しなさい。そのうえで、Xの過払金返還請求の可否について説明しなさい。

Q47｜連帯保証人による過払金返還請求の要件事実………［丸尾　敏也］……440
　連帯保証人が行う過払金返還請求の要件事実について説明するとともに、その訴状（請求の趣旨及び原因）の起案例を示しなさい。

Q48｜時効消滅している過払金返還請求権による相殺の可否
………………………………………………………………………［井手　良彦］……444
　(1)　Xは、平成6年から平成8年まで、貸金業者Yとの間で、利息制限法の制限利率を超える利息の約定で継続的金銭消費貸借取引を行い、その取引によって、取引終了の時点（平成8年1月）で、20万円の過払金が生じていた（XのYに対する過払金返還請求権を、以下「本件過払金債権」という）。なお、本件過払金債権については、平成18年1月に消滅時効期間が経過している）。
　(2)　そして、Xは、平成15年1月に、貸金業者Yから新規に180万円を借り入れ、この金銭消費貸借契約（以下「本件貸金契約」という）には、平成25年まで毎月1日に約定の元利金を分割返済し、その返済を1回でも怠れば期限の利息を失うと定められていた。Xは、平成22年6月1日の返済を怠ったため、期限の利益を失った。この時点でのXのYに対する貸金債務は50万円であった。

(3) Yは上記(2)の貸金について返還請求をしたが，Xは，平成23年6月に，Yに対して本件過払金債権（利息を含む）27万円を自働債権とし本件貸金契約の残債務を受働債権とする相殺を行い，相殺後の残債務につき返済すると主張した。
このようなXの相殺の主張は認められるか。

第5章　求償金請求訴訟の概要 ……………………[井手　良彦]…… *450*

〔1〕　連帯債務者の求償金請求訴訟 ………………………………… *450*
(1) 連帯債務における求償権と負担部分（*450*）　(2) 連帯債務における求償権の成立（*451*）　(3) 連帯債務における求償権の行使（*452*）　(4) 連帯債務者の弁済と法定代位（*456*）

〔2〕　保証人の求償金請求訴訟 ……………………………………… *456*
(1) 保証人の求償権（*456*）　(2) 委託を受けた保証人（受託保証人）の求償金請求（*457*）　(3) 委託を受けない保証人の求償金請求（*459*）　(4) 主たる債務者が複数いる場合の求償権（*461*）　(5) 保証人が複数いる場合（共同保証）の求償権（*462*）

第6章　求償金請求訴訟に関するQ＆A

Q49｜求償金請求の要件事実 ……………………………[野藤　直文]…… *465*
保証債務を履行した連帯保証人が行う主債務者に対する求償金請求の要件事実について説明するとともに，その訴状（請求の趣旨及び原因）の起案例を示しなさい。

Q50｜代位弁済者による原債権・連帯保証債権についての給付請求訴訟
………………………………………………………[増田　輝夫]…… *473*
代位弁済者が弁済により取得する求償権と弁済による代位により取得する原債権及び担保権との関係を説明するとともに，代位弁済者による原債権又は連帯保証債権についての給付請求訴訟において，請求が認容された場合の判決主文の記載例を示しなさい。

Q51｜連帯債務者が利息制限法を超える利息を弁済した場合の求償額
………………………………………………………[井手　良彦]…… *482*
連帯債務者が利息制限法を超える利息を弁済した場合，他の連帯債務者に対して求償しうる金額はどうなるか，説明しなさい。

Q52｜事後求償権の消滅時効 ……………………………[増田　輝夫]…… *487*
Aは，Yに対し，100万円を貸し付けた。Xは，Yとの間の保証委託契約による委託を受け，YのAに対する貸金債務を連帯保証した。
しかし，Yの振り出した約束手形が不渡りとなったため，上記保証委託契約における合意（契約書面中には，手形が下渡りになったとき，Xが事前求償権を取得するとの条項がある）によって，Xは，Yに対する事前求償権を取得したものの，Aに対し，連帯保証債務を履行したため，Yに対する事後求償権をも取得した。
この場合，事後求償権の消滅時効はいつの時点から進行を開始するのか，説明しなさい。

第7章　その他の訴訟

Q53｜請求異議訴訟の要件事実と防御方法 ……………[堀田　　隆]…… *496*
貸金請求訴訟の確定判決や，債務弁済契約公正証書（強制執行認諾条項あり）に基づく強制執行に対する請求異議訴訟（民執35条）の要件事実について説明するとともに，その訴状（請求の趣旨及び原因）の起案例を示しなさい。また，被告の防御方法について説明するとともに，その主張書面の起案例を示しなさい。

Q54｜不当利得保全のための債権者代位訴訟 …………[西村　博一]…… *509*

Aは，Bから出資金として300万円を詐取されるという不法行為に基づいて，Bに対し，出資金の一部である100万円の損害賠償債権とこれに対する平成17年3月12日から支払済みまで年5分の割合による遅延損害金債権を有していた（確定給付判決あり）。
　後日，Aは，Xに対し，上記損害賠償請求債権と遅延損害金債権（以下「本件代位原因債権」という）を譲渡した。
　Cは，平成15年6月13日，Bとの間で，弁済期同月30日，利息として10万円を支払う旨合意した上で，Bに対し，50万円を貸し付けた（以下「本件合意」という）。Bは，平成15年6月30日，Cに対し，元利金60万円を弁済した。
　Xは，①本件合意は，年405％を超える利息の利率が合意されているから公序良俗に違反して無効である，②CがBから受領した60万円は不当利得となり，その受領についてCは悪意の受益者である，③Bには上記不当利得債権及び法定利息債権以外に本件代位原因債権を満足にさせるに足りる財産はないと主張して，Bに代位して，Cに対し，60万円及びこれに対する利得の日の翌日である平成15年7月1日から支払済みまで年5分の割合による利息の支払を求める訴訟を提起した。
　Cは，10万円は利息ではなく，50万円の弁済を受けた後に，D（Cの知人であって，融資を必要とするBへの貸付けを頼んだ者）から，謝礼として受け取ったものであると主張した。
　上記債権者代位訴訟の帰趨について説明しなさい。

事項索引

第1編

金銭消費貸借の基礎知識

第 1 章

金銭消費貸借の成立

Q1 金銭消費貸借の意義・成立要件

金銭消費貸借の意義及び成立要件について説明しなさい。

〔1〕 金銭消費貸借の意義と体系的地位

　金銭消費貸借は，消費貸借中の代表格である。民法587条は，「消費貸借は，当事者の一方が種類，品質及び数量の同じ物をもって返還することを約して相手方から金銭その他の物を受け取ることによって，その効力を生ずる。」と規定する。すなわち，消費貸借の対象となりうる物は，金銭のほか，米・麦・酒などがあるとされるが，そのほとんどは金銭の場合であり，最近では消費貸借といわれれば金銭消費貸借を指す場合が通常である。かつては，無記名有価証券の貸借が消費貸借か賃貸借か問題とされたことがあるが，判例は当事者の意思によって決定するしかないとしつつも，原則として賃貸借と見ようとする傾向にある（大判明34・3・13民録7輯3巻33頁，大判昭4・2・21民集8巻69頁など）。

　民法第3編第2章「契約」第5節に規定する「消費貸借」は，第6節「使用貸借」，第7節「賃貸借」とともに，広義の貸借型契約すなわち他人の物の使

用・収益をする契約類型であり，継続的な用益を目的とする点（継続的契約性）で共通しているが，使用貸借と賃貸借が，目的物の所有権は貸主のもとに留保され，借主が目的物の使用・収益権能だけを取得し，使用・収益後は目的物を返還しなければならないのに反し，消費貸借の場合は，目的物の所有権が借主に移転して，借主は目的物の処分権能を取得し，借主はこれを処分した後に借りた物と同種・同等・同量の物を返還すれば足りる点に，根本的な違いがある。すなわち，使用貸借と賃貸借は使用型，消費貸借は消費型に属する。そのため，前二者は主として土地・建物・農地などの不動産用益関係に利用され，消費貸借は金融関係に活用されている。

〔2〕 金銭消費貸借の機能

国家はさまざまな金融政策を講じて景気動向対策など金融政策を実施しているが，それらの対策は公法的色彩の強いものであるが，それが多かれ少なかれ私法的な金銭消費貸借に影響を及ぼす。以下では『我妻・有泉コンメンタール民法──総則・物権・債権』〔第3版〕（日本評論社，2013年）に則って，整理してみよう。

(1) 資金提供の面から

小口金融の機関として従来重要な機能を果してきたいわゆる高利貸・質屋その他の貸金業においては，弱者借主保護のための業者規制は欠かせない。高利貸については，「貸金業等の取締に関する法律」（昭和24年法律第170号）から「貸金業者の自主規制の助長に関する法律」（昭和47年法律第102号）に変わった。質屋については，戦前の「質屋取締法」（明治28年法律第14号）から戦後「質屋営業法」（昭和25年法律第158号）に切り替えられた。

戦後サラ金（サラリーマン金融）問題が発生し，1983年になって，昭和58年法律第32号によりいわゆるサラ金二法が制定された。1つは「貸金業の規制等に関する法律」（平成18年法律第115号により「貸金業法」に全面改正）が，その2は従来からの「出資の受入，預り金及び金利等の取締等に関する法律」（昭和29年法律第195号）の一部改正法として「出資の受入れ，預り金及び金利等の取締りに関する法律」（出資法）がそれぞれ制定された。

小口金融についての公的資金供与としては，「公益質屋法」（昭和2年法律第35

号，平成12年廃止），「商工組合中央金庫法」（昭和11年法律第14号，平成20年廃止。現行は「株式会社商工組合中央金庫法」（平成19年法律第74号）），「国民生活金融公庫法」（昭和24年法律第49号，平成19年廃止），「住宅金融公庫法」（昭和25年法律第156号，平成17年廃止。現行は「独立行政法人住宅金融支援機構法」（平成17年法律第82号）），「中小企業金融公庫法」（昭和28年法律第138号，平成19年廃止。前掲国民生活金融公庫法及び農林漁業金融公庫法（昭和27年法律第355号，平成19年廃止）とともに，現行は「株式会社日本政策金融公庫法」（平成19年法律第57号）），「中小企業近代化促進法」（昭和38年法律第64号，平成11年廃止）などがあった。

　産業経営上の資金提供としては，戦前では各府県を中心とする商工銀行・日本勧業銀行・日本興業銀行などの特殊銀行が設立された。戦後これらは普通銀行化されたものの，産業復興政策の必要からまもなく日本開発銀行法（昭和26年法律第108号，平成11年廃止），日本輸出入銀行法（昭和25年法律第268号）などの特殊銀行設立の機運を経て，現在ではむしろ金融自由化の時代的要請を受けて，金融機関は自由競争の波にさらされ，「ビッグ・バン」と呼ばれる変動期を迎えている。

(2) 金利規制の面から

　消費貸借上の高利の利息制限に関しては，明治10（1877）年太政官布告の「利息制限法」が戦後全面改正され（昭和29年法律第100号），暴利の取締りに関しては前述の貸金業に関する規制が同時に行われた。企業金融の利率に関しては別に「臨時金利調整法」（昭和22年法律第181号）がある。20世紀末葉のいわゆるバブル崩壊後は超低金利時代を迎えている。

　一般に金銭消費貸借の金利は，利息制限法と貸金業法・出資法等の両面から規制されるが，平成22年6月18日の貸金業法等の完全施行により，出資法の上限金利としては20％に引き下げられ，いわゆるグレーゾーン金利は撤廃された。

(3) 金銭債務整理・調整の面から

　時代によって波はあるが，累積した金銭債務を整理してその重圧から債務者を救済する必要の生ずることが少なくない。戦前にも，昭和7（1932）年には金銭債務臨時調停法が制定され，特に農山漁村民や中小商工業者の金利負担の重圧から救済するため，調停制度の活用が試みられた。また翌昭和8（1933）

年には農村負債整理組合法が制定された。

現在の消費者信用上の危機として，一時サラ金等の累積する多重債務問題が多発し，民事調停の申立て等が激増したが，これも「特定債務等の調整の促進のための特定調停に関する法律」(平成11年法律第158号）によって，何とか切り抜けることができた。もっとも，民事調停以外に，例えば破産法による破産，特に自己破産の運用等について特段の法的対応がされていないのは問題だとする指摘もある。

〔3〕 消費貸借に関連する契約類型

これも，前記我妻・有泉コンメンタールに則って，その骨子を見ておこう。詳しくは同書を参照されたい。消費貸借は信用供与型契約の一類型であるが，信用供与型契約には，銀行の融資契約と消費者信用貸借のほか，販売信用（割賦販売法により規律される）とファイナンス・リースがある。

(1) 銀行の融資契約

銀行の取引先に対する貸付けは，融資契約ともいわれるが，金銭消費貸借そのものである。貸付契約には，資金貸付契約（証書貸付け・手形貸付けなどもある）・手形割引契約・当座貸越契約，その他，貸付けの態様・目的によって，全部貸付け・分割貸付け，長期貸付け・短期貸付け，企業資金貸付け・消費者貸付けなどに分類される。貸付けの種類によっては，継続的手形貸付契約や継続的手形割引契約，当座貸越契約のように，継続的契約に基づいて個別貸付契約が行われ，総括契約・個別契約の関係が認められる。後述する包括的金銭消費貸借の一種であるが，銀行取引においては，銀行と取引先とで「基本約定書」が合意されることが多い。包括的金銭消費貸借の問題点は，後述するように金融業者が実施する消費者信用の分野での運用において多く存在する。

(2) 消費者信用に関するもの

消費者に対して，銀行や貸金業者が消費生活のための資金を提供する場合，自動車ローン・住宅ローン・学資ローンなどが利用されるが，これら貸付契約は金銭消費貸借そのものである。割賦購入あっせん契約・立替払契約などのクレジット契約は，販売者A・購入者B・信販会社Cとの三者間で行われ，その三者の関係は，AB間の商品売買契約とその代金債権を担保とするCのAに対

する金銭消費貸借及びCによるBからの代金の代理徴収の関係が一体となった法律関係と解すべきだとする見解もある。もっとも，Cによる信用供与は金銭消費貸借契約ではないから，利息制限法の適用はないとされる。クレジット・カード契約に伴って，そのカードにより金銭を借り入れることができる場合があり（消費貸借機能），この場合は金銭消費貸借そのものである。

(3) ファイナンス・リース契約

金銭消費貸借も広義では一種の消費者信用の類型に属するが，いわゆるリース契約の中にも，第三者による信用供与という側面が含まれている場合がある。それがここでいうファイナンス・リース契約である。ファイナンス・リースには賃貸借と金融の両側面がある。

〔4〕 金銭消費貸借の法的性質

金銭消費貸借は，①要式や書面を必要とせず，無要式契約であるが（無要式契約性），実際上書面によって締結されることが多い（金銭消費貸借契約書・貸金証書・借用書・金銭消費貸借公正証書など，この点で，後述する民法改正要綱及び法案参照）。②代替物の代表格である金銭（動産）を受け取ることによって成立する要物契約である（要物契約性）。③契約成立後には，契約の効力として生じるのは借主の返還義務だけである結果，借主だけが債務を負担する片務契約である（片務契約性）。④借主が利息を支払うとき（利息付金銭消費貸借）は有償契約であり（有償契約性），無利息のとき（無利息消費貸借）は無償契約である（無償契約性）。その結果，利息付金銭消費貸借は有償契約であるが，片務契約であることになることに注意。なお，金銭以外の代替物の消費貸借に関しては，有償・無償の有無によって担保責任に差異がある。すなわち，利息付消費貸借において物に隠れた瑕疵があったときは，貸主は瑕疵がない物をもってこれに代えなければならず，なお損害賠償の責任を免れず（民590条1項），無利息の消費貸借においては，借主は瑕疵がある物の価額を返還することができ，この場合において貸主がその瑕疵を知りながら借主に告げなかったときは前項の規定が準用される（同条2項）。⑤契約の締結時点で終わることはなく，契約の履行（貸金の返済）完了まで契約が続く継続的契約である（継続的契約性）。

〔5〕 要物契約性

　金銭消費貸借は，借主が貸主から金銭を「受け取る」ことによってその効力が生じる要物契約である。ただし，民法589条に定める消費貸借の予約，及び後述する諾成的消費貸借は例外である。

　「受け取る」とは単に金銭の占有を取得するだけでなく，金銭の所有権を取得することである。金銭の場合は，その特殊性から占有と所有権は不即不離の関係にあり，通貨の移転によって価値も移転すると解されている。金銭の場合も，現実の引渡しでなくても，占有改定や簡易の引渡しでも差支えないと解されている。例えば，BのAに対して負担する債務を第三者CがAから借りたことにする消費貸借は有効に成立する（大判明44・6・8民録17輯379頁）。「受け取る」とはそれによって現金の授受と同一の利益が借主に与えられればよいわけであるが，判例によれば，国債を渡した場合（大判明44・11・9民録17輯648頁），預金通帳と印章を渡した場合（大判大11・10・25民集1巻621頁）等がこれにあたるとされる。また，借主以外の者への引渡しが「受け取る」に該当するとされた事例として，借主が第三者に対して負担している債務を弁済するため，金銭を第三者に交付した場合（大判昭11・6・16民集15巻1125頁），連帯債務者の1人に対して金銭が交付された場合（大判昭9・6・30民集13巻1197頁）等がある。

　消費貸借を要物契約とした根拠としては，そうしないと交付額以上の金銭消費貸借の成立を強いることも可能であり，これを避けるべく借主保護のため必要とされたが，実際には形式的に増額分を交付しても，直ちにその分を取り戻してしまうというような脱法行為を避けられず，十分な根拠たりえないため，判例・学説は要物性の緩和に努めてきた。1つの方法は，「金銭その他の物を受け取る」の意味を，経済的に見て金銭その他の物の授受に等しい価値の移転が行われているかどうかで判断する。もう1つは，金銭その他の物を「受け取る」時と消費貸借成立時の時間的ギャップについて必要に応じて解釈的に埋め合わせる手法である。抵当権の効力についても，抵当権の理論を拡張して将来の債権についても順位保全効がある。公正証書作成の2ヵ月半経過後に抵当権設定登記を経て金銭の授受がされた場合も有効である（大判昭11・6・16民集15巻1125頁）。これらの具体的な判例・学説については，本書Q2を参照されたい。

〔6〕 利息の支払義務と有償契約性

　利息の支払義務に関していわゆる冒頭規定はない。利息の支払は金銭消費貸借の要件ではなく，利息を請求できるのはその旨の合意（特約）がある場合に限られる。ただし，商人間の消費貸借の場合には，特約がなくても貸主は当然に法定利息（年6分）を請求できる（商513条）。無利息で借りても，期限内に返済しない場合には，その後は法定利息（年5分）による損害賠償金（遅延利息）を支払わなければならない（民419条1項）のは別問題である。消費貸借による利息は元本利用の対価であるから，借主は特約がない限り借主が元本を受領して利用することができるようになったとき，すなわち消費貸借成立の日から支払うべき義務があり，初日の利息を控除すべきではない（最判昭33・6・6民集12巻1373頁）。初日不算入の原則（民140条）は適用されない。

　利息に関する規律に関しては，民法90条（暴利行為無効）・404条（法定利率）と405条（利息の元本への組入れ）の規定のほか，前述の利息制限法・出資法・貸金業法等がある。

〔7〕 金銭消費貸借の効果から見た成立要件

　消費貸借契約に効力が生ずると，借主は貸主に対して，その受け取った物と同種・同等・同量の物を返還する義務を負うに至る。借主の返還債務に関しては，民法412条（期限の定めがある場合）・591条（期限の定めがない場合）・136条（期限の利益の放棄）・137条（期限の利益の喪失）等に規定がある。

　金銭消費貸借の場合は，要するに同額の金銭支払義務が生ずる。金銭債務の支払に関しては，民法402条各項に規定があり，債務者は，特定の種類の通貨の給付を債権の目的としたときを除き，その選択に従い各種の通貨で弁済することができる（1項）。債権の目的物である特定の種類の通貨が弁済期に強制通用の効力を失っているときは，債務者は他の通貨で弁済をしなければならない（2項）。前2項の規定は，外国の通貨の給付を債権の目的とした場合について準用される（3項）。すなわち，一般的には強制通用力のある貨幣で弁済すればよく，同一の金種によって弁済する必要はない。判例によれば，金銭債権に関してはいわゆる名目主義の立場に立つ。例えば昭和9年発行の債券について，

債券発行銀行は別段の意思表示のない限り，戦後の償還時に貨幣価値が約300分の1に下落していても，償還当時の貨幣で券面額を弁済すればよい（最判昭36・6・20民集15巻6号1602頁）。

また外国の通貨で債権額を指定したときは，債務者は履行地における為替相場により，日本の通貨で弁済をすることができる（民403条）。判例によれば，外国の通貨をもって債権額が指定された金銭債権について，債権者は債務者に対して外国の通貨又は日本の通貨のいずれによっても請求することができる（最判昭50・7・15民集29巻6号1029頁）。上記債権について，日本の通貨で弁済する場合には，現実の弁済する時の外国為替相場を基準とすべきであるが，日本の通貨により裁判上の請求がされた場合，日本の通貨による債権額は事実審の最終口頭弁論期日の外国為替相場によって換算した額である（前掲最判昭50・7・15）。

なお，貸金業者には原則として取引履歴開示義務があることに注意する（最判平17・7・19民集59巻6号1783頁）。

〔8〕 諾成的消費貸借

民法587条は，消費貸借の成立に金銭その他の代替物を受け取ることが要件とされ，要物契約とされているわけであるが，同規定にもかかわらず，当事者の合意のみによって成立する諾成的（金銭）消費貸借が認められるかが問題とされている。学説上は，実際上の必要性と契約自由の原則の建前上，これを肯定する見解が有力である。

これを認めると，当事者間の貸借りの合意のみによって諾成的消費貸借が成立し，貸主は目的物（金銭）を貸す義務（与信義務）が生じ，借主には借りた物（金銭）を返還する義務を負う。その消費貸借が利息付きの場合は有償・双務契約となり，無利息の場合は無償・片務契約となる。貸す義務と返す義務は対価関係に立つものではない。借主の返還義務は契約と同時に発生するものではあるが，それが現実化するのは貸主から借りた物（金銭）を受け取った後である。この場合の法律関係については，金銭の授受を停止条件として発生すると構成することも，借主は授受があるまでは金銭不受領の抗弁権があると構成することも可能であるとする（前掲我妻・有泉コンメンタール）。

判例も諾成的金銭消費貸借の成立を否定はしていないとされる（最判昭48・3・16金法683号25頁は、この場合借主が担保を提供して貸付けを請求した時から、貸主は履行遅滞に陥るとしている）。

後述するように、今回の民法（債権法）改正要綱及び法案では、典型契約の1つとして法制化されることになった。

〔9〕 包括的金銭消費貸借

法律上の有名契約として包括的金銭消費貸借なるものが、実定法上存在するわけではないが、企業間等の取引上の一種の無名契約として包括的金銭消費貸借あるいは包括契約方式による金銭消費貸借等と称されている類型のものが存在するようである。また、類似のものとして、消費者金融等ではカード等を利用したリボルビング払方式の金銭消費貸借なるものも存在するようである。いずれも、貸主・借主間で金銭の貸付け・返済を継続的・断続的に繰り返す取引を行う場合に、その都度個別的に金銭消費貸借契約を繰り返していく単純な分割払契約ではなく、両者間に継続的取引を行うことの基本契約が締結されており、同契約には毎月の元金・利息の返済額について定額方式・定率方式・残額スライド方式などあらかじめ指定された方法で計算された一定額を返済していくというような類型の継続的包括的な金銭消費貸借契約のようである。

このような金銭消費貸借契約の類型が存在することは、判例もこれを認めており、例えば最判平19・6・7民集61巻4号1537頁は、同一の貸主と借主との間でカードの利用により借入限度額内で繰り返し借入れができ、毎月の返済は借入金債務の残額の合計を基準とする一定額が指定口座からの振替によってされ、利息も残元金合計額を基準に毎月分が計算される仕組みになっている基本契約があるときは、債務の弁済は借入金の全額に対して行われるものであり、弁済当時他の借入金債務が存在しなければ、過払金はその後に発生する新たな借入金債務に充当する旨の合意を含むものと解するのが相当であるとした（このケースでは、同一基本契約の期間内において、過払金が生じる借入れが別個にあった場合でも継続的な一連の取引とみなすとされたわけである）。また、最判平21・1・22民集63巻1号247頁は、利息制限法所定の制限を超える利息の弁済により発生した過払金を、その後に発生する新たな借入金債務に充当する旨の合意を含む基本

契約に基づく継続的な金銭消費貸借取引においては，同取引より発生した過払金返還請求権の消滅時効は，特段の事由のない限り，同取引が終了した時点から進行するとした。

これらの方式の問題点としては，毎月の返済額が一定で変わらないため知らず知らずのうちに借入金を増やしかねない，借入金の返済期間が長くなり，多重債務者となりかねない，返済総額がわかりにくく利息が高額になることが実感できなくなる，などが指摘されている。極端な場合には，元本の返済はほとんど減らないのに利息ばかり払い続けるという事態に追い込まれかねない。

包括的金銭貸借契約等に関しては，いろいろ問題点のある制度のためか，後記〔10〕の対象にはなっていないようである。

〔10〕 民法（債権法）改正要綱及び法案

法制審議会民法（債権関係）部会平成27年2月10日決定の民法改正要綱中，第37「消費貸借」1「消費貸借の成立等（民法587条関係）」は，以下のとおりである。

「1　消費貸借の成立等（民法第587条関係）

民法第587条の規律を次のように改めるものとする。

(1)　消費貸借は，当事者の一方が種類，品質及び数量の同じ物をもって返還をすることを約して相手方から金銭その他の物を受け取ることによって，その効力を生ずるものとする。

(2)　上記(1)にかかわらず，書面でする消費貸借は，当事者の一方が金銭その他の物を引き渡すことを約し，相手方がその物を受け取った後にこれと種類，品質及び数量の同じ物をもって返還することを約することによって，その効力を生ずるものとする。

(3)　消費貸借がその内容を記録した電磁的記録（電子的方式，磁気的方式その他人の知覚によっては認識することができない方式で作られた記録であって，電子計算機による情報処理の用に供されるものをいう。）によってされたときは，その消費貸借は，書面によってされたものとみなすものとする。

(4)　上記(2)又は(3)の消費貸借の借主は，貸主から金銭その他の物を受け取るまで，その消費貸借を解除することができるものとする。この場合に

おいて，貸主に損害が生じたときは。借主は，その損害を賠償しなければならないものとする。
　(5)　上記(2)又は(3)の消費貸借は，借主が貸主から金銭その他の物を受け取る前に当事者の一方が破産手続開始の決定を受けたときは，その効力を失うものとする。
　(注)　上記(4)第２文については，規定を設けない（解釈に委ねる）という考え方がある。」

以上のうち，(1)は現行法を維持するものであり，(2)以下は諾成的消費貸借の規定の新設の提案である。

そして，平成27年３月31日に第189回通常国会に提出された「民法の一部を改正する法律案」（民法（債権法）改正法案）によれば，民法587条はこれを維持した上で，同587条の２（書面でする消費貸借等）を新たに設けて，次のように規律することとした。

「（書面でする消費貸借等）
　第587条の２　前条の規定にかかわらず，書面でする消費貸借は，当事者の一方が金銭その他の物を引き渡すことを約し，相手方がその受け取った物と種類，品質及び数量の同じ物をもって返還をすることを約することによって，その効力を生ずる。
　２　書面でする消費貸借の借主は，貸主から金銭その他の物を受け取るまで，契約の解除をすることができる。この場合において，貸主は，その契約の解除によって損害を受けたときは，借主に対し，その賠償を請求することができる。
　３　書面でする消費貸借は，借主が貸主から金銭その他の物を受け取る前に当事者の一方が破産手続開始の決定を受けたときは，その効力を失う。
　４　消費貸借がその内容を記録した電磁的記録によってされたときは，その消費貸借は，書面によってされたものとみなして，前三項の規定を適用する。」

この改正により，消費貸借契約は，要物契約としての消費貸借契約（現行民587条）と諾成契約としての消費貸借契約（諾成的消費貸借。民法改正法案587条の２）の２本立てとなり，後者については，安易な消費貸借契約の締結を防ぐために，書面の作成が義務づけられた（要式契約としての諾成的消費貸借契約）。

［梶村　太市］

Q2 金銭消費貸借の要物性

金銭消費貸借の要物性（現金交付の変型，有価証券に関するもの）について説明しなさい。

〔1〕 要物契約としての消費貸借契約と要物性の緩和

消費貸借とは，当事者の一方が「種類，品質及び数量の同じ物」を「返還することを約して」「相手方から金銭その他の物を受け取ることによって」成立する契約である（民587条）。民法587条の規定の文言からは，消費貸借契約は，当事者の合意によって成立し，目的物の交付により効力を生じるものとして，消費貸借契約の効力発生要件を定めているかのように読むことができるが，伝統的に，消費貸借契約の成立要件を定めた規定であると解されている。すなわち，消費貸借契約は，民法587条により，金銭その他の目的物の交付があって初めて成立する要物契約であるとして規定されたものである。消費貸借契約が要物契約と解されることにより，目的物の交付前における貸し借りの合意は，法的拘束力のない単なる合意にすぎず，合意に引き続いて現実に目的物の交付があって初めて消費貸借契約が成立すると解されることになる。なお，消費貸借契約の目的物は，金銭その他の代替物であるが，最も重要なのは金銭消費貸借契約である。

ところで，実際の取引においては，例えば，金融機関や金融業者との間で金銭消費貸借が成立する場合，まず消費貸借契約が成立した旨の公正証書が作成され，次に抵当権の設定登記を行い，それらが完了した後に金銭の交付が行われて貸付けが実行されることになる。また，貸主からの金銭の交付が，借主に対してではなく，第三者に対してされる場合，あるいは，貸主から，金銭に代

えて，預金通帳と印鑑若しくは小切手や約束手形が交付される場合がある。このような場合でも消費貸借契約の要物性が充足されていると認めることができるのかが問題となる。

　なお，民法においては，次の２つの場合において，消費貸借の要物性を緩和する規定が設けられている。第１は，準消費貸借である（民588条）。準消費貸借とは，金銭その他の物を給付する義務がある（既存の債務の存在）場合に，当事者の合意により，既存の債務を消費貸借の目的とするものであり，目的物の交付を伴わずに消費貸借の成立を認めることから，その限りで消費貸借の要物性が緩和されている。第２は，消費貸借の予約である（民589条）。消費貸借の予約とは，消費貸借（本契約）を成立する債務を負担する契約であるが，目的物の授受に先立つ単なる合意に法的効力を認めないとする要物性と矛盾することから，消費貸借の予約を認めることによって消費貸借の要物性を緩和している。

　平成27年３月31日に閣議決定され，同日，第189回通常国会に提出された「民法の一部を改正する法律案」（以下「改正法案」という）は，民法587条を維持した上で，587条の２（書面による消費貸借等）として，「(1)民法587条の規定にかかわらず，書面による消費貸借は，当事者の一方が金銭その他の物を引き渡すことを約し，相手方がその引渡しを受けた物と種類，品質及び数量の同じ物をもって返還することを約することによって，その効力を生ずる。」との規律を付け加えるものとする。これは，諾成的消費貸借契約を認める判例法理（最〔２小〕判昭48・３・16（金法683号25頁））を条文化し，消費貸借契約を要物契約としての消費貸借契約（現民587条）と諾成契約としての消費貸借契約（改正法案民587条の２）の２本立てにするとともに，諾成的消費貸借契約については，安易な消費貸借契約の締結を防ぐために，書面を要求することとするものである（要式契約としての諾成的消費貸借契約）。

〔２〕 目的物交付前にされた行為についての要物性の緩和

(1) 目的物交付前に作成された公正証書の効力

　消費貸借契約の要物性を厳格に解すると，目的物である金銭が交付されないうちは消費貸借契約は成立しておらず，金銭の交付前に作成された公正証書は，

記載事項が事実に一致しないとして無効ではないかが問題となるが，判例は，債務名義である公正証書としては，多少事実と違っていても請求権を特定できれば有効であるとの観点から，公正証書作成の時に金銭消費貸借の合意のみであっても，その後に目的物である金銭の授受がされればよく，金銭の交付前に作成された公正証書は，後に成立する金銭消費貸借契約を表示したものとして公正証書の執行力は認められると解している（公正証書作成の5日後の金銭の交付の場合についての大判昭8・3・6民集12巻325頁，公正証書作成の2ヵ月半後の金銭の交付の場合についての大判昭11・6・16民集15巻1125頁）。なお，この場合も，公正証書が債務名義として執行力を生じる時期は，金銭の交付がされて金銭消費貸借契約が成立した時点である。判例は，直接には消費貸借契約の要物性を緩和することによってではなく，公正証書の記載事項と実際の事実との一致を緩やかに解釈するという公正証書の効力の問題とすること（公正証書の効力要件の緩和）によって解決したものであるが，消費貸借契約の要物性を緩和することによっても同一の結果を得ることができたのであるから，要物性緩和の方向を示唆していた意義は少なくない（矢崎博一「消費貸借の要物性」薦田茂正＝中野哲弘編『裁判実務大系(13)金銭貸借訴訟法』108頁）。

(2) 目的物交付前に設定された抵当権の効力

目的物である金銭が交付される前に登記された抵当権についても，消費貸借契約の要物性を厳格に解すると，消費貸借契約が成立する前に設定されたものとして無効ではないかが問題となるが，判例は，金銭消費貸借契約における返還債務を担保するための有効に設定されたものであると解している（大判明38・12・6民録11輯1653頁，大判大2・5・8民録19輯312頁）。判例は，消費貸借契約の要物性を緩和することによってではなく，抵当権の成立についての付従性の問題として，抵当権の設定と債務の発生は同時である必要はなく，抵当権設定者が将来発生すべき債務を担保する意思で抵当権を設定する場合においては，金銭貸借貸借契約の成立に先立ってあらかじめ抵当権設定の手続をするのは法律が禁止するものではなく，抵当権設定当時には，何が被担保債権になるかが特定されていれば足り，その抵当権は後に発生した債務を有効に担保するのであるとすること（抵当権の付従性の緩和）によって解決したものである。しかし，金銭消費貸借契約の成立が抵当権設定登記の後になるのは，目的物である金銭

の交付が抵当権設定登記後にされることによるものであるから，実質においては消費貸借契約の要物性を緩和したものとみることができる（矢崎博一・前掲108頁）。

〔3〕 目的物の交付の態様・方法についての要物性の緩和

消費貸借契約の要物性は，目的物の交付の態様及び方法との関係においても問題となるが，判例は，一般的には要物性を緩和し，貸主と借主との間に現金の授受がない場合であっても，「現金の授受があったと同一の経済的利益」を借主が受けたと評価することができる場合には，金銭消費貸借契約は有効に成立するという考え方をとっている（大判大11・10・25民集1巻621頁等）。

(1) 目的物の交付の態様についての要物性の緩和

(a) 貸主から借主への目的物の交付

当事者の一方が「相手方から金銭その他の物を受け取る」という文言の意味を，「貸主本人から借主本人に対して直接に目的物を交付すること」というように厳格に解すると，貸主が第三者をして借主に交付させたり，貸主が借主の指定する第三者に交付する場合にも消費貸借契約の要物性が認められるかが問題となるが，目的物の交付の流れを省略しただけであり，禁止して形式的な目的物の移転をさせる必要はなく，消費貸借契約の成立は認められる。

(イ) 第三者から借主への目的物の交付　消費貸借契約の目的物は，貸主本人から借主に交付されることまでは必要ではなく，貸主が，自己の計算において第三者に指示して，その第三者から借主に交付された場合でもよい（貸主の取引銀行をして交付させた場合についての大判昭8・9・15民集12巻2347頁）。

(ロ) 貸主から第三者への目的物の交付　消費貸借契約の目的物は，貸主から借主本人に交付されることまでは必要ではなく，貸主が借主の指示する第三者に交付する場合でもよい（貸主が借主の指示する借主の債権者に交付した場合について大判昭11・6・16民集15巻1125頁，金融機関（貸主）が建築資金を建築主（借主）の指示する建設業者の預金口座に振り込んだ場合について東京高判昭43・3・29金判108号103頁・金法515号29頁）。

(b) 連帯債務者の1人に対する目的物の交付

金銭消費貸借契約における連帯債務者は必ずしも自ら金銭を受け取ることは

必要ではなく，自ら金銭を受け取らなくとも当該連帯債務者についても消費貸借は有効に成立する（大判昭9・6・30民集13巻1197頁）。

(2) 目的物の交付の方法についての要物性の緩和

当事者の一方が「相手方から金銭その他の物を受け取る」という文言の意味を，「目的物を現実に交付すること」というように厳格に解すると，貸主が目的物である金銭の一部を現実に交付せず，例えば，預金として預かったような場合にも消費貸借契約の要物性が認められるかが問題となるが，目的物の交付の方法は，現実の引渡しの方法（民182条1項）による場合以外にも，簡易の引渡しの方法（民182条2項），占有改定の方法（民183条），指図による引渡しの方法（民184条）による場合でもよく，また，即時取得の方法（民192条）による場合もある。もっとも，金銭消費貸借契約に関する限りは，金銭は占有移転によって所有権も当然に移るので，即時取得の方法（民192条）による場合を考える必要はない。

(a) 簡易の引渡しの方法による場合

甲が乙から金銭を借りたが，同時に乙も甲から同額の金銭を借り，結局金銭のやり取りはなかった場合，乙は簡易の引渡しの方法（民182条2項）により金銭の交付を受けているといえるから，金銭消費貸借契約の成立が認められる（大判明40・5・17民録13輯560頁）。借主が貸主に対する第三者の債務を弁済することを約束して，弁済金相当額を貸主が借主に貸し付ける場合，貸主は，借主から弁済金の支払を受ける手続と貸主が借主に対し弁済金相当額の金銭を貸し付ける手続を省略し，簡易の引渡しの方法により直ちに弁済金相当額を目的として金銭消費貸借契約が成立する（大判明44・6・8民録17輯379頁）。貸主が借主に目的物である金銭の一部のみを現実に引き渡し，残部を借主に対する既存の債務と差引計算をした場合も，現実の引渡しと簡易の引渡しとにより目的物の全部についての交付があったとされる（大判大7・5・6民録24輯890頁）。

(b) 占有改定の方法による場合

金融機関との消費貸借契約において，借主が現金を受け取らずに同額を銀行に預金し，預金証書の発行を受けた場合，占有改定の方法により金銭消費貸借契約が成立する。しかし，貸主である金融機関が支払停止の8日前に，貸付金を定期預金にさせて預金証書のみを交付した場合のように，借主において預金

を回収しうる見込みが十分にないときには，預金証書の交付のみでは現金の授受を受けたのと同一の経済的利益を得たとはいえず，金銭消費貸借契約は成立しない（大判大6・6・22新聞3302号11頁）。金融機関が借主に貸付けをし，同時に，貸付金と同額の第三者名義の定期預金をし，同日，定期預金証書が借主に交付された場合，占有改定と簡易の引渡しの方法により目的物である金銭の移転がされたものとして，金銭消費貸借契約は成立する（最〔3小〕判昭48・2・27裁判集民事108巻233号）。

〔4〕 交付目的物についての要物性の緩和（金銭代替物の交付）

　貸主が，金銭消費貸借契約の締結にあたり金銭が手元にない場合，金銭交付の方法として，銀行に預け入れている預金の通帳とその引出しに必要な印章を交付する場合，あるいは，取引銀行を支払人として約定の消費貸借の金額を額面金額とする小切手を振り出す場合，また，若干の日時を隔てて金銭を用立てたいようなときには，約定の消費貸借の金額を額面金額とし，満期を支払予定の期日とする約束手形を交付する場合がある。貸主が借主に対して金銭に代わる物（金銭代替物）を交付した場合，消費貸借契約の要物性を厳格に解すると，消費貸借契約が成立するためには，金銭消費貸借契約においては，金銭そのものが交付されることが必要であるから，金銭消費貸借契約は成立しないのではないかが問題となるが，判例は，要物性を緩和し，「現金の授受があったと同一の経済的利益」を借主が受けたと評価することができる場合には，金銭消費貸借契約は有効に成立するという考え方をとっている。

(1) 預金通帳と印鑑の交付

　貸主から借主に対して預金通帳と預金引出しのための印章が交付された場合，金銭消費貸借契約が有効に成立する（大判大11・10・25民集1巻621頁）。預金通帳と預金引出しのための印章の交付により，借主は，約定の金銭の支払を直ちに銀行から受けることができ，現金の交付を受けたのと同一の経済的利益を得たということができるからである。

(2) 小切手の交付

　小切手は，一覧性を有し（小切手28条1項），受取人は支払銀行から交付当日又は遅くとも翌日には現金の交付を受けることができるので，金銭の交付に代

えて小切手が交付された場合，交付時に額面金額で金銭消費貸借契約が成立することに問題はない（大判昭11・9・7法学6巻1号82頁，大判昭16・11・29法学11巻7号711頁。近年においても東京高判昭51・11・22判時845号59頁・金判524号17頁，大阪高判昭58・3・23判タ504号106頁・金判681号27頁）。

なお，交付された小切手が不渡りとなり，小切手金が支払われなかった場合は，小切手の支払がされなかった事実は，金銭消費貸借契約の解除条件となる。すなわち，金銭の交付に代えて小切手が交付された場合，金銭消費貸借契約は小切手金が支払われないことを解除条件として成立すると解することになる（時効によって貸主の小切手支払義務が消滅した場合について前掲大阪高判昭58・3・23参照）。

(3) 約束手形の交付

貸主が，約定の消費貸借の金額を額面金額，満期を支払予定の期日とする約束手形を金銭に代えて交付した場合，借主は，満期まで待って額面金額の支払を受けるのが本来であるが，満期まで待つことなく第三者に割り引いてもらって割引料を入手してもよい。いずれにしろ借主は約束手形によって金銭を入手することができるから，金銭消費貸借契約の成立時期及び金額については問題があるが，金銭消費貸借契約が成立することに異論はない。

(a) 金銭消費貸借契約の成立時期

金銭消費貸借契約の成立時期はいつか（約束手形の交付の時か，借主が割引により現実に金銭を入手した時か，手形振出人が満期日に手形所持人に額面金額を支払った時か）が問題となるが，金銭の交付に代えて約束手形が交付された場合，約束手形は額面金額だけの経済的価値があるものとして当事者間で授受され，借主は約束手形の交付を受けることにより金銭の交付と同一の経済的利益を受けたということができるから，約束手形の交付の時に金銭消費貸借契約が成立するというべきである（東京地判昭45・8・6判時614号90頁・金判252号11頁，東京高判昭51・4・27判時816号53頁，大阪高判平10・6・3判時1670号28頁）。約束手形の割引時を成立時期と考える立場（大判大14・9・24民録4巻470頁）は，金銭消費貸借契約の成立時期を割引時としながら，成立する元本額を額面金額相当額とすることは論理的な矛盾となり，また，成立する元本額を割引金額とすることは，貸主とは何ら関係のない事情によって金銭消費貸借契約の成立額を決定することになり，妥当ではない。満期日（支払時）を成立時期と考える立場（東京高判昭43・7・31

判時536号56頁）は，実際の取引においては，借主が約束手形の割引によって得た金銭で自己の債務を返済し，その後自己の債権を回収して，満期前に金銭貸借契約上の債務を返済し，貸主は，受領した返済金によって満期に約束手形の決済をする場合，金銭消費貸借契約の成立前に債務が弁済されているとことになり，取引の実情に適さず妥当ではない。

　(b)　金銭消費貸借契約が成立する元本額

　借主が，貸主から交付を受けた約束手形を第三者に割り引いてもらって入手する金額は，額面金額より少なく，したがって，金銭消費貸借契約の約定の金額より少なくなることから，金銭消費貸借契約の成立する元本の額は割引金額相当額か額面金額相当額かが問題となるが，貸主と借主との間において，金銭に代えて約束手形を交付すること及び約束手形の額面金額相当額を金銭消費貸借契約の額とすることについて合意があれば，借主が割引により約束手形の額面金額に満たない金銭を入手したにとどまったとしても，額面金額相当額について金銭消費貸借契約が成立する（最〔3小〕判昭39・7・7民集18巻6号1049頁。なお，本判決は，金銭消費貸借契約の成立時期については争点とされていないため，その点については判示されていない。その他大判大14・9・24民録4巻470頁，東京高判昭51・4・27判時816号53頁，前掲大阪高判平10・6・3等）。

　(c)　交付された約束手形が満期に支払われなかった場合

　約束手形が満期に支払われなかった場合には，借主が手形割引によって金銭を受け取っていても，手形上の遡求（手形43条・77条1項4号）によって受領していた金銭を返還しなければならなくなることから，借主の保護を考えておかなければならないところ，借主が経済上の利益をまったく受けないのと同じ状態になった場合には，満期に約束手形の支払がされなかったという事実は，約束手形の交付時に成立した金銭消費貸借契約の解除条件となる。前掲最〔3小〕判昭39・7・7が「約束手形が満期に支払われたときは手形金相当額について消費貸借が成立する」としているのは，満期に約束手形金が支払われないことを金銭消費貸借契約の解除条件とする趣旨であると理解できる（小切手が交付された場合についての前掲大阪高判昭58・3・23も参照）。

　　　　　　　　　　　　　　　　　　　　　　　　　　　［増田　輝夫］

Q3 | 借増し・借換え

借増し・借換えについて説明しなさい。

〔1〕 概　　説

　貸金返還請求事件について，特に簡易裁判所では，消費者金融業者や信販業者等（以下「貸金業者」という）が債権回収のために訴えを提起する事件が圧倒的に多く，個人間の金銭の貸借りに関する事件は少ない。これも，一般市民は，無保証，無担保で，ＡＴＭ機等を利用し，借入限度額の範囲内で，その時必要とする少額の金銭を繰り返して借り入れることができるシステムが普及していることが大きい。債務者は，1万円や2万円の借入れを繰り返しているうちに借入残高が多額となったり，あるいは，借入金の返済のため数社の金融機関から借り入れて多重債務者となったりして，月々の返済が滞るようになり，貸金業者から債務者に対し，貸金返還請求訴訟が提起されたりする。

　貸金業者による貸付けの基本型は，金銭消費貸借契約証書等による1回貸付けではあるが，上記のとおり，多くの場合，貸金業者と借主との間で，金銭消費貸借に関する包括基本契約（以下「基本契約」いう）を締結した後，この基本契約に基づく借入限度額の範囲内で繰り返し貸付けが行われ，この消費貸借契約は要物契約であるから（民587条），金銭の授受のない消費貸借契約は，いまだ契約の準備的段階といえ，現実に金銭の授受がなされた時点で基本契約と一体として消費貸借契約が成立する。

　このことから，基本契約に従って貸借りを繰り返す形態の取引であっても，貸金返還訴訟の審理の対象となるのは，債務者に対する基本契約の借入限度額

の範囲内で行われた個々の貸付けの返還請求権の有無ということになる。

　基本契約に基づき、金銭の貸借りを繰り返す場合、貸金業者は、時として顧客をつなぎ止めるために少額の貸付けを繰り返し、取引の継続中に新しく貸付けをするかたちをとるにしても、新たな貸付けを起こすと同時に旧債務の残額を０円とし、新貸付額から旧債務の元本及び未払利息を引いた差額の現金を債務者に交付することがある。また、その時の旧債務の未払利息と元本を新債務の元本として新たに借用書を作成することにより、債務者のために従前の返済条件の変更や返済期限の延長がなされ、債務者に現金が交付されないこともある。

　このような取引態様を借増し・借換え（取引上、「貸増し」とか「貸換え」と呼ばれることもある）というのであるが、これは法律用語でもなく、その意味内容は判然としないところもある。

〔2〕　借増し・借換え

(1)　借増し・借換えの法的性質

　貸金業者が債務者に対し、基本契約に基づく継続的な貸付取引等で新たな貸付けをした場合に、貸付金を従前の貸付残元金等の弁済に充てるなどして、この取引を継続しているとき、貸金業者は、訴え提起において、これがいかなる構成に基づく主張であるかを明確にする必要があるし、借増し・借換え（以下、単に「借換え」という）の法的性質をどのように考えたらよいかということが実務上問題となる。

　その借換えの法的性質については、以下の(a)ないし(c)の考え方がある。

(a)　新たな借入時において、新旧２個の債務が併存するという考え方

　新たな借入金と旧債務と合わせた新たな１本の債務とはならないという考え方であるが、貸金業者及び債務者の意思としては、旧債務と連続した１個の継続した貸付取引と考えるのが通常であって、債務者が新たに契約書を差し入れる時において、一時的に新債務と旧債務が併存状態になったとしても、これをこのまま別個の債務とみる必要性もなく、別個の貸付取引とすると弁済充当関係も複雑となり実務的とはいえない。

　新たな借入金と旧債務と合わせて１個の債務とすることは準消費貸借（民588

条）の成立を肯定することにもなるが，この準消費貸借の解釈としては，消費貸借による債務も新しい消費貸借の目的とすることができることになるのであって，判例は，既存の消費貸借上の債務についても準消費貸借を締結できることを認めているところであり（大判大2・1・24民録19輯11頁），借換えの場合も準消費貸借の取引形態が成立するものと考えられる。

民法改正法案では，現行民法588条の「消費貸借によらないで」という文言が削除され，消費貸借に基づく債務を旧債務とする準消費貸借の成立を認める前掲の判例法理を明文化した。

(b) 新規の貸金契約が成立し，その貸付金の一部で旧債務は弁済されて消滅するという考え方

新債務と旧債務を併存させることなく2個の債権債務関係を一本化しようとするものと考えるのは相当であるが，貸し付けた現金で旧債務の弁済がなされる際に，現実には，貸金業者から債務者に対し，金銭の授受関係を省略して新貸付金と旧債務との差額金を支払うようなやり取りがなされた場合，それでも，旧債務は，現金を交付して支払い，消滅したとみるのか否か，また，現実に旧債務額に相当する現金が貸付金として債務者に交付されたといえるのかが疑問として残ることになる。

結局は，貸金返還訴訟における原告の主張の構成によるが，判例では，当該貸付契約において，貸金業者が債務者に対し，いったん50万円を交付し，その返済契約を締結しているものの，これは債務者の旧残債務金について，この50万円の貸付金の弁済を受けることを前提としたものであり，実際にも，貸金業者は，債務者に交付した現金の中から，貸金業者の計算による旧残債務金36万0925円全額の弁済を受けており，また，債務者が旧残債務金を弁済することを前提としなかった場合には，この旧残債務金に加えて新たに50万円を貸す可能性はなかったとして，この貸付契約は50万円の消費貸借とせずに，現実に交付された13万9075円についての消費貸借と旧残債務金36万0925円を目的とする準消費貸借の混合契約であると判断したものもある（大阪地判平2・1・19判タ738号160頁）。

(c) 旧債務の残額と新規の貸金額を元本とする新しい契約が成立するという考え方

判例は、金銭の貸付けを受けた者が、元本、利息等を完済する前に、債権者から新たに旧債務の額を超える金員の貸付けを受け、それによって旧債務を弁済する旨の合意をした上、新たな貸付けの額から旧債務の残元本、未払利息等に相当する額を差し引いて残額の交付を受ける、いわゆる借換えは、債務者が新たな信用を得るとともに、新旧両債務を併存させることなく2個の債権債務関係を一本化しようとするものであると解されるので、これによって、法的に有効な旧債務の残額に債務者が現実に交付を受けた額を加えた合計額についての準消費貸借契約が成立したものとみるのが相当であるとした（東京高判平12・9・27金法1604号29頁）。

新債務と旧債務を併存させることなく2つの債権債務関係を一本化するにあたり、当事者の合理的な意思を最も反映した考え方といえるし、公平の観点からみても妥当である。

貸金返還訴訟において、一般的には、旧債務が完済されないうちに新規の貸付けが行われた場合、継続的な1個の取引として取引一覧表を作成して貸付残額を算出しているのであるから、借換えの考え方としては、法的に有効な旧債務の残額に債務者が現実に交付を受けた額を加えた合計額についての準消費貸借契約が成立して、従前の貸付取引がその後も継続しているとみるのが相当ではなかろうか。

民法改正法案でも、現行民法587条の消費貸借規定と同様に、同587条の目的物の引渡しによって消費貸借が成立する旨の規定が維持した上で、同改正法案587条の2において、書面による消費貸借の規定を設けたが（判例（最判昭48・3・16金法683号25頁）が諾成的な消費貸借の成立を認めており、実際上も融資の約束に拘束力を認めることが必要な場合も少なくない）、準消費貸借は、諾成的な消費貸借とは異なり、目的物の引渡しが予定されないため、目的物の引渡しに代えて書面を要求することで軽率な消費貸借の締結を防止するという趣旨が妥当しないと考えられるから、同改正法案においても、現行法と同様に、準消費貸借については、書面を要求していない。

(2) 借換えがあった場合の残債務額の確定方法

(a) 残債務額の確定方法

前記(1)(c)の考え方によると、借換えが行われた場合の残債務額の確定方法は、

第一に法的に有効な旧債務の残額を算出し、次いで現金交付額を確定し、これらの額を合算することにより新しい有効な残元本額を算出することができる。

実際の現金交付額は、借換え後の新貸付証書に記載された新元本の額から貸金業者の計算による旧債務の額（元本及び未払利息）を差し引いた額により計算できる。

(b) 借換えにおける貸金業法43条1項のみなし弁済の適用の有無（以下、貸金業法については、平成18年法律第115号による改正前のもの）

貸金業者が債務者に対して貸付けを行うに際し、貸付けの契約内容や支払の充当関係が不明確であることなどにより債務者が不利益を負うことがないように保護し、後日の紛争発生を防止するために、貸金業者に対し、貸金業法17条及び同規則13条による契約書面（以下「17条書面」という）の、同法18条及び同規則15条による受取証書の交付等を義務づけている。その一方では、債務者が利息制限法所定の制限利率を超えて利息及び遅延損害金を支払った場合、同法43条1項、同条3項で、それが任意に支払われた場合は、これを有効な利息及び遅延損害金債務の弁済とみなすこととしている。

このような法の趣旨からすると、基本契約に基づく継続的な取引において、貸金業者は、債務者に対し、基本契約時に所定の17条書面を交付し、個々の貸付時には、①貸付金額、②貸付年月日、③基本契約の契約番号を記載した書面を交付するとともに、契約書面（17条書面）と併せて貸金業法17条の要件を充足する必要があると認められる。

判例は、貸金業法43条1項の趣旨にかんがみると、……従前の貸付けに基づく債務の残高を貸付けの金額ないしその一部とする貸付けを行ったときに交付する書面には、法17条1項3号所定の「貸付けの金額」についての契約の内容を明らかにするものとして、従前の債務の残高の内訳（元本、利息、賠償金の別）及び従前の貸付けを特定するに足る事項を明記しなければならないと解するのが相当であるとしている（富山地判平4・10・15判時1463号144頁）。

このように解すると、貸金業者と債務者との間において、借換えの際に新たに契約がなされたときには、「貸付けの金額」として、借換えの金額の記載だけでは足りず、旧債務の残高の内訳（元本、利息、賠償金の別）を記載すべきであり（大蔵省銀行局長通達（昭58・9・30蔵銀第2602号）「貸金業者の業務運営に関する基本

事項について」第二の四(2)参照)，貸金業者から17条書面として交付される書面でこの記載が欠ける場合は，「貸付けの金額」に関する明示がないこととなり，契約内容を明らかにした書面の交付がないから，貸金業法43条1項のみなし弁済の適用はないことになる。

(c) 旧債務に過払いが生じている場合

旧債務が弁済されないうちに新規の貸付けが行われる場合では，法的に有効な旧債務の残額に債務者が現実に交付を受けた額を加えた合計額についての準消費貸借契約が成立するとみるのが相当であるとした（前記(1)(c)）。

基本契約に基づく継続的取引において，みなし弁済の適用がなく，利息制限法所定の制限利率により引直計算して過払金が発生する事実は，借換え後の日ということになり，これをどのようにして解決を図るかが問題となる。借換えの段階で旧債務に過払いが生じていた場合は，旧債務は存在しないので，上記のような準消費貸借契約という構成はできないこととなる。

判例は，旧債務に過払いが生じている場合であっても，借換えをした当事者は，旧債務の貸借関係を清算することを目的として新たな消費貸借契約を締結したものと認められるから，当事者は，旧貸付けについて貸主から借主に返還すべき過払金があるときは，それを清算する趣旨で新たな貸付金を交付したものと解するのが相当である。したがって，過払金の生じている旧債務について借換えがされた場合には，準消費貸借契約が締結されたものと見ることはできないが，新たな貸付金として借主に交付された金員のうち旧貸付けにおける過払額に達するまでの金員は，旧債務の過払金の返還として借主に交付され，その残金が新たな貸付けの元金として交付されたものと解すべきことになるとしている（前掲東京高判平12・9・27）。

このように考えれば，債務者は，貸金業者との取引の過程において借換えの契約がなされたところで，一連の取引として充当計算され算出した過払金にかかる不当利得返還請求を認めることができるし，借換え時における当事者の合理的解釈としてはもちろんのこと，理論的にも，新たな貸付金として借主に交付された金員のうち過払額に達するまでの金員は，過払金の返還として交付され清算されるものと解するのが相当である。

〔3〕 貸金返還訴訟と借換え

　基本契約に基づく貸金返還請求事件において，貸金業者である原告は，継続的に借入れと返済が繰り返される請求原因事実の記載については，別表を作成して個々の貸付日と貸付金を明示し，この貸付金の返済状況についても個々の返済日と返済金も明示し，返済金を日数分の利息若しくは確定遅延損害金に充当し，その余を貸金残額に充当して新たな貸付残額を算出する方法で貸付取引のプロセスを明らかにし，最終取引日における請求金額（貸付残額，未払利息，遅延損害金）がいくらであるか明確にしている。
　原告は，原告の計算における貸付残額等の請求をしてくるが，実際は，当初の貸付日以前から貸付取引が行われていた場合がある。
　この場合において，被告が，貸金業者に対する自分の返済状況等を把握していないと，利息制限法所定の制限利率により引直計算を行うことが困難であり，実際の貸付残額より過大な請求を受けるおそれがある。
　被告は，原告の主張する日にちにおいて，その主張するような高額な金銭を借り受けたことはない。あるいは，原告とは，その主張する日にち以前から取引があり，毎月の返済を継続してきたが，貸付取引の際に，新たに借金をするかたちで今までの債務をすべて返済して，差額の現金を受け取ったにすぎないなどと借換えの主張をすることがある。
　被告は，請求原因事実として原告が主張する取引過程あるいは貸付金の一部否認をすることになる。被告の主張によれば，原告が主張する基本契約に基づく新規貸付けは，借換えの過程にすぎないから，原告は，当初の取引開始まで遡り，過去の取引についても主張立証することになる。
　原告は，この新規貸付けにより被告との取引が開始されたとか，これ以前の被告との取引は，本件とは別個の取引であって，約定によっても完済により取引が終了したと反論することがあるが，その場合，原告の貸付行為が借換えによるものであったとすると，この借換えの時に，被告に対して，実際に交付された貸付額がいくらであったかが争点となってくる。
　原告が，以前からの取引があり，借換えをしたとして，あるいはこの時点で準消費貸借契約が成立したとして，その後の取引と一連性を認める場合は，こ

れに基づく充当計算をして，請求の減縮をするなど訴えを変更することとなる。

　原告が，過去の取引に遡って計算してきた場合においても，貸金業法43条のみなし弁済の適用を主張する場合もあるが，一連の最高裁の判断において，みなし弁済の適用を厳格に解し，これを認める可能性が極めて低く，事実上，その適用が認められなくなったといえるが（現在の貸金業法では，みなし弁済の規定（貸金業法43条）が廃止された），原告としても，利息制限法所定の制限利率により，引直計算をするようになってきている。

　借換え以前の取引を利息制限法所定の制限利率で引直計算した場合に過払金が発生しても，前記〔2〕(2)(c)のとおり，その時の貸金残額と充当計算して清算して一連計算することになる。

〔中林　清則〕

第2章

利息・遅延損害金

Q4 | 利息債権

利息債権について説明しなさい。

A

〔1〕 はじめに

　元本に利息を付けることは，歴史的には，徳義上，宗教上の理由から禁じられていた時代もあるが，近代では契約自由の原則のもと，基本的には許容されている（利息自由の原則）。

　そして，近代資本制の社会において，利息は，生産信用（金銭が生産過程に資本として投じられることで貸主，借主双方が利潤を生み出す）としての役割と消費信用（金銭が一般生活者や少額の生産者に投じられ，社会全体の経済を支える）としての役割を果たす。

　生産信用の調整は，国全体の金融政策として日銀政策委員会が決定し（臨時金利調整法2条，日本銀行法15条），消費信用の調整は，資金回収のリスクを転嫁するための高金利から弱い立場の借主を保護するため，利息自由の原則が法的に規制される（利息制限法等）。

〔2〕 利　　息

(1) **意　義**
　利息とは，民法及び商法における用例が一貫していないため，必ずしも明確ではないが，通常，「金銭その他の代替物（元本）の使用の対価として，一定の割合（利率）により，元本の額と使用期間に比例して支払われる金銭その他の代替物である」と解されている。

(2) **法的性質**
　(a)　利息は，元本債権の存在を前提とし，それに従属する。したがって，元本債権の存在が前提となっていない金銭等の給付（例えば終身定期金（民689条））は，利息ではない。
　(b)　元本債権は，その使用によって消滅し，同一種類の物を返還させる流動資本であるから，その対価である利息は，金銭その他の代替物ということになる。ただし，元本と同じ物である必要はない（大判明35・4・12民録8輯4巻34頁，金銭の利息として過度の利米を提供した事案，利息制限法を適用した）。
　(c)　利息は，元本使用の対価（収入，所得）である。元本そのものの償還（消却）である割賦金などは利息ではない。
　(d)　利息は，元本額とその使用期間に応じて一定の利率によって算出される。利率によらない謝金は利息ではない（利息制限法3条の適用では問題がある）。

〔3〕 利息債権

(1) **意　義**
　元本債権とは別個に利息の支払を目的とする債権を利息債権という（民404条）。消費貸借契約は原則，無償契約であるから（民587条以下），利息債権が発生するためには，当事者間の合意又は法律の規定が必要であり，前者の場合には約定利息が，後者の場合には法定利息が生ずる。
　ところで，利息債権は，その性質上，2つに分けて考えられる。元本債権の全期間を通して一定率の利息を生ずることを内容とする基本権としての利息債権と，この債権の効果として，弁済期ごとに発生する一定額の利息の支払を内容とする支分権としての利息債権である。

(2) 基本権としての利息債権

元本債権に従属し，その法律的運命をともにする。したがって，(i)契約の無効等により元本債権が発生しないとき，基本的利息債権は発生しない（大判大6・2・14民録23輯158頁）。時効，弁済等により元本債権が消滅すれば，基本的利息債権も消滅する（大判大9・5・25民録26輯759頁）。(ii)元本債権の処分があれば，原則として，利息債権も随伴する。したがって，元本債権が譲渡されれば，利息債権も譲渡され，元本債権の転付命令があれば，利息債権も差押債権者に移転する（大判大11・11・15新聞2081号17頁）。

(3) 支分権としての利息債権

すでに発生し具体化した利息債権は，元本債権に対し，独立性を有する。したがって，(i)元本債権が消滅しても，当然に消滅するものではない。(ii)元本債権の譲渡は，特約がなければ，その利息債権の譲渡を伴わない（ただし，遅延利息は損害賠償としての性質上，元本債権の拡張であるから，これに随伴する。大判昭2・10・22新聞2767号16頁）。元本債権とは別に譲渡することができ，別個に弁済することができる（大判大11・3・2新聞1978号19頁）。

もっとも，独立性があるといっても，本来，元本債権を満足させるものであるから，民法は，債権者保護のため，元本債権の担保は，利息債権も担保する（民346条・398条の3等）。

(4) 利息債権の発生要件と利率

(a) 元本債権の発生原因事実

利息は，元本債権に対し附従性を有するから，元本債権の発生原因事実（「○年○月○日，金○万円を弁済期○年○月○日と定めて貸し渡した。」）が必要である。

(b) 貸主，借主間の利息支払の合意

(イ) 消費貸借契約は，無利息が原則となっているから，利息債権が発生するためには，利息支払の合意が必要となる。ただし，貸主，借主いずれも商人であれば，利息支払の合意がなくても，当然に法定利息を請求できる（商513条1項）。

(ロ) 当事者間で利息支払の合意があっても，約定利率の定めをしていなければ，利率は，法定利率の年5分[*1]となる（民404条）。ただし，元本債権が商事債権であること（①貸主か借主のいずれかが商人であること（商503条），又は②絶対的若

しくは営業的商行為による債権であること（商501条・502条））を主張・立証すると，商事法定利率年6分*2の利息を請求することができる（商514条）。

(ハ) 約定利率による利息の支払を合意した場合は，当然，その合意に従う（民404条「別段の意思表示」）。ただし，法定利率を超える約定利率で，利息制限法所定の制限利率を超える利率の約定は，その超過部分につき無効となる（利息1条1項）。

(c) 一定期間の経過

借主は，元本を受け取った日からこれを利用できるから，その日から利息を支払うべき義務がある（最判昭33・6・6民集12巻9号1373頁）。

したがって，利息の生じる期間は，元本を受け取った日から元本の返還をすべき日までの期間であり，具体的には，一定期間の最終日の到来を摘示すれば足りる。

*1　民法改正法案では，現行法の法定利率年5％は，年3％となる。
*2　民法改正法案では，商法514条は削除され，商事法定利率も改正民法の法定利率年3％に統一される。

〔4〕 重　利

(1) 意　義

重利とは，弁済期の到来した利息を元本に組み入れ，これを元本の一部として，さらに利息を生ぜしめることである（複利ともいう）。

利息に利息が付くため，債務者にとって過酷な負担を強いるので，古くから重利を禁止又は立法で制限している国もあるが，わが国では，利息制限法との関係での範囲内ではあるが，法律の規定による重利（法定重利）のほか，重利を生ずる契約をすることができる（約定重利）。

(2) 法定重利（民405条）

利息の支払が1年分以上延滞した場合において，債権者が催告をしても債務者がその利息を支払わないときは，債権者は，これを元本に組み入れることができる。

債権者の一方的意思表示によって延滞利息を元本に組み入れる権利（組入権）を認めたものであり，債権者の組入れの意思表示が到達した時からその効力を

生ずる。

(3) 約定重利

民法405条は，任意規定であるから，当事者が特約によって重利を生じさせる場合がある。

その態様は，①弁済期が到来してから，当事者が新たに合意して，延滞利息を元本に組み入れるもの，②弁済期到来前から予め重利契約をしておくものなど，いろいろであるが，いずれも，支払うべき利息の総額が利息制限法所定の利率で計算された利息額の範囲内であれば問題はない。

しかし，利率が利息制限法所定の範囲内であっても，支払うべき利息総額と最初の元本との比率が制限利率を超過する場合には問題がある。

この点，年数回の利息の組入れを約する重利の予約と利息制限法の関係について，「毎期における組入れ利息とこれに対する利息との合計額が，本来の元本額に対する関係において，1年につき利息制限法所定の制限利率をもって計算した額の範囲内にあるときに限り，その効力を認めることができ，その合算額が限度を超えるときは，その超える部分については効力を有しないものと解するのが相当である。」とする判例がある（最判昭45・4・21民集24巻4号298頁）。

利息制限法が年利率をもって貸主の取得できる利息の最高額を制限した趣旨を重視した考え方である。

[桐　　忠裕]

Q5 | 利息・遅延損害金に対する法的規制

利息や遅延損害金に対する法的規制について説明しなさい。

A

〔1〕 金銭消費貸借における利息, 遅延損害金を規制する法律

　利息, 遅延損害金については, 民法及び商法に一般規定があるが, これらの規定は契約自由の原則を前提とした任意規定である。しかし, 金銭消費貸借における利息の利率や遅延損害金の利率の定めを当事者の自由に任せると, 経済的弱者である債務者が債権者の要求する契約条件を飲まざるを得ない状況で契約し, その結果高利にあえぐおそれがあることから, 「利息制限法」により, 利息の利率や遅延損害金の利率を規制している。また, 「出資の受入れ, 預り金及び金利等の取締りに関する法律」(以下「出資法」という) には, 債務者の窮状につけ込んで暴利での貸付けを行うヤミ金融対策として, 暴利での貸付けについて刑事罰の定めがある。

　なお, 旧貸金業法 (「貸金業の規制等に関する法律等の一部を改正する法律」による改正 (以下「18年改正」という) 前の貸金業法) には, 利息制限法の制限利率を超える金利であっても, 一定の要件を充たした場合には, 出資法の制限利率の範囲内 (いわゆるグレーゾーン) の利息, 遅延損害金の支払を有効な弁済とみなす「みなし弁済」の規定が設けられていた (旧貸金業法43条)。しかし, 同規定が適用されると結果的に高利が容認されることになることや最高裁判例の集積により事実上同規定の適用の余地がなくなっていたことから, 18年改正により削除された。

また，18年改正は，貸金業法の改正のほか，利息制限法及び出資法の改正も伴っており，また，いずれも，施行日（平成22年6月18日）前の貸付けについては従前の例によるとされているので（附則26条・31条・25条），貸付日と施行日との関係について留意する必要がある。

〔2〕 民法及び商法の金利に関する規定

(1) 利息に関する規定

民法上，金銭消費貸借契約における利息はその特約がある場合に限り発生する。その場合は利率も約定によって定められるのが通常であるが，民法は利率の約定がない場合の利率（法定利率）を年5分と定めている（民404条）。

他方，商法は，商人間の金銭消費貸借の場合には，特約がなくとも貸主は法定利率による利息を請求することができるとし（商513条1項），商行為によって生じた債権の法定利率を年6分として民法の例外規定を定めている（商514条）。

なお，民法改正法案404条1項は，法定利率について，別段の意思表示がないときの法定利率は利息が生じた最初の時点における法定利率によるとしている。また，同条2項は法定利率を年3％としているが，同条3項で，法務省令で定めるところにより，3年を1期として，1期ごとに同条4項の計算方式により変動する変動制を採用した。なお，前記改正に伴い，商行為によって生じた債権の法定利率を年6分とする商法514条は削除される。

(2) 遅延損害金に関する規定

遅延損害金は金銭債務の債務不履行による損害賠償金である。民法は，金銭債務の不履行について，一般の債務不履行の損害賠償の場合に比して，その要件を緩和する一方，責任の範囲を画一的にする特則を設けている。すなわち，金銭債務の不履行の場合は，①債務者は履行遅滞が不可抗力によるものであることを立証しても責任を免れることができず（民419条3項），債務者が期限までに履行しなかったときは直ちに遅滞の責任が生ずる。

他方，損害賠償の額については，「法定利率によって定める。」と規定され（民419条1項本文），これにより，実損害が法定利率により算出される額より少ない場合でも減額されず，また，債権者が法定利率による遅延損害金以外の損害があることを立証してもその賠償請求は認められないことになる。

ただし，債務者が履行期前に法定利息より高い約定利息を支払っていた場合，履行期に弁済を怠ったら約定利息より低い法定利率による遅延損害金を支払えばよいことになるのは不合理であることから，「約定利率が法定利率を超えるときは約定利率による。」旨定められている（民419条1項但書）。また，当事者間で遅滞後に適用される遅延損害金の利率の合意がある場合は，損害賠償額の予定（民420条）がなされたものと解され，民法419条1項の規定にかかわらず，同合意による利率が遅延損害金の利率となる。このように，金銭債務の不履行による損害賠償額が法定利率，約定利率によって定まることから，遅延損害金は遅延利息ともいわれる。

なお，民法改正法案419条1項では，現行法上，「その損害賠償の額は，法定利率によって定める。」と定められているところ，「その損害賠償の額は，債務者が遅滞の責任を負った最初の時点における法定利率によって定める。」と規定されている。また，前記のとおり，法定利率は民法改正法案404条3項により，同条4項の計算方式により変動する。

〔3〕 利息制限法による金利規制

(1) 利息に関する規制

(a) 制限利率

利息制限法は，金銭消費貸借における利息の最高限度について，①元本10万円未満の場合は年2割，②元本10万円以上100万円未満の場合は年1割8分，③元本100万円以上の場合は年1割5分と定め，利息が前記利率により計算した金額を超えるときは，その超過部分（以下「制限超過部分」という）を無効としている（利息1条）。また，利息天引きが行われた場合について，天引額が債務者の受領額を元本として前記制限利率により計算した金額を超えるときは，同超過部分は元本に充当したものと見なしている（利息2条）。

なお，18年改正前の利息制限法では，債務者が制限超過部分を任意に支払った場合にはその返還を請求できない旨の規定があったが（利息旧1条2項），同規定は，最高裁判例（最〔大〕判昭39・11・18民集18巻9号1868頁，最〔大〕判昭43・11・13民集22巻12号2526頁）により事実上空文化されていたことから，18年改正により削除された。

また，前記のとおり，旧貸金業法には，「みなし弁済」の規定が設けられていたが，18年改正により廃止された。もっとも，同改正法の施行日は平成22年6月18日であり，施行日前の貸付けの合意については従前の例によるとされている。このことからすると，同日より前の貸付けについては，「みなし弁済」の適用がありうることになるが，みなし弁済は，その廃止前から，最高裁判例（最〔1小〕判平17・12・15民集59巻10号2899頁，最〔2小〕判平18・1・13民集60巻1号1頁等）により，事実上適用される余地がなくなっていた。

(b) 営業的金銭消費貸借（債権者が業として行う金銭を目的とする消費貸借）の場合の特則

利息制限法1条所定の制限利率の適用について，営業的金銭消費貸借の場合の特則が設けられている。すなわち，①営業的金銭消費貸借上の債務をすでに負担している債務者が同一の債権者から重ねて営業的金銭消費貸借による貸付けを受けた場合は，すでに負担している債務の残元本額と新たに貸付けを受けた元本額の合計額をもって元本額とみなす，②債務者が同一の債権者から同時に二以上の営業的金銭消費貸借による貸付けを受けた場合は各貸付けの元本額の合計額をもって元本額とみなすとされている（利息5条）。なお，これらの規定は18年改正により新設されたものであり，平成22年6月18日の施行日以後の貸付けについて適用される。

(c) 金利規制潜脱の防止

18年改正前の利息制限法においても，金利規制の潜脱を防止するため，金銭消費貸借に関し債権者が受ける元本以外の金銭を原則として利息とみなす「みなし利息」の規定が設けられていたが（利息3条），同改正後の利息制限法では，「みなし利息」特則（利息6条）を新設し，営業的金銭消費貸借の場合の規制を強化している。

また，18年改正は，貸金業者と保証業者が通謀し，多額の保証料を収受して，実質的に利息制限法の金利規制を潜脱することを防止するため，営業的金銭消費貸借上の債務について業とする保証が行われた場合，約定利息と借主が保証業者に支払う保証料の合計額が利息制限法による制限金利を超える場合には，同超過部分を，原則として，無効とするとしている（利息8条1項・9条1項）。

(2) 遅延損害金に関する規制

(a) 制限利率

遅延損害金については，その利率が1条で定める利息の制限利率の1.46倍，すなわち，①元本10万円未満の場合は年29.2％，②元本10万円以上100万円未満の場合は年26.28％，③元本100万円以上の場合は年21.9％を超えるときは，その超過部分が無効となる（利息4条1項）。

(b) 営業的金銭消費貸借の場合の特則

営業的金銭消費貸借の場合は，元本額にかかわらず，利率が年20％を超えるときはその超過部分が無効となる（利息7条）。同特則は18年改正により新設されたものであり，平成22年6月18日の施行日以後の貸付けについて適用される（改正法附則26条）。

〔4〕 出資法による金利規制

(1) 刑事罰の対象となる金利

金銭の貸付けを行う者が金銭の貸付けを行う場合，年109.5％（2月29日を含む1年については年109.8％，1日当たり0.3％）を超える利息，遅延損害金の契約をしたときは，5年以下の懲役若しくは1000万円以下の罰金に処し又はこれを併科するとして，刑罰をもって暴利の金銭消費貸借契約を規制している（出資5条1項）。

(2) 業とする貸付けの場合の特則

金銭の貸付けを行う者が業として金銭の貸付けを行う場合，年20％を超える利息，遅延損害金の契約をしたときには前記刑罰が科せられる（出資5条2項）。

なお，18年改正前にも同様の規制があったが，18年改正によって制限金利が年29.2％超から年20％に引き下げられ，罰則も強化された。

なお，金銭の貸付けを行う者が業として金銭の貸付けを行う場合において，業として保証を行う者が，貸付利息，損害金と合算して年20％を超える保証料の契約をしたときには，同保証業者は5年以下の懲役若しくは1000万円以下の罰金に処し又はこれを併科する刑罰に処せられる（出資5条の2）。

(3) 日賦貸金業者及び電話担保金融について特例の廃止

日賦貸金業者及び電話担保金融については，例外的に高金利が認められていたが，18年改正により廃止された。

		規制内容	違反の効果
民事上の規制	利息 （利息1条）	元本10万円未満　　　　　　　　　年20％ 元本10万円以上100万円未満　　　年18％ 元本100万円以上　　　　　　　　年15％	超過部分の利息の約定は無効
	遅延損害金 （利息4条・7条）	利息の1.46倍 営業的金銭消費貸借の場合　　　　年20％	超過部分の遅延損害金の約定は無効
刑罰による規制	利息及び遅延損害金 （出資5条1項・5条2項）	年109.5％（2月29日を含む1年については109.8％）（1日当たり0.3％） 業として行う金銭貸付けの場合　　年20％	5年以下の懲役若しくは1000万円以下の罰金又はこれを併科 ※ （出資5条3項）

〔5〕ま と め

現行の利息，遅延損害金の規制は上表のとおりである。

[野藤　直文]

Q6 | 利息計算の公式・計算方法

利息計算の公式（年利・日歩・天引きなど）及び計算方法について，事例を設定した上で説明しなさい。

A

〔1〕 利率単位

(1) 日　歩

「日歩」とは元金100円に対する1日当たりの利息であり，実務では「日歩5銭」などと表記されることが多い。過去には公定歩合，貸出金利などに利用されてきたが，昭和44年9月以降は金融の国際化から，これらも年利計算されることなり，現在では日掛金融業者などが用いている。しかし，次に述べるとおり，利息は日割計算が原則であるために，金利計算が容易であるため，金銭消費貸借契約以外の契約書（損害金計算）などで見受けられることがある。

(2) 月利及び年利

月利（年利）とは元本債権が存続する月（年）数に応じて計算される利息のことである。民法は法定果実たる利息について「権利の存続期間に応じて，日割計算によりこれを取得する。」（民89条2項）として日割計算を原則としている。しかし，一方で期間の計算については「週，月又は年によって期間を定めたときは，その期間は，暦に従って計算する」（民143条）と定めるため，暦で計算できるときは暦で計算することするが，端日数が生じる場合では，単に「月利」といっても，30日で計算すべきか，31日で計算すべきかなどといった疑義が生じる場面がある（年についても同様である。この点についてはQ8参照）。

〔2〕 利息計算の公式

(1) 日歩，月利及び年利

利息は元本の使用の対価として支払われるものであり，利息債権の存続期間に応じて，日割をもって計算される。したがって，利息計算の公式は次のとおりとなる。

> 利 息 ＝ 残元本×利率×期間（日数）÷利率ごとの計算単位

ここにいう「利率ごとの計算単位」とは，日歩では1日ごとの計算になるので1日，月利や年利において暦で計算できるときは1月（月利）や1年（年利），端日数を考慮すべきときは31日（31日の月の月利），365日（平年の年利）などとなる。

(2) 天引き

「天引き」とは，あらかじめ利息分を差し引いた残金を渡すことである。

ちなみに，利息の天引きがなされた場合の当該元本の額，そして利率は天引き前の名目額を元に計算することとなる。そして，天引き額が利息制限法1条により計算された利息制限額を超える場合には，超過部分は元本に充てたものとみなされる（以上，利息2条）。したがって，天引きがあった場合の利息計算の公式は次のとおりとなる。

> 利 息 ＝ 天引き後の元本［約定元本－元本充当額＊］×名目額の利率×
> 　　　　期間［約定日－天引き期間］÷利率ごとの計算単位

＊元本充当額＝天引き前の元本に基づく利息－名目額に対する利息

〔3〕 事 例

ここでは，100万円を年10％，2年間の約定で借りたと仮定する（なお，この事例は年利計算を行うが，その計算方法は月利でも同じであるので，ここでは省略する）。

(1) 天引きがない場合（ただし，平年の年利計算）

・100万円（残元本）×10％（利率）×2年（期間）÷1年（利率ごとの計算単位）
　＝20万円

(2) 貸付時に半年分の利息5万円が天引きされ，95万円が交付された場合
(a) 天引き後の元本計算
① 交付額に対する法定利息
　・95万円（交付額）×10%×（1年÷2）（半年）÷1年（利率ごとの計算単位）
　　＝4万7500円
② 元本充当額（天引き額との差額処理）
　・5万円－4万7500円＝2500円
③ 天引き後の元本（元本からの控除処理）
　・100万円－2500円＝99万7500円
(b) 天引き後の利息計算
　・99万7500円×10%×1.5年（残期間）÷1年＝14万9625円

　このように利息の天引きがあった場合は，天引きされた利息から，天引き後の元本に対する利息を計算し，その差額を元本に充当することによって，借主が返済すべき利息が導かれる（当然，約定の弁済期より先に弁済していることになるので，当初の利息より少ない利息額となる）。

[餅井　亨一]

Q7 | 利息制限法に関する最高裁判所判例

利息制限法の適用上，確立した最高裁判例について説明しなさい。

〔1〕 はじめに

　金銭消費貸借契約における利息，損害金の定めは，契約自由の原則からすると当事者の自由に委ねるべきということになるが，債務者の弱い立場を考慮して，国家が後見的に契約内容に介入して規制を行っている。

　利息制限法（平成18年改正）1条は，利息の利率の上限を「元本10万円未満は年20％，10万以上100万円未満年18％，100万円以上15％」に規制し，これを超える金利を無効としている。そして，「出資の受入れ，預り金及び金利等の取締りに関する法律」（以下「出資法」という）は，現在，営業的金銭消費貸借の場合，20％を超える金利につき刑罰で処罰している。

　しかし，以前，出資法は109％の金利を認めていたこともあり，また，改正前の利息制限法1条2項（平成18年改正により削除）は，利息制限法所定の金利を超える部分を無効としながら，「債務者は超過部分を任意に支払ったときは，その返還を請求できない。」と規定し，「任意の支払」は，詐欺や脅迫等による支払以外は任意性があると緩やかに解釈されていたこともあり，利息制限法により返還請求できない超過部分は事実上債権者の手元に残ることになった。その一方で，貸金業者から高利で借入れをした多くの債務者が多重債務者となり経済的に破綻し社会問題となった。

　このような状況の下，経済的に困窮した債務者を救済することが求められるようになり，最高裁判所は金銭消費貸借に関する訴訟において，利息制限法の

適用に関わる判断を行ってきた。以下，最高裁判所が利息制限法の適用に関して行った主な判断についてみていくことにする。

〔2〕 利息制限法1条2項の空文化

旧利息制限法（明治10年9月11日太政官布告）では，超過利息を「裁判上無効」と規定していたため，超過利息を裁判上請求することはできないが，法律上無効ではなく，借主が任意に支払えば，借主からは返還請求することや，元本に充当することも否定されていた。新利息制限法（昭和29年5月15日布告）でも，当初は同様に解釈されて，最高裁も超過利息の元本充当を否定していたが（最判昭37・6・13民集16巻7号1340頁），その2年後に，最高裁は，債務者が利息制限法所定の制限を超える金銭消費貸借上の利息・損害金を任意に支払ったときは，この制限を超える部分は，民法491条により残存元本に充当されると判示し（最〔大〕判昭39・11・18民集18巻9号1868頁），超過利息の元本充当を認め，さらに，制限利率を超える額の利息が元本が消滅してからも支払われた場合，債務が消滅すれば利息は生ぜず，したがって利息制限法の適用もないから，元本が消滅してから支払われた部分は，不当利得として返還請求できると判示して（最〔大〕判昭43・11・13民集22巻12号2526頁），元本充当後の過払利息の返還請求を認めた。このように，利息制限法1条2項には，超過利息は任意に支払ったときは返還請求できないと規定されているにもかかわらず，最高裁判例により，超過利息は元本に充当され，元本消滅後の超過利息については返還請求が認められることになり，利息制限法1条2項は，一連の最高裁判決の結果，空文化されたといわれる。

〔3〕 貸金業法43条1項のみなし弁済に関する判断

以上のように，「超過利息の元本充当，元本完済後の過払利息の返還請求の認容」という判例理論が確立した。しかし，昭和58年に「貸金業の規制等に関する法律」（以下「貸金業法」という）が制定され，債務者が利息制限法を超える利息を任意に支払ったときは，貸金業者が契約内容等を記した法定書面（17条書面）を契約締結に際して交付しており，かつ弁済を受けた際に法定の受取証書（18条書面）を交付している限り，超過部分の支払は有効な利息債務の弁

済とみなされ，超過部分の返還請求ができなくなった（貸金業法43条1項）。判例も平成2年ころまでは，貸金業法43条1項のみなし弁済の適用をある程度緩やかに認定する傾向もあり，利息制限法に関する判例法の意味は，少なくとも部分的に失われていた。しかし，その後，多重債務者の救済のため，判例は貸金業法43条1項のみなし弁済の適用を厳しく認定する方向に傾き，最高裁も平成18年1月に至り，グレーゾーン金利による貸付けに期限の利益喪失特約が付されている事案について，期限の利益の喪失を避けるため，利息制限法1条1項によって支払義務を負わない制限超過利息の支払を強制することになるから，本件期限の利益喪失特約のうち，支払期日に制限超過部分の支払を怠った場合に期限の利益を喪失するとの部分は，同法の趣旨に反して無効であるとし，そのような特約の下で制限超過利息が支払われた場合には，上記のような誤解が生じなかったといえるような特段の事情のない限り，自己の自由な意思によって支払ったものということはできないと判示して（最〔2小〕判平18・1・13民集60巻1号1頁，最〔1小〕判平18・1・19判時1926号17頁，最〔3小〕判平18・1・24裁判集民事219号243頁），事実上貸金業法43条1項のみなし弁済の適用は認められなくなった。

〔4〕 過払金の別口の借入金債務への充当

　以上のように，超過利息の無効や返還の問題は，判例理論による利息制限法1条2項の効力の空文化，貸金業法43条1項のみなし弁済による判例理論の無力化，再び判例理論による貸金業法43条1項のみなし弁済の空文化という変遷をたどってきた。

　そして，上記平成18年判決により，事実上貸金業法43条1項のみなし弁済の適用が認められなくなったため，超過利息の返還請求訴訟すなわち過払金返還請求訴訟が急増することになる。

(1) 過払金の当然充当の理論

　貸金業者との取引においては，継続的な取引や複数の取引がなされることが多い。ある取引で過払金が発生した場合，過払金を早期に他の取引の貸付けに充当すると，取引終了時点の過払金の額が大きくなる。よって，債務者は取引の途中で過払金が発生すると，過払金が発生した時点で存在する他の取引の債

第2章 利息・遅延損害金　Q7　利息制限法に関する最高裁判所判例　47

務や，過払金が発生した後に発生する債務に当然に充当されると主張する。

　当然充当の理論は，概要，「①制限超過利息（過払金）は無効で，強行法規である利息制限法に違反するものであるから，債権者の元にとどまっている過払金は，過払金が発生した時点で存在する別口の借入金債務にはもちろん，過払金が発生した後発生した別口の借入金債務にも当然に充当される。②最高裁もかつて，過払金の充当は法律問題であり，当事者が主張しなくとも当然に法定充当されると判示している。③そして，債務者は過払金が発生したことを知らず，過払金の返還を求めたり，過払金を別口の借入金債務と相殺することは事実上不可能であり，過払金が消滅時効にかかる場合も出てくる。一方，貸金業者は貸金業法43条のみなし弁済が認められず，利息制限法所定の制限利率で引直計算をすると，過払金が発生することは容易にわかるはずであり，過払金を返済あるいは別口の借入金債務に充当せず，その過払金をまた債務者に貸付けして利益を得ているのは信義に反する。さらに，過払金にも年5％の利息が付くが，別口の借入金債務にも15％から20％の利息が付くため，債務者としては，過払金が発生すると即他の貸付残債務に充当させないと不利になる。よって，実質的公平の観点からも当然充当が妥当である。」というものである。

(2) **最高裁の過払金の充当理論**

　最高裁は，制限超過利息の元本充当について，債務者が，利息制限法所定の制限を超える金銭消費貸借上の利息・損害金を任意に支払ったときは，この制限を超える部分は，民法491条により残存元本に充当される旨判示している（最〔大〕判昭39・11・18民集18巻9号1868頁）。この最高裁の元本充当理論は，制限超過利息をその利息の発生の元である当該元本に充当させるものであり，制限超過利息（過払金）を別口の借入金債務に充当させるものではない点に留意が必要である。また，最高裁は，「本件のように数口の貸金債権が存在し，その弁済の充当の順序について当事者間に特約が存在する場合においては，右債務の存在しない制限超過部分に対する充当の合意は無意味で，その部分の合意は存在しないことになるから，右超過部分に対する弁済は，充当の特約の趣旨に従って次順位に充当されるべき債務であって有効に存在するものに充当されることになるものと解すべきである。右のような場合における充当の関係は，法律問題に属するから，これについて所論のように当事者からの特別の申立ない

し抗弁が提出されることを要するものではないと解するのが相当である。」(最〔3小〕判昭43・10・29民集22巻10号2257頁)と判示している。この判例は，充当の合意がある場合に，制限超過部分に対する充当の合意は無効であるが，制限超過部分以外の充当の合意は有効なので，その充当の合意の趣旨に従って，制限超過部分（過払金）の別口の借入金債務への充当を認めたものと思われる。

〔5〕 過払金の別口の借入金債務への充当に関する最近の最高裁判決

以上見てきたとおり，最高裁は，超過利息が私法上も無効であることを認め，超過利息の元本充当，元本充当後の過払利息の返還請求を容認するが，過払金の充当に関しては，民法の充当の規定に従って処理し，過払金を当然に別口の債務に充当することはない。民法によれば，過払金は当事者の合意があればその合意に従い，債務者の指定があるときはその指定に従い充当されることになるが，過払金の充当について明確な合意や指定がなされることは稀であるので，最高裁は合理的な意思解釈によって充当の合意や債務者の指定を推認しているものと思われる。以下，過払金の充当に関する最近の最高裁判決を概観する。

(1) 最〔2小〕判平15・7・18民集57巻7号895頁（以下「平成15年7月判決」という）

過払金を他の貸付け債務に充当できるかという問題について，当初，最高裁は，消費貸借取引の継続性や契約の形態から，借主の充当の意思を合理的に意思解釈した。

まず，平成15年7月判決は，基本契約が締結されており，継続的に貸付けとその返済が繰り返される金銭消費貸借取引において，基本契約内の各貸付けが個別の貸付けであることを前提に，「同一の貸主と借主との間で基本契約に基づき継続的に貸付けとその返済が繰り返される金銭消費貸借取引においては，借主は，借入総額の減少を望み，複数の権利関係が発生するような事態が生ずることは望まないのが通常と考えられることから，弁済金のうち制限超過部分を元本に充当した結果当該借入金債務が完済され，これに対する弁済の指定が無意味となる場合には，特段の事情のない限り，弁済当時存在する他の借入金債務に対する債務を指定したものと推認することができる。(中略) 同一の貸主

と借主との間で基本契約に基づき継続的に貸付けが繰り返される金銭消費貸借取引において，借主がそのうちの１つの借入金債務につき法所定の制限を超える利息を任意に支払い，この制限超過部分を元本に充当してもなお過払金が存する場合，この過払金は，当事者間に充当に関する特約が存在するなど特段の事情のない限り，民法489条及び491条の規定に従って，弁済当時存在する他の借入金債務に充当され」ると判示している。

(2) 最〔３小〕判平19・２・13民集61巻１号182頁（以下「平成19年２月判決」という）

次に平成19年２月判決は，「貸主と借主との間で基本契約が締結されていない場合において，第１の貸付けに係る債務の各弁済金のうち利息の制限を超えて利息として支払われた部分を元本に充当すると過払金が発生し（以下，この過払金を「第１貸付け過払金」という。），その後，同一の貸主と借主との間に第２の貸付けに係る債務が発生したときには，その貸主と借主との間で，基本契約が締結されているのと同様の貸付けが繰り返されており，第１の貸付けの際にも第２の貸付けが想定されていたとか，その貸主と借主との間に第１貸付け過払金の充当に関する特約が存在するなどの特段の事情のない限り，第１貸付け過払金は，第１の貸付けに係る債務の各弁済が第２の貸付けの前になされたものであるか否かにかかわらず，第２の貸付けに係る債務には充当されないと解するのが相当である。なぜなら，そのような特段の事情のない限り，第２の貸付けの前に，借主が，第１貸付け過払金を充当すべき債務として第２の貸付けに係る債務を指定するということは通常は考えられないし，第２の貸付けの以後であっても，第１貸付け過払金の存在を知った借主は，不当利得としてその返還を求めたり，第１貸付け過払金の返還請求権と第２の貸付けに係る債権とを相殺する可能性があるのであり，当然に借主が第１貸付け過払金を充当すべき債務として第２の貸付けに係る債務を指定したものと推認することはできないからである。」と判示して借主の充当意思を否定している。

(3) 最〔１小〕判平19・６・７民集61巻４号1537頁（以下「平成19年６月判決」という）

平成19年６月判決は，①借主は，借入限度額の範囲内において１万円単位で繰り返し貸主から金員の借入れをすることができ，②借入金の返済は毎月決

まった日に借主の指定口座からの口座振替によることとされ，③毎月の返済額は毎月の借入残高を基準とする一定額とする（いわゆる残高スライドリボルビング方式）旨定められた基本契約がある取引について，「本件各基本契約に基づく債務の弁済は，各貸付けごとに個別的な対応関係をもって行われることが予定されているものではなく，本件各基本契約に基づく借入金の全体に対して行われるものと解されるのであり，充当の対象となるのはこのような全体としての借入金債務であると解することができる。そうすると，本件各基本契約は，同契約に基づく各借入金債務に対する各弁済金のうち制限超過部分を元本に充当した結果，過払金が発生した場合には，上記過払金を，弁済当時存在する他の借入金債務に充当することはもとより，弁済当時他の借入金債務が存在しないときでもその後に発生する新たな借入金債務に充当する旨の合意を含んでいるものと解するのが相当である。」と判示した。

　平成19年6月判決は，基本契約の内容，貸付けと返済の実態から，一連一体の取引と見ることができる場合，そこで発生した過払金は，弁済当時存在する他の借入金債務に充当することはもとより，弁済当時他の借入金債務が存在しないときでもその後に発生する新たな借入金債務に充当する旨の合意（過払金の充当合意）を含んでいるものと判断したものと考えられる。

　(4)　最〔1小〕判平19・7・19民集61巻5号2175頁（以下「平成19年7月判決」という）

　貸主と借主との間で基本契約は締結されていないが，長期間にわたり，借換えによって貸付けと返済が繰り返されている事案について，平成19年7月判決は，「本件各貸付けは（中略）従前の貸付けの切替え及び貸増しとして，長年にわたり同様の方法で反復継続して行われていたものであり，（中略）本件各貸付けを1個の連続した貸付取引であるとした原審の認定判断は相当である。そして，本件各貸付けのような1個の連続した貸付取引においては，当事者は，一つの貸付けを行う際に，切替え及び貸増しのための次の貸付けを行うことを想定しているのであり，複数の権利関係が発生するような事態が生ずることを望まないのが通常であることに照らしても，制限超過部分を元本に充当した結果，過払金が発生した場合には，その後に発生する新たな借入金債務に充当することを合意しているものと解するのが合理的である。上記のように，本件各

貸付けが1個の連続した貸付取引である以上，本件各貸付けに係る上告人とAとの間の金銭消費貸借契約も，本件各貸付けに基づく借入金債務について制限超過部分を元本に充当し過払金が発生した場合には，当該過払金をその後に発生する新たな借入金債務に充当する旨の合意を含んでいるものと解するのが相当である。」と判示して，過払金をその後に発生する新たな借入金債務に充当する旨の合意（過払金の充当合意）を含んでいることを認めた。

(5) 最〔2小〕判平20・1・18民集62巻1号28頁（以下「平成20年1月判決」という）

貸主と借主との間でリボルビング方式の金銭消費貸借に係る2つの基本契約が期間を置いて締結され，各基本契約に基づいて取引が行われた場合に，上記取引を一連のものとみて，最初に締結された基本契約に基づく取引について生じた過払金をその後に締結された基本契約に基づく取引に係る債務に充当できるかについて，平成20年1月判決は，「第1の基本契約に基づく取引により発生した過払金を新たな借入金債務に充当する旨の合意が存在するなど特段の事情がない限り，第1の基本契約に基づく取引に係る過払金は，第2の基本契約に基づく取引に係る債務には充当されないと解するのが相当である。」。と判示し，前記平成19年2月判決の見解に立つことを明らかにした。その上で，「第1の基本契約に基づく貸付け及び弁済が反復継続して行われた期間の長さやこれに基づく最終の弁済から第2の基本契約に基づく最初の貸付けまでの期間，第1の基本契約についての契約書の返還の有無，借入れ等に際し使用されるカードが発行されている場合にはその失効手続の有無，第1の基本契約に基づく最終の弁済から第2の基本契約が締結されるまでの間における貸主と借主との接触の状況，第2の基本契約が締結されるに至る経緯，第1と第2の各基本契約における利率等の契約条件の異同等の事情を考慮して，第1の基本契約に基づく債務が完済されてもこれが終了せず，第1の基本契約に基づく取引と第2の基本契約に基づく取引とが事実上1個の連続した貸付取引であると評価することができる場合には，上記合意が存在するものと解するのが相当である。これを本件についてみると，前記事実関係によれば，基本契約1に基づく取引について，約定利率に基づく計算上は元利金が完済される結果となった平成7年7月19日の時点において，各弁済金のうち制限超過部分を元本に充当する

と過払金42万9657円が発生したが、その当時上告人と被上告人との間には他の借入金債務は存在せず、その後約3年を経過した平成10年6月8日になって改めて基本契約2が締結され、それ以降は基本契約2に基づく取引が行われたというのであるから、基本契約1に基づく取引と基本契約2に基づく取引とが事実上1個の連続した貸付取引であると評価することができる場合に当たるなど特段の事情のない限り、基本契約1に基づく取引により生じた過払金は、基本契約2に基づく取引に係る債務には充当されないというべきである。」と判示して、結論としては、2個の基本契約の一連性を否定した。

それまで、下級審においては、基本契約が期間を置いて複数締結された場合、その期間がある程度長期にわたっても、顧客番号や取扱支店が同一で、契約締結の審査が従前の確認に近いものであるときは、複数の基本契約に係る取引を一連一体のものとして、1つの基本契約の取引で生じた過払金をその後に締結された基本契約に係る取引の債務に充当することを比較的容易に認める判断が多く見られた。

これに対して、平成20年1月判決は、基本契約が期間を置いて2個存在するという事案について、「第1の基本契約に基づく取引により発生した過払金を新たな借入金債務に充当する旨の合意が存在するなど特段の事情がない限り、第1の基本契約に基づく取引に係る過払金は、第2の基本契約に基づく取引に係る債務には充当されない」として、平成19年2月判決、平成19年6月判決と基本的に同様の考え方をとった上で、2つの基本契約に基づく取引が事実上1個の連続した貸付取引であると評価できる場合には、上記特段の事情としての充当合意が存在すると解されるとし、その評価において考慮されるべき事情を具体的に判示した。

(6) 最〔3小〕判平24・9・11民集62巻1号28頁(以下「平成24年9月判決」という)

貸主と借主との間でリボルビング方式の金銭消費貸借に係る基本契約(第1契約)を締結後、不動産に根抵当権を設定した上で金銭消費貸借契約(第2契約)を締結した場合、第1契約に基づく取引で生じた過払金を第2契約に基づく取引の債務に充当できるかについて、平成24年9月判決は、無担保のリボルビング方式の金銭消費貸借に係る基本契約と不動産に根抵当権を設定した上で、

金銭消費貸借契約とは弁済の在り方を含む契約形態や契約条件において大きく異なっており、第2の契約に基づく借入金の一部が第1の契約に基づく約定残債務の弁済に充てられ、借主にはその残額のみが現実に交付されたこと、第1の契約に基づく取引は長期にわたって継続しており、第2の契約が締結された時点では当事者間に他に債務を生じさせる契約がないなどの事情が認められるときであっても、第1の契約に基づく取引が解消され第2の契約が締結されるに至る経緯、その後の取引の実情等の事情に照らし、当事者が第1の契約及び第2の契約に基づく各取引が事実上1個の連続した貸付取引であることを前提に取引をしていると認められる特段の事情がない限り、第1の契約に基づく取引と第2の契約に基づく取引とが事実上1個の連続した貸付取引であると評価して、第1の契約に基づく取引により発生した過払金を第2の契約に基づく借入金債務に充当する旨の合意が存在すると解することは相当でないと一般論を述べた上で、本件における第1契約は無担保のリボルビング方式の金銭消費貸借に係る基本契約であるのに対し、本件第2契約は不動産に根抵当権を設定した上で1回に確定金額を貸し付け毎月元利金の均等額を分割弁済するという約定の金銭消費貸借契約であるから、両契約は契約形態や契約条件において大きく異なり、第2契約の締結時後は、第2契約に基づく借入金債務の弁済のみが続けられている。そうすると、第2契約が債権者の担当者に勧められて締結されたものであり、これに基づく借入金の一部が第1契約に基づく約定残債務の弁済に充てられ、債務者にはその残額のみが現実に交付されたこと、第1契約に基づく取引は長期にわたって継続しており、第2契約が締結された時点では当事者間に他に債務を生じさせる契約がなかったことなどという程度の事情しか認められず、それ以上に当事者が第1契約及び第2契約に基づく各取引が事実上1個の連続した貸付取引であることを前提に取引をしているとみるべき事情のうかがわれない本件においては、第1契約に基づく取引と第2契約に基づく取引とが事実上1個の連続した貸付取引であると評価することは困難であると判示した。

〔6〕 みなし利息

　貸主は、往々にして元利金の返済を受けるほか、礼金、割引金、手数料、調

査料等を徴することがあるが、これらのものの多くは元本使用の対価、すなわち、利息の実質を有するのみならず、これらの名義を用いて利息の制限を潜脱するおそれがある。そこで、利息制限法は、金銭を目的とする消費貸借に関し、債権者の受ける元本以外の金銭は、礼金、割引金、手数料、調査料その他何らの名義をもってするかを問わず、利息とみなし（利息3条本文）、ただし、契約の締結及び債務の弁済の費用はこの限りでないと規定している（利息3条但書）。

その後、営業的金銭消費貸借に関しては、平成18年改正法により、①公租公課の支払に充てられるべきもの、②強制執行や担保権の執行の費用、その他公の機関が行う手続に関してその機関に支払うべきもの、③ATM手数料（ただし、政令により定める額の範囲内のものに限る）については利息制限法3条但書の適用が認められ（利息6条2項）、債務者の要請により債権者が行う事務の費用として政令で定めるものは同法3条の規定は適用されない（利息6条1項）。

(1) **利息とみなされない費用とその主張立証責任**

利息制限法3条但書は、利息とみなされない費用を列挙しているが、これ以外に、書換手数料、割増金、延期手数料、鑑定料、担保物件実地調査費用、信用調査費用などが利息とみなされない費用として挙げられる。そして、但書にある契約締結の費用とは契約締結に直接かつ現実に必要な費用で、債権者が現実に支出したものに限られ、その主張立証責任は債権者側にあると解されている。

この点について、最高裁は、「利息制限法3条の規定するところによれば、金銭消費貸借に関し債権者の受ける元本以外の金銭は、何らの名義をもってするを問わず、利息とみなされ、ただ、契約の締結および債務の弁済の費用はこの限りではないとされているが、そのいわゆる費用は、債権者が真実支出したものに限られるのであって、たとえ費用の名義で受けた金銭であっても債権者が現実に費用として支出しなかったものは、利息とみなされるべきである。しかるに、所論の費用名義の10万円を実際に契約締結の費用として支出した事実は、原審において、上告人の主張立証していなかったところであるから、右10万円を天引された利息とみなして同法2条に基づく充当計算をした原審の判断に、所論の違法は認められない。」と判示している（最〔1小〕判昭46・6・10裁判集民事103号111頁・判時638号70頁）。

(2) 信用保証会社の受ける保証料及び事務手数料

　貸金業者による貸付けの際，借主は貸金業者の系列会社である信用保証会社との契約を義務づけられることがある。このような場合，信用保証会社の受けた保証料及び事務手数料が貸金業者に還流され，利息制限法3条の趣旨が潜脱されるおそれがある。

　この点につき，最高裁は，貸金業者甲の受け取る利息，調査料及び取立料と甲が100％出資して設立した子会社である信用保証会社乙の受ける保証料や事務手数料との合計額が利息制限法所定の制限利率により計算した利息の額を超えていること，乙の受ける保証料等の割合は銀行等の系列信用保証会社の受ける保証料等の割合に比べて非常に高く，乙の受ける保証料等の割合と甲の受ける利息等との合計額は乙を設立する以前に甲が受けていた利息等の割合とほぼ同程度であったこと，乙は甲の貸付けに限って保証しており，甲から手形貸付けを受ける場合には乙の保証を付けることが条件となっていること，乙は，甲に対し，保証委託契約の締結業務，保証料の徴収業務，信用調査業務及び保証の可否の決定業務の委託等をしており，債権回収業務も甲が相当程度代行していたことなど事実関係の下においては，乙の受ける保証料等は，甲の受ける利息制限法3条所定のみなし利息にあたると判示した（最〔2小〕判平15・7・18民集57巻7号895頁）。

　信用保証会社の受ける保証料等がみなし利息にあたるかどうかは，信用保証会社の設立の経緯，保証料等の割合，信用保証会社の業務の内容及び実態並びにその組織の体制等を勘案し，保証料等が実質的には貸金業者に帰属するものであったといえるかを判断して，決することになろう。

〔丸尾　敏也〕

Q8 ｜貸付初日・弁済日の利息処理，閏年の日数処理，金銭の端数処理

貸付初日・弁済日の利息処理（借換えを含む），閏年の日数処理，金銭の端数処理について説明しなさい。

A

〔1〕 貸付初日と弁済日

　消費貸借契約における貸付日と弁済日の利息はどのように考えるべきか。

　そもそも，利息を発生させるためには原則として当事者間で利息を発生させる旨の特約が必要となるため（民587条。例外は商513条1項），利息の発生日についても当事者間の特約があれば，それに従うことになる。

　では，特約がない場合はどのように扱われるか。民法の原則は初日不参入（民140条）であるが，判例では利息は元本利用の対価であるとして「借主は元本を受け取った日からこれを利用しうるのであるから，特約のないかぎり，消費貸借成立の日から利息を支払うべき義務があるものというべきである」（最判昭33・6・6民集12巻9号1373頁）と判示し，貸付日については原則として利息を支払わなければならないとした。このように利息は元本利用の対価であるから，弁済日当日についても同様に利息を支払わなければならないことは明らかである。これは借換えにおいても同様であり，原則として旧契約の弁済日利息と新契約の貸付日利息を支払わなければならないが，特約で別の定めをすることもできることはいうまでもない（現在行われている民法改正法案では，利息請求の特約があるときは，「貸主は，借主が金銭その他の物を受け取った日以降の利息を請求することができる。」（同法案589条）とあり，上記の判例理論が明文化されている）。

　貸付日と弁済日の両日の利息を取ることは「両端入れ」や「両端取り」などと呼ばれ，貸付日又は弁済日のどちらか一方の利息しか取らないことは「片端

入れ」などと呼ばれている。

なお，貸金業者の利息については，貸付日の当日から弁済日の前日までの期間で計算すべきと定められており（貸金業法施行規則別表），弁済日利息は取られていない。

〔2〕 閏年の日数処理

金利の計算は，年利，月利，日歩などさまざまであるが，当事者間で特別の意思表示等をしない限り日割で計算される（大判明38・12・19民録11輯1790頁）。つまり，計算単位が日歩の場合は日数を乗じればよいのであってその計算方法に問題は生じないが，年利及び月利の場合には，民法は「週，月又は年によって期間を定めたときは，その期間は，暦に従って計算」すると定めており（民143条1項），月によっては28日から31日，年についても365日（平年）と366日の年（閏年）があり，その計算方法で問題となることがある（当然，当事者間に特約があれば，それに従うこととなる。実務で多く見られる，1年を365日で計算する方法がその例である）。また，実務や多くの法律では年利で定められることが多く，その場合では閏年を含む年の金利計算について問題となるのである。その点については，次のような考え方がある。

(1) **全期間年365日計算**

閏年か否かを問わず，すべての期間を365日で計算する方法である。これは閏年を考慮しない考え方である。「利率等の表示の年利建て移行に関する法律」の適用下にある債権については閏年を含む全期間について365日で計算することができるが（同法25条），同法の適用のない消費貸借契約でこの考え方を用いることは，（上記のような特約があれば別として）妥当ではないであろう。

(2) **閏年に属する部分を年366日計算**

例えば，平成27年8月1日（平年）から，平成28年12月31日（閏年）までの約定で借り入れをした場合，平成27年8月1日から平成27年12月31日までは年365日で計算し，翌1月1日から12月31日までは年366日で計算し，それら金利の合計を合算する方法である。計算方法が簡便であり行政実務などで取り入れられている。

(3) **年単位は年利で計算し，年に満たない端数日を日割計算**

上記(2)の例をとると，平成27年8月1日から平成28年7月31日までの1年を約定の年利で計算し，年に満たない平成28年8月1日から同年12月31日までを日割り計算するのである。ここで端数日の計算は，その属する年が平年か閏年によって，年365日か年366日かで計算を行う。上記の例では，平成28年は閏年であるため年366日で計算し，それらを合算することとなる。

この方法は裁判実務などで広く採り入れられており，東京地方裁判所民事第21部・民事執行センターでも採用されている（債務名義に閏年の特約が記載されているときはこの限りではない）。

〔3〕 金銭の端数処理

上記のような金利計算を行うと，当然，円未満の利息が発生するが，この円未満の端数はどのように処理すべきか。

ここで円未満の端数計算に関する法律として「通貨の単位及び貨幣の発行等に関する法律」と「国等の債権債務等の金額の端数計算に関する法律」がある。

前者は「債務の弁済を現金の支払により行う場合において，その支払うべき金額（数個の債務の弁済を同時に現金の支払により行う場合においては，その支払うべき金額の合計額）に50銭未満の端数があるとき，又はその支払うべき金額の全額が50銭未満であるときは，その端数金額又は支払うべき金額の全額を切り捨てて計算するものとし，その支払うべき金額に50銭以上1円未満の端数があるとき，又はその支払うべき金額の全額が50銭以上1円未満であるときは，その端数金額又は支払うべき金額の全額を1円として計算するものとする。ただし，特約がある場合には，この限りでない。」（3条1項）として，特約がある場合を除いて，1円未満の端数は四捨五入することとされている。

なお，後者は法律名からもわかるとおり，主に国や地方公共団体（その他，国民生活金融公庫等）の債権債務についての法律である。

「他の法令中の端数計算に関する規定がこの法律の規定に矛盾し，又はてい触する場合には，この法律の規定が優先する」（1条2項）とされ，国等の債権において1円未満の端数が発生する場合，「国及び公庫等の債権で金銭の給付を目的とするもの又は国及び公庫等の債務で金銭の給付を目的とするものの確定金額に1円未満の端数があるときは，その端数金額を切り捨てるものとす

る。」（2条1項）として，切り捨て処理がなされることとなる。

　したがって，国等の債権債務にかかる端数処理は後者によって1円未満切り捨てで行われることとなるが，それ以外の，貸金業者等の債権債務にかかる端数処理は前者により四捨五入で処理がなされることとなる。

［餅井　亨一］

第3章

弁　済

Q9 ｜代物弁済

代物弁済について説明しなさい。

A

〔1〕意　義

　債務者が，債権者の承諾を得て，その負担した給付に代えて他の給付をしたときは，その給付は，弁済と同一の効力を有する（民482条）。このように，本来の給付と異なる他の給付によって本来の債権を消滅させることを「代物弁済」という。

　例えば，Bから100万円を借りているAが，100万円の支払に代えて自動車1台をBに給付して100万円の債務を消滅させるような場合である。

〔2〕法的性格

(1) 更改説と契約説

　民法482条は，代物弁済が債権者と債務者との間の契約であるとはしていない。

立法担当者は，更改の性質を有すると説明していた。そして，「弁済と同一の効力を有する」と定められていること，代物弁済が弁済と同じ処分行為であることから，民法475条以下の規定の適用があるものと解していた。

その後，他の給付をしたことによって債権の満足を得ることを内容とする契約であるとする説が主流となった。この契約説からは，代物弁済は，本来の給付に代えて他の給付をすることによって債権を消滅させる債権者と弁済者との間の契約であって，有償契約となるから，給付の瑕疵（民法改正法案では，目的物が契約の内容に適合しないものである場合）については，売主の担保責任（民法改正法案では，目的物が契約の内容に適合しない場合の売主の責任）の規定が準用されることになった。

いったん契約として構成することになると，合意とその履行とを区別して観念することが可能となり，代物弁済の履行という観念が生じてくることになって，ひいては，債権消滅事由として特別に扱う理由もないとも考えられることになる。

(2) **要物契約説**

この説は，代物の引渡し又は移転登記の完了時に，代物弁済契約が成立し，かつ，本来債務の消滅の効果が生じるという見解である（通説）。

この立場からは，代物弁済は，給付をするべき債務を生じるものではなく，一方において，直ちに給付をし，他方において債権を消滅させる契約であることから，「いわば一種の要物契約又は践成契約（目的物の引渡しなどの一定の給付がなされて初めて成立する契約のことをいう）である」とされている。

本来の給付と異なる給付の完了とは，その所有権の移転と対抗要件の具備を指すから，一般的に要物契約説と呼ばれる見解は，物（動産・不動産）については，物の所有権の移転だけでなく，対抗要件の具備（引渡し・登記の完了）までを代物弁済契約の成立要件とすることになる。

なお，本来の給付と異なる給付の完了を要件としながら，要物契約であると明言しない見解もある。また，代物弁済は「登記を停止条件として，契約のときに効力を生ずる」とする見解もある。

代物弁済が債権の消滅事由であって，後に履行の問題を残さないものであり，代物弁済が成立した時点で，債務が消滅することが代物弁済の主たる効果であ

ると考えるならば，債務を消滅させるに足りる給付が完了していることを，代物弁済の成立要件とすべきであろう。

(3) **諾成契約説**

(a) 意　義

　この説は，代物弁済は当事者の合意のみによって成立するが，これに基づく代物交付義務の履行の完了時に初めて本来債務の消滅の効果が生じるものであるとする（有力説，司法研修所編『10訂民事判決起案の手引・事実摘示記載例集』27頁ほか）。

　諾成契約であっても，処分行為（物権行為・準物権行為）と債権行為とがありうる。例えば，抵当権設定契約は，諾成契約であるが，物権行為である。したがって，代物弁済契約を諾成契約と理解するとしても，それが債権行為であるとする見解と処分行為であるとする見解との両方が考えられる。諾成契約説の有力な論者は，物権行為概念そのものを否定している。この見解からは，代物弁済契約が物権行為・準物権行為とされることはない。他の諾成契約説の論者も，代物弁済をプロセスとして理解し，債権行為に基づく代物交付義務の履行として所有権が移転すると解している。

(b) 民法改正法案における代物弁済

(イ) 民法改正法案の条項　平成27年3月31日に閣議決定され，同日，第189回通常国会に提出された「民法の一部を改正する法律案」（民法改正法案）は，民法482条の規律を次のように改めるものとしている。

> 　弁済をすることができる者（以下「弁済者」という。）が，債務者との間で，債務者の負担した給付に代えて他の給付をすることにより債務を消滅させる旨の契約をした場合において，その弁済者が当該他の給付をしたときは，その給付は，弁済と同一の効力を有する。

(ロ) 概　要　本文は，代物弁済契約が諾成契約であることと，代物の給付によって債権が消滅することを条文上明らかにするものである。代物弁済契約が要物契約であるという解釈が有力に主張されているが，これに対しては，合意の効力発生時期と債権の消滅時期とが一致することによって，代物の給付前

に不動産の所有権が移転するとした判例法理との関係などをめぐって法律関係がわかりにくいという問題が指摘されていた。このことを踏まえ，合意のみで代物弁済契約が成立することを確認することによって，代物弁済をめぐる法律関係の明確化を図っている。

〔3〕 要件事実

以下，設例として，A（債務者）が甲（債権者）に対し，物（A元所有・甲現所有）をもって代物弁済したことを主張した場合を想定して，説明する。

(1) 要物契約説

(a) 契約の成立要件

要物契約説からは，代物弁済契約の成立要件として，本来の給付と異なる給付の完了として対抗要件の具備まで主張・立証しなければならないから，その要件事実は，

> ① Aと甲との間の本来債務の発生原因事実
> ② Aと甲が本来債務の弁済に代えて物の所有権を移転すると合意したこと
> ③ Aが，②の当時，②の物を所有していたこと
> ④イ Aが②の物を甲に引き渡したこと（②の物が動産である場合）
> 　ロ Aが②の物の所有権登記を甲に移転したこと（②の物が不動産である場合）

となる。

②は，代物弁済の合意であり，物権行為である。要物契約説では，これだけでは代物弁済契約の成立要件として足りず，本来の給付と異なる給付の完了として，所有権の移転について③が，対抗要件の具備について④の要件が必要となる。

代物弁済が処分行為であり，②が物権行為であることから，債務者Aに処分権限があることを③で摘示している。要物契約説からは，代物弁済契約は処分行為でなければならず，単なる債権行為では足りない。

要物契約説からは，④の引渡しは，代物弁済契約の成立要件そのものであって，代物弁済契約の履行としてされるものではない。

(b) 債務消滅原因の要件事実

設例とは異なるが，AがBに対し，本来債務の履行を求める訴えを提起し，Bが抗弁として代物弁済を主張する場合（以下「本来債務履行請求事例」という）を考えると，Bが抗弁として債務の消滅原因として代物弁済を主張する場合，要物契約説からは，①の本来債務の発生原因事実が請求原因で現れている以外は，債務の消滅原因は，成立要件と同一であるから，その要件事実は，

---

① AとBとの間の本来債務の発生原因事実
② AとBとが本来債務の弁済に代えて物の所有権を移転すると合意したこと
③ Bが，②の当時，②の物を所有していたこと
④イ Bが②の物をAに引き渡したこと（②の物が動産である場合）
　ロ Bが②の物の所有権登記をAに移転したこと（②の物が不動産である場合）

となる。

(c) 所有権移転原因の要件事実

Aが債権者甲に対し，物を代物弁済すれば，A以外の者への承継的所有権移転原因となるので，Aの所有権喪失事由となる。

所有権移転原因としてであっても，代物弁済契約の成立要件が備わらなければ，代物弁済契約の法律効果を認めることはできないから，その要件事実は，成立要件と同一になる（上記(1)(a)の要件事実参照）。

(2) 諾成契約説

(a) 契約の成立要件

諾成契約説からは，代物弁済契約の成立要件は，代物弁済の合意のみになるから，その要件事実は，

---

① 本来債務の発生原因事実
② 本来債務の弁済に代えて物の所有権を移転すると合意したこと

である。すなわち，②だけが契約の成立要件であって，異なる給付は②の合意の履行としてされることになる。

(b) 債務消滅原因の要件事実

本来債務履行請求事例で，Bが抗弁として債務の消滅原因としての代物弁済を主張する場合には，諾成契約説からも，本来の給付と異なる給付の完了（所有権の移転と対抗要件の具備）が必要であるから，その要件事実は，

---
① AとBとの間の本来債務の発生原因事実
② AとBが本来債務の弁済に代えて物の所有権を移転すると合意したこと
③ Bが，②の物を所有していたこと
④イ Bが②に基づいて，物をAに引き渡したこと（②の物が動産である場合）
 ロ Bが②に基づいて，物の所有権登記をAに移転したこと（②の物が不動産である場合）

である。

Bが，代物弁済契約当時に，その物を所有している必要はなく，代物弁済契約の後に物の所有権を取得した場合であっても，債務消滅の効果が生じるとしなければ，諾成契約説としては一貫しない。

(c) 所有権移転原因の要件事実

諾成契約説からは，所有権の取得原因として，代物弁済によって，代物弁済の当時，物の所有権を取得したことを主張する場合の要件事実は，

---
① AとBとの間の本来債務の発生原因事実
② AとBが本来債務の弁済に代えて物の所有権を移転すると合意したこと
③ Bが，②の物を所有していたこと

となり，上記(b)④の対抗要件の具備は，要件事実とはならない。

〔4〕 判 例

(1) 債務消滅原因に関する判例

判例（最判昭39・11・26民集18巻9号1984頁，最判昭40・4・30民集19巻3号768頁，前掲最判昭43・12・24）は，不動産所有権の譲渡をもって代物弁済をする場合の債

務消滅の効力は、原則として、単に所有権移転の意思表示をするだけでは足らず、所有権移転登記手続の完了によって生じるとしている。

すなわち、所有権移転登記手続をしないままに債務消滅の効果が生ずるとすると、債務者が不動産を第三者に二重譲渡し、第三者が所有権移転登記手続をすれば、債権者は、不動産所有権を確保できないままに、債務が何らの対価なくして消滅することになるからである。この趣旨は、対抗要件が引渡しである動産所有権についてもそのまま妥当する（前掲最判昭39・11・26は、「意思表示をなすのみでは足らず、登記その他の引渡行為を終了し」と表現している）。

この判例の結論からすれば、本来債務履行請求事例で、債権者が抗弁として債務の消滅原因として代物弁済を主張する場合の要件事実は、

① AとBとの間の本来債務の発生原因事実
② AとBが本来債務の弁済に代えて物の所有権を移転すると合意したこと
③ Bが、②の当時、②の物を所有していたこと
④イ Bが②の物をAに引き渡したこと（②の物が動産である場合）
　ロ Bが②の物の所有権登記をAに移転したこと（②の物が不動産である場合）

である。

(2) 所有権移転原因に関する判例

ところが、判例（最判昭40・3・11裁判集民事78号259頁、最判昭57・6・4裁判集民事136号39頁）は、代物弁済による所有権移転の効果は、原則として当事者間の代物弁済契約の意思表示によって生ずるとしている。

すなわち、「不動産所有権の譲渡をもってする代物弁済による債務消滅の効果は、単に当事者がその意思表示をするだけでは足りず、登記その他引渡行為を完了し、第三者に対する対抗要件を具備したときでなければ生じないことはいうまでもないが（中略）、そのことは、代物弁済による所有権移転の効果が、原則として当事者間の代物弁済契約の意思表示によって生ずることを妨げるものではないと解するのが相当である」（前掲最判昭57・6・4）としている。

物権変動について意思主義をとる以上、所有権は意思表示によって直ちに債権者に移転するのが当然の結論であるとするのである。

この判例の立場では，所有権の取得原因として，代物弁済によって，代物弁済の当時に物の所有権を取得したことを主張する場合の要件事実は，

> ① 本来債務の発生原因事実
> ② 本来債務の弁済に代えて物の所有権を移転すると合意したこと
> ③ 債務者が，②の当時，②の物を所有していたこと

となり，上記(1)④の中の②の物の引渡し，又は所有権移転登記がなされたことは，要件事実ではないことになる。

(3) 取り出し主張の禁止

法律行為が法律効果を生ずる根拠は法律（民法）であるというべきであるから，民法の定める各契約成立の法律要件については，各要件事実を主張立証すべきである。民法は，当該契約成立の法律要件として定めており，当該契約から派生する法律効果ごとに要件事実が異なっているものと考えることはできず，契約成立の要件事実の一部のみを取り出して主張立証することはできないというべきである（取り出し主張の禁止）。

したがって，上記(1)，(2)の判例の結論について，債務の消滅原因と所有権取得原因とで代物弁済契約成立の要件事実が異なるとすることはできない。

ただし，それぞれの判例の事案において，すべてが民法の定める典型契約としての代物弁済契約ではなく，所有権取得原因としての代物弁済に関する判例においては，無名契約としての代物弁済契約の事案であったとする見解もある。

〔5〕 判例と学説における要件事実の違い

以上の検討の結果による要件事実の違いは，次のとおりとなる。

	判　　例	諾成契約説	要物契約説
契約の成立		①②	①②③④
所有権取得	①②③	①② ＋ ③	①②③④
債務消滅	①②③④	①② ＋ ③④	①②③④

(1) 要物契約説

要物契約説からは，債務の消滅原因として代物弁済を主張する場合も，所有

権取得原因として代物弁済を主張する場合も，その成立要件は同一であり，要件事実として，④の本来の給付と異なる給付の完了として対抗要件の具備まで主張立証しなければならないから，所有権取得原因として代物弁済契約が主張された場合は，①ないし③の要件事実で足り，④の要件事実は必要ではないとする判例の結論と一致しない。

(2) 諾成契約説

諾成契約説からは，代物弁済契約の成立要件は，①の本来債務の発生原因事実と②の代物弁済の合意のみになり，所有権取得原因として代物弁済契約が主張された場合は，①ないし③の要件事実で足り，④の要件事実は必要ではない点で，前記判例の結論と一致するが，代物弁済契約当時の所有権取得に限定しない場合は，③の要件事実が②の時点当時に備わっていることを要するものではない。債務の消滅原因として代物弁済を主張する場合も，同様に，③の要件事実が②の時点当時に備わっていることを要するものではない。

〔6〕 所有権移転時期と債務消滅時期との関係

(1) 民法改正法案

民法改正法案では，諾成契約説を採用しているので，以下，諾成契約説の立場から説明する。

諾成契約説では，債務者が契約当時，所有権を有していれば契約成立と同時に所有権が移転するが，債務者が契約後にその所有権を取得したときは，その取得と同時に所有権が移転し，対抗要件を具備した時に債務が消滅することになる。したがって，所有権移転時期と債務消滅時期とが同時とは限らない。

(2) 当事者間の関係

諾成契約説では，契約成立と同時あるいは債務者が所有権を取得したときに，所有権が移転するが，対抗要件を具備していなければ債務は消滅しないので，債権者は，債務が消滅しない段階であっても，債務者に対して，所有権に基づく引渡請求等を行うことができる。一方，代物弁済契約に基づく引渡請求等もできるのであれば，債務者が所有権を未だ取得していないために所有権が移転していない段階でも，引渡請求ができることになる。

なお，前掲最判昭40・3・11は，所有権に基づく請求の事案であったため，

所有権移転の有無が争点となったものである。

諾成契約説では，所有権移転や対抗要件具備が履行されなければ代物弁済契約に基づく債務は消滅しないので，債権者は，債務者に対して，債務不履行に基づく解除をすることができる。

(3) 対抗関係に立つ第三者との関係

諾成契約説では，合意のみで成立し，単に債権的な請求権を生じているにすぎないから，当然に対抗問題として処理されることになる。したがって，諾成契約説からは，対抗要件を具備した時に債務が消滅することとしなければ，第三者が対抗要件を具備すれば，結局，所有権も移転しないままで，債務が対価なしに消滅したことになってしまうから，対抗要件の具備を債務消滅の要件としなければならない。

(4) 対抗関係に立たない第三者との関係

対抗要件具備による債務消滅までに生じた対抗関係に立たない第三者との関係は，諾成契約説では，所有権侵害による物権的請求権や損害賠償請求権を債権者が自ら行使することになる。

〔7〕 再 抗 弁

(1) 弁　済

代物弁済契約の後に，その対抗要件具備の前に本来債務が弁済されたときは，弁済による本来債務の消滅によって，代物弁済契約はその効力を失う（最判昭43・12・24裁判集民事93号979頁）。したがって，債務者（原告）は，代物弁済による所有権喪失の抗弁に対し，再抗弁として，本来債務の弁済を主張立証することができる。弁済に先立つ対抗要件の具備は，再々抗弁となる。

(2) 解除・取消し

本来債務が解除により遡及的に消滅した場合には，有因主義を前提とすれば，代物弁済契約による所有権移転の効果も遡って失われる（最判昭60・12・20裁判集民事146号355頁）。したがって，債務者（原告）は，代物弁済による所有権喪失の抗弁に対し，再抗弁として，本来債務の解除を主張立証することができる。同様に，本来債務の詐欺取消し等も同様に再抗弁となる。

なお，代物弁済契約による所有権移転の効果が遡及的に失われるのは，代物

弁済契約が処分行為（物権契約）であることが前提となっている。

〔8〕 手形・小切手行為による代物弁済

　代物弁済に関する従来の理論的な問題点の1つとして，債務者が振り出した手形又は小切手が交付されたときの解釈がある。手形・小切手の交付は，①既存の債務に対して単なる履行の手段として行われたのか，すなわち「弁済のために」なされたと解すべきか，②既存の債務そのものを消滅させるために行われたのか，すなわち，「弁済に代えて」なされたと解すべきか，という問題である。

　①と解すると，手形・小切手は弁済の1つの手段として交付されたにすぎないから，代物弁済とはならない。既存の債権は消滅せず，債権者はまず手形・小切手によって弁済を受けるように努めるべきである（現実に弁済を受けた場合には，債権は消滅する）が，これが不渡りとなり弁済を受けられなかったときには，既存の債権によって弁済を受けることができる。

　これに対し，②と解すると，それは弁済に代えて行われるから，代物弁済となる。この場合には，既存債権は，手形・小切手が交付された時点で（その手形又は小切手によって弁済を受けようと受けまいと）既存債権はすでに消滅しているから，手形・小切手で弁済が行われなくても，もはや行使することはできない。

　上記の①又は②のいずれにあたるかは，当事者の意思解釈と個別の判断によるが，一般的には，特段の事情がない限り，①の弁済のために交付されたものと推定される（大判大11・4・8民集1巻179頁）。そのほうが債権者にとって有利であり，手形・小切手の受領を受けたからといって，これによって既存の債権を消滅させる意思があるとは通常いえないからである。この立場が現在の判例の立場である。

　なお，民法513条2項後段は，手形行為の無因性を無視した規定として平成16年の民法改正で削除された。

〔9〕 代物弁済と仮登記担保

(1) 債権担保の代替手段としての代物弁済

　代物弁済においては，本来の給付と異なる他の給付が，本来の給付とは必ず

しも同等の価値を有する必要はないとされることから（大判大10・11・24民録27輯2164頁），しばしば債務者に不当に不利な契約が結ばれることがある。また，代物弁済は，消費貸借の貸主と借主との間などで，債務者の債務不履行の場合にその財産（多くは不動産）を代物弁済として債権者に給付することをあらかじめ約するという形で（債権担保の代替手段として）なされることが多い。

(2) **代物弁済の予約**

予約の形式をとり予約完結権を行使した（予約完結の意思表示をした）場合に代物弁済の効果が生じるのが代物弁済の予約（狭義），債務不履行によって当然に代物弁済の効果が生じるのが停止条件付代物弁済契約である（両方を広義の代物弁済の予約と総称することもある）。いずれも，予約完結権を行使した場合の所有権移転をあらかじめ仮登記しておけば，本登記の順位が保全され，所有権の移転を第三者に対抗できるから，債権担保の役割を果たしている。

(3) **仮登記担保契約に関する法律**

代物弁済の予約については，このような形式の担保の方法をめぐって紛争が多く発生した。これに対して，昭和40年代の判例に先導されて，債権者，債務者，第三者の妥当な利益調整のために，被担保債権と目的物の価額との差額の清算理論が進展した。その結果を集成したものが，昭和53年6月20日成立の「仮登記担保契約に関する法律」（昭54・4・1施行）である。現在はこの法律を中心に規律されている。

債務の履行として不動産等の譲渡が代物弁済に供される合意が成立する場合，原則として，その代物弁済目的物の価値が債務額を大きく超過するとしても，代物弁済が直ちに無効となるものではない（大津地判昭46・6・21訟務月報18巻3号383頁）。しかし，他方で，当該代物弁済が担保目的のために合意される場合には，債務額と目的物価額との清算を要することは，今日の担保法理において確立された原則と評価できよう（仮登記担保契約に関する法律3条参照）。

したがって，ある代物弁済合意が，債務消滅のための真正な代物弁済であるのか，それとも，担保目的で供される代物弁済合意であるのか，この判断が重要な岐路となる（買戻しに関する最判平18・2・7民集60巻2号480頁参照）。

[堀田　隆]

Q10 | 弁済期をめぐる諸問題

弁済期をめぐる諸問題（土曜，日曜，祭日，期限の利益喪失など）について説明しなさい。

〔1〕 弁済期の合意の態様

金銭消費貸借契約は，目的物である金銭を一定期間借主に利用させることを当然の前提とする契約であるから，弁済期の合意は，契約の本質的要素である。

弁済期の合意の態様としては，確定期限の合意ある場合と不確定期限の合意ある場合があるが，不確定期限の合意ある場合は稀であるので，以下では確定期限の合意ある場合について説明する。

〔2〕 確定期限の合意ある場合

例えば，XがYに100万円を貸し付けた場合において，100万円を一定期日に一括して返還するとの合意をする場合と，一定額ずつ分割して返還するとの合意をする場合がありうるが，後者の場合には，Yが分割弁済を怠ったときには，期限の利益を失い，YはXに残額全部の支払義務を負うとの特約（期限の利益喪失特約）が付されることが多く，特に貸金業者の分割弁済に係る金銭消費貸借契約には，ほぼ全件期限の利益喪失特約が付されている。

(1) 一括弁済であり，弁済期として期限が定められている場合

例えば，平成〇年12月31日までに弁済するとの契約である場合には，当該期日までに支払えばよいのであるから問題はない。

例えば，平成27年10月31日の貸付金につき2年後に弁済するとの契約である場合には，弁済期日は平成29年10月31日となる（民法140条により，平成27年10

月31日はカウントされないから、平成27年11月1日から2年間の最終日は平成29年10月31日である）。

(2) 分割弁済であり、期限の利益喪失特約が付されている場合

例えば、「YはXに対し、借受金100万円を平成○年1月から10月まで毎月20日限り、10万円ずつ支払う。Yが同支払を1回でも怠ったときは、Yは期限の利益を喪失し、YはXに対し、残金を直ちに支払う。」という契約であった場合において、当該平成○年○月20日が、土曜日、日曜日又は祝日にあたる場合、弁済期日は何日となるのかが問題となる。

もちろん、上記約定とともに、例えば「当該20日が土曜日、日曜日又は祝日にあたる場合にはその翌日を支払期日とする」等の約定があれば、その約定によることとなるが、そのような補充的約定がない場合にどう解釈すべきかが問題となる。

この点について、民法上直接的規定はない。民法142条は「期間の末日が日曜日、国民の祝日に関する法律に規定する休日その他の休日に当たるときは、その日に取引をしない慣習がある場合に限り、期間はその翌日に満了する。」と規定するが、これは、期間についての規定であり、期日についての規定ではないから、上記支払期日については、別途当該特約を解釈しなければならない。

この点、最〔1小〕判平11・3・11（民集53巻3号451頁）は、「毎月1回ずつの分割払によって元利金を返済する約定の消費貸借契約において、返済期日を単に『毎月X日』と定めただけで、その日が日曜日その他の一般の休日に当たる場合の取扱いが明定されなかった場合には、特段の事情がない限り、契約当事者間にX日が右休日であるときはその翌営業日を返済期日とする旨の黙示の合意があったことが推認される。」と判示した。

これにより、金銭消費貸借契約において、返済期日が毎月X日と定められ、当該X日が日曜日その他の一般の休日（以下「日曜日等」という）にあたる場合には翌営業日を返済期日とする合意であったと解釈できることとなる。それでは、当該X日が土曜日にあたる場合は、どうであろうか。上記判決は、上記黙示の合意を推認する理由として「現代社会においてはそれが一般的な取引の慣習になっていると考えられるからである。」としている。銀行の通常業務は土曜日には行われておらず、一般会社の通常業務も同様である場合が多い現代社会に

おいては，当該X日が土曜日にあたる場合に翌々営業日（通常は月曜日）を返済期日とする合意があったことも推認できるのではないかと考えられる。

(3) 期限の利益喪失特約と時効期間の起算点

期限の利益喪失特約がある場合で分割金の支払を債務者が怠った場合に，残額全額について消滅時効が進行するのか，各分割金の弁済期の到来ごとに順次消滅時効が進行するのかが問題となる。

これについては，期限の利益喪失特約の内容により2つの場合がある。

1つは，債務者が分割金の支払を怠った場合には，（債権者の請求を待たず）当然に期限の利益を喪失するとの特約であった場合であり，この場合には，債務者が支払を怠った時から残額全額につき消滅時効が進行する。

もう1つは，債務者が分割金の支払を怠った場合，債権者の請求により期限の利益を喪失するとの特約であった場合であり，この場合には，債権者が残額全額の請求をした時から残額全額につき消滅時効が進行する（最〔2小〕判昭42・6・23民集21巻6号1492頁同旨）。

前者の上記当然に期限の利益を喪失するとの特約がある場合には，当然に残額全額の時効が進行するということで争いはないが，後者の債権者の請求により期限の利益を喪失するとの特約がある場合については，反対説も存在する。後者の場合においても，債権者は残額全額につき権利を行使しうる立場にあるのだから，この場合も債務者が分割金の支払を怠れば残額全額につき消滅時効が進行すると解すべきであるとの説である。しかし，後者の特約によれば，期限の利益を喪失させ残額全額を請求するか期限の利益を喪失させず従前どおり分割金の支払を受けるかは債権者の自由なのであって，債権者に期限の利益喪失による残額全額の請求を事実上強制させる結果となるのは相当とはいえないから，判例のように期限の利益喪失特約の内容により場合分けすべきであると解する。

〔3〕 返還時期の定めのない場合

民法591条1項は「当事者が返還の時期を定めなかったときは，……。」と規定するが，この返還の時期を定めなかったときを弁済期の合意のない場合と解すると，金銭消費貸借契約において，弁済期の合意があることを契約の本質

的要素と解することと矛盾が生じることとなる。そこで，ここにいう「返還の時期を定めなかったとき」とは，弁済期の合意が欠ける場合ではなく，当事者の合理的意思解釈として，弁済期を貸主が催告したときとする合意がある場合であると解することとなる。

それでは，当事者が返還の時期を定めなかったとき，その弁済時期はいつになるのであろうか。民法412条3項の一般原則によれば，借主は，貸主が履行の催告をした時から，直ちに履行遅滞に陥ることとなるが，それでは，借主は金銭消費貸借契約の成立と同時に，いつでも返還できる準備をしていなければならないこととなるから，金銭消費貸借契約が目的物である金銭を一定期間借主に利用させることを当然の前提とする契約であることと整合せず，契約の目的を達成することができない。そこで，民法591条1項は，貸主に相当の期間を定めて返還の催告をすることを要求している。

この点について，判例は，貸主が履行の請求をした時から借主は遅滞に陥るが（民412条3項），借主が民法591条1項による抗弁を行使したときは，相当の期間満了の時に返還すればよいこととなる（大判昭6・6・4民集10巻401頁），として，借主がこの抗弁を主張しないときには，裁判所は，貸主が履行の請求をした時から借主は遅滞に陥るとして判決しなければならないとする。この判例に対しては，その結論は非常識であり，591条1項は単に借主に抗弁権を与えたものではなく，相当の期間を定めた催告をすることが借主の返還義務の履行期を到来させ，借主の履行遅滞を発生させる要件であるとして，反対する説も存在する。

［脇山　靖幸］

第4章

金銭消費貸借の終了

Q11 | 金銭消費貸借の終了事由

金銭消費貸借の終了事由について説明するとともに，訴状（請求の趣旨及び原因）の起案例を示しなさい。

A

〔1〕 消費貸借の終了

(1) 消費貸借の終了ということ

契約は，債権（債務者から見れば債務）の発生を目的として行われるものであり，その成立により債権債務が発生するが，債務の履行により債権の満足が得られれば終了し，解除（民541条以下）等によっても終了する。ところで，売買も消費貸借も民法第3編第2章に定められる典型契約の1つであるが，例えば，内田貴『民法Ⅱ債権各論』〔第2版〕では，その240頁に「消費貸借の終了」という項が設けられているのに，「売買の終了」という項は設けられていない。売買は申込みと承諾という意思表示の合致によって成立し，代金債権（代金支払債務）と目的物受領債権（目的物交付債務）を発生させ，財産権を移転させる。このうち不動産売買などではこれらの債務の履行に一定期間を要するものの，売買契約というものの性質上，一定期間が当然に想定されるわけではない。し

たがって，その終了について，契約一般の終了に関する事項のほかに説明すべき事項がないということであろう。これに対し，消費貸借は，後述の貸借型理論を是とするか否かにかかわらず，一定の価値を一定期間借主に利用させることにその本質的な特色がある以上，消費貸借契約の成立から終了までの期間が，いつ，どのような理由で終了するのか，言い換えれば返還時期が，いつ，どういう形で到来するかが問題となる。これが，特に消費貸借の終了が論じられる理由であろう。「消費貸借の終了とは返還時期の問題である」（内田・前掲240頁）とされ，消費貸借の「終了事由は『返還時期（弁済期）が到来したこと』に尽きる」（山口幸雄「貸金返還請求の要件事実」薦田茂正＝中野哲弘編『裁判実務大系(13)金銭貸借訴訟法』61頁）などといわれるのである。

(2) **貸借型理論**

　民法の典型契約について，売買や交換のように財産権の移転を目的とする，いわゆる売買型と，一定の価値をある期間借主に利用させることに特色がある，いわゆる貸借型とに分け，使用貸借及び賃貸借と同様に消費貸借を貸借型の契約に分類する考え方がある。この考え方によれば，貸借型の契約において，目的物を受け取るや否や直ちに返還すべきであるとすることは自家撞着であるから，貸借型の契約における返還時期の合意は，売買契約において将来の履行期を定めるような場合の法律行為の附款などではなく，その契約の本質に根ざす不可欠な要素ということになる。このような考えを「貸借型理論」という。通説である（司法研修所編『改訂紛争類型別の要件事実』（以下「司研・類型別」という）27頁。司法研修所編『民事訴訟における要件事実第1巻』〔増補版〕（以下「司研・要件事実(1)」という）275頁等）。貸借型理論は，Gierkeの「消費貸借の主たる内容が借主の返還義務にあるとみてはならない。それは，契約関係の終了とともに初めて生ずる。目的物を受け取るや否や直ちに返還すべき消費貸借は無意味であろう。むしろ期間の満了または告知によって契約の終了するまで使用を許容する貸主の義務が契約の主眼である」との見解が基礎となっているとされる（三井哲夫『要件事実の再構成』〔増補・新版〕6頁。三井は，消費貸借についてこのように分類することに合理性はないとして通説に反対する。このような立場を仮に「反対説」という）。貸借型理論は，消費貸借の成立や終了について，次のように考える。

○　約定の返済の時期の到来を理由とした貸金返還請求権の要件事実のうち，

①金銭の返還合意，②金銭の交付（要物契約であることに基づく）のほか，③弁済期の合意も成立要件である。

○　目的物の返還請求権は，消費貸借の成立によってではなく，その終了によって初めて発生することになる。したがって，約定の返済の時期の到来を理由とした貸金返還請求訴訟の場合の攻撃防御方法としての請求原因は，①金銭の返還合意，②金銭の交付，③弁済期の合意のほか，④上記③の弁済期の到来（又は未到来）を挙げることになる。

○　民法591条1項の「返還の時期を定めなかったとき」とは，弁済期について，弁済期を貸主が催告したときとする内容の合意がある場合と解する。

　大審院時代の判例は，返還時期が未到来であることが借主の抗弁であるとするから（大判大2・2・19民録19輯87頁，大判大3・3・18民録20輯191頁，大判大7・2・28民録24輯300頁等），反対説に立っているようであるが，現在の裁判実務は通説に沿って行われていると解されている（小川英明編『貸金訴訟の実務』〔五訂版〕182頁）。なお，金銭消費貸借の成立要件についてはＱ1，貸金返還請求の要件事実についてはＱ19をそれぞれ参照。

　このような理解を前提として，以下，終了事由の諸相について述べる。

〔2〕　金銭消費貸借の終了事由(1)——返還の時期の定めがない場合

(1)　「返還時期を定めなかったとき」の意義

　民法591条1項は「当事者が返還の時期を定めなかったときは，貸主は，相当の期間を定めて返還の催告をすることができる。」と定める。この「当事者が返還の時期を定めなかったとき」の意義について見解が分かれる。

　民法591条1項の文理によれば，消費貸借であっても常に弁済期の合意があるとは限らず，その合意を欠く場合もあることを前提にした補充規定であると解するのが相当であるとの見解がある（第1説。合意欠落説ともいわれる）。しかし，前記のとおり，弁済期の合意が貸借型契約の性質から認められる消費貸借の成立の本質的な要件であるとすると，この見解は相当ではない。貸借型契約の性質を前提に当事者の意思を合理的に解釈すれば，「当事者が返還の時期を定めなかったとき」とは，貸主が催告したときを弁済期とするとの合意がある場合

ということであり，かつ，この場合，特別の合意をしない限り，催告後の相当期間の経過を不要とする趣旨までは含まないものであると解すべきである（第2説）。もっとも，第2説によると，貸主は，消費貸借の成立にかかる要件事実として弁済期を催告の時とする合意があることと，消費貸借の終了にかかる要件事実として催告及び相当期間の末日が到来したことを主張し，証明すべきことになるから，弁済期を催告の時とする合意があることにつき主張し，証明すべき責任を負う分，第1説よりも貸主の負担が大きいようにも思われる。しかし，返還を約束したことについては明確な証拠があるのに，返還の時期につき積極的に確定又は不確定の合意をした形跡がない場合には，弁済期を催告の時とする合意があるものと事実上推定されるのが通例であろうし，主張責任についても，釈明等により補完されるのが普通であろう。また，弁済期を催告の時とする合意の存在は，具体的には「弁済期の定めなし」と主張すれば足りるのであるから，実質的な差はほとんどないといえる。なお，第2説によれば，原告の主張と異なる弁済期の合意に関する被告借主の主張は積極否認ということになる（司研・要件事実(1)277頁，司研・類型別28頁）。

第2説による請求原因の記載例は，次のようなものとなる。

> 1　原告は，平成26年4月2日，被告に対し，弁済期を定めないこととして（又は，弁済期を催告の時とする約定で）100万円を貸し付けた。
> 2　原告は，平成27年4月1日，被告に対し，口頭で，上記100万円を7日以内に返還するよう催告した。
> 3　同年4月8日は経過した。

(2) 催告の方式

催告の方式は法定されていない。書面のみならず口頭でもよい。判例は支払命令の申立や訴え提起も申立書や訴状の送達によって催告となりうることを認めている（前者につき大判明41・2・7民録14輯63頁，後者につき大判大8・5・17民録25輯870頁）。支払命令の制度を改正承継した現行民事訴訟法における支払督促でも同様であろう。訴状の送達によって催告する場合，請求の原因欄末尾の要約部分であるよって書きの「訴状送達の日」という部分で主張しているものと

みなされる。

(3) **相当の期間**

催告の相当期間としてどの程度の期間が必要かは，消費貸借の目的，金額その他の事情から，個別に客観的に判断することになる。

催告に際し期間を定めなかったときも，催告到達時から借主が返還の準備をするのに必要な相当期間が経過した時は，催告は効力を生じる（大判昭5・1・29民集9巻2号97頁）。催告に際して定めた期間が相当でなかったときも，催告到達時から借主が返還の準備をするのに必要な相当期間が経過した時は，同様に催告は効力を生じると解されている。前記のとおり，原告である貸主は相当期間が経過したこと（相当期間の末日の到来）を主張し，証明しなければならない。もっとも，通常は口頭弁論終結時までには相当期間が経過しているから実際には問題にならない（山口・前掲64頁）。他方，貸金元金に加えて遅延損害金を請求する場合，催告から相当期間経過した日が遅延損害金の起算日となる点は注意を要する。実務上，訴状の送達をもって催告する場合に，訴状送達の日の翌日から遅延損害金を請求する例も見受けられるが，相当期間の間の遅延損害金の請求は認められないから，その部分は棄却されることになる。相当期間を定めずに催告した場合の請求原因の記載例は次のようなものとなる。

1　原告は，平成26年4月2日，被告に対し，弁済期を定めないこととして（又は，弁済期を催告の時とする約定で）100万円を貸し付けた。

2　原告は，平成27年4月1日，被告に対し，口頭で，上記100万円を返還するよう催告した。

3　その後相当期間の末日が到来した。

---

(4) **借主の返済**

借主は，返還時期の定めがない場合，いつでも返済できる（民591条2項）。同条項の文言には「返還時期の定めがない場合」との制限はないが，返還時期の定めがある場合は，その定めに従うべきであるからである。ただし，返還時期の定めがある場合においても，期限の利益を放棄して期限到来前に返還することができることや，一定の事由の発生により期限の利益を喪失することがあり

うることについては，後述する。

〔3〕 金銭消費貸借の終了事由(2)——返還の時期の定めがある場合

　通説によれば，定められた返還時期の到来により消費貸借は終了する。言い換えれば，返還時期が到来するまでは消費貸借は終了せず，返還債務の履行期も到来しない。消費貸借における返還の時期の定めは，貸借型契約の本質に根拠があり，法律行為の附款（民法上の期限（民135条以下）は，法律効果の発生・消滅又は債務の履行を，将来到来することが確実な事実の発生するときまで延ばす附款である）ではないことは前記のとおりであるが，その差は，証明責任（主張責任）の分配について現れるものであり，債務の履行の観点からは，民法上の期限と同様に考えられる。弁済期が確定的に定まっている場合（確定期限）と弁済期が到来することは確実だが，それがいつかは不確実な場合（不確定期限）がある。

(1) 確定期限

　消費貸借につき確定した弁済期の合意がある場合，終了についての主張は，確定期限が到来したという事実の主張ということになる。当該確定期限（後記の例では平成27年3月31日）が到来したか否かは，裁判所に顕著な事実であり，証明は不要である（民訴179条）。この場合の請求原因の記載は次のようなものとなる。

1　原告は，平成26年4月2日，被告に対し，弁済期を平成27年3月31日とする約定で100万円を貸し付けた。
2　平成27年3月31日は到来した。

　消費者金融としての金銭消費貸借の場合，貸主と借主が貸付けと分割弁済を繰り返す継続的取引の形態であることが通常であり，弁済期の約定は「毎月25日」等と約定されている。長期の取引では，ある月の25日が日曜日その他の休日にあたる場合があることは容易に想定されるところである。弁済期が休日にあたると，その日に分割弁済金の振込手続ができないか，できたとしても貸主の口座への着金は翌営業日になるから，問題となる。この点，判例は「毎月

1回ずつの分割払によって元利金を返済する約定の消費貸借契約において，返済期日を単に『毎月X日』と定めただけで，その日が日曜日その他の休日に当たる場合の取扱いが明定されなかった場合には，特段の事情がない限り，契約当事者間にX日が右休日であるときはその翌営業日を返済期日とする旨の黙示の合意があったことが推認される」（最判平11・3・11民集53巻3号451頁の判決要旨）とし，その根拠は「現代社会においてはそれが一般的な取引の慣習になっていると考えられるからである（民法142条参照）」とした。「期間」（ある時点から他の時点までの時間の隔たり）の場合，慣習が認定されれば，民法142条を適用して期間末日を繰り下げることになるが，弁済期という「期日」については，黙示の合意の推認により，その繰り下げを行ったものであり，実質的には民法142条を分割払いによる返済期日について類推適用したということも可能であろうといわれる（近藤崇晴・最判解説民事篇平成11年度213頁）。

(2) 不確定期限

約定時には確定していないとしても，期限は，将来必ず到来（「発生」又は「実現」と言い換えることもできる）するものでなければならない。例えば，人はいつか必ず死すべきものであるから，「原告は，平成26年4月2日，被告に対し，弁済期を甲が死亡したときとする約定で100万円を貸し付けた。」というときは，消費貸借の返還時期として不確定期限を定めたことになり，「甲は，平成27年3月31日死亡した。」というのが，終了についての要件事実の主張ということになる。

不確定期限は，将来発生するか否かが不確実である条件とは異なるが，不確定期限と条件とは実際には区別が困難な場合も多い。いわゆる出世払い特約は，当事者の意思が，借主が成功しなければ弁済しなくてもよいというのであれば，条件付消費貸借で，成功の見込みがある間は猶予するが，成功したとき，又は成功しないことが確定したときには弁済しなければならないというのであれば，不確定期限付消費貸借である。それぞれの合意内容の解釈により判断される。判例は，不確定期限であるというものが多い。出世という事実が将来到来するか否かは不確定であることを前提とした上で，当該消費貸借契約の趣旨が，出世という事実の到来により債務の効力が発生するというものではなく，既に発生した債務の履行について債務者が出世した時をもってその履行期とするとい

うものであるときは，不確定期限を付したものというべきであるとする（大判大4・3・24民録21輯439頁）。この場合，出世という事実が発生したときのほかその事実が実現しないことが確定したときにも期限が到来したものとするのが当事者の意思であり，その事実が実現しないことが確定したときに無期限の債務となるものということではない（大判大4・12・1民録21輯1935頁）。なお，いわゆる出世払い特約以外に条件か不確定期限かが争点となった判例としては，次のようなものがある。最判昭43・9・20裁判集民事92号343頁（土地売買残代金の支払を占有者の土地明渡完了と同時と約した事案），最判平22・7・20裁判集民事234号323頁（請負人が製造した目的物代金の支払を「ユーザーがリース会社と契約完了して入金後払い」と約した事案），最判平22・10・14裁判集民事235号21頁（数社を介在させた工事の請負代金支払を「入金リンクとする」と約した事案）。いずれも条件であるとの主張が退けられた。

〔4〕 金銭消費貸借の終了事由(3)――期限の利益の喪失

　消費貸借で返済の時期として一定の期限を定めても，借主が期限の利益（期限が到来するまでは当事者は債務の履行を請求されない等，期限が到来しないことにより当事者が受ける利益）を喪失すれば，本来の返済の時期の到来を待たずに期限が到来し，消費貸借は終了する。期限の利益喪失事由は民法137条1号ないし3号に法定されている。当事者間でそれ以外の事由をもって期限の利益を喪失させる旨を特約することもできる。

(1) **法定事由**

　借主が，①破産手続開始決定を受けたとき（民137条1号），②担保を滅失させ，損傷させ，又は減少させたとき（民137条2号），③担保を提供する義務を負っているのに，これを提供しないとき（民137条3号）である。これらの事由が生じたときは，債務者（金銭消費貸借では借主）の信用がまったくなくなり，債権者に期限の到来まで請求を猶予させることは甚だしく不当であるという理由による。民法137条は，その効果について「期限の利益を主張することはできない」としていることから，その解釈は分かれる。有力説は，これは期限の利益が当然になくなり，履行期が到来するということではなく，債権者が直ちに債務の履行を請求できるようになることであると解する（第1説）。これに対し，債権

者の一方的意思表示により期限の到来と同じ効果を生じさせることができるという趣旨であると解する考え方がある（第2説）。また，民法137条各号の事由が発生した時は当然に履行期が到来するという考えもある（第3説）。破産の場合，「破産手続開始の時において弁済期が到来したものとみなす」旨の破産法103条3項が適用され，第1説及び第2説によれば，民法137条1号適用の余地はないことになる。第2説によれば，例えば，金銭消費貸借の貸主すなわち債権者が期限の利益喪失を理由に履行請求する場合で，期限の利益喪失事由が本条2号，3号の場合，債権者は，本条2号，3号の事由に加えて債権者が前記の意思表示をしたことを主張立証しなければならないことになる（第1説及び第3説では不要と解される）。ただし，第2説によっても，この意思表示は必ずしも単独かつ明示的に行われる必要はなく，履行の請求などにも含まれると解されているから，この点で実際上の差違はないようにも思われる。債務者の履行遅滞については，第3説では期限の利益喪失事由の発生と同時，第1説では債権者による履行の請求の時，第2説では債権者の期限の利益を喪失させる旨の意思表示の時（ただし，履行の請求に含ませることもできることは前記のとおり）に履行遅滞に陥ることになる。時効の起算点については，第3説は履行遅滞と同時，第2説では債権者の期限の利益を喪失させる旨の意思表示の時とされる（大〔連〕判昭15・3・13民集19巻7号544頁は，期限の利益喪失特約の趣旨が全額につき一時の支払を求めて期限の利益を喪失させる旨の意思表示を要するというものである場合は，その意思表示があってから消滅時効が進行するという）が，第1説の論者は，債権者は期限の利益喪失事由が発生した時には請求しうるようになるのは当然であり，期限の利益を失わせる旨の意思表示が債権の行使を妨げる事情となるわけではないから，消滅時効は，期限の利益喪失事由が発生した時から進行するとして判例に反対する。

(2) 特　　約

法定の事由以外に，借主が貸主以外の第三者から強制執行を受けたとき，手形交換所の取引停止処分を受けたときなど，法定事由と同様に債務者の信用が毀損された場合に期限の利益を喪失するとの特約がなされることも多い（期限の利益喪失約款，期限の利益喪失特約等といわれる）。特約では，その事実が発生したら債権者が期限の利益を失わせることができると約するほか，当然に期限が到

来する旨を約することもできる。金銭消費貸借に付される期限の利益喪失特約では，当然に期限が到来するとの趣旨であるのが普通である。

　消費者金融業者を原告とする貸金返還請求訴訟では，毎月元利金を分割して弁済する約定と分割金の支払を1回でも怠った場合に残額全部の弁済期が経過したものとする旨の特約に基づき，分割金の支払を怠って期限の利益を喪失したとして残元利金を一括請求する例も多い。この場合，分割弁済の合意は，返還時期の合意にあたるから，消費貸借の成立事由であり，貸主である原告に主張証明責任がある。特約による期限の利益の喪失の場合，貸主が消費貸借の終了に関して主張証明責任を負うのは，分割金の不払を期限の利益喪失事由とする特約の定めの存在とその特約事由にあたる事実の発生ということになる。このうち，特約事由にあたる事実の発生については，次のように考えるべきである。弁済の事実（支払ったこと）は，本来，借主の主張証明すべき事実であるから，「弁済期に分割金の支払がなかったこと」が期限の利益喪失の効果の発生原因事実なのではなく，「弁済期に分割金の支払があったこと」が期限の利益喪失の効果の発生障害事実であると考えるべきである。そうすると，期限の利益喪失特約の実質的内容は，「各分割金の弁済期が経過したときは，借主はその後に到来すべき期限の利益を失い，残額全部の弁済期が経過したものとする。ただし，上記各弁済期経過前に弁済したときはこの限りではない」と解すべきことになる（このうち，但書部分は，法律上当然で，無意味なものということになる）。以上によれば，特約事由にあたる事実の発生は，特定の分割金の弁済期が経過したことということになり，貸主はこれを主張証明すれば足りることになる（司研・要件事実(1)270頁）。

　以上のとおりであるから，この場合の請求の原因の記載例は，次のようなものとなる。

1　原告は，平成26年4月11日，被告に対し，100万円を次のとおりの約定で貸し付けた。

・弁済期

　　最終弁済期平成28年5月10日。ただし，平成26年5月10日を第1回として以後毎月10日限り，4万円ずつを支払う。

・期限の利益喪失
　被告が前記の分割払いを一回でも怠ったときは，被告は期限の利益を失い，直ちに残債務を弁済する。
2　平成27年6月10日は経過した。

なお，期限の利益喪失をめぐる攻撃防御については，Q27参照。

〔5〕　金銭消費貸借の終了事由(4)――期限の利益の放棄

　期限の利益を有する者は，これを放棄することができ，期限の利益は債務者が有するものと推定される（民136条2項本文・1項）。したがって，金銭消費貸借の場合，無利息の借主は，弁済期の約定にかかわらず，期限の利益を放棄して，その前に弁済することもできる。ただし，この場合も相手方である貸主が何らかの損害を被るときは，その賠償をしなければならない（我妻栄『新訂民法総則』422頁）。また，金銭消費貸借に利息の約定があるときは，期限が相手方である貸主のためにも定められている場合にあたるから，期限の利益の放棄によって相手方の利益を害することはできない（民136条2項但書）。その意味は，期限の利益を放棄することができないということではなく，期限までの利息を支払えば，期限の利益を放棄することができると解するのが通説，判例（大判昭9・9・15民集13巻21号1839頁は，銀行の定期預金の満期すなわち預金の返還時期までの期限は，債務者である銀行と債権者である預金者の双方の利益のために定められたものであるとの認定を前提に，銀行は返還時期までの約定利息を支払う等して，返還時期が未到来であることによって喪失する預金者の得べかりし利益を填補すれば，自己の期限の利益を放棄できるとする。消費寄託の例ではあるが，利息付消費貸借も同様であろう）である。

　なお，平成27年3月31日国会提出の民法の一部を改正する法律案では，民法591条について，2項を「借主は，返還の時期の定めの有無にかかわらず，いつでも返還をすることができる。」と改め，「当事者が返還の時期を定めた場合において，貸主は，借主がその時期の前に返還をしたことによって損害を受けたときは，借主に対し，その賠償を請求することができる。」という3項を新設して，この点を通説，判例に従って整理した明文の規定を設けることとしている。

[笹本　昇]

# 第 5 章

消 滅 時 効

Q12 貸金債権の消滅時効

貸金債権の消滅時効について説明しなさい。

A

〔1〕 消滅時効の意義

　時効とは，一定の事実状態が永続する場合に，それが真実の権利関係と一致するか否かを問わず，その事実状態をそのまま権利関係として認めようとする制度である。
　時効制度の存在理由は，長期にわたり継続した事実状態の尊重と権利の上に眠る者は法の保護に値しないということ，さらに，権利を行使しないことにより権利関係の立証が困難になることから，時効によって法律関係を明確にする必要があることが挙げられる。
　時効の中で消滅時効は，権利者が権利を一定期間行使しないという事実状態を根拠とし権利の消滅を認めるという制度である。
　貸金債権，すなわち借主の借受金返還債務（以下「貸金債権」という）は，金銭債務であるから，その消滅事由は弁済，代物弁済，免除等によるほか，他の金

銭債務と同様に消滅時効による消滅事由がある。

〔2〕 消滅時効の要件

(1) 消滅時効の起算点

(a) 民法166条1項は,「消滅時効は,権利を行使することができる時から進行する」と定めている。

(b) 期限の定めのある場合

期限の到来した日。

貸金債権の返還の時期の定めがある場合には,その返還時期が到来した時から進行する。

(c) 不確定期限の場合

その期限が到来した時。

例えば,出世払いの特約のある債権では,成功しないときには支払の必要がないと解される特別の事情のない限りは,成功の時又は成功不能の確定した時からということになる。

(d) 期限の定めのない場合

返還時期の定めのない貸金債権の場合は,貸主は金銭消費貸借契約成立の時からいつでも権利を行使できる状態であったというべきであるから,消滅時効の起算点は,消費貸借契約成立の時から進行するとするのが判例・通説である(大判大6・2・14民録23輯152頁,我妻栄『新訂民法総則(民法講義Ⅰ)』485頁)。ただし,民法591条1項において,貸主は,いつでも相当な期間を定めて返還の催告をすることができる旨定められ,現実に履行を請求しうるのは相当期間経過後であるから,その消滅時効の起算点は,貸借成立の時から相当の期間を経過した時とし,この相当期間は,それぞれの貸金債権の態様,金額等に応じて決せられるものとする見解もある。

(e) 期限の利益喪失約款のある場合

金銭消費貸借契約締結の際,分割払いの約定がなされ,借主がその約定に違反して分割支払を怠った場合に,期限の利益喪失約款には,借主は,(i)「当然に期限の利益を失う」という趣旨ものと,(ii)「債権者の意思表示(請求)により」という趣旨のものがある。

(ⅰ)「当然に期限の利益を失う」場合　消滅時効の起算点は，借主の債務不履行（支払懈怠）の時からということになる（大判昭15・3・13民集19巻544頁）。

(ⅱ)「債権者の意思表示（請求）により期限の利益を失う」場合　この場合には，貸主が請求した時とする見解や債務不履行後にはいつでも請求をして残額全部の支払を求めることができるのであるから，借主の債務不履行のあった時とする見解があるが，貸主が期限の利益を喪失させるとの意思表示が残額全部の時効の起算点であるとするのが判例である（最判昭42・6・23民集21巻6号1492頁）。

上記の最判昭42・6・23は，「本件のように，割賦金弁済契約において，割賦払いの約定に違反したときは債務者は債権者の請求により償還期限にかかわらず直ちに残債務額全額を弁済すべき旨の約定が存する場合には，1回の不履行があっても，各割賦金額につき約定弁済期の到来毎に順次消滅時効が進行し，債権者が特に残債務全額の弁済を求める旨の意思表示をした場合に限り，その時から右全額について消滅時効が進行する。」と判示している。

なお，期限の利益喪失約款が付されていない場合には，各分割債務ごとにその各分割弁済期から個別に進行することになる。

(2) **消滅時効の時効期間**

貸金債権は，民法上は10年（民167条1項），商法上は5年（商522条）の消滅時効期間で消滅することになる。

民法の短期消滅時効を定めた民法170条ないし174条の適用される余地はなく，また，商法上の消滅時効期間の適用があるのは商法522条が定めるように，金銭消費貸借契約が商行為（例えば，銀行取引や当事者の少なくとも一方が商人であり，その営業のために行われたこと）であることを要することになり，債権が商行為によって生じていれば足り，当事者の双方又は一方が商人であることを要せず，また，債権者にとって商行為であると債務者にとって商行為であるとを問わないと解されている（大判大4・2・8民録21輯75頁）。

上記の商行為の要件を充たさない場合には，その貸金債権の消滅時効期間は，民法上の10年ということになる。

なお，消滅時効の時効期間の期間計算は，初日を算入せず翌日から起算するというのが判例である（大判昭6・6・9新聞3292号14頁，最判昭57・10・19民集36巻

10号2163頁)。

民法(債権法)改正法案では上記の債権の消滅時効における原則的な時効期間と起算点について見直しが図られ、債権について、消滅時効期間として、権利を行使できることを知った時から5年間及び権利を行使することができる時から10年間これを行使しないときとして、民法166条1項及び167条1項を改めるものとし、これに伴い、商事消滅時効を規定する商法522条を削除するものとしている。また、職業別の短期消滅時効に関する規定を廃止するとしている。

(3) 消滅時効の援用

民法145条は、「時効は、当事者が援用しなければ、裁判所がこれによって裁判をすることができない」と定める。

この援用の法的性質については、見解が分かれているが、判例は、時効による債権消滅の効果は、時効期間の経過とともに確定的に生じるものではなく、時効が援用されたときに初めて確定的に生じるものとされ、不確定効果説のうちの停止条件説に立っている(最判昭61・3・17民集40巻2号420頁)。

最判昭61・3・17は、「民法167条1項は『債権ハ十年間之ヲ行ハサルニ因リテ消滅ス』と規定しているが、他方、同法145条及び146条は、時効による権利消滅の効果は当事者の意思をも顧慮して生じさせることとしていることが明らかであるから、時効による債権消滅の効果は、時効期間の経過とともに確定的に生ずるものではなく、時効が援用されたときにはじめて確定的に生ずるものと解するのが相当」である旨判示する。

これによれば、時効の援用は、権利の得喪を確定させる実体法上の要件となり、時効によって不利益を受ける者に対する実体法上の意思表示となるから、時効の援用は、訴訟外でも可能である。

〔3〕 消滅時効の効果

時効の効果は、時効の起算点に遡って生ずる(民144条)。

時効による債権消滅の効果については、上記〔2〕(3)のとおり、時効期間の経過とともに確定的に生ずるものではなく、時効が援用されたときに初めて確定的に生じるものとされる(不確定効果説のうちの停止条件説)。

したがって，時効により債務を免れた者は，その債務についての時効期間中に生じた利息等を支払う必要はない。

ただし，消滅時効にかかる債権が，時効完成前に相殺適状にあった場合には，当該消滅時効にかかる債権を自働債権として相殺することができる（民508条）のであり，この点につき，時効の遡及効が制限されているとみることができる。

〔4〕 消滅時効の障害

(1) **時効利益の放棄**

時効の利益を受ける者が，時効完成前にその利益を放棄することは許されない（民146条）が，時効完成後に意思表示により時効の利益を放棄することは許される。

不確定効果説によれば，時効利益の放棄は，時効期間の経過とともに確定的に生じるものではなく，時効の効力を発生させないことに確定させる意思表示である。民法146条は，時効による権利消滅の効果は当事者の意思をも顧慮して生じさせることとしているのであり，時効利益の放棄は，時効の効力を発生させないということに確定させる意思表示であるから，その前提として，債務者が時効の完成を知っていることを必要とする（最判昭35・6・23民集14巻8号1498頁）。

(2) **債務の承認**

消滅時効完成後の債務の承認は，時効の利益を受ける当事者が，時効の進行中に，権利者に対して，その債権の存在を知っている旨表示する観念の通知であり，時効完成後の債務の承認は，時効完成の知・不知にかかわらず，これにより時効援用権を失うものであり，時効を中断しようとする効果意思は必要としない。

かつて判例は，時効完成後に債権の承認をした場合，後の時効の援用を封じるために時効の完成を知っていたものと推定し，この推定に対する反証を容易に認めないという手法を採ったが，その後，判例は，時効完成の事実を知らないで債務の承認をした場合，債務者は，信義則に照らして，消滅時効を援用することは許されないものと解するのが相当であるとしている（最判昭41・4・20民集20巻4号702頁）。

時効完成後の債務の承認は，時効完成及び援用による債権消滅の効果が覆ることになるから，貸金返還請求訴訟において，消滅時効の抗弁に対する再抗弁となる。

なお，債務の承認には，一部弁済など権利の存在を承認したと認められる一切の行為を含むものである。

〔5〕 時効の中断と停止

(1) 時効の中断

時効期間の進行は，①裁判上の請求（民149条），②差押え，仮差押え又は仮処分（民154条・155条），③承認（民156条）により中断する（民147条）。

なお，裁判上の請求について，判例は，消極的確認訴訟に被告として応訴することにも時効中断の効果も認めている。この場合の中断の効力を生じる時期は，当該訴え提起の時である。

時効中断の効果は，それまで続いた時効の効果がまったく効力を失うことである。それまでの時効期間はすべて振り出しに戻り，時効中断の日から時効期間が改めて進行を開始することになる（民157条1項）。

(2) 時効の停止

時効の停止とは，権利者の権利行使が不可能，又は著しく困難であるような一定の特別な事由が生じたときに，一定の期間について時効期間の進行を停止して，その間，時効完成を延期ないし猶予するものである。

時効の停止は，民法上には明確な規定はないが，時効の停止事由として，次の①ないし④のとおり，民法158条から161条に規定されている。

① 未成年者又は成年被後見人に法定代理人がない場合など（民158条）
② 夫婦の一方が他方に対して権利を有している場合（民159条）
③ 相続財産に関して，相続人が確定した時や管理人が確定した時，破産手続開始の決定があった時（民160条）
④ 天災その他避けることができない事変のあった場合（民161条）

時効の中断は，中断事由の終わった時から，改めて新しく時効期間が進行するのに対し，時効の停止は，その停止期間だけ時効期間から除外されることになる。

(3) **中断及び停止の事由（改正）**

時効の中断及び停止の各事由について，民法（債権法）改正法案では時効の完成猶予及び更新として，時効の停止を規律する民法158条から同160条までを維持するほかは，改正法案147条以下において，次のとおりの場合に分けて改めるものとしている。

① 裁判上の請求等（時効の完成猶予及び更新）
② 強制執行等（時効の完成猶予及び更新）
③ 仮差押え等（時効の完成猶予）
④ 催告（時効の完成猶予）
⑤ 天災等（時効の完成猶予）
⑥ 協議を行う旨の合意（時効の完成猶予）
⑦ 承認（時効の更新）

〔6〕 **消滅時効の抗弁**

(1) **要件事実**

消滅時効の要件事実は，以下のとおりである。

> ① 権利を行使することができる状態になったこと
> ② その時から一定の期間が経過したこと
> ③ 援用権者が相手方に対し時効援用の意思表示をしたこと

(2) **権利行使が可能であること**

貸金返還請求訴訟の場合，権利行使が可能であるということは，当該訴訟の請求原因中の権利発生を基礎付ける事実の主張で明らかになることから，抗弁において，この点につき改めて事実主張する必要はないことになり，債務者が権利を行使しなかったことについて，改めて主張する必要はないとされる。

(3) **一定の期間が経過したこと——時効期間**

時効期間の経過については，同期間最終日の経過を主張すれば足りるとされる。

貸金返還請求訴訟では，請求原因事実において，その返還の時期の到来を証

明しなければならないことから，時効期間の起算日について，その主張・立証が問題となる余地は少ないと考えられる。

なお，時効期間の最終日の経過についても，実務上，顕著性が特に高いとして，主張されないことがある。

(4) 時効援用の意思表示をしたこと

時効の援用については，援用権者が相手方に対し，時効援用の意思表示をしたことを主張することが必要となる。

(5) 貸金返還請求訴訟における消滅時効の抗弁

上記(2)ないし(4)によれば，貸金返還請求訴訟における消滅時効の要件事実は，以下のとおりとなる。

---

① 平成○○年○○月○○日は経過した。
② 被告は，原告に対し，平成○○年○○月○○日，本件貸金債権について消滅時効を援用するとの意思表示をした。
（被告は，原告に対し，平成○○年○○月○○日の本件口頭弁論期日において，本件貸金債権について消滅時効を援用するとの意思表示をした。）

［舘　　敏郎］

第 6 章

準消費貸借

Q13 準消費貸借の意義・成立要件

準消費貸借の意義及び成立要件について説明しなさい。

A

〔1〕 準消費貸借の意義

(1) 準消費貸借とは

　準消費貸借とは，当事者が金銭その他の債務を給付する義務をすでに負担している場合に，この既存債務（以下「旧債務」という）を合意によって消費貸借上の債務にすることをいう。例えば，売買契約によって買主に代金支払債務が生じている場合に，当事者間でその代金額を消費貸借にするという合意がなされれば，それだけで，買主が一度代金を支払った上で，改めて借主としてそれを受け取るという二重の授受をしなくても，消費貸借が成立したものとみなされるというのが民法588条の趣旨である。

　旧債務は，金銭その他の代替物の給付を目的とするものであればよく，その種類に別段の制限はない。売買代金債務や立替金債務のみならず，共同不法行為者の1人が他の者の負担分を弁済した場合の求償権に対応する債務や損害賠

償債務でもよいとされている。同条は「消費貸借によらないで金銭その他の物を給付する義務を負う者がある場合において」と規定しているが，これは通常の場合を想定したにすぎず，旧債務が消費貸借による金銭その他の物を給付する債務であっても，これについて準消費貸借をなすことは妨げられない（大判大2・1・24民録19輯11頁）。平成27年3月31日に国会に提出された「民法（債権法）改正法案」においても，「消費貸借によらないで」という文言は削除されている。

準消費貸借契約は，旧債務の弁済期の延長のみならず，複数の旧債務を1個の債務にまとめたり，新たに借用証書を作成して従前の債権債務関係の明確化を図ったりするなど債権者の訴求の便宜のために締結されることが多い。

(2) 消費貸借の要物性と準消費貸借

消費貸借（民587条）は，要物契約として，目的物の交付がその成立要件とされているところ（ただし，上記改正法案では，書面による諾成的消費貸借に係る規定が587条の2に新設されている），準消費貸借は，目的物の交付なくして，当事者が金銭その他の物を給付する旧債務を消費貸借の目的とする合意によって成立するものである。このように目的物の交付を伴わない準消費貸借を，消費貸借の要物性を厳格に解する立場からどう説明するかについて，かつては種々の理論構成が試みられた。これには，①法律の擬制によって目的物の授受があったものとみなされるという「擬制説」，②準消費貸借にあたっては，既存債務の弁済としてなすべき目的物の引渡しは占有改定（民183条）によって，目的物の新たな交付は簡易の引渡し（民182条2項）によって行われるところ，民法588条の規定により，これらが省略され，なされたものとみなされるという「占有改定説」，③債権者が旧債務を免除するのに対して，債務者が改めて消費貸借上の債務を負担することから，旧債務の免除は1つの給付といえ，それは目的物の交付に該当するという「債務免除説」等の諸説があった（幾代通＝広中俊雄編『新版注釈民法(15)債権(6)』20頁〔平田春二〕）。しかし，近時は，準消費貸借も要物性緩和の一態様であるとして，目的物の交付と経済上同一の効果をもたらす，旧債務の存在をもって足りると解されている。

(3) 消費貸借と準消費貸借の訴訟上の関係

消費貸借と準消費貸借の両者の関係については，消費貸借の主張に基づいて

準消費貸借の債権を認容することができるかという訴訟上の問題がある。これについて，最高裁判例（昭41・10・6裁判集民事84号543頁）は，要旨「金銭消費貸借に基づく金員支払請求に対して，旧債務を目的とする準消費貸借に基づく請求として認容しても，必ずしも弁論主義に反するとはいえない」と判示した。その理由付けが明らかではないものの，消費貸借と，その要物性を緩和した準消費貸借との関係を基本と補充の関係で捉え，両権利関係を同一かつ１個の請求とみたものと解されている（鈴木重勝・ジュリ398号406頁）。

〔２〕 準消費貸借の成立要件

準消費貸借が成立するには，①基礎となる債務（旧債務）が存在すること，②基礎となる債務（旧債務）の目的物を，消費貸借の目的とする旨の合意をなすことがその要件となる。以下，説明を加える。なお，以下の(1)(a)～(c)についてはQ31〔１〕とQ32〔３〕の論述も参照されたい。

(1) **基礎となる債務（旧債務）が存在すること**

(a) 旧債務の不存在等

準消費貸借が成立するためには，旧債務が存在しなければならない。準消費貸借は，無因債務（原因関係の存在あるいは効力に影響されずに，効力を生じる債務）を負担するものではないから，旧債務が存在しなかったり，旧債務が強行法規違反，公序良俗違反等によって無効（例えば，名板貸契約から生じた債務〔大判大15・4・21民集5巻5号271頁〕，賭博を原因とする債務，競争入札における談合の示談金等）であったりすると，その効力を生じない。ただし，不法原因給付（民708条）であっても，目的物給付後になされた，その返還契約は有効と解されているので（最判昭28・1・22民集7巻1号56頁），当該返還契約による給付義務に基づいて準消費貸借をなすことは許される（大阪地岸和田支判昭27・8・27下民集3巻8号1167頁）。また，利息制限法の制限を超過する利息を目的として締結された準消費貸借は，制限内の金額においてのみ成立する（最判昭55・1・24民集129号81頁）。もっとも将来発生する金銭債務を目的とする準消費貸借も無効ではなく，当該金銭債務の発生したときに，当然に効力が生じる（最判昭40・10・7民集19巻7号1723頁）。消滅時効にかかった債務であっても，債務者が時効の利益を放棄したとみられる場合には，準消費貸借を成立させることができる。１個の債務の一

部を準消費貸借の目的とすることも妨げない（大判大4・2・27民録21輯191頁）。

　(b)　旧債務の主張立証責任

　準消費貸借契約の締結に際しては，一般に旧債務の借用証書その他の書類を債務者に返還したり，破棄したりすることが多い。そのため，旧債務の存否が争いになるとき，その存在について誰が主張立証責任を負うかは，当事者にとって重大な利害の絡む問題となる。これについては，次のとおり見解の対立がある（薦田茂正＝中野哲弘編『裁判実務大系⑴金銭貸借訴訟法』69頁〔遠藤賢治〕）。

　㈲　原告説　　原告説とは，旧債務の存在については，準消費貸借の成立を主張する者が立証すべき責任を負うという考え方である。立証責任の分配について実務が依拠する法律要件分類説（各当事者は，自己に有利な法律効果の発生を定める法条の要件事実について証明責任を負うとする考え方）を貫徹すれば，準消費貸借の効果を主張する債権者は，基礎債務としての旧債務の成立についても証明責任を負うことになる。もし旧債務の成立が証明されなければ，準消費貸借の成立が肯定されず，旧債務の権利根拠事実の存否不明による不利益負担が，準消費貸借の効果を主張する債権者に帰することになるからである。原告説は，民法588条の文言に忠実な考え方といえ，消費貸借と準消費貸借とを統一的に把握できるという利点がある。

　㈺　被告説　　被告説とは，旧債務の存在についての主張立証は，準消費貸借の成立を主張する者の責任ではなく，その不存在を主張し，新債務の存在を争う相手方がその責任を負い，抗弁として主張立証しなければならないという考え方である。その根拠については，①準消費貸借契約の締結に合意した事実から，旧債務の存在を推定できるので，旧債務の不成立の立証責任は被告が負担すべきだという「旧債務推定説」，②準消費貸借契約の締結に際し，旧債務の承認があったはずであるから，旧債務の不成立は債務承認の効力を覆す抗弁事由になるという「旧債務承認説」，③消費貸借における要物性緩和傾向に鑑み，旧債務の目的物を消費貸借の目的とする旨の合意だけで，準消費貸借が成立するという「要物性緩和説」等の諸説がある（賀集唱・判タ180号64頁）。いずれの説も，旧債務が存在するからこそ，これを債権者の訴求に便利な消費貸借上の債務に改めたのであるから，準消費貸借に基づいて請求する原告に，旧債務の発生原因まで遡って主張立証させるのは不合理だという常識論がその根底

にある。被告説は，立証の困難や当事者の公平の観点を踏まえて，法律要件分類説を合理的に修正したものといえる。

(ハ) 最高裁判例　被告説を採用した昭和43年2月16日第二小法廷判決（民集22巻2号217頁）は，要旨「準消費貸借契約は，目的とされた旧債務が存在しない以上，その効力を有しないものであるが，旧債務の存否については，準消費貸借の効力を主張するものが旧債務の存在について立証責任を負うものではなく，旧債務の不存在を事由に準消費貸借契約の効力を争う者がその事実の立証責任を負う」と判示した。本判決は，その理由付けが明らかではないものの，結論的には従来の大審院判例（大判大4・8・24民録21輯1405頁，大判大6・11・5民録23輯1743頁等）の態度を踏襲し，旧債務に関する証書が債務者に返還されていなくても，また，その証書を債権者が保持しているか否かにかかわりなく，旧債務不存在の立証責任は債務者にあることを明らかにしたものと解されている（遠藤・前掲77頁）。

なお，本判決は，準消費貸借における旧債務存否の立証責任を判示するにとどまり，主張責任の分配については明らかにしていないが，立証責任の分配さえ決まれば，主張責任の分配もこれに一致するところから，論旨がこの点を問題にしなかったものと推察されている（宇野栄一郎・最判解説民事篇昭和43年度（上）273頁）。

(c) 旧債務の特定の程度

ただ被告説を採った場合でも，旧債務の消滅と新債務の発生とが有因の関係にあることから，準消費貸借の請求を理由あらしめるため，旧債務存否の主張立証責任とは別に，原告は，旧債務を特定できるように主張しなければならない。その特定の程度については，①金銭の数量だけ特定すれば足りるという「数量説」，②債務の種類，性質まで明示すべきであるという「種類説」，③債務の発生原因まで主張する必要があるという「原因説」の諸説がある。このようにいくつかの段階を考えうるが，数量説によれば，旧債務の不存在を理由とする被告の抗弁が，原告の請求原因事実中の旧債務と同一のものを対象にしているのか確定できないおそれがあるし，種類説によっても，例えば小口の多数回にわたる売掛金債務のように，同一当事者間に同一内容の債務が複数存在しうることを考慮すると，旧債務を特定，識別するのに十分とはいえない。実務

的には，準消費貸借の基礎となった旧債権の範囲を他の債権と識別できる程度に主張する必要があるから，原因説をもって相当と解される。ただし，通常は，「いつからいつまでの何々いくら」という程度の特定で足りる場合が多いと思われる。

(2) 基礎となる債務（旧債務）の目的物を，消費貸借の目的とする旨の合意をなすこと

準消費貸借は，要物性緩和の一態様であるから，意思表示のみによって成立し，現実に物の授受の行われることを要しない。もっとも準消費貸借契約の締結に際しては，同契約に係る証書の作成されることが多い。この点に関し，大審院判例は，たとえ消費貸借証書が作成された場合でも，それが準消費貸借であること（旧債務に基づいて消費貸借を成立させること）を必ずしも明記することを要せず，そのような証書でも準消費貸借の成立を推定しうるし（大判大8・4・2民録25輯653頁），金銭を目的とする準消費貸借の公正証書にたとえ現金の授受がなされたような記載があっても，その債務名義性を失うことはない（大判昭8・3・24民集12巻5号474頁）と判示している。

また，準消費貸借契約の当事者は，旧債務と同一当事者であることを要する。債権者が債務者に代位して，債務者の第三債務者に対する債権を目的とし，債権者を貸主，第三債務者を借主とする準消費貸借契約を締結することはできない（大阪高判昭41・12・14判タ202号179頁）。もっとも旧債務に対応する債権の承継人は，それに基づいて準消費貸借をすることができる（大判大4・2・27民録21輯191頁）。また，旧債務の当事者に連帯債務者を加えたり（大判明39・10・15民録12輯1262頁），新たに抵当権を設定したり（大判大5・5・24民録22輯1023頁）することも差し支えない。

［宇都宮　庫敏］

Q14 | 準消費貸借成立の場合の旧債務における保証人の地位

準消費貸借が成立した場合，旧債務における保証人の地位はどうなるか，説明しなさい。

A

〔1〕 準消費貸借と金銭消費貸借債務

(1) 意　義

民法588条は，「消費貸借によらないで金銭その他の物を給付する義務を負う者がある場合において，当事者がその物を消費貸借の目的とすることを約した」ことによって，「消費貸借は，これによって成立したものとみなす」として，準消費貸借を定めている。すなわち，準消費貸借契約は，すでに金銭その他の物を給付する義務（旧債務）が存在する場合に，相手方との間の合意（契約）によって，金銭その他の物を消費貸借上の目的とする債務（新債務）とするという契約であることを規定し，消費貸借の目的物の交付は伴わないけれども消費貸借の契約が成立するため，この限りにおいて民法が定める消費貸借の要物性を準消費貸借として緩和しているものと解することができる。

(2) 旧債務の資格

(a) 金銭消費貸借——「消費貸借によらないで」

準消費貸借は，条文上，旧債務につき「消費貸借によらないで」として定めていることから，金銭消費貸借契約による債務が準消費貸借の目的となりえないのではないかということが問題になる。

この点について，判例（大判大2・1・24民録19輯12頁）は，解釈上，金銭消費貸借債務による旧債務も準消費貸借契約の目的となりうると判示して，既存の消費貸借上の債務についても準消費貸借をなすことを妨げないとしている。

つまり、すでにある準消費貸借の基礎となる債務の発生原因は問わないということになる。

なお、民法（債権法）改正法案において民法588条の条文中「消費貸借によらないで」の文言が改正法案の規律から除かれている。

■大判大2・1・24民録19輯12頁
「当事者相互間ニ於テ既ニ金銭其他ノ代替物ノ給付ヲ目的トスル債務カ存在スル場合ニ当事者カ之ヲ消費貸借ノ債務ニ変更スルハ毫モ妨ケナク既存ノ債務カ之ヲ消費貸借ニ基クト其他ノ原因ニ基クトハ之ヲ問フヲ要セス」、「消費貸借ニ因リテ金銭其ノ他物ノ給付ヲ為スノ義務ヲ負フ場合ト其以外ノ原因ニ基キ同種ノ給付義務ヲ負担スル場合トヲ区別スヘキ何等法理上及ヒ民事政策上理由ナク畢竟第588条ハ通常ノ場合ニ著眼シタルモノニ外ナラスシテ……解釈ニ依リ法律上可能ナリト判断スル」

(b) 将来発生する債務

また、判例は、当事者間において将来発生する金銭債務を目的とした準消費貸借契約を締結することもできるとし、その締結後に当該金銭が交付（貸与）されたときにその準消費貸借は当然に効力を発生すると解するとして、将来発生する債務についての準消費貸借契約も有効であるとする。

■最判昭40・10・7民集19巻7号1723頁
「当事者間において将来金員を貸与することあるべき場合、これを準消費貸借の目的とすることを約しうるのであつて、その後該債務が生じたとき、その準消費貸借契約は当然に効力を発生するものと解すべきである。」

(c) 旧債務と新債務の有因性

(イ) 準消費貸借において、旧債務が存在しない場合には、実体法上、準消費貸借契約は成立しない。旧債務が一部不存在の場合には、その限度で準消費貸借の効力が生じないということになる。

例えば、旧債務の発生原因が金銭消費貸借契約による約定利息が利息制限法に定める利率を上回る場合に、その元利合計額について締結された準消費貸借契約は、利息制限法の制限を超過する限度において無効ということになる（大判大6・4・16民録23輯644頁、最判昭55・1・24判時956号53頁）。

■最判昭55・1・24判時956号53頁
「右の準消費貸借契約の目的となつた旧債務は、……（制限超過利息部分）……に

ついては利息制限法1条に違反する約定によるものとして利息債権は存在しないといわなければならず，したがつて，準消費貸借上の債権も右の限度で存在しないこととなるから，右準消費貸借上の債権を自働債権とする相殺の抗弁を認容した原判決は不存在の右債権額の限度で違法であり，……」

　利息制限法所定の制限利率を超過する利息部分を目的として締結された準消費貸借契約は無効であって債権は存在せず，この債権を自働債権としてした相殺の意思表示はその効力を生じないとして，利息制限法違反の超過利息部分を目的として締結された準消費貸借契約上の債権を自働債権としてされた相殺の効力について判示したもの。

(ロ)　なお，旧債務が存在することが準消費貸借の成立要件を構成するのか(原告説，債権者説)，又は，旧債務が存在しなかったことが阻却要件となるのか(被告説，債務者説)という主張立証責任をどちらに負わせるか分かれるところであるが，準消費貸借契約を締結する際の旧債務の証書等が貸主から借主に返還されるという取引の実情から，判例は被告説(債務者説)をとり，被告に旧債務の不存在につき立証責任を負わせている(最判昭43・2・16民集22巻2号217頁)。

■最判昭43・2・16民集22巻2号217頁
　「準消費貸借契約は目的とされた旧債務が存在しない以上その効力を有しないものではあるが，右旧債務の存否については，準消費貸借契約の効力を主張する者が旧債務の存在について立証責任を負うものではなく，旧債務の不存在を事由に準消費貸借契約の効力を争う者においてその事実の立証責任を負うものと解するを相当とする」

〔2〕 準消費貸借の成立と新・旧両債務との関係

(1) 旧債務との関係

　準消費貸借契約が締結される場合にとくに問題となるのは，本問にあるように，準消費貸借契約が成立すると準消費貸借における新債務が発生する代わりに旧債務は消滅するが，このとき旧債務に付着してしていた保証人や抵当権などの担保や同時履行の抗弁権等が新債務の発生とともに消滅するのか，あるいは，移行するのかということである。

　この点につき判例は，準消費貸借契約の新旧両債務の同一性が維持されているか否かによって判断するとし，新旧両債務の同一性の有無は，当事者の意思によるとし，当事者の意思により新旧両債務の同一性を失わせる意思が明らか

でない限り，原則として旧債務と同一性を維持する趣旨であるものと推定するとしている（大判昭8・2・24民集12巻3号265頁，最判昭50・7・17民集29巻6号1119頁）。

つまり，準消費貸借は，当事者の意思を標準として既存債務の原因関係を消費貸借の規定上の債務に変更するのであるから，債務の同一性は，当事者の意思によって自由に左右できるのであるが，他方，当事者の意思で自由に支配できない事項（例えば消滅時効など）は，新旧両債務の同一性は債務の種類・性質によって決せられることになるので，この場合には当事者の意思による債務の同一性が制限されることにならざるを得ないと解されることになる。

■最判昭43・2・16民集22巻2号217頁
「準消費貸借契約に基づく債務は，当事者の反対の意思が明らかでないかぎり，既存債務と同一性を維持しつつ，単に消費貸借の規定に従うこととされるにすぎないものと推定されるのであるから，既存債務成立後に特定債権者のためになされた債務者の行為は，詐害行為の要件を具備するかぎり，準消費貸借契約成立前のものであつても，詐害行為としてこれを取り消すことができるものと解するのが相当である。これと見解を異にする所論引用の大審院大正9年（オ）第602号同年12月27日判決・民録26輯2096頁の判例は，変更すべきものである。」

(2) 旧債務の担保

準消費貸借上の新旧両債務は，通常は，準消費貸借の成立により，旧債務はその後債務の同一性を維持しつつ，消費貸借という形をとって存続するものと解するのが相当であり，原則として，旧債務に伴う担保（人的，物的を問わず）は存続するものと解される。

旧債務の担保は，債務の種類・性質を問わず，当事者の意思で自由に決することができるのであり，準消費貸借契約を締結する債権者が旧債務に付着する担保をわざわざ自ら放棄して不利益を招くという意思を推定することはできないのであるから，旧債務の担保は原則として存続すると解されている。

(3) 旧債務の保証人の地位

旧債務に付着する保証などの担保については，原則として存続する。

つまり，旧債務の保証などの担保は，債務の種類・性質とは関係のない事項であるから，当事者の意思によって自由に決することのできる事項である。ま

た，債権者が準消費貸借契約を締結したということで，旧債務の担保を放棄するという不利益な意思を推定することはできないことからも，当事者が旧債務の担保について放棄する等の特段の意思を明らかにしない限り，債務は同一性を維持するものと解して，旧債務の担保は存続するものと解している。

旧債務の保証についての判例として，最判昭33・6・24裁判集民事32号437頁がある。

■最判昭33・6・24裁判集民事32号437頁

「準消費貸借が成立した場合に，既存債務は消滅して新債務が発生するのか，又は債務は同一性を維持し単に消費貸借の規定に従うこととなるのかは，先ず当事者の意思によるべく，当事者の意思が明らかでない場合には，後の場合に属するものと推定すべきことは，論旨の引用する大審院の判例によつて明らかである。本件において，上告人の内心の意思は旧債務を消滅せしめるにあつたかのような証拠が散見するとしても，被上告人の意思も亦左様であつた証拠は存しないのであるから，やはり当事者の意思が明らかでなかつた場合として後の場合に属するものと推定せざるをえないのであつて……」

(4) **本問の結論**

準消費貸借契約が成立した場合，原則として，旧債務における保証人の地位は存続する。

準消費貸借契約が成立した旧債務の保証人は，原則として，旧債務の債権者が，保証人に対し保証債務の履行を求めてきた場合には，保証人は，準消費貸借契約を締結したことを理由に請求を拒むことはできないことになる。

［舘　　敏郎］

第7章

保　　　証

Q15 保証契約に対する法規制

保証契約に対する法規制について説明しなさい。

A

〔1〕　はじめに

　保証契約は，保証人からすれば他人の債務について責任を負うものであり，過大な責任を負うリスクもある。そこで，法は，保証人の保護の観点から，いわば政策的に規制（制限）を設けている。本問に対する回答はこれに重点を置いて説明することにするが，説明の順序としては，まず保証契約及びその周辺の法律関係等について確認の意味で整理を試み，次いで保証契約に対する法規制の説明に入り，最後に民法改正法案における保証契約に対する法規制に触れることとしたい。

〔2〕　保証契約及びその周辺の法律関係等について

(1)　保証契約とその機能

　民法典は，保証については，法律効果である債務の面から捉えて，「多数当

事者の債権及び債務」の節（民法典第3編債権第1章「総則」第3節）の中に「保証債務」として款（第4款）を設け，債務者が複数の場面として規定をしており，その中で「保証契約」の語が用いられている（民446条2項・3項等参照）。これは，保証契約が保証債務の発生原因だからである（遺言も保証債務の発生原因だとする学説がある（我妻栄『新訂債権総論（民法講義Ⅳ）』454頁））。

そして，保証とは，債権者Aに対して債務を負っているBが債務を履行しないときに，Bに代わってCがその履行をする責任を負うことをいい（民446条1項），この場合のBを主たる債務者，Cを保証人といい，CのAに対する債務を保証債務という。この保証債務の発生を目的として債権者Aと保証人Cとの間で締結された契約を保証契約という（保証契約は，この合意のみによって効力が生じるわけではなく，書面でしなければならないとされているが（民446条2項），この点については後に述べる）。

保証契約は，債権者にとっては自己の債権の回収を確保するために有用な手段の1つである。例えば，AがBに対して金銭を貸し付ける場合にCが保証人になれば，Aとしては，Bが貸金の返済をしないときには，Cから返済を受けることはもとより，Cの個人財産まで引当てにすることができるからである。つまり，保証債務は主たる債務の担保としての機能を有しているわけである。

(2) 保証債務の性質

保証債務は，このように担保的機能を果たすものであるから，主たる債務に対して従たる債務といえるものである。そこで，保証債務は，次のような性質を有することになる。

(a) 附 従 性

保証債務は，主たる債務が存在しなければ成立しないし（成立における附従性），主たる債務よりも重くなることはないし（内容における附従性），主たる債務が消滅すれば消滅（消滅における附従性）する。

(b) 随 伴 性

主たる債務の債権が移転する場合には保証人に対する債権も移転する。

(c) 補 充 性

保証人は，主たる債務者がその債務を履行しないときになって初めて履行すればよい（民446条1項）。そこで，保証人は，まず主たる債務者に請求するよう

抗弁できるし（民452条。催告の抗弁権），また，主たる債務者の財産に執行せよと抗弁することができる（民453条。検索の抗弁権）。

もっとも，この補充性は保証人が主たる債務者と連帯して債務を負担した場合には認められない。これを連帯保証という（民454条）。

(3) **保証契約の周辺の法律関係**

主たる債務の内容は，本書のテーマを踏まえれば，金銭消費貸借契約に基づく貸金返還債務となるが，この主たる債務の発生原因となる契約を原契約という。

なお，保証契約は，主たる債務者Bと保証人Cとの間で締結された保証委託契約に基づいて締結されることが多いが，委託があったからといって必ずしも保証委託契約が締結されるとは限らず，委託に基づかない保証もあるところである（民462条参照）。つまり，保証契約にとって，保証委託契約は必要不可欠のものではない。

また，この保証委託契約を原契約として保証契約が締結されることもある。例えば，金融機関Aから企業Bが融資を受ける（原契約Ⅰ）場合に，信用保証機関Cの信用保証を必要とするときがある。このとき，BとCとの間では保証委託契約（原契約Ⅱ）が締結され，同契約に基づいてCとAとの間で保証契約Ⅰが締結される。そして，CがAに対して保証債務を履行（代位弁済）したときには（場合によっては履行前でも），CはBに対して求償することができるが（民459条・460条），Cにとっては，この求償権（保証委託契約に基づく事務処理費用返還請求権）の回収の手立てを確保しておくことがリスク管理の面から必要であろう。そこで，求償権を担保するための手段として，Cは，D（会社Bの役員である個人であることが多い）との間で求償権についての保証契約（保証契約Ⅱ）を締結しておくというわけである（後に述べる貸金等根保証契約及び民法改正法案の説明部分も参照されたい）。

以上の関係を図で示すと，次頁のようになる。

(4) **保証債務と主たる債務の関係**

保証債務は，主たる債務とは別個の債務とされている。このことから，原契約とは別の保証契約により発生するものであり，主たる債務とは別に消滅することがあり（主たる債務が民事債務であり，保証債務が商事債務である場合，消滅時効の

第 7 章 保　　証　　Q15 保証契約に対する法規制

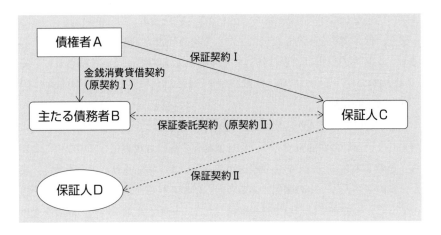

期間は，主たる債務は10年であり（民167条1項），保証債務は5年である（商522条）），また，保証債務についてのみ違約金又は損害賠償の額を約定することもでき（民447条2項），保証債務を主たる債務としてさらに保証を立てたり（副保証），担保物権を設定することもできる（我妻・前掲468頁）。

〔3〕 保証契約に対する法規制について

(1) 法規制について

保証契約に対する法規制は，〔1〕で述べたように政策的な規制と捉えることができるが，それだけではなく保証契約の性質・機能から理屈として導き出されるもの（理論的規制）も存在している。そこで，前者の説明に入る前に，後者についてごく簡単に説明することにしたい。

(2) 理論的規制

保証人の負担が債務の目的又は態様において主たる債務よりも重いときは，主たる債務の限度にまで減縮される（民448条）。これは先に述べた附従性の点から導かれるものである。もっとも，附従性には例外（意思又は政策的な理由による規制の解除とでもいえようか）もあるので，それほど徹底されているわけではない（いくつか例を挙げれば，保証債務のみに違約金又は損害賠償の額を約定することができるが（民447条2項），この約定によれば保証債務の額が主たる債務のそれよりも多額になる場合があるし，また，主たる債務が行為能力の制限によって取り消された場合，主たる債務

は存在しなくなるが、保証債務が独立の債務を負担することもある（民449条））。

　また、保証契約を締結した後に主たる債務の目的及び態様が加重されたときでも、保証人の負担はこれに伴って加重されるものではないと解されている（我妻・前掲465頁）（この点につき、民法改正法案では成文化している（改正法案448条2項））。

(3) 政策的規制

　保証契約は、保証人からすれば、同契約締結時には、主たる債務の履行期は到来していないのが通常であり、保証債務そのものも現実化していないことから、そのリスクについてあまり検討がされないまま締結される場合も多く、また、身内や知人等一定の関係にある者から依頼されると情義関係からこれを拒否することもできずにやむを得ず締結したり、企業が金融機関から融資を受けるためには当該企業の役員等が個人保証することが条件とされていることが多い（保証委託契約に基づく求償権の個人保証については上記〔2〕(3)参照）。

　その結果、他人の債務について想定を大きく超える責任（多額の債務）を負うことになり、悲惨な結果をもたらす例も見受けられるところである。そこで、法は、保証人の保護を図ることを目的として、一定の規制を設けた（もっとも、保証人の保護に限らず、主たる債務者を保護するための法規制も存在する。保証人が主たる債務者に対して、事前・事後の通知をしないで弁済その他の免責行為をした場合に求償権の行使が制限されるときがある（民443条1項・2項）が、その規定がそれである。この規定は、主たる債務者の債権者に対する権利行使の機会の確保や二重払いの危険の回避の観点から主たる債務者を保護するためのものである）。

　以下には、保証人保護のための法規制を述べ、次いで民法改正法案における保証人保護のために拡充された内容について若干触れることとする。

(4) 保証人保護のための法規制

(a) 民法における書面性

(イ) 保証契約は、書面によらなければ、その効力を生じない（民446条2項）。

　この規定は平成16年の民法改正（平成16年法律第147号）により新設されたものであり、それまでは諾成、不要式のものであった保証契約は、改正民法施行後（平成17年4月1日施行）に締結されるものは要式行為とされた。つまり、保証契約は、合意があったとしても、書面によらなければ無効とされるわけである（保証契約がその内容を記録した電磁的記録によってされたときは、その保証契約は、書面に

よってされたものとみなされるが（民446条3項），この点はQ17「電磁的記録による保証契約」を参照されたい）。

　これは，保証契約にリスクが多いことは先に述べたとおりであることから，保証契約を締結する際には慎重さを求めるべきであるとし，その方法として，保証意思が外部的にも明らかになっている場合に限りその法的拘束力を認めようとするものである。

　そして，保証契約が効力を生じるための書面はどのようなものなのかについては，これを緩やかに解する考え方と厳格に解する考え方まで，その幅は広いものがある。その内容は次のとおりである（緩やかに解する考え方をA説，厳格に解する考え方をB説とする）。

　A説：専ら保証人の保証意思が書面上に示されていれば足りるとするもの
　　　（吉田徹＝筒井健夫編著『改正民法「保証制度・現代語化」の解説』15頁）
　B説：保証契約書を作成するか，申込み・承諾ともに書面でしなければならないとするもの（加藤雅信『新民法体系Ⅲ債権総論』467頁）

　以上のA説，B説いずれの立場によっても，書面が保証契約書である場合には法の要求する書面の要式性に欠けることはないであろうが，保証書の差入れのみの場合であれば，B説によれば要件は満たしているとはいえないであろう。

　裁判例をみると，保証債務の内容が明確に記載された保証契約書又はその申込み若しくは承諾の意思表示が記載された書面に，保証人になろうとする者が，署名若しくは記名押印又はこれと同視しうる程度に明確に保証意思を表示したと認められる場合でなければならないと厳格に解したものもあれば，逆に，A説のように緩やかに解したものもある＊。

　　＊　東京高判平24・1・19（金法1969号100頁）は厳格に解している。事案の概要は，電話機リース料金の支払債務につき，主たる債務者の妻が書面による連帯保証をしたとして，同人に対して保証債務の履行を求めたところ保証契約の成立を争ったというものである。この事案では，本文の考えを示した上で，書面（契約書）の保証人欄にされた同人の署名押印は同人の意思によるものと認めることはできないから本件保証契約は書面でされたものということはできないとして請求は棄却された。他方で，大阪高判平20・12・10（金法1870号140頁）は緩やかに解している。事案の概要は，金銭消費貸借契約書の借主欄に署名押印した者に対して，主たる債務者としてではなく

保証人であるとして保証債務の履行を求めたものである。この事案では、書面を要するとしたのは保証意思が外部的に明らかになっている場合に限って保証契約の拘束力を認める点にあるとし、同契約書の借主欄に署名押印したのは保証する意思でしたというのであるから債務を負担する意思が明確に示されていることに違いはなく、保証意思が外部的に明らかにされているといえるから同契約書は民法446条2項の書面に該当するとして、請求を認容した。

(ロ) 次に、保証契約の書面性を、保証債務履行請求権の要件事実の面からみると、同請求権が発生するためには、①主たる債務の発生原因事実、②債権者と保証人との間で①の債務を保証することの合意をしたことの2点に加えて、要件事実として主張しなければならないことになるが、A説によれば、③保証人の意思表示は書面によること、となる（司法研修所『改訂紛争類型別の要件事実（民事訴訟における攻撃防御の構造）』39頁）。

(b) 民法における貸金等根保証契約における規制

(イ) 先に述べた平成16年の民法改正（平成16年法律第147号）において、民法典の第3編第1章第3節の保証債務の款（第4款）に、第2目（第2目が新設されることに伴い、第4款「保証債務」の直後に「第1目　総則」が新設された）として「貸金等根保証契約」が新設され、その中に第465条の2から同条の5までの規定が置かれた。

この規定によれば、根保証契約とは一定の範囲に属する不特定の債務を主たる債務とする保証契約であるとされ（民465条の2）、貸金等根保証契約とは根保証契約であってその債務の範囲に金銭の貸渡し又は手形の割引を受けることによって負担する債務（貸金等債務）が含まれるもので保証人が個人であるものとされている（民465条の2）。

なお、根保証契約といわれるものは、貸金等根保証契約のような融資に関するものに限らず、継続的な商品売買における代金債務や不動産賃貸借における賃料債務などの経済的取引において発生する債務に利用されているものではあるが、その中から貸金等根保証に限定して立法措置が講じられたのは、長引く不況下で多発した企業の倒産により、倒産した企業の債務を保証した個人（役員等）が過大な責任を負うことで生活が破綻し、また、企業としても再チャレンジの機会が失われるといったことから、個人である保証人の保護をはかる必

要性があったからである（もっとも，必要以上の規制が加えられることにより円滑な金融が阻害されるおそれもないわけではないことから，そうした懸念も十分配慮しつつ検討が進められた（吉田＝筒井編・前掲6頁））。

(ロ) この貸金等根保証契約に係る規定における法規制をみると，保証人が責任を負うのはその予測できる範囲内に限定されるべきであるとして，金額については極度額の定めを置き，また，債務の発生する期間については元本の確定の定めを置いて主たる債務の元本に限定を加えている。

さらに，極度額の定め及び元本の確定のうち一定のもの（元本の確定は，①定められた元本確定期日の到来，又は②元本確定事由の発生によるが，このうち書面を要件としたのは①の元本確定期日の定め（その変更を含む。ただし例外がある）についてである）については，保証契約と同様，書面によらなければその効力を生じないものとしている（民465条の3第4項）。

なお，法人が根保証契約の保証人である場合には貸金等根保証契約の定めの適用はないが（自然人による保証とはいえないから），このような保証契約の保証人（法人）が主たる債務者に対して取得する求償権につき個人が保証人になっているときには（上記〔2〕(3)参照），所定の要件を求めることで規制を加えて，その要件を具備しない限りは求償権についての保証契約はその効力を有しないとして，その個人の保護を図っている（民465条の5）。

(ハ) 民法改正法案では，根保証に係る規定は，貸金等根保証契約から個人根保証契約（根保証契約であって保証人が法人でないもの）一般に拡張されている（改正法案465条の2・465条の4・465条の5）。ただし，貸金等根保証契約のみに係る規定も存する（改正法案465条の3・465条の4第2項）。

(c) 貸金業法における保証契約の書面性

貸金業法は，保証契約を締結しようとするとき及び締結したときには，貸金業者は，保証人（保証人になろうとする者を含む）に対して，所定の事項を記載した書面を交付しなければならないとしている（貸金業法16条の2第3項・17条3項・4項）。この義務を怠ったときは，保証契約は無効になる（民90条）。また，罰則規定も設けられている（貸金業法48条3の2号・3の3号・4号）。

この書面の交付義務は，旧来（平成18年法律第115号による改正前の法律名は，貸金業の規制等に関する法律）は，保証契約が締結されたときのみであったものが，

平成11年改正（平成11年法律第155号）により事前の交付義務が追加され，その後も改正を経て現在に至っているものである（このように保証契約に書面を要する形で規制を加えるのは，まず貸金業という特定の経済活動を規制する法律においてされたものが，その後，この法律がいわゆる業法に名称を変え，やがて一般法である民法にその範囲が拡大されていったわけである）。

(5) 民法改正法案について

民法改正法案における保証人保護のために拡充された内容は，以下のとおりである。

(a) 個人保証の規制

個人保証の保証契約又は根保証契約のうち，事業目的の貸金等債務を主とするものは，公正証書（公正証書は，保証契約締結日の1ヵ月以内に作成されること，保証人になろうとする者が保証債務を履行する意思を表示したものであること，及び一定の方式に従わなければならないこととされている）によらなければ効力は生じない（改正法案465条の6第1項・2項）。上記保証契約又は根保証契約の保証人の主たる債務者に対する求償権に係る債務を主たる債務とする保証契約（上記〔2〕(3)参照）又は根保証契約も同様である（改正法案465条の8）。

もっとも，この制限は，保証人になろうとする個人が一定の立場（主たる債務者が法人である場合の理事等）に立つ場合には適用されない（改正法案465条の9）。

(b) 情報提供義務

(イ) 保証契約締結時の情報提供義務　主たる債務者は，保証又は根保証のうち，事業のために負担する債務を主とするものの委託をする場合には，委託を受ける者（法人を除く）に対して，財産及び収支の状況等の情報を提供する義務を負うこととし，この義務に違反した場合で一定の要件を満たすときは，保証人は，保証契約を取り消すことができる（改正法案465条の10）。

(ロ) 主たる債務の履行状況に関する情報提供義務　主たる債務者は，委託を受けた保証において，保証人に対し，同人から請求があったときは，主たる債務の履行状況に関する情報を提供する義務を負う（改正法案458条の2）。

(ハ) 主たる債務が期限の利益を喪失した場合の情報提供義務　債権者は，保証人（法人を除く）に対し，主たる債務者が期限の利益を喪失した場合は，一定の期間内にその旨を通知する義務を負い，この義務に違反したときは，保

債務の履行の請求に制限が付される（改正法案458条の3）。

[神谷　義彦]

Q16 保証契約から派生する諸問題

保証契約から派生する諸問題(無権代理,表見代理,日常家事債務など)について説明しなさい。

〔1〕 はじめに

　保証契約は,主たる債務者の履行を担保するために,債権者と保証人との間で,主たる債務者が債務を履行しない場合に保証人がその履行をする合意であるが(民446条1項),実際には,債権者から保証人を付けるよう求められた主債務者(又はその主債務者と経済的に利害が一致する者)が保証契約の締結を強く望んでいるという事情があるため,時には保証人の意思を無視した内容の保証契約書を作成する危険があり,他方,保証の依頼を受けた者の多くが無償でしかも情誼によって保証するという事情があるため,保証債務の履行を実際に請求されると,保証人とされた者も保証契約など知らない,契約内容が異なる等と主張して,保証契約に関する紛争が生ずる。
　本問では,このような保証契約をめぐる紛争のうち,保証契約の代理に関する問題点を取り上げて,検討する。

〔2〕 無権代理

(1) 本人の追認

(a) 保証人の代理人と称する者が相手方と保証契約を締結しても,代理権がなければ,保証契約の効果は本人に帰属しないのは当然であるが(民113条1項),本人が追認をすれば,契約の時に遡って有効となる(民116条本文)。
　したがって,代理人による保証契約締結の場合,本人が代理権の授与を否認

しても，相手方から本人が無権代理行為を追認したと主張して，保証債務の履行を求めることがある。

(b) 追認とは，代理権のない代理行為について，代理権があったと同じに扱うとする本人の意思表示である。

本人が保証債務を明確に認める「明示の追認」を記した書面があれば，後日の紛争を防止できるが，そのような書面がないと，追認の有無をめぐり紛争となり，無権代理行為の後，どのような事情があれば，本人が「黙示の追認」をしたと認められるかが問題となる。

この点，追認を肯定した裁判例を概観すると，①本人が権限のない者による保証契約が締結されたという事態を知った後，②債権者に対し何も異議を述べなかったとか（名古屋地判平3・3・26金判874号31頁），本人が何らかの形で責任をとる旨を承知した（東京地判昭51・5・28判時839号87頁）など，債権者に対し，保証債務の成否を争う態度を示すことなく，③さらに，遅延損害金の一部を割賦弁済する念書や担保を提供する旨の念書に署名するなど，保証債務の存在を前提としたうえでの本人の行動と推認できるなど，本人が代理行為を認めたと評価できる事情があって，黙示の追認が認定されている。

他方，否定する裁判例として，①本人から追認をしたと思われる言辞があったというだけで，債権者は，改めて本人の意思を確認して念書を取るなど確実な手立てをとらなかったとして追認を否定した例（東京高判昭60・10・28金法1125号53頁），②無権代理行為によって作成された公正証書があり，専ら債権者の代理人弁護士の説明，主張によって，本人がその公正証書を有効と誤信し，保証債務の負担を免れないと観念して債務承認をした場合には，追認にあたらないとした例（東京高判昭53・5・9判タ371号86頁）がある。

(2) 無権代理と相続

(a) 無権代理人が本人を相続する場合，追認と似た状況が生じうる。この点，最高裁は「無権代理人が本人を（単独）相続し，資格が同一に帰するにいたった場合においては，本人自ら法律行為をしたのと同様な法律上の地位を生じたものと解するのが相当」と判示し，無権代理行為は有効となる（最判昭40・6・18民集19巻4号986頁）。

(b) それでは，無権代理人が本人を共同相続した場合はどうか。

最高裁は，「無権代理行為を追認する権利は，その性質上，相続人全員に不可分的に帰属するところ，……共同相続人全員が共同してこれを行使しない限り，無権代理行為が有効となるものではないと解すべきである。」とし「他の共同相続人全員の追認がない限り，無権代理行為は，無権代理人の相続分に相当する部分についても，当然に有効になるものではない。以上のことは，金銭債務の連帯保証契約でも同様である。」と判示した（最判平5・1・21民集47巻1号265頁）。

したがって，例えば，債権者Xに対し，200万円の保証債務を負っている本人Aが死亡し，共同相続人2人（Aの妻BとAの息子で無権代理人のY）に100万円ずつ保証債務として相続した場合に，Bが追認しなければ，Bの100万円はもちろん，Yの相続分100万円についても追認の効果はない（仮にBが追認すると，Yの追認拒絶は信義則に反し認められないから，200万円全部有効）。

(c)　さらに，本人が無権代理行為の追認を拒絶してから，無権代理人が本人を相続した場合はどうか。

最高裁は，「追認拒絶の後は本人であっても追認によって無権代理行為を有効とすることができず，追認拒絶の後に無権代理人が本人を相続したとしても，追認拒絶の効果に何ら影響を及ぼさない」とし，無権代理行為が有効になるわけではないと判示する（最判平10・7・17民集52巻5号1296頁）。

〔3〕表見代理

保証契約が無権代理行為によってなされたとしても，表見代理の成立要件があれば，保証の効果は本人に及ぶことになる。

(1)　**授権表示による表見代理**（民109条）

(a)　成立要件は，①本人がある者を自己の代理人とする旨の表示をなすこと，②表見代理人が表示された代理権の範囲内の代理行為をすること，③相手方が善意・無過失であることである。

(b)　授権表示

本人が自称代理人に白紙委任状や印鑑証明書を交付した場合，その所持者に代理権を与えた旨を表示したと解される（最判昭41・4・22民集20巻4号752頁）。

(c)　民法110条との重畳適用

表見代理人が表示された代理権の範囲を超えた代理行為をした場合，民法110条との重畳適用になる*1。

* 1 平成27年民法改正法案では，民法109条の代理権の範囲外の行為について，次の項目を同条に追加している。
「2 第三者に対して他人に代理権を与えた旨を表示した者は，その代理権の範囲内においてその他人が第三者との間で行為をしたとすれば前項の規定によりその責任を負うべき場合において，その他人が第三者との間でその代理権の範囲外の行為をしたときは，第三者がその行為についてその他人の代理権があると信ずべき正当な理由があるときに限り，その行為についての責任を負う。」

(2) **代理権踰越による表見代理**（民110条）

(a) 成立要件は，①代理人の権限踰越があること，②代理人が何らかの代理権（基本代理権）を有していること，③相手方が信じるつき正当な理由があることである。

保証契約において，表見代理の成否が問題となるほとんどの場合が実印や印鑑証明書を交付したことに関わっていることから，以下，その場合を中心に検討する。

(b) 基本代理権の付与

実印や印鑑証明書が盗用された場合や単に預け入れた場合（夫が妻に印の保管を託するだけの事実では，代理権の授与を認めない（最判昭27・1・29民集6巻1号49頁））は，代理権の授与を伴わないが，特定の取引行為に関して印鑑を交付することは，一般に代理権の授与となる（最判昭44・10・17判時573号56頁）。

(c) 正当な理由

(イ) 正当な理由とは，相手方に「代理権限があると信頼するのが当然であるといえるだけの事情がある」ということであり，言い換えると，無権代理について善意，無過失であるということになる。もっとも，裁判所が正当な理由を判断する際には，相手方の事情だけではなく，本人側の事情も含んで総合的に判断している。

(ロ) 実印と印鑑証明書の交付　わが国の取引社会において，実印や印鑑証明書が本人の意思確認の手段として重要な機能を果たしていることから，実印の交付と正当の理由について，最高裁は「本人が他人に対し，自己の実印を交

付し，これを使用して或る行為をなすべき権限を与えた場合に，その他人が代理人として権限外の行為をしたとき，取引の相手方である第三者は，特別の事情のない限り，代理権があったものと信ずるのは当然であり，かく信ずるについて過失があったとはいえない」と判示した（最判昭35・10・18民集4巻12号2764頁）。

しかし，その後の判例においては，実印等の交付があっても，むしろ，特別の事情として何があるかが問題とされるようになった。

特別の事情とは，一般には，代理権限の有無について疑念を抱くべき事情ということであるが，その類型的なものとしては，①代理人自身（又は代理人と経済的一体性を有する者）が保証契約の成立によって利益を受ける立場にあること，②保証契約の内容が本人にとって予想を超える負担となる危険があること（限度額や期間の定めのない継続的保証が典型例），③代理人が本人の実印や印鑑証明書を入手しやすい立場にあること（本人の配偶者や同居者），④相手方が金融の専門機関であること，⑤代理行為がなされた経緯や状況の中に代理権の存在を疑わせる事実（署名，記名が不自然）があること，⑥基本権限の内容と現実の代理行為との食い違いの程度などが挙げられる（表見法理の適用は，結局，本人と相手方のどちらを保護すべきかの問題に帰着するから，正当理由の判断には本人の事情も入ってくる）。

上記のような事情があり，かつ複数該当するような場合には，相手方に本人の保証意思を確認すべき義務があると解され，その義務を怠ると，代理権があると信じても，正当の理由がないことになる（①，②，⑤の事情を考慮した最判昭51・6・25民集30巻6号665頁，①，②，④の事情を考慮した最判昭45・12・15判時618号28頁）。

(3) 代理権消滅後の表見代理（民112条）

(a) 成立要件は，①代理権が消滅したこと，②相手方が善意・無過失であることである。

(b) 民法110条との重畳適用

代理権が消滅後，かつて存在した代理権の範囲をも超える行為があるときは，民法112条と民法110条の重畳適用となる[*2]。

* 2 平成27年民法改正法案は，民法112条に次の第2項を追加している。
「2 他人に代理権を与えた者は，代理権の消滅後に，その代理権の範囲におい

てその他人が第三者との間で行為をしたとすれば前項の規定によりその責任を負うべき場合において、その他人が第三者との間でその代理権の範囲外の行為をしたときは、第三者がその行為についてその他人の代理権があると信ずべき正当な理由があるときに限り、その行為についての責任を負う。」

〔4〕 日常家事債務

「日常の家事」とは、夫婦の共同生活に必要な一切の事項をいう。日常の家事に関する債務には、日用品の購入、保険、娯楽、医療、教育、賃料のほか、共同生活に必要な範囲での借金も含まれる（①金額、②使用目的、現実の使途、③相手方による本人確認の有無等が日常家事の範囲内か否かを判断する際のポイントになる）。

(1) 民法761条本文

「夫婦の一方が日常の家事に関して第三者と法律行為をしたときは、他の一方は、これによって生じた債務について、連帯してその責任を負う。」

(2) 最高裁の見解（最判昭44・12・18民集23巻12号2476頁）

「本条は、夫婦が相互に日常の家事に関する法律行為につき、他方を代理する権限を有することをも規定していると解すべきである」、としながらも「代理権の範囲を超えて第三者と法律行為をした場合においては、第三者において、越権行為が日常の家事に関する法律行為に属すると信ずるに正当の理由があるときに限り、民法110条の趣旨を類推して第三者を保護すべきである」と判示する。

(3) 夫婦が他方を代理した保証契約

Yの妻AがYの実印や印鑑証明書をX信用金庫の担当者に提示して、代理権限がないのにY名義でBの債務の連帯保証をした事案において、最高裁は、上記(2)と同様の見解を示した上で、「手形貸付契約の連帯保証をなす権限がAの日常家事代理権の範囲内に属するとは認められず、Xに正当の理由があったとは認められない」と判示した（最判昭45・2・27裁判集民事98号327頁）。

一般に他人の借財について保証契約を締結することは、日常家事の範囲外とされている。

これに対し、妻が夫の実印や印鑑証明書を利用し、夫の代理人として、夫と信用組合の保証契約を締結した事例で、①これまで夫が妻を代理人として保証

契約を締結したことがあるうえ，②夫は，実印と印鑑証明書を普段，実の妹に預けており，妻が必要に応じてその妹から借りていた事情等を考慮して，信用組合には正当の理由があるとして，表見代理の成立を肯定した裁判例がある（仙台地判平 4・5・27金法1405号44頁）。

[桐　忠裕]

Q17 | 電磁的記録による保証契約

電磁的記録による保証契約について説明しなさい。

〔1〕 電磁的記録の意義

　保証契約は，書面によらなければ，効力を生じない（民446条2項）ものとされているが，保証契約の内容を記録した電磁的記録により締結された場合でも，書面により締結されたものとみなされる（同条3項）。

　電磁的記録とは，同項では，「電子的方式，磁気的方式その他人の知覚によっては認識することができない方式で作られる記録であって，電子計算機による情報処理の用に供されるものをいう。」と定義されているが，より具体的には，ＵＳＢメモリーやＳＤカード，ＣＤ・ＤＶＤ・ブルーレイ（ＢＤ）などのディスクといった個体として視認できる記憶媒体だけに限らず，ネットワーク上の仮想ドライブ領域やネットワーク・サーバ内の記憶領域等，視認不可能な記憶媒体に記録・保存された情報をいうものと解される。

〔2〕 電磁的記録による保証契約の必要性

　保証契約が書面により締結されなければ効力を生じないとされている（民446条2項）趣旨は，保証人となろうとする者が慎重に検討したうえで，書面を作成し，その保証意思を外部的に明らかにした場合に限って，保証契約上の拘束力がある（保証債務の履行義務がある）ことを認めるというものであり，保証契約が上記〔1〕のような電磁的記録によってなされた場合でもその趣旨において，書面によって締結された場合と同視しうることから書面により締結されたもの

とみなされる（同条3項）と定められたものと解される。

　実際的にも，現代社会において，ＩＴ化が日々急速に進んでおり，パソコン等端末の普及，ネットワーク技術の進歩やインターネット環境の整備等によって，ネットワーク・ユーザー層も拡大の一途をたどっている。このような状況下で，ネットワークを利用した電子商取引や電子貸借取引等が経済活動に必要不可欠なものとなっており，それら取引の件数も今後さらに増大していくものと考えられる。

　民法446条3項にいう電磁的記録による保証契約は，こうしたネット上で行われる電子商取引や電子貸借取引等のために締結されることを想定したものということができるのであり，このような保証契約において，書面の作成を求めることは，電子商取引等の利便性を大きく損なうことに繋がりかねないといえる。

　電磁的記録により保証契約が締結された場合に保証書面が作成されたものとみなすものと規定されたことは，いわば，電子情報化時代の要請によるものであるといえよう。

〔3〕 電磁的記録情報の成立の真正について

(1) 電子署名による成立の真正の推定

　民法446条2項は，「保証契約は，書面によってしなければ，その効力を生じない。」と定めるのみで，署名や押印が特に必要とされているわけではないが，署名又は押印がある場合には，保証書面が真正に成立したもの，すなわち，作成名義人本人の意思に基づき作成されたものとの推定を受けることができる（民訴228条4項）。

　では，電磁的記録による保証契約の場合（民446条3項）はどうであろうか。

　上記〔2〕で述べたように，電磁的記録による保証契約はネット上で締結されることを想定したものであり，ネット上にアクセスすることは比較的容易であることから情報改変の危険度が大きく，しかも改変の跡も残りにくい。さらに，顔がわからない相手と契約する場合がほとんどであり，第三者による「なりすまし」のおそれもあることから，成立が争われた場合，書面に比べてはるかに，真正に成立したことの立証が困難になるという問題がある。

このような問題に対処すべく，電子署名の技術が開発され，発達を遂げてきた。そして，これに応じて，民事訴訟法上，文書に署名又は押印がある場合には，当該文書が真正に成立したものとの推定を受けるのと同様，電子署名のある電磁的記録についても，真正に成立したものと推定されるような法的基盤の整備が必要となった。

そこで，「電子署名及び認証業務に関する法律」が制定され（平成12年5月31日法律第102号，平成13年4月1日施行，以下「電子署名法」という），電磁的記録に記録された情報について本人による電子署名が行われたときは，当該情報が真正に成立したものと推定されるものとされた（電子署名法3条）。

(2) 「電子署名が行われた」ということの意味

電子署名の定義については，電子署名法2条1項によれば，電磁的記録に記録することができる情報について行われる措置であって，①当該情報が当該措置を行った者の作成に係るものであることを示すためのものであり，かつ②当該情報について改変が行われていないかどうかを確認することができるものということになるが，これは，現在，主要な方式と考えられる公開鍵暗号方式の電子署名のみならず，今後，新しい方式による電子署名が開発された場合にも対応できるよう，やや抽象的で幅をもたせた定め方がされている。

そこで，電子署名とはどのようなものかについて，具体的に，XとAとの間の電子商取引において，Aの保証人となろうとする者Yが，Xとの間で電磁的記録により保証契約を締結することとし，AのXに対する債務を保証する意思を明らかにすることを内容とする情報（以下「保証契約情報」という）をXに送信する場合を例として，説明していきたい。

なお，電子署名の方式については，先に述べたように，現在，主要な方式と考えられる公開鍵暗号方式によるものとして説明する。

① まず，Yはコンピュータのプログラムにより，秘密鍵と公開鍵の2つの鍵を生成する。秘密鍵については，Y自身で保管し，他に公開しない。
② 次に，Yは秘密鍵により保証契約情報を暗号化し，公開鍵情報とともにXに送信する。
③ これを受信したXは，Yから公開を受けた公開鍵を使用して，保証契約情報を復号（暗号を解読し，保証契約情報の内容を可読状態にすること）し，保存

する。

　上記一連のプロセスで、XがYによって公開された公開鍵を使い、Y自身しか知りえない秘密鍵で暗号化された保証契約情報を復号できたということで、同情報を発信したのが、Y本人であることが推認される。また、公開鍵暗号方式では、ハッシュ関数という技術を用いることで、改変のリスクへの対処がなされている。

　以上から、上記保証契約情報には、電子署名法2条1項でいうYの電子署名が付されているものということができるものと考えられる。

　ただし、電子署名法では、「本人による」電子署名がある場合に成立の真正が推定されるとしていることから（同法3条）、上記の例でXがYに対し、保証債務の履行を請求したところ、Yが「保証契約情報の電子署名は、第三者が自分になりすまして、秘密鍵及び公開鍵を作成してなされたものである。」と主張して、保証契約情報の成立を否認した場合、Xとしては、Y名義で付された電子署名がY本人のものであることを立証する必要がある。

　ところで、書面による保証契約（民446条2項）の場合で、Yの押印のある保証契約書、その他の保証書面にYの印鑑登録証明書が添付されていた場合には、押印部分の印影はYの印章（実印）により顕出されたものであり、Yが自ら押印した又はYの意思に基づき押印がなされたとの推認がより強く働くものと考えられるが、電磁的記録による保証契約の場合に、上記印鑑登録証明書類似の役割を果たすのが、電子証明書である。

(3) 電子証明書とはどういうものか

　電子証明書とは、電子商取引や電子貸借取引等の電子取引において、第三者の認証機関が発行する、電子署名が本人のものであるという旨の証明書である。

　前記(2)のXY間の保証契約の事例で、具体的に説明すると、電子署名に電子証明書が付される場合には、同②記載のような、公開鍵がそのままの形で公開される方法はとられず、Yは、まず、生成した公開鍵をY自身の本人識別情報（ID）とともに、第三者の認証機関に登録することになる。

　次に、認証機関は、Yが現在保管しているとする公開鍵が、まさしくYが生成し、保有しているものであることを確認すると、Yに対し、発信者が登録した公開鍵及びその公開鍵が本人のものであるとの情報を記録した電子証明書を

発行する。

　Yは，認証機関から交付を受けた公開鍵に係る電子証明書を，Yしか知りえない秘密鍵で暗号化された保証契約情報とともに送信し，Xは，Yから直接入手した公開鍵ではなく，Y本人のものであるとの証明のある電子証明書に記録された公開鍵により，保証契約情報を復号することになる。

　上記のような電子証明書発行のプロセスは，市町村に印鑑登録をして印鑑登録証明書を取得するプロセスと類似するものであるが，ただ，両者が異なるところは，印鑑登録証明書については，公的機関が認証していることで信頼性が担保されるのに対し，電子証明書については，認証機関は一般の事業者であることから，必ずしも信頼性が担保されているわけではないということである。したがって，上記事例のXとしては，電子証明書が送信されてきた時点で，まず発行元の認証機関が信頼できる認証機関であるか否かを確認し，信頼できることが判明すれば，さらに認証機関が公開する電子証明書の失効リストの確認や認証機関への問い合わせによって，電子証明書の有効性を確認する必要がある。

(4)　特定認証業務に関する認定制度について

　認証機関が信頼できるかどうかの1つの基準になりうるものとして，電子署名法は，特定認証業務に関する認定制度について定めている。

　特定認証業務とは，電子署名のうち，その方式に応じて本人だけが行うことができるものとして主務省令で定める基準に適合するものについて行われる認証業務をいうものとされ（電子署名法2条3項），ある認証機関が，上記基準（同法6条1項参照）への適合性に関する審査で適合性ありと判断され，主務大臣から特定認証業務の認定を受けた場合には，その認証機関は，より高い信頼性を得ることになる。

　また，上記認定を受けた認証機関は，主務大臣により公示される（電子署名法4条3項）から，利用者にとっては，認証機関の信頼性を確認する1つの基準となるし，電子署名のある電磁的記録情報の作成の真正が争われた場合に，そのような認証機関が発行した電子証明書が付されている場合には，同認定を受けていない認証機関発行の電子証明書に比べて，電子署名が本人のものであるとの推認がより働くのではないかと考えられる。

(5) **電子公証制度及び指定公証人による電磁的記録の認証について**

電子公証制度は、前記〔3〕(1)に述べたように電磁的記録情報について、なりすましや改ざん等の問題に対処するため、情報の作成の真正や内容を事後的に確認し、証明することにより後日の紛争を防止・解決することを目的として創設されたもので、法務大臣の指定を受けた公証人（公証人法7条ノ2参照、以下「指定公証人」という）が、当事者の嘱託により、電磁的記録の認証（公証人法62条ノ6第1項）、電子確定日付の付与（民法施行法5条2項・3項）、及び電磁的記録内容の保存・証明（公証人法62条ノ7）を行うという制度である。

このうち、電磁的記録の作成の真正に関しては、嘱託人（当事者）が、指定公証人の面前で、電磁的記録情報に電子署名をし、又は電子署名をしたことを自認した場合に、指定公証人が、電磁的方式で認証することにより（公証人法62条ノ6参照）、当該電磁的記録情報が真正に作成されたことが証明されることになる。

(6) **電磁的記録の証拠調べ手続について**

最後に、電磁的記録の証拠調べ手続についても、簡単に触れておきたい。

まず、契約内容等の情報がテキスト形式でＵＳＢメモリ等の媒体に電磁的記録として保存されている場合には、プリントアウトすることにより、その内容が明らかとなるものであるから、当該電磁的記録媒体を準文書（民訴231条）として、証拠調べ手続がなされるものと考えられる（電磁的記録媒体が磁気テープの場合につき、大阪高決昭53・3・6高民集31巻1号38頁、同昭54・2・26高民集32巻1号24頁各参照。なお、この点、文書の証拠調べ手続によるべきである、あるいは、検証によるべきであるなど争いがあるが、詳述は避けることとしたい）。

次に、電子署名が付されている電磁的記録情報について、作成の真正（電子署名が本人のものかどうか）が争われているような場合の証拠調べについては、どのように考えればよいのであろうか。

電子署名は、一般的な文書上の署名のように氏名が表示されているものではなく、公開鍵方式の電子署名の場合、コンピュータ上には、アルファベット、記号、数字を組み合わせた文字コードという形式で表示されるものの、実体は、署名に用いる暗号アルゴリズム及びハッシュ関数からなるコンピュータ・プログラム内容として電磁的記録に保存されているものであって、電磁的記録に保

存された内容をプリントアウトしただけでは，そもそも署名にあたる部分がどれか，それが特定できたとして本人のものかどうか判別し難い場合も多いであろうから，準文書としての証拠調べのほか，法廷でパソコン端末を操作しての検証や証人・本人尋問，場合によっては専門家による鑑定といった証拠調べが実施されるものと考えられる。ただ，この点については，今後の裁判例の集積を待って詳細に論じられることになろう。

[辰巳　晃]

Q18 保証契約の解約

保証契約の解約について説明しなさい。

A

〔1〕 はじめに

保証契約は、有効に成立した以上、契約の拘束力が生じ、原則として、保証人から一方的に保証契約を解消することはできない。

しかし、保証契約締結後、予想外の事情変更などがあり、そのまま保証契約の内容を実現すると、保証人の責任が著しく重くなる場合がある。

その場合、例外的に保証人の解約権を認め、その重責を回避できるようにすべきではないかが問題となる。

この点、特定の債務を保証する個別保証[*1]の場合は、保証契約時に存在した主たる債務者の特定の債務を担保することが保証人の役割であり、その債務の履行によって保証人の役割は終了するから、予想外という事態は通常生じない。主たる債務者に信用不安が起きたときは、委託を受けた保証人であれば、事前求償権（民460条1号）によって対応せざるを得ない。

上記のような事態が生ずるのは、継続的保証（根保証）[*2]の場合である。

  * 1　保証意思の確認を慎重にするため、平成16年民法改正において、保証契約は書面によることとなったが、平成27年民法改正法案では、特定債務の中でも、事業のために負担した債務については、その額が多額になることから、その債務に対する個人保証の場合は、保証意思の確認をより慎重にするため、保証契約は公正証書によることとしている。
  * 2　継続的保証には、①継続的取引（貸金、売買）の保証、②借地借家契約の保証、③身元保証などがあるが、本問は、専ら貸金取引の保証についての説明である。

〔2〕 継続的保証（根保証）

(1) 意義と種類

継続的債権関係から生ずる将来の不特定の債務を保証することを根保証という。根保証には，①保証される債務の金額，保証期間の制限がなく，現在及び将来の不特定多数の債務を保証する包括根保証と，②金額や期間に限度のある限定根保証（極度額の定めがある限度付根保証と保証期間の制限がある期限付根保証）がある。

(2) 解約権についての判例理論

大審院からの判例の集積によって，一定の要件のもと，根保証人の解約権[*3]が認められた。

一般に，解約権は，任意解約権（通常解約権ともいう）と特別解約権の2種類に分けて説明されている。

(a) 任意解約権（通常解約権）

任意解約権とは，保証期間の定めのない根保証契約について，保証契約締結時から相当期間を経過した後，告知期間を置くことで，保証人に認められる解約権である（大判昭7・12・17民集11巻2334頁など）。

しかし，任意的解約権は，平成16年民法改正で新設された「貸金等根保証契約」（次項で説明）において，元本確定期日が法制化され，個人の包括根保証は無効とされたから，その役割は，貸金取引に関する個人保証については，終えたことになる。

(b) 特別解約権

特別解約権とは，保証人には予期できない著しい事情変更が生じた場合に保証人に認められる解約権である。債権者に解約権を告知することで，その効力が直ちに生ずる。

事情変更の例としては，①主債務者の資産状態の悪化（大判昭9・2・27民集13巻3号215頁），②保証人の主債務者に対する人的信頼関係の喪失（最判昭39・12・18民集18巻10号2179頁），③保証人の地位の変更（例えば代表取締役の辞任。大判昭16・5・23民集20巻11号637頁）などがある。

この特別解約権については，平成16年民法改正において，元本確定事由と

して，一部取り入れられたが，解約権という明文化はされなかった。

* 3 　解約の効果は，解約後に生ずる将来の債務を負わないということであって，解約時において生じている保証債務は履行しなければならない。もっとも，訴訟において，保証債務の履行請求が信義則に反するか否かが争点となった場合は，どの時点までの保証債務を履行することが公平かという諸事情を総合判断して履行すべき保証額が決定される。

〔3〕 貸金等根保証契約

(1) **意義と新設の理由**

(a) 意　　義

　貸金等根保証契約とは，①一定の範囲に属する不特定の債務を主たる債務とする保証契約であって，②その債務の範囲に金銭の貸渡し又は，手形の割引を受けることによって負担する債務（「貸金等」という）が含まれるもので，③保証人が法人である場合を除く契約をいう。

　①すでに発生している特定の債務が含まれていても，将来発生する不特定の債務が含まれていれば，根保証になる。②継続的取引であっても，売買における代金債務や不動産賃貸の賃借人の債務は含まれない[*4]。③保証人が法人の場合は適用されない。ただし，信用保証協会などの法人が根保証をして，その主たる債務者に対する求償権について個人が保証人になったときは，その個人に対し，同様の保護規定がある（民465条の5）。

(b) **保証人の責任の範囲**

　保証人は，極度額を限度に，主たる債務の元本，主たる債務に関する利息，違約金，損害賠償その他その債務に従たるすべてのもの及びその保証債務について約定された違約金又は損害賠償の額について，その履行する責任がある（民465条の2第1項）。

(c) **新設の理由**

　貸金等の継続的取引における個人保証の場合は，個人が予想外に過度の債務を負担するおそれがあるため，極度額の定めのない包括根保証を無効とし，保証責任の範囲を金額面で明確化することで，個人の保証人を保護しようとするものである。

*4　平成27年民法改正法案は，民法465条の２の規律を次のように改めることとしている。「一定の範囲に属する不特定の債務を主たる債務とする保証契約（以下「根保証契約」という。）であって保証人が法人でないもの（以下「個人根保証契約」という。）……」と規定し，貸金等債務だけではなく，他の継続的取引による債務（売買代金，賃料など）の保証も含めている。

(2)　保証人保護のための規定*5

(a)　極度額の定め

極度額を定めなければ，保証契約はその効力を生じないとし（民465条の２第２項），しかも書面（電磁的記録を含む）で定めなければ，無効とする（同３項）。

極度額（元本極度額ではなく，債権極度額）を定めることで，保証人に保証責任の範囲を予測させ，保証契約の締結を慎重に行うことを求めたものである。

しかも，書面でしなければ無効となる結果，貸金等根保証契約は，極度額の定めがないものとして無効となる。

(b)　元本確定期日の定め

元本確定期日という概念を導入し，根保証契約締結日から元本確定期日までを保証期間とすることにより，期日到来によって主たる債務となる元本が確定することで，個人保証人は，将来負担する可能性のある保証責任の範囲をある程度予測することができるようになる。

民法の規定は，①債権者と保証人は，確定期日を定めるときは，書面で，５年以内の日としなければならない。②５年を超える定めは，その効力を生じないから，確定期日の定めがない契約となる（同条の３第１項）。③確定期日の定めがない場合，契約締結の日から３年を経過した日に元本が確定する。５年を超え，期日の定めが効力を生じないときも含む（同条の３第２項）とし，最長でも５年以内に元本が確定するようになっている。

(c)　元本確定期日の変更

元本確定期日は，債権者と保証人の合意で変更できるが，変更後の元本確定期日は，書面で，その変更をした日から５年を経過する日より前の日と定めなければ，変更は無効となる。契約締結時，契約の自動更新を定めても効力はない。

元本確定期日の変更後，５年を経過する場合の変更はその効力を生じない

(民465条の3第3項)。

(d) 元本確定事由（民465条の4）*6

判例が認めてきた特別解約権の「予期できない著しい事情変更」のうち，民法は，次の場合を元本の確定事由とし，それらの事由が主たる債務者又は保証人に生じたときは，主たる債務の元本が当然に確定し，保証人の責任範囲が確定する。

(イ) 主たる債務者又は保証人の財産について強制執行又は担保権の実行を申し立てた場合

(ロ) 主たる債務者又は保証人が破産手続開始の決定を受けた場合

(ハ) 主たる債務者又は保証人が死亡した場合

上記の確定事由が規定されたことで，それ以外の事情変更についての特別解約権は否定されるのかという問題があるが，判例で認められてきた特別解約権のうち，上記以外の事由については，保証人が特別の元本確定請求権として，その保護を求めることになると考えられる。

*5 平成27年民法改正法案は，「事業のために負担した貸金等債務を主たる債務とする保証契約又は主たる債務の範囲に事業のために負担する貸金等債務が含まれる根保証契約は，その契約の締結に先立ち，その締結の日前1箇月以内に作成された公正証書で保証人になろうとする者が保証債務を履行する意思を表示していなければ，その効力を生じない。」とし，事業のための貸金等根保証契約の場合には，保証人となろうとする者に対し，保証契約の締結をより慎重に行うことを求めている。

*6 平成27年民法改正法案は，元本の確定事由（民465条の4）の規律を改めるとするが，貸金等根保証契約については，平成16年改正民法と確定事由の内容は同じである。貸金等以外の根保証契約が対象になったことにより，その根保証契約の確定事由を明確にした。すなわち，貸金等根保証以外の根保証の場合は，その確定事由は，①債権者が，保証人の財産について，金銭の支払を目的とする債権についての強制執行又は担保権の実行を申し立てたとき，②保証人が破産手続開始の決定を受けたとき，③主たる債務者又は保証人が死亡したときに限られる。これに対し，貸金等根保証契約の場合は，上記に規定する場合のほか，④債権者が，主たる債務者の財産について，金銭の支払を目的とする債権についての強制執行又は担保権の実行を申し立てたとき，⑤主たる債務者が破産手続開始の決定を受けたときも確定事由になる。

(3) 平成16年改正民法の経過規定

同改正民法は，平成17年4月1日から施行されている。

施行日より前に締結された貸金等根保証契約についての元本確定期日は，最長でも施行日から起算して5年を経過する日と定められたから（附則4条2項），すでに改正前の個人の包括根保証契約は，すべて元本は確定済みである。

[桐　　忠裕]

第2編

貸金返還請求訴訟

第1章

貸金返還請求訴訟の概要

〔1〕 概　　説

　本書は，金銭消費貸借訴訟と題し，狭義の貸金返還請求訴訟と，その関連訴訟として保証債務履行請求，過払金返還請求訴訟及び求償金請求訴訟等を扱うが，本編第1章はそのうち狭義の貸金返還訴訟及び準消費貸借返還訴訟について概説する。貸金返還訴訟は，略して貸金訴訟あるいは貸金請求事件などと呼ぶことも多い。

　貸金紛争では，消費者や個人企業などの消費者金融を中心とする小口金融にせよ，企業その他の経営資金を調達するための大口金融にせよ，いわゆるバブルの崩壊以後返済困難となった多重債務者が噴出した。そのため，債務者の救済と金融システムの正常化のためには，訴訟よりも調停で解決するのが望ましいとの観点から，当初は一般の民事調停（債務弁済協定調停）が多く利用され，その後いわゆるサラ金紛争等の抜本的解決を図るために平成12年2月から施行されたいわゆる特定調停が，その機能をいかんなく発揮した。民事調停事件は例えば平成9年頃までは毎年20万件を割る程度だったのが，特定調停制度発足後の新受件数が平成15年度には61万件を超えるに至った。しかし，その後は経済状況の変化等もあって，特定調停事件は減少に転じ，平成24年度には実にその100分の1の5500件にまで受受件数が落ち込んだ。特定調停制度は，多重債務を負っていて経済的に破綻するおそれのある者（特定債務者）の経済的再生を図るため，金銭債務にかかる利害関係の調整を行うことを目的としてできた制度であるから，大いにその目的を達することができたわけである。なお，商工関係の大口金融では，証券・銀行・保険等の紛争解決のために，平成22

年10月1日から「金融ADR制度」が導入され，裁判所外の民間ADRが活躍を始めた（東京弁護士会弁護士業務部金融紛争研究会『Q&A金融ADR活用ガイドブック』（日本加除出版，2012年）参照）。

地裁や簡裁における民事訴訟事件の動向も調停とほぼ同様であり，一時は過払金返還請求や立替金・求償金返還請求事件が一時はかなりの事件数に上ったが，最近はようやく減少傾向に転じたようである。

〔2〕 金銭消費貸借に基づく請求

(1) 訴訟物（訴訟上の請求）の特定

冒頭規定である民法587条は，消費貸借の成立とその効力の発生について，「消費貸借は，当事者の一方が種類，品質及び数量の同じ物をもって返還をすることを約して相手方から金銭その他の物を受け取ることによって，その効力を生ずる。」と定める。

金銭消費貸借に基づく請求（貸金請求）の訴訟物は，消費貸借契約に基づく貸金返還請求権である。

訴訟物の特定は，原告の権能であり，原告が審判の対象とその範囲を決定し，裁判所はそれに拘束される（処分権主義，民訴246条）。（狭義では）訴訟物は，原告の被告に対して主張する一定の権利又は法律関係をいう。（広義では）訴訟上の請求と同視し，原告の被告に対する権利主張と，それに基づく裁判所に対する特定の判決の要求とを含むが，一般的には狭義に用いられることが多く，ここでもそれに従う。狭義における訴訟物は，当初のころ訴訟類型として給付の訴えだけが観念されていた時代には，実体法上の請求権の主張が権利主張の内容となるため，訴訟物を訴訟上の請求と呼ばれていたわけであるが，その後確認の訴えや形成の訴えが認められるようになって，請求権だけが訴訟物というわけではないため，今日では広義で用いるとやや概念の混乱を招くため，狭義で用いることが多くなったといえよう。

すなわち，原告の被告に対する訴訟物の主張と，裁判所に対するこの主張についての特定の審判の要求とが訴訟上の請求又は訴えの内容となる。特定の審判の類型として，今日では給付判決（給付訴訟＝給付の訴え）・確認判決（確認訴訟＝確認の訴え）・形成判決（形成訴訟＝形成の訴え）の3類型に区分している。給付

判決が一定の給付請求権の確認と給付命令であり，確認判決が一定の権利関係の存否確認であり，形成判決は一定の形成権の確認であり形成命令である。例えば，給付判決が一定の貸金返還義務の確認と返還命令，確認判決が一定の債務不存在確認，形成判決が一定の離婚原因に基づく離婚権の確認と離婚命令などである。

いずれにせよ，判決には多かれ少なかれ一定の権利又は法律関係の確認的本質がある。

各判決の判決主文における訴訟物についての判断に既判力が生ずる（民訴114条1項）。このような場合を含め，訴訟物における権利関係の単複異同，すなわち請求の同一性が問題となる場面は，二重起訴の禁止の問題をめぐって，それがどのように決められるべきかに関しては，周知のとおり昭和30年代頃から訴訟物論争が展開され，今日でも収束していない。主として，この問題は給付訴訟と形成訴訟について争われる。

従来の旧訴訟物理論は，民法が規定する請求権又は形成権（形成原因）ごとに訴訟物が異なるとするもので，それが数個あれば訴訟物も数個であるとする。これに対し，新訴訟物理論は，請求権又は形成原因が1つではなく重なる場合の訴訟物の広がりと特定の基準（請求の同一性）について，民法上の実体法秩序がただ1回の給付又は形成しか認めない場合は，複数の請求権又は形成原因を包括する特定の給付又は形成を求める法的地位が訴訟物であるとし，それは包括して全体が1個の訴訟物を形成し，旧訴訟物理論が主張する個々の実体法上の請求権や形成原因は単なる攻撃防御方法のレベルの問題にすぎないと主張する。新訴訟物理論は，給付訴訟や形成訴訟の機能に対応して既判力の客観的範囲を広げ，紛争の1回的解決を目指すものである。それがひいては，二重起訴の禁止や釈明義務あるいは弁論終結後の承継人の範囲の拡大，逆に訴えの変更や請求の併合の縮小などとなって現れる。その他，選択的併合のとらえ方，実体法上の請求権競合論あるいは争点効理論などこの論争の影響範囲は相当に広い。学説は新訴訟物理論が多数を占めるが，実務は依然として旧訴訟物理論にとどまっている。実体法が先か，手続法が先かという根本問題が背景に存在する難問である。

(2) **訴訟物の個数と異同**

実務が採用する旧訴訟物理論によれば，貸金請求訴訟についていえば，それぞれの契約ごとに実体法上の請求権は異なる。貸金契約が数回（数口）にわたって行われ，その回ごとに訴訟物は異なり，数個の訴訟物となる。したがって，数回の貸金を一括して請求するときは，請求の併合となり，それぞれの回ごとにその契約内容（当事者・日にち・金額等）を特定する必要がある。判例の中には，ある時期に1口の消費貸借として金銭を貸し付けたと主張したのに対し，裁判所が現実に金銭の授受がされた回数としては数回にわたるけれども，この主張のころに1口の消費貸借が契約されたと認定しても，当事者の主張に基づかない事実を認定した違法はないとしたものがあるが（最判昭38・9・5裁判集民事67号47頁），これは各口の特定を要しないとする趣旨ではないと解されている。

　なお，当然のことながら，旧訴訟物理論によれば，貸金返還請求権と次に述べる利息支払請求権と損害金請求権（履行遅滞に基づく損害賠償請求権）とは，それぞれ訴訟物は異なる。もちろん，数個の訴訟物は単純併合である。

　実務家に広範に利用されている村田渉＝山野目章夫編著『要件事実論30講』〔第2版〕（以下，「前掲書」として引用）に則って，同書〔Xの言い分(1)の場合〕の訴訟物を表示すれば，

消費貸借契約に基づく貸金返還請求権　　2個
単純併合

ということになる（前掲書172頁）。

(3)　**一部請求の訴訟物**

　貸金請求の場合は，全部請求ではなく一部請求にとどめることが少なくない。一部請求の訴訟物に関しては，議論がある。前掲書173頁にならって問題点を整理しておこう。例えば，貸金500万円のうち一部300万円だけの請求をする場合について，①訴訟物を500万円全部とする説と，②訴訟物を請求された300万円とする説とに分かれる。どちらをとるかによって，一部請求について判決があった後の残部請求をどのように扱うべきかに関連する。①の見解では500万円全部に及ぶ既判力によって再訴を許すべきではないとし，②の見解では既判力は一部の300万円しか及ばないから残部の200万円について再訴を許

容する。

　判例は，一部請求であることを明示した場合に限り，その部分が独立の訴訟物となり，明示しなかった場合には当該請求が訴訟物の一部にすぎなかった旨を主張することは許されないとし（最判昭32・6・7民集11巻6号948頁），また1個の債権の数量的な一部についてのみ判決を求める旨を明示して訴えが提起された場合は，訴訟物となるのはこの債権の一部の存否のみであって，全部の存否ではなく，したがって，上記一部の請求についての確定判決の既判力は残部の請求には及ばないとする（最判昭37・8・10民集16巻8号1720頁）。

(4)　貸金請求の請求原因——貸借型理論

　実務が採用する要件事実論におけるいわゆる冒頭規定説によれば，XがYに対し，貸金返還請求をする場合，Xは請求原因として，民法587条の冒頭規定に従い，次のように記載しなければならないことになる。すなわち，その場合の請求原因（の要件事実）は，①XがYとの間で金銭の返還の合意をしたこと，②XがYに対し金銭の交付をしたこと，③XがYとの間で弁済期の合意をしたこと，④弁済期が到来したこと，を主張・立証する必要がある。上記①，②は，まとめて「貸し付けた」と表現することも可能である。

　問題は，③と④の弁済期の合意とその到来である。この点，前掲書175頁は，以下のようにいわゆる貸借型理論を説明しており，わかりやすい。すなわち，「消費貸借契約は，物を貸すなど，相手方に利用させることを内容とする契約，いわゆる貸借型の契約である。貸借型の契約は，一定の価値をある期間借主に利用させることに特色があり，契約の目的物を受け取るや否やこれを直ちに返還すべき貸借はおよそ無意味であるから，貸借型の契約において返還時期（弁済期）の合意は，売買契約の場合のように法律行為の附款となるのではなく，その契約に不可欠の要素であり，成立要件として必ずその摘示を要すると解される。」とする。そこで，上記③も請求原因の要件事実となる。また，消費貸借契約に基づいて貸金の返還を請求するためには，弁済期になっていることが必要であるから，上記④も請求原因の要件事実となる。

　期限の定めがない場合は，別途の考察が必要である。前掲書175頁以下のような説明は，わかりやすく実務に受け入れられているようである。すなわち，貸金の返還時期について，民法591条1項は「当事者が返還の時期を定めな

かったときは，貸主は，相当の期間を定めて返還の催告をすることができる。」と定め，2項は「借主は，いつでも返還をすることができる。」と規定するところ，1項をどのように解するかについては，以下の2つの見解があるとする。すなわち，1つは(i)消費貸借であっても，常に弁済期の合意があるとは限らず，その合意が欠けていることもあるとの前提に立ち，上記規定を文字どおり合意が欠けている場合の補充規定であるとする見解と，2つは(ii)消費貸借において弁済期の合意が欠けている場合があることを否定し，「返還の時期を定めなかったとき」とは，弁済期を貸主が催告した時とする合意があるときであるとする見解とした上で，貸借型理論を採用する以上，弁済期は契約の本質的要素ということになるから，合意が欠けていると理解することは妥当ではなく，当事者の合理的意思解釈として(ii)の見解が妥当だとする。そして，この見解によれば，③の弁済期の合意は，特別の合意をしない限り，催告後の相当期間の経過（民591条1項）を不要とする趣旨を含まないものと考えられるから，Xは③の弁済期の合意として弁済期を催告の時とする合意があること（具体的には「弁済期の定めなし」と摘示すればそのような合意があったと理解できる），④の弁済期の到来として催告及び相当期間の末日の到来の主張を要することになるとする。妥当な見解だといえよう。

〔3〕 利息・損害金の請求

(1) 利息・利息債権・利息請求権

　民法587条の消費貸借は無利息を前提にしているので，貸金のほかに利息を請求する場合の請求原因（要件事実）は，①元本債権の発生原因事実の存在，②利息支払の合意をしたこと，③合意後一定期間を経過したこと（ただし，この点は後述のとおり当然のこととして通常は主張しない）である。なお，民法は利息付きの消費貸借と無利息の消費貸借のあることを規定しているが，訴訟物としての利息請求権の存在そのものに関する規定は存在しない。一種の無名契約というべきか。

　利息とは，元本債権の所得として，元本額と存続期間とに比例して一定の利率により支払われる金銭その他の代替物であるが，ここでは金銭だけを考慮に入れよう。終身定期金・地代・家賃・賃料・小作料・株式配当金等は利息では

ない。利息は元本債権の存在を前提とするが，元本債権に基づいて発生するわけではない。利息を発生させるのは利息債権である。

利息債権とは，利息の給付を目的とする債権をいう。元本の給付を目的とする元本債権に対する。利息債権には，(i)元本に対して一定期間に一定の率の利息を生じることを内容とする基本権である利息債権（基本債権）があり，(ii)その基本債権を前提として，それに基づいて一定期間ごと一定額の利息を支払うことを内容とする支分権である利息債権（支分債権）が発生する。この支分債権の発生によって具体化されるのが利息である。

(i)の基本債権は元本債権の一部ではなく，それとは別個の独立した債権ではあるが，基本債権は元本債権を前提とし，それに従属する。基本債権は，その従属性の結果，元本債権なしでは成立せず，元本債権が消滅すれば消滅し，元本債権の処分は原則として基本債権の処分を伴う。これに対し，(ii)の支分債権は，一度発生した後においては，独立性が強く，元本債権と別個独立に譲渡・弁済されるし，消滅時効にもかかる。

利息債権は，利息の支払を約束する特別の契約によって生ずるのが原則であり，金銭消費貸借契約があれば，当然利息が発生するものではない。民法587条は無利息を前提としているからである。ただ例外的に，商人間の貸借や営業の範囲内での金銭立替えの場合には，法律上利息が当然に発生する（商513条1項・2項）。通常の場合の法定利息（民事法定利息）は年5分であるが（民404条），その場合の利率は年6分の法定利息である（商514条）。

前述したとおり，利息請求訴訟は，利息契約に基づく利息請求権がその訴訟物であり，利息請求訴訟の請求原因の要件事実は，以下のとおりである。利息の支払を求める原告は，①元本債権（貸金本体），②基本債権（利息本体），③支分債権（利息支分）を特定しなければならない。そのほかに，④一定の期間の経過が必要であるが，実務上は当然のこととして請求原因に記載しないのが通常である。

そうすると例えば，「Xは，平成26年4月1日，Yに対し，利息の割合を年1割，返済の時期を平成27年3月31日と定めて，500万円を貸し渡した。」と記載する。この場合，元本債権は500万円，基本債権（1年間で1割の利息発生），支分債権（平成27年3月31日までの50万円の利息）ということになる。

前述の商人間の貸借の場合は，上記の利息の約定に代えて，①ＸＹがともに商人であること（商513条1項）を明らかにすれば足りる。この場合の利息は年6分の商事法定利息となり（商514条），その始期は元本の貸渡日からである。また，②商人がその営業の範囲内において他人のために金銭を立て替えたことを主張・立証すれば，その立替えの日以後の商事法定利息を請求することができる（商513条2項）。

(2) 遅延損害金

遅延損害金とは，遅延利息とも呼ばれるが，利息の一種ではなく，借主の貸金返還債務の不履行（債務不履行）を原因として発生する損害賠償請求権である（民415条・412条・419条）。訴訟物は，履行遅滞に基づく損害賠償請求権である。

貸金請求事件においては，貸金元本のほかに，利息及び返済期限後の遅延損害金を請求する場合が多い。この場合，主たる請求は消費貸借契約に基づく貸金返還請求権であり，附帯請求は履行遅滞に基づく損害賠償請求であって，果実，損害賠償，違約金又は費用の請求が訴訟の附帯の目的である場合（民訴9条2項）であり，ここでの遅延損害金はこれに該当する（ちなみに利息の請求は主たる請求であって附帯請求ではない）。両者は，法的性質を異にするものであり，それぞれ別個の訴訟物である。

遅延損害金を請求するには，Ｘは請求原因の要件事実として，①元本債権の発生原因事実，②弁済期が経過したこと，③損害の発生とその数額を主張・立証しなければならない。履行遅滞の発生要件は，債務の履行期限が経過したことであり（民415条），期限の定めがある場合は，期限の定めがあること及びその期限が経過したことが要件となる（民412条）。そして貸金請求の場合，金銭債務の特則があるから（民419条1項），法定利率又は約定利率によって損害賠償額が定められ，特約がなくても，当然に民事法定利率年5分（民404条）の割合による遅延損害金を請求することができる。

遅延損害金が生じる期間は，元本を返還すべき日の翌日から起算して元本が完済された日までであり，その始期から終期までの時の経過が要件となるが，始期から終期までの経過については，当然のこととして実務上主張されることはないといわれる。

〔4〕 準消費貸借に基づく請求

(1) 訴訟物と要件事実

冒頭規定である民法588条は，準消費貸借の成立について「消費貸借によらないで金銭その他の物を給付する義務を負う者がある場合において，当事者がその物を消費貸借の目的とすることを約したときは，消費貸借は，これによって成立したものとみなす。」と定める。訴訟物は準消費貸借契約に基づく貸金返還請求権である。

そうすると，被担保債務が準消費貸借契約に基づくものであれば，その成立（請求原因）の要件事実は，①旧債務の発生原因事実の存在，②準消費貸借を合意したこと，③弁済期の合意をしたこと，の3点となる。

(2) 旧債務の主張立証責任に関する原告説と被告説

この①の旧債務の存在の主張・立証責任がいずれの当事者にあるかに関しては，消費貸借を主張する側だとする原告説と，その相手方だとする被告説の対立がある。これを前掲書188頁以下にならって整理しておこう。原告説は，民法587条が金銭その他の物の交付と返還の合意を消費貸借契約の要件事実としている点を民法588条においてパラレルに考え，旧債務の存在と返還の合意が準消費貸借の要件事実と考える。この説によれば，原告側が旧債務の発生原因事実を主張・立証すべきことになる。これに対し，被告説は，準消費貸借を締結する際，旧債務の証書等は貸主から借主に返還されるのが取引の実情で，貸主が旧債務の存在を立証するのは困難であるとの前提に立ち，借主は旧債務の不存在の主張・立証責任があるとする。この説によれば，原告側が旧債務を識別可能な程度に特定した上で，旧債務の目的物について新たに返還の合意が成立したことを主張・立証すれば足りることになる。判例は，被告説をとり，被告側に旧債務の不存在について立証責任を負わせているが（最判昭43・2・26民集22巻2号217頁），反対説も有力であるとされる。前掲書189頁では両説を詳細に比較検討しているので，参照されたい。

(3) 新旧債務の同一性

条文上は「消費貸借によらないで」とあるが，これは通常の場合を規定したにすぎず，既存のいくつかの消費貸借上の債務を1本にまとめて準消費貸借の

目的とすることも可能である（大判大2・1・24民録19輯11頁）。

　そのほか，新旧両債務の同一性に関しては，以下の判例が重要である。すなわち，連帯債務者のうちの1人が準消費貸借契約を締結した場合に，他の連帯債務者が免責されるか否かは，当事者の意思によって決すべきである（大判大7・3・25民録24輯531頁）。準消費貸借上の債務の消滅時効は，旧債務のそれと関係なく，準消費貸借が商行為であれば商行為上の債権として5年の時効にかかる（大判大10・9・29民録27輯1707頁，大判昭8・6・13民集12巻15号1484頁）。旧債務に付着していた買主の同時履行の抗弁権が消滅するか否かは，諸般の事情を斟酌し当事者の意思を探求して決すべきである（大判昭8・2・24民集12巻265頁）。旧債務の債権者が保証人に対し保証債務の履行を求めてきた場合に，保証人は準消費貸借の締結を理由にこれを拒むことはできない（最判昭33・6・24裁判集民事32号437頁）。当事者間に将来金員を貸与することがあるべき場合，これを消費貸借の目的としうる（最判昭40・1・7民集19巻7号1723頁）。詐害行為後に準消費貸借契約が締結された場合でも，債権者は詐害行為取消権を行使できる（最判昭50・7・17民集29巻6号1119頁）。売買代金債務を目的とする準消費貸借が締結された場合であっても，売主が自己の所有権移転登記手続債務につき売買契約に基づいて有していた同時履行の抗弁権は失わない（最判昭62・2・13判時1228号84頁）。

(4)　利息制限法違反との関係

　利息制限法違反の利息損害金を含めた元利合計を目的として締結された準消費貸借は上記の違反の限度でその効力が生じない（大判明37・12・10民録10輯1646頁，大判大6・4・16民録23輯641頁，最判昭55・1・24判時956号53頁等）。

　　　　　　　　　　　　　　　　　　　　　　　　　　［梶村　太市］

第 2 章

貸金返還請求訴訟に関するQ＆A

Q19 貸金返還請求の要件事実

Xは，平成16年5月1日，Yに対し，弁済期を同年6月1日と定め，100万円を貸し付けた。平成16年6月1日が到来したのに，Yが弁済しないため，Xは，Yに対し，貸金100万円の返還を求める訴訟を提起したいと考えている。この貸金返還請求の要件事実について説明するとともに，訴状（請求の趣旨及び原因）の起案例を示しなさい。

A

〔1〕 貸金返還請求権の要件事実について

(1) 要件事実とは

　要件事実とは，一定の法律効果（権利の発生，障害，消滅，阻止）を発生させる要件に該当する具体的事実（司法研修所監修『4訂民事訴訟第一審手続の解説』8頁）であり，主要事実と同義とされる。

　そして，この主要事実は，弁論主義のもと，当事者のいずれかが主張して口頭弁論に現れない限り，裁判の基礎とすることができない（主張責任，第一原則）。

　また，当事者間に争いのある主要事実が真偽不明の場合，判決においてその主要事実を要件とする自己に有利な法律効果の発生又は不発生が認められないこととなる一方当事者の不利益の負担を客観的証明責任という（結果責任説，通

説。上田徹一郎『民事訴訟法』〔第5版〕375頁)。
　(2)　証明責任の分配
　そしてこの要件事実につき，どちらの当事者が証明責任を負うのかについては，一定の法律効果を主張する者が，その効果の発生を基礎づける適用法条の要件事実について証明責任を負うものとされている（法律要件分類説）。
　すなわち，証明の対象となる事実を，①権利の発生を根拠づける権利根拠規定の要件事実（権利根拠事実），②権利発生を妨げる権利障害規定の要件事実（権利障害事実），③発生した権利を消滅させる権利滅却規定の要件事実（権利滅却事実）に区別し，原則として，権利を主張する者は①について，権利を争う者は②又は③について証明責任を負うとされる（上田・前掲378～379頁）。
　(3)　貸金返還訴訟を提起する原告が証明責任を負う要件事実
　(a)　貸金返還請求権の発生を根拠づける根拠規定は民法587条である。
　貸金返還請求権が発生するためには，まずは，金銭消費貸借契約が成立していることが必要であるところ，民法587条によると，契約成立の要件は，①金銭等の返還の合意をしたこと，②金銭等を交付したことである。なお，民法改正法案587条の2では，書面でする消費貸借契約については，②についても交付ではなく金銭等を引き渡すことの合意で契約の効力を生ずるとされている。
　(b)　ところで，消費貸借契約は，貸主が交付した金銭その他の物を借主に利用させることを目的とする契約であるので，目的物の交付を受けるや否や直ちに返還することはおよそ無意味であるから，このようないわゆる貸借型の契約類型にあっては，その性質上，貸主において一定期間その目的物の返還を請求できないという拘束を伴う契約関係であるというべきであるので，返還時期（弁済期）の合意は，貸借型の契約にとって不可欠の要素であるとする見解がある（貸借型理論。裁判所職員総合研修所『改訂問題研究要件事実』41頁，司法研修所監修・前掲解説10頁）。
　(c)　しかし，最近では，このような貸借型の契約の特質を考慮し，契約成立からその返還をするまでの間に一定の期間があることが必要であるとしつつ，消費貸借契約においては，その期間が経過して契約の終了したときに初めて貸主は借主に対して目的物の返還を請求することができるものと考える見解が示されており，この見解によると，返還時期（弁済期）の合意は，消費貸借契約

の成立要件ではなく，貸金返還請求権の発生要件のうち契約の終了の要件であると考えることになる（司法研修所編『新問題研究要件事実』38～39頁）。

この見解によると，貸金返還請求権発生要件のうち契約終了の要件事実としては，返還時期の合意がある場合は，①返還時期の合意をしたこと，及び②その返還時期の到来が必要ということになる。

なお，当事者間に貸金の返還時期の合意がない場合は，貸主は相当の期間を定めて返還の催促をすることができるとされているので（民591条1項），貸主が借主に返還の催告をし，その後相当期間が経過することによって，契約が終了することになる。よってこの場合の契約終了の要件事実は，①貸金返還債務の履行を催告したこと，及び②催告後相当の期間が経過したこととなる（司法研修所編・前掲要件事実39～40頁）。

(d) 結局，後者の見解によると，貸金返還請求権を発生させる要件事実は以下のようになる（司法研修所編・前掲要件事実40頁）。

(イ) 消費貸借契約の成立について
　(i) 金銭の返還の合意をしたこと
　(ii) 金銭を交付したこと（民法改正法案587条の2参照）
(ロ) 消費貸借契約の終了（返還時期の合意がある場合）について
　(i) 返還時期の合意をしたこと
　(ii) 上記返還時期の到来したこと

なお，判例によれば，貸金返還請求権の要件事実は，消費貸借契約の成立の要件事実のみで足りるので，①金銭の返還の合意をしたこと，及び②金銭を交付したことのみで足り，返還時期の定めがあることは，返還請求権の行使を阻止する抗弁となる。

しかし，実務上，判例の見解によった要件事実の主張例は少なく，上記(イ)，(ロ)のとおり主張されることが多い。

(4) 貸金返還請求権の要件事実

以上より，本件貸金返還請求権の要件事実は，本問では貸金の返還時期の合意があるので，①金銭の返還の合意をしたこと，②金銭を交付したこと，③返還時期の合意をしたこと，及び④③の返還時期の到来したこととなる。

〔2〕 訴状（請求の趣旨及び原因）の起案例

(1) 請求の趣旨について

(a) 請求の趣旨とは，原告が訴状によって主張している一定の権利又は法律関係についての結論に相当するものであり，原告がどのような権利又は法律関係を訴訟物とし，どのような範囲で，どのような形式（給付，形成，確認のいずれか）の判決を求めているのかを明らかにするものである（司法研修所監修・前掲解説3頁）。この請求の趣旨は，通常，請求認容判決の主文と対応する文言が用いられる。そして，判決主文ではその内容が一見して明確であるよう簡潔な表示にすべきであり，給付の法的な性格又は理由付けを含まない抽象的な表現を用いるので（裁判所職員総合研修所編『10訂民事判決起案の手引』11頁），具体的な記載例は次のようになる。

(b) 記載例

「第1　請求の趣旨
　　1　被告は，原告に対し，100万円を支払え」

その他，

「　2　訴訟費用は被告の負担とする
　　との判決及び仮執行宣言を求める。」

との請求も記載されることが多いが，これらは訴訟物についての請求ではなく，付随的申立てといわれるものである。

そして，このうち訴訟費用の裁判は，裁判所が職権でその負担の裁判をしなければならないとされている（民訴67条1項）ので，この申立ては裁判所の職権発動を促す意味を有するにすぎない。

仮執行宣言の申立てについては，財産権上の請求に関する判決については，原則として申立て又は職権で仮執行宣言を付すことができる（民訴259条1項）とされており，これを付すかどうかは裁判所の自由裁量に委ねられているが，申立てがあれば必ずこれに対する判断を示さなくてはならない（民訴259条5項）。また，たとえ申立てがなくとも職権で付すこともできるが，実務上，申立てがない場合にはこれを付さないことが多い。逆に申立てがあれば，実際上は広く認められている。

第2章 貸金返還請求訴訟に関するQ&A　Q19 貸金返還請求の要件事実　153

(2) 請求の原因について

請求の原因部分の記載については，およそ次の3種類に分けられる。

1つは，請求の趣旨と相まって請求を特定するために必要な事項で，特定請求原因といわれるものであり，訴訟物として主張されている一定の権利又は法律関係の法的性質を決定し，訴状の必要的記載事項とされているものである（民訴133条2項，民訴規53条1項）（司法研修所監修・前掲解説7頁）。

もう1つは，原告が主張責任を負う請求を理由づける具体的事実（民訴規53条1項）であり（司法研修所監修・前掲解説7頁），先に見たいわゆる要件事実である。これは訴状の実質的記載事項となり，これに不足があっても，特定請求原因とは異なり，訴状が却下されるというようなことはなく（民訴137条2項），口頭弁論終結時までに提出されていれば足りる（ただし，民訴157条）。

3つ目は，いわゆる争点化が予想される事由やこれに関する重要な間接事実，証拠の引用のほか，紛争の全体像を理解するのに重要な役割を果たす事情（紛争に至った経緯等）の記載である。これは，上記各請求原因事実のみでは請求を特定することはできても紛争の実態を十分に理解するには不十分であるので，早期に充実した審理を実現するため，訴状の実質的記載事項として，要件事実に関連する事実で重要なもの及び証拠を記載しなければならないとされているものである（民訴規53条1項）（裁判所職員総合研修所監修『民事訴訟法講義案』〔改訂補訂版〕86頁，司法研修所監修・前掲解説11〜13頁）。

(a) 特定請求原因の記載例

「原告は，被告に対し，平成16年5月1日付け消費貸借契約に基づく貸金返還請求として100万円の支払を求める。」

(b) 請求原因（要件事実）の記載例

「1　原告は，平成16年5月1日，被告に対し，100万円を貸し付けた。
　2　原告と被告は，1に際し，返還時期を平成16年6月1日と定めた。
　3　平成16年6月1日は経過した。」

判例の立場では，要件事実としては1の記載のみで足りるのであるが，本問のように返還時期の合意がある場合には，実際上は2以下のように要件事実の請求原因内において記載されることが多い。

(c) 請求原因（争点化が予想される事由や間接事実等）の記載例

154　第2編　貸金返還請求訴訟

これらの事実の主張の記載上の注意点は，要件事実の主張とは区別して記載しなければならないことである（民訴規53条2項）。

これらの事実部分の記載例としては次のような例が考えられる。

「2(1)　（本件の貸付けの経緯）

　　　　平成16年4月頃，原告の妹の夫である被告から生活費として100万円を貸してほしいとの依頼があった。……

　(2)　（交渉の経緯）

　　　　返済期限が到来しても被告から返済がなされないため，平成16年6月2日以降，電話などにより，交渉を行ったが……やむなく本件訴訟を提起するに至った。」

(3)　訴状（請求の趣旨及び原因）の起案例

第1　請求の趣旨
1　被告は，原告に対し，100万円を支払え
2　訴訟費用は被告の負担とする
との判決及び仮執行宣言を求める。

第2　請求の原因
1(1)　原告は，平成16年5月1日，被告に対し，100万円を貸し付けた（甲1号，2号証）。
　(2)　原告と被告は，(1)に際し，返還時期を平成16年6月1日と定めた。
　(3)　平成16年6月1日は経過した。
2　よって，原告は，被告に対し，平成16年5月1日付け消費貸借契約に基づく貸金返還請求として100万円の支払を求める。
3(1)　（本件の貸付けの経緯）
　　　　平成16年4月頃，原告の妹の夫である被告から生活費として100万円を貸してほしいとの依頼があった。被告の事業が芳しくなく，これまでも度々他の親類や知人から借金をしていたことを妹から聞いていたこともあり，今回，被告の必ず返すあてがあるとの言葉を信じ，妹一家を助けるつもりで本件貸付けを行った。
　(2)　（交渉の経緯）

返済期限が到来しても被告から返済がなされないため，平成16年6月2日以降，電話などにより，被告や妹との間で上記貸金の返還について交渉を継続的に行った。その際被告は電話や文書で数度，必ず返済するのでもう少し待ってほしいと申し入れてきたが，その繰り返しでいっこうに返済がなされず，やがて被告は，本件貸金についてはすでに返済をしたと主張するようになった。原告は弁済を受けていない以上，このような主張は認められるわけもなく，さらに話し合うべく連絡を試み続けたが，やがて被告や妹とも連絡がつかなくなり，交渉もままならない状態となったため，やむなく本件訴訟を提起するに至った。

証拠方法

1 甲1号証 金銭消費貸借契約書
2 甲2号証 領収書

［有田 麻理］

Q20 貸金返還請求に対する防御方法

Q19を前提として，次の問題を説明しなさい。
(1) Yのなしうる主張（典型的抗弁）について説明するとともに，その主張書面の起案例を示しなさい。
(2) Yの上記(1)の主張に対して，Xのなしうる主張（再抗弁）について説明するとともに，その主張書面の起案例を示しなさい。

A

〔1〕 被告のなしうる主張（典型的抗弁）について

(1) 被告のなしうる典型的抗弁

被告のなしうる典型的抗弁には，①弁済の抗弁と，②消滅時効の抗弁があげられる。

(2) 弁済の抗弁

(a) 弁済の抗弁の要件事実

抗弁とは，相手方の主張する事実と両立する，自己が証明責任を負う事実，すなわち相手方の主張する法律効果の発生の障害原因事実あるいは消滅原因事実の主張をいう（上田徹一郎『民事訴訟法』〔第5版〕293頁）。

そして，弁済は，債務者又は第三者が，債務の内容である給付を債務の本旨にかなって実現することをいい，これによって債権はその目的を達して消滅するという効果を生じるものをいう（民474条以下）（金子宏ほか編『法律学小辞典』〔第4版補訂版〕1108頁）ので，弁済は，原告が主張する貸金返還請求権発生の事実と両立し，かつ貸金返還請求権の消滅原因事実となるので，被告が証明責任を負うべき抗弁となる。

そして，この抗弁についても，請求原因と同様に要件事実があり，被告はそれを主張立証しなければならない。

弁済の要件事実については以下のとおりである（司法研修所編『新問題研究要件事実』49頁，司法研修所監修『4訂民事訴訟第一審手続の解説』50頁，最判昭30・7・15民集9巻9号1058頁）。

「(i) 債務者（又は第三者）が債権者に対し給付をしたこと

(ii) その給付がその債務の履行としてなされたこと」

(b) 主張書面（答弁書）のうち弁済の抗弁部分の記載例

「第○ 抗弁

被告は，原告に対し，平成16年6月1日，平成16年5月1日付け消費貸借契約に基づく貸金返還債務の履行として100万円を支払った（乙○号証）」

(c) 答弁書に記載すべき事項

これまでに見た抗弁以外に，答弁書には，請求の趣旨に対する答弁を記載するほか，訴状に記載された事実に対する認否を具体的に記載し，かつ，立証を要する事由ごとに，当該事実に関連する事実で重要なもの（重要な間接事実）及び証拠を記載しなければならない（民訴規80条1項）とされている。

(d) 答弁書の主張部分の起案例

「第1 請求の趣旨に対する答弁

1 原告の請求を棄却する。

2 訴訟費用は原告の負担とする。

第2 請求の原因に対する認否

1 請求の原因1（金銭消費貸借契約）の事実は全部認める。同2は争う。

2 請求の原因3について

……。

第3 抗弁

弁済

被告は，原告に対し，平成16年6月1日，平成16年5月1日付け消費貸借契約の債務につき100万円を弁済した（乙1号証）。

第4 被告の反論等

……（略）。」

(3) 消滅時効の抗弁

(a) 消滅時効の要件事実

消滅時効とは，権利不行使の状態が一定期間継続することによって権利消滅の効果を生ずる制度であり（金子宏ほか編・前掲641頁），弁済と同様，権利の消滅原因の1つである。

よって，原告の主張する貸金返還請求権発生の事実と両立するが，貸金返還請求権の消滅原因事実となるので，被告が証明責任を負い，被告のなしうる抗弁となる。

その要件事実は以下のように考えられている（司法研修所編『改訂紛争類型別の要件事実』34頁，大江忠『要件事実民法(上)総則・物権』264頁）。

「(i) 権利を行使することができる状態になったこと（なお，民法改正法案166条1項1号では，「債権者が権利を行使することができることを知った時から5年間行使しないとき」にも債権は時効によって消滅するとされる）

(ii) そのときから一定の期間（時効期間）が経過したこと

(iii) 援用権者が相手方に対し，時効援用の意思表示をしたこと」

(b) 主張書面（答弁書）のうち，消滅時効の抗弁部分の記載例

まず，(i)の事実については，本件では，確定期限のある債権なので，その期限（平成16年6月1日）の到来が，権利を行使できる状態（起算点）となるが，請求原因にすでに現れているから被告において改めて主張する必要はない（司法研修所編・前掲要件事実34頁）。

そして，(ii)の部分の記載は，具体的には，時効期間の末日の経過を示せば足りるので（司法研修所編・前掲要件事実34頁），本件では，初日が平成16年6月2日となるから，そこから10年後の平成26年6月1日の経過を示すことになる。

次に，(iii)の時効の援用の法的性質については，時効の援用による権利消滅の効果は，時効期間の経過とともに確定的に生ずるものではなく，時効が援用されたときに初めて確定的に生ずる（停止条件説，最判昭61・3・17民集40巻2号420頁）とする見解によると，時効の援用は，権利の得喪を確定させる実体法上の要件となり，時効によって不利益を受ける者に対する実体法上の意思表示（訴訟外でも可）となる（司法研修所編・前掲要件事実35～36頁）。

以上をまとめると，記載例は次のようになる。

「1 平成26年6月1日は経過した。

2　被告は，原告に対し，本答弁書の送達をもって上記時効を援用する。」
(c)　主張書面（答弁書）の主張起案例
「第1　請求の趣旨に対する答弁
　　1　原告の請求を棄却する。
　　2　訴訟費用は原告の負担とする。
　第2　請求の原因に対する認否
　　1　請求の原因1（金銭消費貸借契約）の事実は全部認める。同2は争う。
　　2　請求の原因3について
　　　……（略）。
　第3　抗弁
　　消滅時効
　　(1)　平成26年6月1日は経過した。
　　(2)　被告は，原告に対し，本答弁書の送達をもって上記時効を援用する。
　第4　被告の反論等
　　　……（略）。」

〔2〕　被告の上記主張に対する原告のなしうる主張（再抗弁）について

(1)　原告のなしうる再抗弁

　被告の消滅時効の抗弁に対する再抗弁には，①時効中断，②時効援用権の喪失がある。
　(a)　時効中断の再抗弁について
　時効の中断とは，時効の基礎となる事実状態と相容れない一定の事実が生じた場合に，すでに経過した時効期間を無意味とすることであり，中断事由の終わったときから新たに時効期間が進行を開始する（金子宏ほか編・前掲491頁）。よって，被告の主張する時効の効果の発生の障害事由となるので，時効の効果を争う原告に証明責任がある事実となる（再抗弁）。
　この時効中断事由は，民法147条に挙げられており，①請求（民147条1号・149条ないし152条（民法改正法案147条1項・2項参照）），②差押え，仮差押え又は仮

処分（民147条2号・154条ないし155条（民法改正法案149条参照。時効完成猶予）），及び，③承認（民147条3号・156条（民法改正法案152条1項参照））がある（民法改正法案によると，その他の時効中断（時効完成猶予又は更新）事由として，①148条（強制執行等による時効完成猶予及び更新），②151条（協議を行う旨の合意による時効完成猶予）がある）。

(イ) 請　求（民147条1号（民法改正法案147条1項・2項参照））　請求は，法定中断事由のうち最も典型的な中断事由であるが，単なる履行の請求ではなく，訴訟を起こして支払を求める場合などのように，何らかの形で裁判所が関与する手続が要求されている（民147条1号・149条ないし152条）（内田貴『民法Ⅰ総則・物権総論』〔第4版〕321頁）。

これに対して，「催告」（民153条（民法改正法案150条1項参照））は，単に債務者に対して債務の履行を請求するもので，裁判所の関与を必要とはしないが，これだけでは完全な時効中断の効力はない。催告から6ヵ月以内に裁判上の請求その他の裁判所の関与する手続を行わなければ中断の効力を生じないとされる（内田・前掲321頁）。

このような場合の要件事実の記載例は次のとおりである（裁判所職員総合研修所編『10訂民事判決起案の手引』の巻末別冊「事実摘示記載例集」33頁）。

「(i) 原告は，被告に対し，平成26年5月15日，本件貸金債務の履行を催告した。

(ii) 原告は，被告に対し，同年8月20日，本件訴えを提起した。」

(ロ) 承　認（民147条3号（民法改正法案152条1項参照））　承認とは，時効の利益を受ける者が時効によって権利を失う者に対して，その権利が存在することを知っていることを表示する観念の通知である（司法研修所編・前掲要件事実36頁）。

承認の要件事実としては，

「債務者が時効完成前に債務を承認したこと」（伊藤滋夫総括編集『民事要件事実講座(3)民法Ⅰ債権総論・契約』302頁〔古財英明〕）のみである。

この点，承認について争いがない場合には，原告の再抗弁としては，被告が債務の承認をしたと主張することで足りるが，この点に争いがある場合には，一部弁済，支払約束，支払猶予の申込み，利息の支払などの承認にあたる具体的事実を主張しなければならない（司法研修所編・前掲要件事実36頁）。

このような場合の主張書面の記載例としては，次のとおりである。

「被告は，原告に対し，平成26年5月15日，本件貸金債権の支払猶予を申し入れた。」

(b) 時効援用権の喪失の再抗弁について

時効援用権の喪失には，①時効利益の放棄と，②時効完成後の債務の承認がある。これらはいずれも，被告の主張する時効完成及びその援用による権利の消滅という法律効果の発生を阻止する事実であるので，原告が主張立証責任を負う再抗弁となる。

(イ) 時効利益の放棄　　時効利益の放棄とは，時効の完成後に，時効の効力を発生させないことに確定させる意思表示であるので，その前提として，時効の完成を知っていることを必要とする（最判昭35・6・23民集14巻8号1498頁）。よって，この場合の要件事実は，次のとおりとされる（大江忠・前掲237頁）。

「(i) 被告は，時効完成後，消滅時効援用に先立って，原告に対し，本件貸金債務について時効の利益を放棄する旨の意思表示をしたこと

(ii) 被告は，(i)の意思表示をする際，時効完成の事実（本件貸金債務の支払期限及びそれから10年が経過したこと）を知っていたこと」

以上より，この主張の記載例としては，次のようになる。

「1　被告は，平成26年6月10日，同年8月20日付訴え提起にかかる本件貸金債権について消滅時効を援用するとの意思表示に先立って，原告に対し，本件貸金債権の支払猶予を申し入れた。

2　被告は，1の申入れの際，本件貸金債務の支払期限が平成16年6月1日であること及び平成26年6月1日が経過したことを知っていた。」

(ロ) 時効完成後の債務の承認　　民法に規定はないが，判例上，債務者が，消滅時効完成後に債権者に対して債務の承認をした場合には，たとえ時効完成の事実を知らなかったときでも，信義則に照らし，その後その時効の援用をすることは許されないとされるものである（最判昭41・4・20民集20巻4号702頁）。

これは，援用権者が時効完成の知・不知にかかわらず，これによって時効援用権を失うので，例えば債務の支払約束の事実があれば，これだけでその要件事実を尽くすことになる（司法研修所編・前掲要件事実37頁）。

よって，この場合の要件事実は，「債務者が時効完成後に債務を承認したこと」のみであり，この承認について争いがある場合には，やはり，一部弁済，

支払約束等の承認にあたる具体的事実を主張しなければならない（古財・前掲303頁）。

この場合の事実の主張の記載例は，以下のとおりである。

「被告は，原告に対し，平成26年7月15日，本件貸金債権の支払猶予を申し入れた。」

(2) **原告の主張書面の起案例**

「第1　答弁書に対する認否，反論

　　1　第3の消滅時効の抗弁について，同項(1)及び(2)の事実は認める。

第2　再抗弁

　　　時効中断

　　　被告は，原告に対し，平成26年5月15日，本件貸金債権の支払猶予を申し入れた。」

[有田　麻理]

Q21 | 利息・遅延損害金請求の要件事実

> Q19の金銭消費貸借において，X・Y間に利息及び遅延損害金の合意があった場合，その利息及び遅延損害金の支払請求の要件事実について説明するとともに，その訴状（請求の趣旨及び原因）の起案例を示しなさい。

〔1〕 利息の支払請求

(1) 利息の意義

利息とは，元本の使用の対価として支払われる金銭その他の代替物であり（民88条2項），利息金という金員の支払を目的とする利息債権（民405条）の存続期間に応じ日割をもって計算されるものである（民89条2項）。

(2) 利息債権の要件事実

民法587条は利息について何らの規定をしておらず，規範的観点からは無償が原則ということになり，利息支払の合意（利息契約）がなされなければ，利息を請求することはできない。同条は任意規定であり，利息支払の合意がなされれば，利息を請求できるが，元本とは別個の実体法上の権利である。

また，利息とは，元本使用の対価として支払われるもの（最判昭33・6・6民集12巻9号1373頁）であるので，利息債権成立のためには，元本（返還）債権が有効に存在することが前提となる（附従性）ので，元本債権を発生させる金銭消費貸借契約が無効であったり取り消されたりすれば，利息債権も初めから成立しないことになる（大判大6・2・14民録23輯158頁）。

したがって，利息債権の要件事実は，次の(a)ないし(d)となる。

(a) 元本債権の存在
(b) 利息の支払の合意又は商人間の金銭消費貸借であること

(イ)　貸主・借主間で利息支払の合意がなされたこと

(ロ)　(イ)の合意がない場合，貸主・借主のいずれもが商人であること（商513条1項）（絶対的商行為ないし営業的商行為をなすを業とする者（固有の商人）であること（商4条1項），又は，店舗等の設備による物品販売業者であること，又は，鉱業を営む者（擬制商人）であること（商4条2項））

(c)　一定期間（利息発生期間）の経過

利息は，元本使用の対価として支払われるものであり，元本債権の弁済期到来までの間に発生するものである。

(d)　利息の利率の約定

(イ)　利息の利率の約定があるとき　　同約定の利率となる。

(ロ)　利息支払の合意があるが利率の約定がないとき　　その金銭消費貸借が商行為である限り，商事法定利率年6分となり，同要件を満たさないときは民事法定利率年5分となる。

(ハ)　利息支払の合意はないが，商人間の金銭消費貸借であることにより利息請求権が生ずるべきとき　　商事法定利率年6分となる。

(3)　**法定利率による請求**

(a)　民事法定利率（年5分）による請求

利息支払の合意があっても，約定利率の主張・立証がないと，利率は民事法定利率年5分（民404条）となる。民事法定利率による利息請求の場合，利率の主張・立証は必要ない。

(b)　商事法定利率（年6分）による請求

利息支払の約定があっても，利率の合意がないが，貸主・借主のいずれか一方が会社（会5条，商4条1項・503条2項）若しくは商人であること（商3条1項・503条2項），又は絶対的，営業的商行為（商501条・502条）によって生じた債務であることを主張・立証し，「商行為によって生じた債務」になる限り，商事法定利率年6分（商514条）となる。なお，この商行為については，債権者にとって商行為であるものも債務者にとって商行為であるものも含まれる（最判昭30・9・8民集9巻10号1222頁）。

(4)　**約定利率による請求**

民法404条は「利息を生ずべき債権について別段の意思表示」としており，

約定利率による請求をする場合には「法定利率を超える利率の合意をしたこと」を主張・立証する必要がある。

ただし，利息制限法1条1項は，「金銭を目的とする消費貸借における利息の契約」について，その利息の最高限度を次のように定めている。

① 元本が10万円未満の場合には年2割
② 元本が10万円以上100万円未満の場合には年1割8分
③ 元本が100万円以上の場合には年1割5分

この最高限度を超える利息支払の合意がある場合，その合意の効力が問題となる。強行法規である利息制限法は，上記規定に反する合意について，「その超過部分につき無効」（利息1条1項）としており，公序良俗に反するような例外的な場合を除き，原則として超過部分だけが無効となる。公序良俗に反し，利息の合意全体が無効となるためには，著しく過当な高利の存在という客観的要件と，相手方の窮迫，軽率，無経験を利用しての暴利獲得を目的とする主観的要件が必要とされている（最判昭32・9・5民集11巻9号1479頁）。

(5) 利息の生ずる期間

利息の生ずる始期は，契約成立日（最判昭33・6・6民集12巻9号1373頁は「消費貸借における利息は元本利用の対価であり，借主は元本を受け取った日からこれを利用しうるので，特約のないかぎり，消費貸借成立の日から利息を支払うべき義務があるものというべきである。」と判示している）であり，借主は，借り受けた日が丸1日（24時間）に満たない場合であっても，丸1日分の利息の支払義務があることになる。

これに対し終了日は，元本の弁済をすべき弁済期であり，通常の弁済期はある一定の日の終了までと定められるから，借主としては当該弁済期日当日までの利息を付さなければならない。なお，貸主・借主間で発生日と終了日を制限する合意がなされているときは，当該合意が有効であることはいうまでもなく，一部無利息の消費貸借ということになる。

(6) 利息の弁済期

(a) 利息を生ずべき債権たる利息債権も，債権である以上，その弁済期が存在する。この場合，利息債権の附従性により，元本債権の存続期間の長さに応じ，利息金額の多寡が定まることになる。このような利息債権の性質から，その弁済期は，元本債権の弁済期と同一にする後払方式，利息債権の弁済期を貸

付当初と定める前払方式又は天引き，元本債権の弁済期と無関係に定期的に定める中間払方式などとすることもあるが，いずれの合意も有効である。後払いの場合，借主としては，当該弁済期に元本と利息の合計額を貸主に支払うことになる。

利息債権の弁済期について当事者間で明示の合意がなされていない場合，当該弁済期は元本債権のそれと同一（後払い）と解すべきであろう。

(b) 利息債権は，通常，利息金という金員の支払を目的とするものであり，弁済期の定めも存するので，借主が同弁済期までに利息金の支払をしなかった場合，利息債権の債務不履行として，利息債権に対する遅延損害金が発生するか（民415条・419条参照）が問題となる。

(c) 民法405条は，「利息の支払が1年分以上延滞した場合において，債権者が催告をしても，債務者がその利息を支払わないときは，債権者は，これを元本に組み入れることができる。」としており，利息債権についても遅延損害金が発生するというのであれば，利息が元本に組み入れられたと同じ効果が生ずることになり，同条は実質的には無意味になってしまうこともあって，利息債権については，その弁済期を徒過しても当然に遅延損害金を生ずることはないと解されている（大判大6・3・5民録23輯411頁等参照）。

〔注〕 民法改正法案によると，利息の利率は，特段の意思表示がないときは，当該利息が生じた最初の時点における法定利率による。法定利率は現行の年5％から年3％と改めるが，法務省令で3年ごとに変更する。変更の方法については，各期の初日の属する年の6年前の年の1月から前々年の12月までの各月における短期貸付けの平均利率（当該各月において銀行が新たに行った貸付け（貸付期間が1年未満のものに限る）に係る利率の平均をいう）の合計を60で除して計算した割合（その割合に0.1％未満の端数があるときは，これを切り捨てる）として法務大臣が告示するものを「基準割合」とし，直近で法定利率が変更された期の基準割合と当期の基準割合との差が1％以上ある場合に，1％刻みで変動させるというものである。そして，この民法改正に伴い，商法514条を削除するものとしている。

(7) 訴状（請求の趣旨及び原因）の記載例——元金・利息の請求

（請求の趣旨）

1　被告は，原告に対し，次の金員を支払え。

(1) 100万円（請求の原因1の元金）
   (2) 上記金額に対する平成26年5月1日から同年6月1日まで年1割の割合による金員

（請求の原因）
1　原告は，被告に対し，平成26年5月1日，100万円を次の約定で貸し付けた。
   (1) 弁済期　平成26年6月1日
   (2) 利　息　年1割
2　平成26年6月1日は経過した。
3　よって，原告は被告に対し，本件金銭消費貸借契約に基づき，貸付元金100万円とこれに対する平成26年5月1日から同年6月1日まで年1割の割合による約定利息金8767円の支払を求める。

〔2〕 遅延損害金支払請求

(1) 遅延損害金の意義

　遅延損害金とは，借主が貸主に対し金銭消費貸借契約に基づき金銭債務を負担する場合において，借主がその債務の本旨に従った履行をしない（債務不履行）ときに発生する損害賠償金であり（民415条・419条），金銭債務では，履行遅滞（民412条参照）による損害賠償金といえる。

(2) 遅延損害金の要件事実

　履行遅滞の要件事実は，「①履行が可能なこと，②履行期が経過したこと，③履行期に履行がないこと，④履行しないことが債務者の責めに帰すべき事由によること，⑤履行しないことが違法であること，⑥損害の発生及び数額」であるが，①は，金銭債務については債務の履行が可能であることが常態であることから，債権者が積極的に主張・立証する必要はない。③は，履行が債務者の抗弁事実であることから債権者が主張・立証する必要はない（大判大8・7・22民録25輯1344頁も債務者において履行の事実を主張・立証すべきものとしている）。④は，むしろ債務者が責めに帰すべき事由に基づかないことを主張・立証すべきものである（大判大14・2・27民集4巻97頁，最判昭34・9・17民集13巻11号1412頁。ただし，金銭債務は，「不可抗力をもって抗弁とすることができない」（民419条3項）ため，債務者が

この立証をしても免責されない)。⑤は，債務者に留置権，同時履行の抗弁権など不履行を正当ならしめる事由があるときは，債務者には履行遅滞の責任は生じないが，このような事由の存在は，債務者に主張・立証責任があると考えるのが公平であり，債権者において主張・立証する必要はない。

したがって，債権者としては，元本債権の発生原因事実と民法412条に規定する履行期の態様に応じた付遅滞の実体法上の要件（②履行期が経過したこと）並びに⑥損害の発生及び数額のみを主張・立証する必要があるということになる。

以上によると，遅延損害金を請求する場合の要件事実は，次の(a)ないし(d)のとおりである。

(a) 元本債権の発生原因事実

遅延損害金が利息と同様，元本の存在を前提とするからである。

(b) 履行期の経過（民415条前段）

遅延損害金は，民法上は，貸金が約定の履行期に返済されないこと（履行遅滞）によって発生するものであるが，民事訴訟法上は，弁済が「抗弁」であるので，原告としては，「支払われていない」ことを請求原因で主張する必要はない。請求原因としては，民法412条に規定する履行期の態様に応じた「履行期の経過」を主張・立証すればよい。

民法412条に規定する履行期の態様は，次のとおりである。

(イ) 債務の履行につき確定した履行期限の定めがあるときは，期限の経過。

(ロ) 債務の履行につき不確定期限の定めがあるときは，同期限が到来し，かつ，これを借主において了知したにもかかわらずその支払をしないこと（民法412条2項は，民法改正法案によると，債務の履行について不確定期限があるときは，債務者は，その期限の到来した後に履行の請求を受けた時又はその期限の到来したことを知った時のいずれか早い時から遅滞の責任を負う。」旨の規定となっている）。

(ハ) 債務の履行につき期限の定めがないときは，貸主において相当の期間を定めて催告しその相当期間の末日を経過（民591条1項）したにもかかわらず，借主がその支払をしないこと（民412条3項）。

民法412条3項の特則である同591条1項は，債務者が債権者から履行の請求を受けただけでは直ちに遅滞となるものではなく，催告に定められた「相当の期間」を経過するか，同定めがなくとも催告後「相当の期間」を経過するこ

と（大判昭5・1・29民集9巻2号97頁参照）が必要である。

(ニ) 「履行期の経過」が要件であり，履行期日中に支払われれば，履行遅滞は生じないから，遅延損害金は発生しない。期日の経過は，期日の到来とは異なる。例えば，6月1日の到来というのは，同日午前0時になったことであるが，同日の経過というのは，同日午後12時（24時）が過ぎたことであり，実際には，6月2日午前0時になったことと同じである。6月1日の経過には，同日の到来が包含されているので，同一日の到来と経過を主張すべき場合は，便宜的に「経過」を主張すれば足りる。

(c) 利率の合意

(イ) 遅延損害金の利率をあらかじめ合意（損害賠償額の予定）しているときは，その合意した利率による（民420条1項）。

(ロ) (イ)の合意がなくとも，利息の利率についての合意（約定利率）があり，それが法定利率を超えるときは，その約定利率による（民419条1項但書）。

(ハ) (イ)，(ロ)の各合意がなくとも，金銭消費貸借契約が商行為であるときは，年6分の商事法定利率による（民419条1項本文，商514条）。前記〔1〕(3)(b)参照。

(ニ) (イ)，(ロ)，(ハ)のいずれでもないときは，年5分の民事法定利率による（民419条1項本文・404条）。

(d) 一定期間（遅延損害金発生期間）の経過

遅延損害金の生ずる期間は，元本を弁済すべき日の翌日から元本が完済された日までである。

(3) 損害の発生及び遅延損害金額の主張

法定利率による場合と約定利率による場合がある。

(a) 法定利率による損害金請求の場合

金銭債務の履行遅滞については，民法419条にその特則があり，債務不履行の要件のうち，有責性は不要とされ（民419条2項），損害額の立証は，貸主においては，その損害の証明をなすことを要せず，当然に法定利率による損害賠償を請求でき，もし利息について法定利率を超える約定利率の定めがあるときは，(b)で述べるとおり，同約定利率による損害賠償を請求できる（民419条1項・2項）が，同条文の反対解釈として，貸主が前記各利率を超える損害の発生を立証しても，前記各利率による損害金の請求しかできないことになる。ここに法

定利率とは，民事法定利率年5分の場合（民404条）と商事法定利率年6分の場合（商514条）があり，年6分となるのは，履行遅滞となる元本債務の発生原因が商行為の場合に限定されており，その他の場合は年5分となる。

(b) 約定利率による損害金請求の場合

当事者が損害賠償額の予定をした場合（民420条）の損害賠償は一定の率によって定められ，「遅延利息」と呼ばれるが，利息ではなく，損害賠償である。

損害賠償の額の約定がある場合は，その額によるものとし，裁判所はこれを増減することを得ない（民420条1項）。この約定利率による遅延損害金を請求する場合には，約定利率の主張・立証が必要である（民419条1項但書）。この約定利率が利息制限法4条1項の制限を超えるときは，同制限額まで減縮される。

損害賠償の額の約定がなく，利息の約定もない場合は，法定利率により算定する（民419条1項本文）。

損害賠償の額の約定がなく，利息の約定があり，この約定利率が法定利率を超えないときは，法定利率により算定する（民419条1項本文）ことになる。この約定利率が法定利率を超えるときは，約定利率により算定する（民419条1項但書）ことになるが，利息の約定利率が利息制限法1条1項の制限を超えるときは，利息の額が同制限額まで減縮されるので，損害金の額も減縮された利率によって算定することとなるものと解される（最〔大〕判昭43・7・17民集22巻7号1505頁の多数意見）。これに対し，利息の約定が同時に遅延損害金の約束をも含むものと解するのが当事者の意思に合すると認められる以上，利息は利息制限法1条の利率の限度において効力を有し，遅延損害金は，同4条1項の利率の限度において効力を有するものと解されるとする反対意見があり，見解の分かれるところである。

いずれにしても，損害賠償額の予定がなされた場合，貸主は債務不履行という客観的な事実が生じたことを証明すれば，借主の有責事由及び損害額の立証をせずとも，予定賠償額の請求をすることができ，借主において，実際の損害額の少ないことを立証して減額を請求することはできない。

(c) 違約金の合意

金銭消費貸借契約締結時に，貸主・借主間で遅延損害金の利率について合意がなされている場合，この合意が「違約金」とされていても，民法420条にい

う損害賠償の予定と推定される（民420条3項）。

　(d) 利率の単位

　遅延損害金について，約定利率が合意されているときは，その約定の仕方により年利・月利・日歩のいずれもが考えられるが，法定利率のときは年利で定められていることになる。

(4) **訴状（請求の趣旨及び原因）の記載例——元金・利息・遅延損害金の請求**

（請求の趣旨）
1　被告は，原告に対し，次の金員を支払え。
　(1)　100万円（請求の原因1の元金）
　(2)　上記金額に対する平成26年5月1日から同年6月1日まで年1割の割合による金員
　(3)　上記金額に対する平成26年6月2日から支払済みまで年1割8分の割合による金員

（請求の原因）
1　原告は，被告に対し，平成26年5月1日，100万円を次の約定で貸し付けた。
　(1)　弁済期　平成26年6月1日
　(2)　利　息　年1割
　(3)　遅延損害金損　年1割8分
2　平成26年6月1日は経過した。
3　よって，原告は被告に対し，本件金銭消費貸借契約に基づき，貸付元金100万円とこれに対する平成26年5月1日から同年6月1日まで年1割の割合による利息金8767円の合計100万8767円，並びに内金100万円に対する弁済期日の翌日である平成26年6月2日から支払済みまで約定の年1割8分の割合による遅延損害金の支払を求める。

［千矢　邦夫］

Q22 | 訴訟上の相殺の抗弁に対する訴訟上の相殺の再抗弁の許否

　貸金業者Xは，借主Yに対し，平成○○年○月○日付け貸金142万円の返還を求める訴訟を提起したところ，Yは，Xに対する162万円の過払金返還請求権と対当額で相殺するとの意思表示をした（抗弁）。そこで，Xは，Yに対し，平成○○年○月○日付け貸金98万円と対当額で相殺するとの意思表示をした（再抗弁）。
　Yの抗弁とXの再抗弁の帰趨について説明しなさい。

〔1〕 問題の所在

　金銭の給付を求める訴訟において，被告が，原告の訴求債権を受働債権として，原告に対する債権を自働債権とする訴訟上の相殺の抗弁を主張している場合，さらに，原告が，被告が訴訟上の相殺の抗弁において主張する自働債権を受働債権として，訴求債権とは別個の被告に対する債権を自働債権とする訴訟上の相殺を再抗弁として主張するものを「訴訟上の相殺の再抗弁」という（相殺に供された債権を受働債権とする相殺であるので「反対相殺」あるいは「反対相殺の抗弁」とも呼ばれる）。相殺の抗弁は，判決理由中の判断であるにもかかわらず例外として既判力を生じる（民訴114条2項）という訴訟上の理由から，裁判所は，まず相殺の抗弁以外の抗弁について判断しなければならず，それが認められない場合に初めて相殺の抗弁について判断することが許される条件付きのものであるとともに，裁判所により相殺の抗弁についての判断がされることを条件として実体法上の効果が生じる，すなわち，相殺の抗弁が時機に後れたものとして却下されるとか，訴えが取り下げられ，又は，不適法として却下されるなどの訴訟上の理由から裁判所により相殺の抗弁についての判断がされない場合には実体法上の相殺の効果を生じさせないという条件付きのものである。このこと

から、訴訟上の相殺の再抗弁の主張が許されるのかが問題となる。また、訴訟上の相殺の再抗弁の主張が許されるとして、抗弁と再抗弁の効果の発生順序により原告の請求が認容されるかどうかの結論が変わってくる。再抗弁のほうが先に効果が生じる（再抗弁優先説）とすれば、被告が抗弁で主張する自動債権が原告が再抗弁で主張する自動債権（訴求債権以外の債権）により消滅し、被告の相殺の抗弁の主張は効果を生じず、原告の請求が認容されることになるのに対し、抗弁のほうが先に効果が生じる（抗弁優先説）とすれば、原告の訴求債権が被告が抗弁で主張する自動債権により消滅し、原告の請求は棄却されることになるからである。

〔2〕 訴訟における相殺の抗弁

(1) 訴訟外の相殺の抗弁と訴訟上の相殺の抗弁

相殺を訴訟において抗弁として主張する場合には、「訴訟外の相殺の相殺」と「訴訟上の相殺の抗弁」とがある。訴訟外の相殺の相殺とは、訴訟外（訴訟前又は訴訟手続外）で相殺する旨の意思表示をし、その相殺の事実を口頭弁論期日において訴訟上の抗弁として主張する場合であり、実体法上相殺の要件を具備している限り、原告の訴求債権の消滅という法律効果が認められるので、他の実体法上の抗弁と性質上異ならない。訴訟上の相殺の抗弁とは、口頭弁論期日において、被告が、原告の訴求債権を受働債権として、原告に対する債権を自動債権として相殺する旨の意思表示をすることをいう。被告が、口頭弁論期日（訴訟手続）において、初めて相殺する旨の意思表示をする場合である。

(2) 訴訟上の相殺の抗弁の法的性質

訴訟外の相殺の抗弁による実体法上の効果は、相殺の意思表示により直ちに確定的に生じることに問題はない。これに対し、訴訟上の相殺は、時機に後れたものとしての却下や訴えの取下げ又は不適法却下などの訴訟上の理由から裁判所により相殺の抗弁についての判断がされない場合においても実体法上の相殺の効果が生じてしまうと、後にこれを訴訟において主張することができなくなることから、相殺の意思表示により確定的に実体法上の効果が生じるものではなく、当該訴訟において裁判所により判断がされることを停止条件として実体法上の効果が生じる（訴訟上の相殺の仮定的性質）と解される（折衷説）。すなわ

ち,訴訟上の相殺の抗弁においては,実体法上の効果の発生は,訴訟行為としての相殺の効力の発生を停止条件とする条件付意思表示であり(停止条件説),口頭弁論期日において訴訟上の相殺の意思表示をしただけでは相殺の実体法上の効果(自働債権及び受働債権の消滅)は生じないものである。

〔3〕 訴訟上の相殺の抗弁に対し訴訟上の相殺の再抗弁が主張された場合における訴訟上の相殺の効果発生順序

以下は,後掲最〔1小〕判平10・4・30の調査官解説(長沢幸男・最判解説民事篇平成10年度(上)497頁)を参考にして解説していく。

(1) 抗弁優先説

訴訟上の主張については一般に抗弁から再抗弁の順に判断されることから,訴訟上の相殺についても抗弁,再抗弁の順序で効果が生じると解し,裁判所は,抗弁の自働債権が存在するときは,再抗弁の自働債権が存在しても,まず抗弁の自働債権により受働債権である訴求債権を相殺することになるとする説である。しかし,相殺の再抗弁を適法と解しながら抗弁優先説をとることは無意味であり,訴訟上の相殺の再抗弁は主張自体失当になると批判される。すなわち,抗弁,再抗弁の順序で判断すると,相殺の抗弁の自働債権が訴求債権よりも多額であれば,相殺の抗弁が効果を生じて訴求債権の全額が消滅するので,再抗弁の相殺は判断する必要がなくなり,また,訴求債権が相殺の抗弁の自働債権よりも多額であるならば,相殺の抗弁の自働債権全額が消滅し,相殺の再抗弁は受働債権の不存在により効力を生じないからである。

(2) 再抗弁優先説

訴訟上の相殺は,再抗弁,抗弁の順序で効果が生じると解し,裁判所は,抗弁及び再抗弁の自働債権がいずれも存在するときは,まず再抗弁の自働債権によって抗弁の自働債権を相殺し,その残額によって訴求債権を相殺することになるとする説である。すなわち,訴訟上の相殺が停止条件付相殺であるとすると,裁判所の判断という停止条件が成就した時に相殺の効果が生ずることになるが,再抗弁の相殺における自働債権の額が確定されて初めて抗弁の相殺における自働債権の額が決まるから,再抗弁の相殺についての判断は抗弁の相殺の判断にとって先決問題となり,再抗弁の相殺が抗弁の相殺に優先することとな

るというものである。しかし，相殺の抗弁と相殺の再抗弁との間には，一方が他方の先決問題に立つというような関係は存在しないと批判される。すなわち，訴訟上の相殺の再抗弁について判断するには相殺の抗弁について判断をすることが必要となり，かつ，他の再抗弁が認められない場合に初めて判断されるべきであるから，その意味においては，相殺の抗弁についての判断が相殺の再抗弁にとって先決問題であるということもできるからである。

(3) 意思表示説

訴訟上の相殺は，相殺の意思表示が到達した順序に従い効果が生じると解し，裁判所は，抗弁及び再抗弁の自働債権がいずれも存在するときは，抗弁の相殺の意思表示が先に到達したならば，抗弁の自働債権により訴求債権を相殺するが，再抗弁の相殺の意思表示が先に到達したならば，まず再抗弁の自働債権によって抗弁の自働債権を相殺し，その残額によって訴求債権を相殺することになるとする説である。しかし，次のような批判がされる。第1は，訴訟上の相殺は，停止条件付相殺であって，裁判所により判断されることにより初めて条件が成就し，その時に実体法上の相殺の効果が生じるのであるから，裁判所において意思表示がされただけでは相殺の効果は生じていないのではないかという点である。第2に，何を基準として意思表示の到達の先後を判断すればよいのかという実務上の問題点である。例えば，口頭弁論期日調書における抗弁及び再抗弁の相殺の意思表示が記載された準備書面の陳述の記載の先後によることが考えられるが，口頭弁論期日調書の記載は，当該口頭弁論期日において訴訟行為がされたことを意味するにすぎず（そのためにチェック方式の調書の作成が認められる），訴訟行為がされた順序まで厳密に記載する性質のものではないから，口頭弁論期日調書の記載を手掛りとして意思表示の到達の先後を判断することはできないからである。

(4) 相殺適状説

訴訟上の相殺は，相殺適状の早いものから順に効果が生じると解し，裁判所は，抗弁及び再抗弁の自働債権がいずれも存在するときは，訴求債権と抗弁の自働債権が先に相殺適状になっていれば，抗弁の自働債権により訴求債権が相殺されるが，抗弁の自働債権と再抗弁の自働債権が先に相殺適状になっていれば，まず再抗弁の自働債権によって抗弁の自働債権が相殺され，その残額に

よって訴求債権が相殺されることになるとする説である。しかし，相殺の効果を意思表示に係らせる民法の前提及び相殺適状の先後ではなく意思表示の到達の先後で相殺の効果が生じる優劣を決すべき旨を明らかにする最〔3小〕判昭54・7・10民集33巻5号533頁に反するとの批判がある。

〔4〕 訴訟上の相殺の抗弁に対し訴訟上の相殺を再抗弁として主張することの許否

(1) 訴訟政策的理由（訴訟政策的アプローチ）に基づく不適法

　訴訟上の相殺の抗弁に対して訴訟上の相殺を再抗弁として主張することを認めると両相殺の優劣関係に問題が生じるところ，最〔1小〕判平10・4・30民集52巻3号930頁（以下「本判決」という）は，訴訟上の相殺の抗弁に対し訴訟上の相殺を再抗弁として主張することは不適法として許されないとの判断をし，その理由として，第1に，訴訟上の相殺の意思表示が仮定的性質を有するため，法律関係の不安定及び審理の錯雑を招くという審理の錯雑化，第2に，訴求債権以外の債権は，訴えの追加的変更又は別訴の提起により行使が可能であるという代替可能性，第3に，相殺の抗弁についての既判力を定める民事訴訟法114条2項の規定は判決理由中の判断に既判力を生じさせる例外的規定であり，適用範囲を無制限に拡大することは相当でないという民事訴訟法114条2項の適用拡大の防止の3つの訴訟政策的理由を示した。

(2) 本判決が示した訴訟政策的理由

(a) 審理の錯雑化

　本判決は，第1に，「訴訟上の相殺の意思表示は，相殺の意思表示がされたことにより確定的にその効果を生ずるものではなく，当該訴訟において裁判所により相殺の判断がされることを条件として実体法上の相殺の効果が生ずるものであるから，相殺の抗弁に対してさらに相殺の再抗弁を主張することが許されるものとすると，仮定の上に仮定が積み重ねられて当事者間の法律関係を不安定にし，いたずらに審理の錯雑を招くことになって相当でな」いとして，訴訟上の相殺を再抗弁として主張することを認めると，当事者間の法律関係の不安定と審理の錯雑を招くことになるとする。

　訴訟上の相殺の抗弁に対して訴訟上の相殺が再抗弁として主張された場合，

裁判所は，審理順序について拘束を受け，原告の訴求債権（受働債権）と被告が相殺の抗弁において主張する債権（自働債権）の存在を認めた後に，原告が再抗弁で主張する訴求債権以外の債権（自働債権）の存否を判断しなければならず，審判対象が拡大し，審理の錯雑化が生ずる。また，訴訟上の相殺の抗弁は，訴訟物（原告の訴求債権）とは関係を有しない別個の債権（相殺の抗弁において主張される自働債権）を訴訟手続に持ち込むことによる実質的な審判対象の拡大であるところ，それが繰り返されると際限のない審判対象の拡大を招きかねない。民事訴訟法が裁判所の判断対象を原則として訴訟物に限定することで，集中的に迅速な審理を目指していることを考えると，審判対象を拡大させ，当事者や裁判所の負担を増加させる可能性のある訴訟上の相殺の再抗弁の提出は避けさせるべきことになる。訴訟上の相殺の再抗弁が，実質的にみれば，訴訟物以外の請求を新たに追加することと等しいことから，請求の新たな追加に関する規定である民事訴訟法143条1項但書（訴えの追加的変更），民事訴訟法146条1項但書（反訴）及び複数の請求が同時に審判対象とされている場合（訴えの客観的併合）の規定である民事訴訟法152条1項（弁論の分離）の立法趣旨を類推して，訴訟上の相殺を再抗弁として主張することが訴訟手続を錯雑化し進行を妨げるときには，不適法として退けられるべきことになる。

(b) 代替可能性

本判決は，第2に，「原告が訴訟物である訴求債権以外の債権を被告に対して有するのであれば，訴えの追加的変更により当該訴訟において請求するか，又は別訴を提起することにより当該債権を行使することが可能であり，仮に，当該債権について消滅時効が完成しているような場合であっても，訴訟外において当該債権を自働債権として相殺の意思表示をした上で，これを訴訟において主張することができるから，訴訟上の相殺の再抗弁を許さないこととしても格別不都合はな」いことを理由とする。

(c) 民事訴訟法114条2項の適用拡大の防止

本判決は，第3に，「民事訴訟法114条2項の規定は判決の理由中の判断に既判力を生じさせる唯一の例外を定めたものであることにかんがみると，同条項の適用範囲を無制限に拡大することは相当でない」ことを理由とする。訴訟上の相殺の再抗弁，さらには訴訟上の相殺の再々抗弁の主張が許されるとすれ

ば，これらの判断についても民事訴訟法114条2項により既判力が生じることになるが，同条項は既判力は判決主文中の判断に限るとする原則（民訴114条1項）に対する例外規定であってできるだけ限定的に解釈すべきであり，既判力の範囲を無制限に拡大するような解釈は民事訴訟法の予定するものではないことから，審理の錯雑を避けるべき必要性を既判力との関係において判示されたものである。

(3) 本判決の趣旨

本判決の趣旨と限界（射程）については，訴訟上の相殺を再抗弁として主張することを認めても審理の錯雑を招くことがなく，訴訟上の相殺の再抗弁によらなければ原告が他に適切な救済を受ける途がなく，再抗弁の自働債権の不存在の判断に既判力を認めないと紛争の蒸返しを避けることはできない場合には訴訟上の相殺を再抗弁として主張することは許されなければならないとして，「原告が金銭債権の全部を訴求せずに一部請求の訴えを提起した訴訟において，被告が相殺の抗弁を主張したのに対し，原告が訴訟物たる債権の残余部分を自働債権とする訴訟上の相殺の再抗弁を主張する場合」を挙げる見解（中野貞一郎「本判決評釈」私法判例リマークス19号［平成10年度判例評論（1999年度（下））］132頁）があるが，前掲調査官解説は，本判決は，例外的に訴訟上の相殺を再抗弁として主張することを適法とすべき場合について何ら言及しておらず，一般的に不適法とするものであると解するのが自然であり，少なくとも，余程の事情のない限り例外を認めるものではなく，上記の一部請求の事案における残余部分の債権を自働債権とする事案では，請求を拡張する（訴えの追加的変更）のが筋ではなかろうかとする。

〔5〕 設問の検討

設問において，原告である貸金業者Xは，借主Yを被告として平成〇〇年〇月〇日付け貸金142万円を訴求債権として貸金返還請求訴訟を提起したところ，被告Yは，原告の訴求債権を受働債権として被告が原告に対する162万円の過払金返還請求権を自働債権とする訴訟上の相殺の抗弁を主張したというのであるから，この段階においては，裁判所は，訴訟上の相殺の抗弁以外の被告が主張する抗弁が認められない場合には，訴訟上の相殺の抗弁について判断をし，

被告の原告に対する162万円の過払金返還請求権の存在が認められるときは，被告の訴訟上の相殺の抗弁による効果が生じて原告の訴求債権の全額が消滅することになるので，原告である貸金業者Xの請求は棄却することになる。

　ところが，設問においては，原告である貸金業者Xは，被告の訴訟上の相殺の抗弁の主張に対し，被告が訴訟上の相殺の抗弁で主張する自働債権（被告の原告に対する162万円の過払金返還請求権）を受働債権として訴求債権とは別個の被告に対する平成○○年○月○日付け貸金98万円の貸金債権を自働債権として訴訟上の相殺の再抗弁を主張したというのであるから，原告が訴訟上の相殺を再抗弁として主張することが訴訟上許されるかどうかを検討しなければならない。訴訟上の相殺を再抗弁として主張することが訴訟上許され，かつ，訴訟上の相殺の再抗弁のほうが優先して効果を生じるのであれば，裁判所は，抗弁及び再抗弁の自働債権がいずれも存在すると認められる場合は，再抗弁の自働債権によって抗弁の自働債権が対当額である98万円の限度で消滅し，次いで，抗弁の自働債権の残額である64万円によって訴求債権が対当額で消滅することになるので，結局，原告である貸金業者Xの請求は78万円の限度で認容することになる。逆に，訴訟上の相殺の抗弁のほうが優先して効果を生じるのであれば，相殺の抗弁が効果を生じて原告の訴求債権の全額が消滅し，原告である貸金業者Xの請求は棄却されることになるので，原告の訴訟上の相殺の再抗弁は主張自体失当となる。訴訟上の相殺を再抗弁として主張することが訴訟上不適法として許されないのであれば，裁判所は，原告が訴訟上の相殺を再抗弁として主張することを排斥しなければならず，結局，相殺の抗弁の効果により原告の訴求債権の全額が消滅し，原告である貸金業者Xの請求は棄却することになる。

　訴訟上の相殺の主張は裁判所により相殺の判断がされることを停止条件として実体法上の相殺の効果が発生するものであるから，訴訟上の相殺の抗弁に対してさらに訴訟法上の相殺を再抗弁として主張することが許されるとすると，仮定の上に仮定が積み重ねられて当事者間の法律関係を不安定にし，審理の錯雑化を招くことになり相当ではなく，また，原告が訴求債権とは別個の被告に対する債権を有するのであれば，訴えの追加的変更（民訴143条1項）より当該訴訟において請求するか又は別訴を提起することにより債権を行使することが

可能であるから，訴求債権とは別個の債権による訴訟法上の相殺の再抗弁を許さないこととしても，原告としては債権を行使する代替手続が存在すること，裁判所が相殺の抗弁についての判断をした場合は，相殺の抗弁において主張された自働債権の存在又は不存在について相殺をもって対抗した額について既判力が生じるが（民訴114条2項），同条項は例外規定であり，適用範囲を無制限に拡大することは相当ではなく，したがって，被告による訴訟上の相殺の抗弁の主張に対し原告が訴訟上の相殺を再抗弁として主張することは，不適法として許されないものと解される（前掲最〔3小〕判昭54・7・10）。したがって，設問における，被告の訴訟上の相殺の抗弁に対し，原告である貸金業者Xの被告が相殺の抗弁で主張する自働債権を受働債権として，訴求債権とは別個の被告に対する平成○○年○月○日付け貸金98万円の貸金債権を自働債権とする訴訟上の相殺の再抗弁の主張は，不適法として許されない。裁判所は，原告である貸金業者Xの訴訟上の相殺の再抗弁の主張を排斥しなければならず，被告の主張にかかる訴訟上の相殺の抗弁が効果を生じ，原告である貸金業者Xの訴求債権は全額が消滅するので，原告である貸金業者Xの請求は棄却することになる。原告である貸金業者Xは，平成○○年○月○日付け貸金98万円の貸金債権を訴求しようとするのであれば，訴えの追加的変更（民訴143条1項）より当該訴訟において請求するか又は別訴を提起することにより請求することになる。

　なお，原告である貸金業者Xが，訴訟外（訴訟前又は訴訟手続外）において，被告が訴訟上相殺の抗弁で主張する自働債権（被告の原告に対する162万円の過払金返還請求権）を受働債権として訴求債権とは別個の被告に対する平成○○年○月○日付け貸金98万円の貸金債権を自働債権とする相殺の意思表示をし，その相殺の事実を口頭弁論期日において再抗弁として主張すること（訴訟外の相殺の再抗弁）は，当然に許される（前掲最〔3小〕判昭54・7・10は，「訴訟外において相殺の意思表示がされた場合には，相殺の要件を満たしている限り，これにより確定的に相殺の効果が発生するから，これを再抗弁として主張することは妨げない」とする）。

［増田　輝夫］

Q23 金銭消費貸借の成否

Xは，伝言ダイヤルで知り合ったY女に対し，経済的援助をするために300万円を交付したが，その数年後，交付した現金は貸金の趣旨であったと主張して，Yに対し，その返還を求める訴訟を提起した。

Yのなしうる主張について説明するとともに，その主張書面の起案例を示しなさい。そのうえで，X主張の金銭消費貸借の成否について説明しなさい。

A

〔1〕 はじめに

貸金を目的とした金銭消費貸借契約（以下，単に「消費貸借契約」という）は要物契約であり，金銭の貸借に限らないが，消費貸借契約が成立するためには，当事者の一方（借主）が金銭その他の代替物を相手方（貸主）から受け取り，後に，これと種類，品質及び数量の同じ物を返還することを約することが必要である（民587条）。

民法改正法案でも，現行法の消費貸借規定と同様に，目的物の引渡しによって消費貸借が成立する旨の規定（現民587条）が維持した上で，同改正法案587条の2において，書面による消費貸借の規定を設けて（判例（最判昭48・3・16金法683号25頁）が諾成的な消費貸借の成立を認めており，実際上も融資の約束に拘束力を認めることが必要な場合も少なくない），消費貸借の合意と区別して，諾成的な消費貸借の合意に書面が要求されている。

また，消費貸借の予約（民589条）は，同改正法案では，書面を交わすことが要求されている。

通常，消費貸借契約は，①借主の借入れの必要性，②貸主との交渉，③貸主の貸付けの動機，④貸主の貸付資金の調達，⑤借用証書の作成・交付，⑥金銭

の交付，⑦借主の借入金の使用，⑧貸主の弁済要求，⑨借主の弁済（一部弁済）という過程を経て存続し，完済により終了となる。

しかし，消費貸借契約成立の要件は，①金銭の授受，②返還の合意，③弁済期の合意であり，要式契約ではないので，借用書等を作成することは要件ではなく，口頭でも消費貸借契約は成立する。

Xは，Yに対し，経済的援助をするために300万円を交付したのであるが，Xが交付した時点において，この300万円の交付は貸金の趣旨ではなく，Yは，何ら借用書等の書面を作成していない場合も考えられる。

本事例のようないわゆる援助交際におけるトラブルに関する訴訟の紛争解決事案として，東京高裁平成11年（ネ）第1454号事件・平成11年6月16日判決（判時1692号68頁）が参考となる。

第1審（貸金返還請求事件）において，原告は，被告に対し，貸付金300万円及びこれに対する遅延損害金の支払を求めたが原告の請求は棄却され，これを不服として控訴したのが上記の控訴審事件であるが，控訴人（原告）が，主位的主張として，300万円を交付した趣旨は貸金であると主張し，加えて控訴審において，予備的主張として，仮に愛人契約により300万円が交付されたとしても，控訴人は，被控訴人（被告）に対し，この金員の不当利得返還請求権を取得しており，後日，これを目的とする準消費貸借契約が締結されたのであるから（証拠として，被告が後日作成した300万円の借用書が提出された），300万円の返還を求めることができると主張した。これに対し，被控訴人は，控訴人から300万円の交付を受けたことは認めるがその余の事実は否認するとして争った事案である。

貸金返還訴訟では，「金銭の授受の有無」と「返還の合意の有無」が問題となることがある。本事案においては，金銭の授受自体には争いはないが，この金銭の授受の趣旨は別にあるとして返還の合意の存在等を争うとした上記の控訴審の事案も踏まえて，消費貸借の成否について解説することとする。

〔2〕 Yのなしうる主張

Yは，Xから300万円の交付を受けたことは争わないが，この300万円の趣旨は，貸金ではなく別にあると主張して争うと，返還の合意の存在については

否認することになる。この場合，返還の合意の存在を否認するYのほうで300万円の趣旨が何であったのか具体的に主張して事案の内容を明らかにする必要がある。

このYの主張と対比し，各証拠に照らして300万円は貸金の趣旨（消費貸借）でYに交付したというXの主張を認容できるのかどうか判断することになるが，まずは，後記(1)でXの請求原因事実を示した上で，同(2)でYのなしうる主張等について説明する。

なお，Yが貸金の趣旨であることを認めた上で争う場合は，Yは，認めた事実と矛盾せず，かつ，抗弁事実（訴訟物の発生障害，消滅，権利行使阻止の要件事実）を主張・立証して訴訟を進行することになる。

(1) XのYに対する貸金返還請求事件の請求原因事実

(a) 主位的請求（消費貸借）

主位的請求（消費貸借）の請求の原因は，以下のとおりとなる。

1　Xは，平成△△年△月頃，平成□□年□月□日にYに交付していた300万円を，返済期限の定めなく，利息年15パーセントの約定で貸し付けた。

2　Xは，平成▽▽年▽月▽日，Yに対し，300万円の返還を口頭で催告した。

3　よって，Xは，Yに対し，消費貸借契約に基づき，300万円及びこれに対する催告の後である平成○○年○月○日から支払済みまで年15パーセントの割合による遅延損害金の支払を求める。

(b) 消費貸借契約の終了について弁済時期の定めがない場合

この場合の消費貸借契約成立の要件事実は，①金銭の授受，②返還の合意，と弁済期の合意がないのであるから弁済期の合意ではなく，③債務の履行を催告したこと，④催告後，相当の期間が経過したことである。

民法591条1項の文言上は，催告の際に相当期間を定めたことも催告の要件として必要と思えるが，期間を定めなかった場合でも，催告から客観的にみて相当の期間が経過すれば，貸金返還請求権が発生すると考えることができるので，「相当期間を定めたこと」自体は，催告の要件ではないから，「催告した」と記載することで足りる。

(c) 遅延損害金の利率

本事例のように，利息制限法所定の制限利率（利息1条）の利息の定めがある消費貸借契約において，遅延損害金の利率について定めがない場合は（損害賠償の予定（民420条1項）として法定利率を超える利率の定めがない），遅延損害金の利率は，利息制限法1条の制限利率に減縮される利息と同率に減縮されるとするのが判例であるから（最判昭43・7・17民集22巻7号1505頁），遅延損害金の請求は，約定利息の利率と同率である年15％の割合による請求ができる。

なお，約定利息の定めもない場合の遅延損害金は，民法所定の年5％の割合による法定利率による請求となる。

(d) 予備的請求（準消費貸借）

予備的請求（準消費貸借）の請求の原因は，以下のとおりとなる。

1　Xは，平成□□年□月□日，Yに対し，300万円をいわゆる愛人契約の対価として交付し，これによって，Xは，Yに対し，300万円の不当利得返還請求権を取得した。

2　XとYは，平成△△年△月頃，上記1の不当利得返還請求権を消費貸借契約の目的とし，かつ，返還期限の定めなく，利息年15パーセントの約定で貸し付ける旨の準消費貸借契約を締結した。

3　Xは，平成▽▽年▽月▽日，Yに対し，300万円の返還を口頭で催告した。

4　よって，Xは，Yに対し，準消費貸借契約に基づき，300万円及びこれに対する催告の後である平成○○年○月○日から支払済みまで年15パーセントの割合にる遅延損害金の支払を求める。

(e) 準消費貸借契約の締結

Xは，予備的に準消費貸借契約の成立を主張して，借用書を証拠として提出した。

準消費貸借契約は，当事者間に何らかの債権債務関係が存在し，これを消費貸借の目的として返済期日等を合意することにより成立する（民588条）。消費貸借契約との違いは，実際に金銭授受が行われないことである。本事例では，準消費貸借契約を締結する前の旧債務が300万円の不当利得返還請求権である

が，このように，旧債務が貸付契約によるものでなくてもよい。

　準消費貸借に基づく貸金返還請求の要件事実は，①旧債務を目的とする準消費貸借の合意，②返還の合意であり，本件では，弁済期の定めがない場合であるので，前記(a)の消費貸借の場合と同様に，③債務の履行を催告したこと，④催告後，相当の期間が経過したことも要件事実となる。

　準消費貸借は，諾成的な消費貸借とは異なり，目的物の引渡しが予定されないため，目的物の引渡しに代えて書面を要求することで軽率な消費貸借の締結を防止するという趣旨が妥当しないと考えられるから，民法改正法案においても，現行法と同様に，準消費貸借については，書面を要求していない。

　Xは，まず旧債務の存在を主張し，その後の準消費貸借契約の合意の内容を主張することになる。詳細な主張は不要であっても，請求原因事実として旧債務を特定できる程度の記載をすることが必要である。

　履行遅滞に基づく損害賠償請求においても，準消費貸借契約も消費貸借契約の一種であるから利息制限法の適用を受ける。

(2) 請求原因事実に対するYの具体的主張

(a) 消費貸借契約の成否について

　Yは，Xから300万円を借り受けたのではなく，愛人契約の対価（贈与）として受領したものであるならば，金銭の貸借ではないから返還する必要はない。

　そうすると，Yは，300万円をXから交付されたのは，経済的援助や継続的に男女関係を結ぶことを前提とした贈与契約に基づくものであるという金銭の流れを具体的に主張することになる。

　Yの認否としては，Xの金銭の授受は認めるが，返済の合意に該当する事実とは両立しない事実（贈与）を主張するものであるから，返還の合意については否認することとなる（前記(1)(a)の請求の原因第1項では，金銭の授受と返還の合意の2つの要件に該当する事実が主張されているので（この2つの要件を「貸し付けた」という表現をする），この2つの要件ごとに認否する必要がある）。

　金銭の授受を認めるというYの陳述部分については裁判上の自白が成立し，この陳述は消費貸借契約（民587条）の成立要件に直接該当し，訴訟法上は主要事実とされるものであるから，裁判所は，XからYに対し300万円の交付があったという事実に反する認定はできない。

他方，Yの贈与を受けたものであるという陳述部分は，返還の合意と両立しない事実であり（贈与の事実は，積極否認あるいは理由付否認として理解される），この返還の合意は消費貸借契約成立のための主要事実（要件事実と同義であるが間接事実と対比する言葉として使用される）であるから，Xが主張立証責任を負う以上，Xは，返還の合意の存在について立証を尽くす必要があり，これが立証されたときは，同時に贈与の事実も否定される関係にある。

ここで注意すべきことは，Yは，贈与契約（民549条）に該当する事実の主張立証責任を負うものではなく，返還の合意に該当する事実の存在を真偽不明の状態に持ち込めば足りるということである。贈与を受けた事実は，返還の合意の事実の存在を動揺させるYの間接事実の主張にすぎない。

Yは，前記(1)(a)の請求の原因第1項及び第2項の各事実を否認ないし争うと陳述するか，「Xから300万円の支払を催告された事実があったことは認める」などと主張することも考えられる。

遅延損害金の請求は，貸金債権の存在を前提とする債務者の履行遅滞に基づくものであるから，Xの貸金返還請求権の存在が否定されれば，当然に，その遅延損害金の請求も否定されることになる。

(b) 準消費貸借契約の成否について

Xは，Yに対する300万円の不当利得返還請求権を旧債務とした準消費貸借契約が成立していることを主張している。これに対し，Yは，準消費貸借契約の成立を否認し，Xから300万円の交付を受けたのは，愛人契約という公序良俗に反し無効なものであり不法原因給付にあたるから，Xは，Yに対し，300万円の返還を求めることはできないと主張すると考えられる。

判例は，準消費貸借契約における旧債務の存在については，準消費貸借契約の効力を主張する債権者が旧債務の存在につき立証責任を負うものではなく，いったん準消費貸借契約が締結された以上，準消費貸借の効力を争う者（債務者）が旧債務の不存在の事実の立証責任を負うとする（最判昭43・2・16民集22巻2号217頁・最判昭52・1・31金法839号35頁）。

そうすると，債務者とされるYは，旧債務が無効であることを抗弁として主張・立証して争うことになる。

準消費貸借契約は，要物性を要しないし贈与契約のような諾成契約でもない。

準消費貸借契約における既存債務が旧債務における目的物の交付と経済的に同一の効果をもつと理解されるところ（民588条），消費貸借契約（民587条）において，金銭の授受が契約の成立要件であることの対比からして，準消費貸借契約における旧債務の存在は同契約の成立要件と解せられる。

　XとYとの間において，書面を交わして準消費貸借契約の合意がなされたとしても，その目的となる旧債務の存在がないことが立証されればこの合意は無効である。

〔3〕 Yの主張書面（起案例）

　本事例では，YがXから300万円を受け取ったという金銭の流れがあったのであるが，果たして，本事例は消費貸借を目的としたものであろうか，あるいは，経済的援助や継続的に男女関係を結ぶことを前提とした金銭の交付（贈与）を受けたものであるかが問題となる。また，Xの予備的請求においては，準消費貸借契約の成否が問題となる。

　金銭の流れについては理由があるのであるから，Yは，この理由について，積極的かつ具体的な主張を述べるべきである。

　Yの主張する書面の記載例は，以下のとおりである。

第1　主位的請求及び予備的請求について，Yは，平成□□年□月□日，YがXから300万円の交付を受けたことは認めるが，その余の請求原因事実はすべて否認するものであり，この300万円の交付を受けるに至った事情等は以下のとおりである。

1　Yは，平成△▽年○月頃，モデルとして働いていたが，金銭的に窮迫したため，伝言ダイヤルに，「月単位でお付き合いしてくださる方いませんか，3ヵ月程給料が入らず，借金もあり，引越しもしなくてはならないので，助けてくれる方いませんか。」という内容を登録して，いわゆる援助交際の相手方を求めた。

　　すると，この伝言ダイヤルを聴いたXが携帯番号を入力してきたので，YからXに連絡を取り，2人の会話の中で，Yは，当面必要とする費用は，アパートの引越費用，サラ金の返済費用及び月々の手当金30万円であることをXに

伝えた。

そして，同月〇〇日，YはXと渋谷大通りにある喫茶店〇〇〇〇で会うことになった。

2　Yは，平成△▽年〇月〇〇日，喫茶店〇〇〇〇でXと出会い，Xは自分のことを〇〇〇〇ですと名乗った。Xは現金を持参してきており，Yは引越しを急がなくてはならなかったので，取り敢えず2人でYのアパートに行った。

そして，Yは，Xに対し，アパートの引越費用，サラ金の返済費用及び1ヵ月30万円とする6ヵ月分の手当金の合計300万円が必要であることを告げたら，その場でXからYに300万円が交付された。

その際，Xからこの300万円を無利息で貸すとの提案があったが，Yは，とても返済できる見通しがないので，これを断り，愛人契約にしてほしいと述べたら，Xはこれを受け入れてくれた。

この日，YはXと一緒に，数件の消費者金融を回って借金の返済等をし，食事をして別れた。2人の連絡方法として，お互いの携帯番号の交換をした。

3　その後，Yは，間もなく引越しを終えたのであるが，体調があまりすぐれなかった日が続いてXにあまり連絡をせず，Xからの連絡にも十分応じなかった。

4　数ヵ月後，Xは，Yのアパートを訪れ，Yに対し，これまでXの連絡に対して対応しないYの態度を非難し，300万円を貸金とする借用書を作成することを強く迫った。Yは，やむを得ずこれに応じ，300万円の借用書（〇〇〇〇あて，返済方法は別途定めるという内容のもの）を作成して署名・押印した。

そのほか，Yは，Xから住所，生年月日，実家の住所，両親の名前を記載したメモを求められたので，Yはこれを作成し，無断で住所，電話番号を変更しないことを約束することを書き留めたメモとともにXに手渡した。

なお，Yは，Xから同人の電話番号以外に，住所等を知らされることもなく，後日，判明したことであるが，Xの氏名〇〇〇〇は偽名であった。

5　その後も，Xは，Yに対し，たびたび連絡してきて，300万円の返済を求めてきたが，Yは弁済することもできず，Yからの申入れにより，弁護士事務所で一部分割返済等の話し合いがなされたが，結局は合意に至らなかったものである。

第2　結論

> 1　300万円は，Yが経済的援助や愛人契約の対価として受領したものであるから，Yは，Xに対し，その返還を請求することはできない。
> 2　仮に，平成△△年△月頃，作成された書面により本件準消費貸借契約の締結が認められるにしても，原因関係が愛人契約という公序良俗に反し無効なものであって，民法708条の不法原因給付にあたるから，Xは，Yに対し，300万円を不当利得として返還を求めることはできない。

〔4〕　消費貸借の成否

(1)　XのYに対する貸金返還請求

　XのYに対する金銭の交付が貸金であったのか，愛人契約の対価（贈与）であったのかは，金銭を交付した動機，金銭を交付することとなった前提事実等を総合して判断することとなる。

　贈与は，何らの方式を必要としない諾成契約である（民549条）。これは典型的な片務かつ無償の契約であるから，贈与するということは，加恵的ないし恩恵的な行為であり，通常，相手方を援助するためとか，何らかの目的があることが多く，ある程度納得しうるような動機，目的がなければ，贈与も否定されることがある。

　本事案において，この返還の合意の有無を判断するための重要な間接事実として，①XとYの相互の関係，②Yに300万円が交付されることとなった理由，③XがYに貸金として返還を求めたことがあるか，これに対し，Yも借金の返還をすることを前提とした行動をしていたかなどが考えられるが，これらの具体的事実は以下のとおりである。

　(a)　XとYの相互関係

　Yの援助交際の相手の募集に応募したことから，2人の交渉が始まっており，Xは，Yに対して，偽名で対応して住所も明らかにしなかった。

　(b)　Yに300万円が交付されることとなった理由

　Xが300万円を交付するに際し，Yに対し，無利息で貸すことを提案したが，Yは，これを断り，愛人契約にしてほしいと述べ，Xもこの申出を承諾した。

　(c)　その後の経過

XがYに300万円の返還を求めた理由は，交際に応じようとしないYの態度に我慢がならなかったと認められ，その後，弁護士事務所で分割弁済の協議がなされたところで，Yには，Xとの関係を絶ち，紛争の解決を図りたいという気持ちがあっても，300万円はXから借り受けたものという意識もなかった。

　以上のことから，Xは，伝言ダイヤルで初めて知り合ったにYに対し，偽名を使い，住所も明かさず，借用書の交付を受けることなく300万円を貸し付けたということも，動機，態様においてきわめて不自然であり，この300万円の交付は，消費貸借とは認定することはできず，男女関係を継続していくことを目的とした経済的援助（贈与）と認定するのが相当である。

　他の判例においても，金銭の交付を受けたことが贈与か否か判断した男女関係における事案があり，これによると，「婚姻外で性的関係を継続している男女の間で男が女に現金を交付したときは，特段の事情がない限り贈与する趣旨であると解すべきであるから，同様の男女の間で男が女に対してキャッシュカードを預けっぱなしにした場合においては，当該男女間に反対の趣旨の明確な合意があれば格別，そうでない限りは預け主たる男は，女において当該預金を自由に引出して消費することを許容しているものと解すべき」とし，贈与であると判示している（東京高判昭57・4・28判時1048号109頁）。

　贈与契約というのは，これに基づく金銭等の交付を受けた時点ですべての関係が終了するのであって，贈与を受けた者は，その後に履行すべき債務を残さないものである。

　Xの貸金返還請求（主位的請求）は棄却されることとなろう。

(2) XのYに対する準消費貸借契約に基づく貸金返還請求

　Xは，XのYに対する不当利得返還請求権を消費貸借の目的とした準消費貸借契約を締結したものであるから，この契約に基づき300万円の返還を求めることができると主張するので（予備的主張），この準消費貸借契約の成否について検討する。

　Yは，そもそも旧債務とされる内容は愛人契約であり，不法原因給付（民708条）にあたると反論する。

　民法708条本文では，不法原因給付について，「不法な原因のために給付をした者は，その給付したものの返還を請求することができない。」と規定する。

判例によれば，この「不法」とは，「行為の実質に即し，当時の社会生活および社会感情に照らし，真に倫理・道徳に反する醜悪なものと認められる」ものとされる（最判昭37・3・8民集16巻3号500頁）。

善良の風俗に違反するものとして，判例では，酌婦稼業の対価として金銭を交付すること（最判昭30・10・7民集9巻11号1616頁），妾関係の継続維持を目的として妾に建物を贈与すること（最判昭45・10・21民集24巻11号1560頁）は，いずれも不法原因給付であると判示している。

前掲の判例（東京高判平11・6・16）では，判決理由の中で，「平成8年1月頃に借用書が作成された時点で，本件金員の返還を目的とする準消費貸借契約が成立したと認める余地がないわけではない。しかし，その前提となった契約は，控訴人も主張するように愛人契約であり，公序良俗に反し無効であって，本件金員の交付は不法原因給付に当たるから，控訴人は，被控訴人に対し，本件金員を不法利得として返還するよう求めることはできないものと解するのが相当である」とし，継続的に男女関係を結ぶことを前提とする金銭の給付を不法原因給付であると判示している。

贈与が不法原因給付のときは，もとより贈与は無効であり，XがYに交付した300万円はYに移転しない。しかし，贈与者Xが受贈者Yに対する不法利得返還請求権は，民法708条により行使できない。

この準消費貸借契約は，法的に存在しないXのYに対する旧債務（不当利得返還請求権）を消費貸借の目的としたものであるから，有効に成立したとは認定できない。

Xの予備的請求も棄却されることとなろう。

［中林　清則］

Q24 金銭消費貸借契約の貸主

金銭消費貸借契約の貸主の認定をめぐる問題について，具体的な事例を設定したうえで説明しなさい。

A

〔1〕 消費貸借契約の成立

　消費貸借契約は，当事者の一方が「種類，品質及び数量の同じ物」を「返還することを約して」「相手方から金銭その他の物を受け取ることによって」成立する契約であるから（民587条），消費貸借契約が成立するためには，貸主と借主が，「種類，品質及び数量の同じ物」を「返還することを約」することのほかに，借主が貸主から「金銭その他の物を受け取ること」が必要である（要物契約。契約の両当事者の意思表示の合致によっては成立せず，目的物の交付を契約成立の要件とする契約）。もっとも，消費貸借契約は，諾成契約（契約の両当事者の意思表示の合致のみによって成立する契約）であって，要式契約（書面によるなど契約の成立に一定の方式の履践が要求される契約）とはされていないので，契約書の作成は消費貸借契約成立の要件ではなく，口頭による契約の締結が当然に可能である。

　消費貸借契約成立の要件事実は，「金銭の授受」と「返還の合意（返還約束）」である。貸借型理論（貸借型の契約においては，目的物の一定の期間の利用が当然に予定されているから，目的物の交付と同時に返還期限が到来するということはありえず，返還時期の合意は契約に不可欠の要素となるとの考え方）によれば，消費貸借契約成立の要件事実として，「金銭の授受」と「返還の合意（返還約束）」に加えて，「返還時期（弁済期）の合意」が必要になり，例えば，「Xは，平成○年○月○日，Yに対し，弁済期を平成○年○月○日とする約定で，○○万円を貸し付けた。」という表現で事実摘示される。貸借型理論によらず，消費貸借契約における目

的物の返還時期の合意を売買型の契約における履行期限の合意と特に区別しない見解によれば,「返還時期(弁済期)の合意」は契約成立の要件ではなくなる。しかし,「返還時期(弁済期)の合意」は,消費貸借契約成立の要件ではないとしても,消費貸借契約の終了に基づく貸金返還請求権発生のためには必要な要件事実となるから,事実認定上の場面では特段の相違は生じないといえる。

〔2〕 消費貸借契約をめぐる紛争事例と事実認定

(1) 消費貸借契約をめぐる紛争類型

消費貸借契約の目的物は,金銭その他の代替物であるが,最も重要なのは金銭消費貸借契約であるところ,金銭消費貸借契約をめぐる紛争事例には,①消費貸借契約の成立が争いになる類型と,②消費貸借契約の当事者は誰かが争いになる類型に分かれる。①の類型は,消費貸借契約の成立要件を反映して,①－(i)金銭の授受が争いになる場合と,①－(ii)金銭の授受はあったが返還時期(弁済期)の合意が争いになる場合がある。①－(i)の事例の場合,金銭が貸主の銀行預金口座から借主の銀行預金口座に振り込まれた事例であれば,貸主は,振込依頼書,預金通帳等の客観的な資料により,金銭の授受の事実を容易に立証することができるが,貸主が借主に対して現金を手渡したような事例においては,金銭の授受の事実を認定するについて困難を伴うことがある。①－(ii)は授受された金銭の趣旨が争いになる事例であり,1つは,①－(ii)－ⓐ金銭の授受はあったが贈与であると争いになる場合である。贈与は,典型的な片務かつ無償契約であり,純然たる加恵的ないし恩恵的行為であるから,通常,相手方を援助するとか,相手方に報酬を与えるなどの動機や目的がある場合が多いので,ある程度納得できるような動機や目的がないときには,贈与とは認められないことが多い。逆に,親しい男女間や親族等の金銭の授受は,関係が破綻しているとか,授受された金銭が多額であるなどの特段の事情がない限り,返還を求めないものとして授受される場合があり,当事者間の身分関係ないし関係性が考慮要素として重要である。また,①－(ii)－ⓑ授受された金銭は貸金ではなく共同事業の出資金であるなどとして返還義務が争いになる場合がある。当事者の職業・地位・関係等,金銭授受の趣旨・経緯,そして,出資契約であれば,共同事業に成功したときの利益分配の方法,逆に共同事業に失敗したとき

の損失負担や出資金の清算の方法等について合意しておくことが不可欠と考えられるから、利益配分の方法や共同事業による損失負担及び出資金の清算方法等の事項についてどのような交渉や合意がされたかがポイントになる。②の類型には、②-(i)誰が貸主かが争いになる場合と、②-(ii)誰が借主かが争いになる場合がある。

(2) 消費貸借契約をめぐる紛争事例における事実認定に際しての考慮要素

(a) 契約書等関係書類の有無

消費貸借契約は諾成契約であって要式契約ではなく、契約書の作成は成立要件とはならず、口頭による契約の締結も許容されているところ、契約の成否（①類型）や契約の当事者（②類型）が争いになる場合、書証及び人証等の証拠と間接事実から経験則に照らして推認することになる。

消費貸借契約の成立が争いになる場合（①類型）であっても、処分証書である消費貸借契約の契約書がある場合には、契約書の成立の真正が認められれば、特段の事情がない限り、消費貸借契約の成立が認定される。また、契約書に金銭の受領について記載されている場合（例えば、「借主Yは貸主Xから〇〇万円を受領し、これを平成〇年〇月〇日限り返済することを約する」との記載のうち前段部分）、その部分は報告文書であるが、契約締結時に作成された文書であるから、証拠力は高いと評価されることになる。

これに対し、契約書が作成されない場合には、契約書が作成されなかったことに合理的な理由があるか否かが経験則に照らして検討されることになる。例えば、親子、兄弟、親戚、友人等の間での少額な金銭消費貸借の場合には、密接な人的関係から、契約書を作成しないこともあるから、契約書がないことだけで消費貸借契約の成立が直ちに否定されるものではない。これに対し、貸金業者であれば、少額の貸借であっても契約書も作成せずに金銭を貸し付けることは経験則上考えられないから、契約書が作成されていないことは、金銭消費貸借契約の成立を否定する方向に働く重大な間接事実となる。また、親子、兄弟、親戚、友人等の間での金銭消費貸借契約であっても、多額な金銭貸借であれば、契約書を作成するのが経験則であるから、特段の事情がない限り、契約書が作成されていないこと自体が金銭消費貸借契約の成立を否定する方向に働く間接事実となる。

消費貸借契約の当事者（貸主，借主）は誰かが争いになる類型（②類型）においても，処分証書である消費貸借契約書や領収書等の処分証書に準ずる書面，さらには，担保権が設定されている場合であれば登記申請書等の契約の締結に際して作成された関係書類において，当事者又は作成者・宛名が誰になっているかが重要な間接事実となる。借用書の成立に争いがない場合には，特段の事情がない限り，借主名義人が金銭を借り受けたものとみなすべきであり，契約書に署名押印した者が当事者と認定される（大判昭9・7・7新聞3728号15頁）。ただし，消費貸借契約においては，契約書の貸主・借主が，形式上の名義人にすぎない場合，いわゆる名義貸しが問題となる事例があり，その場合は，特別な考慮が必要となる（滝澤泉＝小久保孝雄＝村上正敏＝飯塚宏＝手嶋あさみ『民事訴訟における事実認定』300頁以下）。これに対し，消費貸借契約書が作成されていない場合には，消費貸借を必要とした理由，当該貸金は誰が誰に対して交付したのか，契約締結手続に対する関与の程度，関係者の言動等の間接事実を経験則に照らして総合的に判断し，消費貸借契約の当事者（貸主，借主）は誰かを認定することになる。

 (b) 契約プロセス——時間軸

 契約は申込みと承諾という2つの意思表示の合致により成立するが，いきなり契約の申込みと承諾がされることは少なく，契約締結に先立ち，当事者を含めた関係者の間での交渉を経て契約が成立するという過程（プロセス）をたどるのが通常であるから，各プロセスにおける間接事実から経験則に照らして，契約の成否（①類型）や誰が契約の当事者（②類型）かを認定することが重要である。加えて，契約が成立した後の履行のプロセスも重要な間接事実となる。そこで，事実認定のための考慮要素となる間接事実を，契約のプロセスの時間軸に従い「契約前の事情」，「契約締結時の事情」，「契約後の事情」に分けて整理することが有用である（以下も含めて，加藤新太郎編『事実認定と立証活動第Ⅱ巻』298頁〔須藤典明〕による。同様の視点から，村田渉「推認による事実認定例と問題点——民事事実認定論の整理と展開に関する一試論——」判タ1213号42頁は，間接事実が存在する時点を基準として，「事前の情況（事前に存在した事実）」，「行為の情況（当該主要事実の時点で存在した事実）」，「事後の情況（事後に存在した事実）」に分けて論ずる）。

 金銭消費貸借契約における契約前の事情としては，借主側の借用の必要性，

借用の事情，貸主と借主との間での金銭の授受が不自然でないような関係，貸主側の資金力などがある。契約締結時の事情としては，契約書の有無，契約書がない場合における領収書や覚書き，メモ等別の書類の有無，契約書等関係書類を作成しないことが不自然ではない特別な関係の有無，契約締結の際に誰が立ち会ったか，契約を締結した場所等である。契約後の事情としては，金銭の移動状況，例えば，借主による金銭の保管先あるいは使途先，貸主による督促状況，借主からの一部弁済の有無等である。

〔3〕 金銭消費貸借契約の貸主が誰かが争いになる場合

　金銭消費貸借契約において誰が貸主かが争いになる場合の②-(i)においては，消費貸借契約書や領収書，登記申請書等の関係書類において，当事者又は作成者・宛名が誰になっているかが重要な間接事実となる。また，契約プロセス──時間軸に即した重要な間接事実として，契約締結交渉は誰と誰との間で行われたか，資金提供の資力があり実際に原資を出捐した者は誰か，貸金の実際の授受は誰と誰の間で行われたか，契約書上の貸主名義を真実の当事者ではなく第三者にする必要があったか，契約締結後に貸主として振る舞ったのは誰か等がある（田中豊「消費貸借⑥──消費貸借契約の当事者（講座紛争類型別事実認定の考え方と実務⑪）」市民と法90号83頁参照）。さらに，借主が誰を貸主と考えていたのかも，貸主の認定に際して考慮すべき重要な間接事実となる。

　以下，金銭消費貸借契約において誰が貸主かが争いになった大阪高判平15・6・20判時1841号1842頁を見ていくこととする（滝澤泉＝小久保孝雄＝村上正敏＝飯塚宏＝手嶋あさみ・前掲302頁，加藤新太郎「消費貸借契約の事実認定（講座民事実認定のプラクティス第6回）」月報司法書士512号46頁参照）。

　事案は，Xは，個人企業であるAの実質的オーナーBの義弟であるが，平成○年○月○日，○月◇日，同年△月○日の3回にわたり，土木建築工事の請負等を目的とするYに対し，総額2億円を貸し付けたとして，返還を請求したのに対し，Yは，平成○年○月○日にAから3600万円を借り受けたことはあるが，Xから借り受けたことはないと主張し，貸主は誰かが争いとなったものである。一審は，Yが平成○年○月○日に赴いたのはAの事務所であり，借用証書に記載されたXの住所ではないこと，Xが主張するように，YはAから2億円の貸

付けを断られたが、XがAから資金援助を得て貸し付けることになったとすれば、貸付けを断ったAが、なぜ、Xを経由して貸し付けることは了解したのかについて合理的な説明がされていないなど、貸主がXであると認めるに足りる証拠はないとして、Xの請求を棄却した。控訴審は、①Yは、競売物件を買い戻すために、1億円を緊急に必要とし、Aに貸付けを懇請したが、断られたこと、②Yは、誰かから貸付けを受けたいと懇請しており、貸付けの条件さえ整えば、紹介者を介してXから借りることになっても、異議を述べるような状況になかったこと、③Yは、借用証書の貸主欄が空白であったのに、取り立てて異議を述べずに署名押印したこと、④Yは、担保提供をするにあたり、司法書士から根抵当権設定登記の権利者がXであるとの説明を受けたのに、特段の異議を述べなかったこと、⑤金銭消費貸借契約の締結や金銭の授受は、Aの貸付担当者が行ったが、同担当者は、Xの代理人の立場で行動していたのであり、AやそのオーナーBは、本件貸金に係る契約上どこにも出てこないことなどの間接事実を認定した。

　控訴審が認定した間接事実を、前記の事実認定に際しての考慮要素に照らして整理すれば、間接事実①、②は、時間軸における契約前の事情として、借主側の借用の必要性や借用の事情であり、借主における借用の動機ということができる。間接事実③、④、⑤は、時間軸における契約締結時の事情であるが、③は、借主が誰を貸主と考えていたのかという観点からの間接事実となる。誰が契約の当事者かが争いになる類型（②類型）においては、契約の締結に際して作成された関係書類において当事者又は作成者・宛名が誰になっているかが重要な間接事実となるが、④は、そのような観点からの間接事実となる。また、契約締結の交渉、契約の締結、資金の準備や交付、登記関係書類の作成に積極的に関与した者が契約の当事者と認定されることが少なくないが、⑤は、誰が消費貸借契約の締結や金銭の授受の手続に関与したのかという観点からの間接事実となる。

　控訴審は、上記の間接事実を認定した上で、Yは、当時、担保を提供し、当座の1億円を借りることができるならば、貸主は誰でもあっても差し支えないとの意識であったのであり、間接事実③は、そのためであったと考えられ、また、間接事実④からすれば、これまでにも多額の不動産融資を経験しているY

において，通常は貸主と根抵当権者とが異なることはないことを容易に理解できたはずであり，しかも，Yは，間接事実⑤を認識・認容した上で契約に臨んでいるのである旨を説示し，本件貸金の貸主はXであり，XからYに対して2億円が交付されたものと認定判断し，一審判決を変更したうえで，Xの請求を認容した。

[増田　輝夫]

Q25 | 金銭消費貸借の借主

　Xは，当時，Y会社の代表取締役であったAに対し，2回にわたって合計600万円を貸し付け，その際，Aは，Y会社の代表資格を明示した借用書を差し入れたものの，形式の整った契約書は作成されなかった。なお，600万円の交付はXの自宅で行われ，Aは，Xに対し，担保としてA振出しの約束手形を交付した。その弁済期が到来したのに弁済がないため，Xは，Y会社に対し，600万円の返還を求める訴訟を提起した。
　Y会社は，A個人が借主であると主張して，請求棄却の判決を求めている。Y会社の上記主張は認められるか，説明しなさい。

〔1〕 はじめに

　消費貸借取引において，貸主若しくは借主は誰かということが争われることがある。例えば，会社の代表取締役が他から金員を借り入れ，自分の用途に費消してしまった場合に，金員の借主を会社とみるべきか代表取締役個人とみるべきかが争われるような場合である。特に金銭消費貸借の場合，約定どおりの返済がなされなくなってから問題が顕在化することが一般的であるから，貸主よりも借主が誰なのかという事案が多い。実際の訴訟では，XとYとの間で消費貸借契約が成立しているかどうか，YはXに返還義務を負っているかなどといった形になっているとしても，借主は誰かという前提事実が主要な争点になっていることもある。

　「犯罪による収益の移転防止に関する法律」（平成19年法律第22号）によって金融商品を取り扱う特定事業者には本人確認義務が課せられているが，インターネットや無人契約機などを利用する非対面取引によって契約が締結されること

も多いことから，借主は誰かという問題の態様は多様である。

なお，「金銭消費貸借の借主」に限れば，民法（債権法）改正法案から直接影響を受けるところはない。

〔2〕 設問について

(1) 設問の判例

設問は，XがY会社の代表取締役であったAに対し2回にわたり合計600万円を貸し付けたが，支払を受けられなかったので，Y会社を被告として貸金の返還を求めたという実際にあった事案である。

(a) 上記金員の借主はA個人であるとの理由で一審で敗訴したXが，これを不服として控訴したものであり，東京高判昭51・3・29（東高民時報27巻3号67頁・判タ339号275頁・判時828号83頁）は，証拠に基づき次のような事実認定をした。

①Aは，本件金銭貸借当時もY会社の代表取締役であった（Y会社は，元々Aの祖父母が創業し，Aの父親が代表取締役を務めていた会社である。その後，Aは，父親が死亡したため代表取締役に就任していた）。②X（個人）は，AがY会社の代表取締役であることを知っていた。③本件借入れについて，AがXを自宅へ呼び，自分の構想に反対する役員がいるので，構想実現へ向けた準備のための資金が必要である旨述べてその調達を要請をした。④これを受けてXは，Aを自宅へ呼んで2回にわたり合計600万円を貸し付けた。⑤その際Aは，担保の趣旨で借入金額に相応する自己の約束手形をXあてに振り出し交付した。⑥Aは，Y会社の代表取締役である旨の肩書を表示した同人の名刺に，本件金員を借用する旨及び借用日を記載した借用証をYに差し入れた。

東京高裁は，以上の認定事実に基づき，①，②，⑥の事実に加え③のとおり金銭貸借がY会社の営業に関する行為であることが明らかであるから，XとAの間に別段の意思表示がない限り，Y会社が本件金銭貸借の当事者であるというべきであると判示した。

(b) そうして，別段の意思表示の有無について，Y会社が，①Aが借り入れる必要があった理由として，Y会社の一部の役員の反対があると述べたこと，②借用証は名刺に書き込んだものであり，形式の整った借用証が作成されなかったこと，③XとAは，私的な旧知であり，金銭の授受もX宅で行われたこ

と，④本件貸借にあたり，A振出しの手形が担保にされたこと，⑤Y社の金銭の出納は経理部を経由してなされる仕組みであるところ，本件借入金は経理部を経由していないこと，以上の間接事実を主張したが，東京高裁は，XA間に本件貸借の当事者はA個人であるとする別段の意思表示があったことを推認するに足りないとして排斥した。

(2) 判例・学説の考え方

判例，学説上，法人の代表者が法人を代表して法律行為をする場合，その形式，要件はすべて代理の規定に準拠してよいとされている。したがって，法人の代表者の権限濫用も代理人の権限濫用と同様に取り扱われ，代表者が自分の利益のために代表者名義でした法律行為は，相手方が，代表者の真意を知り又は知りうべきものであったときは，法律行為としての効力を生じないとされる（最〔1小〕判昭38・9・5民集18巻8号909頁）。

本件でY会社は，前記判例，学説に沿って抗弁を主張し，民法110条の正当の理由についてXの過失の間接事実を主張しているが，本件判決は，私利を図る等のAの内心の意図に触れることなく，前記(1)(a)の間接事実を認定して判断しており，Xの過失の間接事実としては判断していないと解されている。

〔3〕 当事者の確定のための検討作業

(1) 借主の確定

借主が誰なのかはっきりしないケースとして，成りすまし，名義貸し，署名代理，署名代行，使者，表示行為の代行，法人格の否認，名板貸し，預金契約（金銭消費寄託契約）の預金者の認定といったような場面が考えられる。

契約の当事者の判断にあたっては，事案ごとのさまざまな事情を考慮して検討することになると思われるが，まずは契約書や金銭授受の状況が明らかになる書面等関係書類が存在するかどうかがその後の判断作業に大きく影響する。そうして，契約書等の書面がある場合にはそれによる契約の成否が検討されることとなり，そのような書面がない場合にはどのような間接事実が認められれば主要事実が推認されるのかが大きな要素となる。

(2) 契約書などが作成されている場合

(a) 契約書などが作成されており，特定の者が契約書に署名・押印している

ような場合には，契約当事者として誰がどのように表示されているかが重要視される。そうして，借受名義人として表示されている者が借主であるとの強い推定が働き，書面の成立に争いがない以上は，反対の事実など特段の事情がない限り，この者が契約の当事者として認められることとなる。

設問の事例はこの場合にあたり，株式会社の代表取締役が代表資格を明示して借用証を差し入れた場合は，代表者個人が当事者である旨の別段の意思表示がない限り，会社が借主であると判示している。

(b) 特定の者が契約書に自ら署名・押印していないような場合には，使用された印章の所有者，所持者，使用の状況，保管方法，所有者の意思，署名・押印した者の言動，交渉の経緯，契約の内容，借入目的，貸付金の交付状況等の事情を考慮して，その者が契約当事者かどうか判断することになると考えられる。

(3) **契約書などが作成されていない場合**

この場合は，借入れに至る事情，契約締結の関与者，関与した者の意思及び行為あるいは言動，契約の場所，消費貸借を必要とした理由，交渉の経緯，契約の内容，貸付金は誰から誰へ交付されたか等の事情を考慮して判断することとなると考えられる。

(4) **名義貸し**

消費貸借における当事者の確定の問題として，いわゆる名義貸しが問題となるケースがある。

(a) 名義冒用型

名義貸しには，知らない間に名義を勝手に使用されるという名義冒用型を含めることがある。消費貸借契約締結にあたり，他人名義を詐称した場合，締結された当該契約は現実にその行為をした者を当事者として成立するとして，名義冒用者を当事者と認定している仙台高判昭57・12・10金判676号22頁がある。

(b) 通常の名義貸し

名義冒用型に対して，名義借人が名義貸人の了解を得て，名義貸人として契約を締結する場合がある。この類型の名義貸しでは，名義貸人が消費貸借契約の当事者として表示されることを承諾していることから，名義貸人が消費貸借契約の当事者だと認定されることが多い。反対に，名義貸人が契約の当事者と

認められない場合は，特段の事情がある例外的な場合であるといえる。

　この類型の事案では，名義貸人が契約の当事者として表示されることを承諾した動機や理由，契約締結への関与の度合い，法律効果を誰に帰属させるつもりであったかなどが重要な間接事実となる。

　もっとも，名義貸人が契約の当事者であると認定された場合に，契約の相手方において名義貸しであることを知っていたのであれば，相手方を特に保護する必要がないことから，民法93条但書の類推適用により名義人の契約上の責任を認めるべきではないという別の問題がある（民法93条但書の類推適用を認めた判例として，最〔2小〕判平7・7・7金法1436号31頁）。

(c)　簡易裁判所でのいわゆる業者事件などでは，当事者が，名義貸しだという場面がしばしば見られる。しかし，事実は，自己の名義では金銭消費貸借契約の当事者になれない者に代わって借りてやったというものであって，このことを名義を貸したといっているにすぎないことが多いから，よく確かめる必要がある。この場合は，名義借人が名義貸人として契約しているのではなく，名義貸しだと言っている本人が自分の名義で契約したのであるから，結局契約の効果が契約者本人に及ぶこととなる。

(5)　**参考文献**

　平成17年度司法研究「民事訴訟における事実認定」（司法研究報告書第59輯1号299頁以下）では，消費貸借契約における当事者の確定の手法を契約の類型ごとに分類し，どのような間接事実によってどのような理由付けがなされているか判例を分析している。

〔4〕 借主をめぐる問題

(1)　**法人格否認**

　従前から，いわゆる個人会社に貸付けをしてその返済を受けられない場合に，代表者たる取締役個人が貸金返還義務を負うかどうかという問題がある。

　最〔1小〕判昭44・2・27（民集23巻2号511頁）によって判例上法人格否認の法理が認められている。法人格否認の法理は，特に会社の倒産時に代表者個人の財産について追及する債権回収の方法として意義をもっているとされる。この最高裁判決は，法人格が否認されて役員個人に対する請求が認められるべき

場合として，法人格がまったくの形骸化にすぎない場合と法人格が法律の適用を回避するために濫用されている場合の2つを挙げている。

法人格否認の判断基準を具体的に明示したものとして，東京高判平24・6・24判タ1386号212頁・判時2162号54頁・金判1401号14頁がある。

(2) 地方公共団体の借入れ

金銭消費貸借をめぐる問題の中に，従来から，市町村長又は収入役がその権限を超えて金銭の借入れをした場合，市町村が返還義務を負うかどうかというものがある。

地方公共団体が，金銭消費貸借契約を締結して借入れを行う場合として歳入不足を補填するために地方債を起こす場合（地自230条）や一般会計年度内における資金繰りのための一時借入れをする場合（地自235条の3）等がある。判例には，地方公共団体の首長が，予算で定められた最高額を超える借入れをする事例や，歳出予算内での支出のためでない他の支出や目的のために借入れをしたりする事例のほか，収入役については，本来借入権限がないにもかかわらず借入行為をするような事例がみられる。

このような場合には，民法110条の表見代理の規定を類推適用する見解が有力であり，判例も同じ考え方であって，今日ほぼ異論をみない。民法110条の類推適用による市町村の責任が認められるには，融資を実行する相手方が，借入れをする側の行為者の権限内の行為であると信じるについて，正当な理由の存したことが必要であり，正当な理由は規範的要件事実であるから，評価障害事実が抗弁となる。

しかし，実際問題として，今日においては，手続に必要書類の提出を課したり，指定金融機関に公金の収納・支払事務取り扱わせるようにするなど，運用面において透明性をもたせる改善がなされているから，現実にこの問題が起こることはもはや稀ではないかとも考えられる。また，収入役という機関については，出納事務の電算化によって収入役がいなくても会計事務の適正な執行が確保できるなどの理由から，改正地方自治法の施行に伴い平成19年3月末日限り廃止されている。

［中内　篤］

Q26 利息の天引き

Xは，Yに対し，弁済期1年後とし，200万円を貸し付けるに際し，利息30万円を天引きして170万円を交付した。その弁済期が到来したのに，Yが弁済しない。Xは，Yに対し，貸金200万円の返還を求める訴訟を提起した。

Yのなしうる主張について説明するとともに，その主張書面の起案例を示しなさい。そのうえで，X・Y間の法律関係について説明しなさい。

〔1〕 消 費 貸 借

(1) 消費貸借契約の成立要件と効果

民法587条は，「消費貸借は，当事者の一方が種類，品質及び数量の同じ物をもって返還することを約して相手方から金銭その他の物を受け取ることによって，その効力を生ずる」と規定している。

同条が規定する典型契約としての消費貸借契約の効力の発生は，当事者の一方が種類・品質及び数量の同じ物を返還することを約するのみならず，相手方から金銭その他の物を受け取ることが必要となる。すなわち，消費貸借契約が成立したというためには，貸主から借主に対し，消費貸借の目的となる金銭ないしその他の物が実際に交付されていなければならず，消費貸借契約が成立すると当事者の一方である借主は，同種，同等及び同量の金銭ないしその他の物を他方の当事者である貸主に返還する義務を負うことになる。

このように，消費貸借契約は，当事者間の合意に加えて，金銭ないしその他の物の交付を契約の成立要件としている要物契約であり，消費貸借契約成立後には，借主の貸主に対する金銭ないしその他の物の返還義務だけが発生するこ

とになる片務契約である。

なお今日において，消費貸借契約の要物契約性については，これを要物契約としなければならないという実質的，合理的な理由が薄れているということから，契約自由の原則により無名契約としての諾成的消費貸借契約（双務契約）も認められると解されている（最判昭48・3・16金法683号25頁）。

(2) 消費貸借契約と利息請求

民法が定める典型契約である消費貸借には，利息について何ら定めがないことから，消費貸借契約は無利息（無償）が原則である。

消費貸借契約の対象は「金銭その他の物」とされているが，現実の社会では消費貸借のほとんどは金銭を対象とするものであり，金融機関等は当然のように金銭消費貸借に利息が付加されているのが実情である。

消費貸借契約において利息の支払を求めるには，消費貸借契約の締結とは別個に利息契約を締結する必要があることになる。つまり，貸主が利息について特段の取り決めをしておかない限りは，当然には利息を請求できないということになる。

ただし，貸主及び借主の当事者双方が商人の場合の消費貸借契約においては，利息契約（利息支払合意）がなくても当然に法定利息として商事法定利率（年6分，商514条）による利息を請求することができる（商513条1項）。

なお，民法404条は，年5分の利率による利息を請求できる旨を定めているが，同条は「利息を生ずべき債権について別段の意思表示がないときは」と規定して，当事者間に利率を除く利息支払合意がある場合には利息の利率を年5分とすることを規定するのであり，当事者間に利息支払合意がない場合には同条の適用はない。

上記の点について，民法（債権法）改正法案では，利息の点につき，「貸主は，特約がなければ，借主に対して利息を請求することができない。」と明文（改正法案589条1項）で規律され，また，法定利率の点につき，法定利率を規定した民法404条の規律が改められ，法定利率を年3％に引き下げるとし，さらに3年を一期として法務省令で定めるところによる法定利率の緩やかな変動制が導入されることになり，この改正により商事法定利率を規定した商法514条は削除されることになる。

〔2〕 利息の天引きと利息制限法

(1) 利息の天引き

利息の天引きとは、貸主が金銭消費貸借契約締結に際して貸付額から返済予定期日までの利息を予め控除した残額を、借主に交付する場合のことをいう。借主は、天引きされた残額しか交付されていないことになり、天引部分は金銭消費貸借契約の本質である要物性の要件を充たしていないことになる。

(2) 契約上の元本と天引部分

利息制限法2条は、「利息の天引きをした場合において、天引額が債務者の受領額を元本として前条に規定する利率により計算した金額を超えるときは、その超過部分は、元本の支払に充てたものとみなす。」と規定している。

同法によれば、利息が天引きされた場合の金銭消費貸借契約は、当初の契約上の元本額で成立するとした上で、天引額が借主の実際に受領した金額を元本として利息制限法1条1項に規定する利率（制限利率）で計算した利息額を超える部分（以下「制限超過部分」という）があるときは、その制限超過部分は当初の金銭消費貸借契約上の元本に一部弁済として充当されたものとみなすとして、天引額に制限超過部分があるときの計算処理方法を示して、利息が天引きされた場合の効果について明らかにしている。

〔3〕 本事例における具体的事実

① X（貸主）がY（借主）に対して、元本額200万円、弁済期1年後として、1年分の利息の前払いとして30万円を天引きして貸し付けたという金銭消費貸借契約に係る事案（以下「本貸付け」という）である。

② Xは、本貸付けに際して、利息の前払いとして30万円を天引きしたというのであるから、Yが実際に受領した金額は170万円である。

③ Xは、元本額200万円に対する弁済期までの1年分の利息として30万円を天引きしたというのであるから、本貸付けにおける利息契約の利息制限法所定の制限（利率）は年1割5分である。

〔4〕 Yのなしうる主張

(1) **天引金額に制限超過部分が生じる場合**

　利息制限法2条は，天引きによる利息支払合意のある金銭消費貸借契約において，利息天引後の受領金額を前提に計算した利息金額が利息制限法1条1項所定の制限利率により計算された利息金額を超える部分（制限超過部分）がある場合は，同契約上の元本を一部弁済したものとして処理することを定めている。

　そこで，本事例について検討するに，本貸付けにおけるYの受領額は170万円であるから，これを元本額として利息制限法1条1項所定の制限利率である年1割5分（100万円以上の場合）により計算して得られる1年分の利息金額は25万5000円となる。

　そうすると，本貸付けにおける天引額は30万円であるから，本貸付けにおける天引利息には，利息制限法2条にいう制限超過部分として4万5000円が生じていることになり，この制限超過部分である4万5000円は，本貸付けに係る契約上の元本200万円に当然に充当されることになる。

　したがって，Yは，本貸付けに際して天引きされた天引額のうち制限超過部分である4万5000円を契約上の元本200万円へ一部充当すること，すなわち，訴訟上の弁済（一部弁済）の「抗弁」に相当する事実を主張することができることになる。

(2) **本貸付けによる請求原因事実**

　本貸付けにおいて，原告Xは，貸金200万円の返還を求める訴訟を提起したというのであるから，本来，金銭消費貸借契約は無償が原則なのであるから，原告Xが200万円を貸し付けたとする消費貸借契約に基づく貸金返還請求権を発生させる要件事実（請求原因事実）だけを主張してその返還を求めれば足りることになる。

　ところで，消費貸借契約が成立したというためには，貸主から借主に対し，消費貸借の目的となる金銭ないしその他の物が実際に交付されていなければならないが，利息が天引きされた場合については，天引きによる消費貸借契約上の元本の一部しか現実に交付されていないことになり，消費貸借契約上の元本のうち天引部分について，消費貸借契約が成立していないのではないかとも考

えられるところである。しかしながら，天引きによる利息支払合意がある場合を規定している利息制限法2条は，天引部分を含めた契約上の元本全額について消費貸借が成立することを前提としていると解されている（我妻栄・債権各論(中)359頁参照）。

そうすると，本貸付に係る訴訟における請求原因としては，①元本を200万円とする金銭消費貸借のみを請求原因事実として主張するほか，本貸付けにおいて原告Xが現実には170万円しか交付していないということから，請求原因において，②本貸付けにおける天引きによる利息支払合意（利息契約）の事実をも請求原因事実として積極的に主張することも考えられる。

(3) Yのなしうる主張とその起案例

本事例におけるYのなしうる主張について，次のとおり請求原因事実を場合分けし，以下それぞれ検討することにする。

(a) 金銭消費貸借契約のみを主張する場合

Yは，抗弁として一部弁済の事実を主張することができる。

■起案例

> ① XとYは，（本貸付けに際し，）弁済期日までの利息として30万円を天引きすることを合意した。
> ② Yは，本貸付けにおいて，元本200万円から上記利息30万円を天引きした差額である現金170万円を受領した。
> ＊ ①＋②
>   Xは，Yに対し，元本200万円から利息30万円を天引きした差額である現金170万円を交付し，Yはこれを受領した。

(b) 天引きによる利息支払合意（利息契約）を併せて主張する場合

Xが天引きしたという事実を請求原因において主張するということは，上記(1)のとおり，本貸付けについて契約上の元本へ4万5000円が充当されるというYの一部弁済の抗弁事実を，Xにより自己に不利益な事実として，先行して主張されたということになる。

(ｲ) Yが援用する場合　Yが上記Xの主張を援用すれば，主張共通の原則

により，4万5000円が弁済されたという一部弁済の抗弁事実が主張されたことになり，当事者間に争いない事実として，裁判上の自白が成立することになる。

■起案例

> ① 請求原因事実はすべて認める。
> ② 原告主張の天引合意の事実を援用する。
> なお，本貸付けについては，4万5000円が元本に充当（弁済）された。

(ロ) Yが援用しない場合　Yが上記Xの主張を援用しない場合であっても，金銭消費貸借契約における金員交付の態様として，利息天引きの事実が証拠上において認められる以上，判決において抗弁ないし抗弁に準じるものとして取り扱わざるを得ないものと解される。言い換えれば，原告が金銭消費貸借契約における要物性の要件を充足するに足りる金員交付の事実について立証を要するのであるから，天引きされた旨の被告の主張がない場合であっても，利息制限法2条の適用があると認められる限り，被告の主張として天引きの事実を抗弁として取り扱うことになるが，この抗弁ないし抗弁に準じる事実について，裁判上の自白は成立しないことになる。

■起案例——請求原因事実の認否

> ① 請求原因事実はすべて認める。
> ② Yは，本貸付けに際し，170万円を受領した。

〔5〕 X・Y間の法律関係

　金銭消費貸借契約において，利息が天引きされた場合には，利息制限法2条により，天引額のうち債務者の受領額を元本として計算した制限額を超える部分は元本の支払に充てたものとみなされる。
　そうすると，本件貸付けについて算出された利息制限法2条による制限超過部分である4万5000円は，当初の契約上の元本額である200万円の支払に充て

たものとみなされることになる。
　したがって，本事例において，Xは，Yに対して，元本残額として195万5000円を請求できるにすぎないことになる。

[舘　敏郎]

Q27 期限の利益喪失の主張

貸金業者Xが借主Yとの間で締結した金銭消費貸借契約の契約書面中には，期限の利益喪失特約の合意条項が存在していた。貸金業者Xは，Yに期限の利益喪失事由が生じても，直ちに残元金や遅延損害金の支払を請求することはせず，Yの支払が途絶えた段階になって初めて，貸金の返還を求める訴訟を提起するに至った。貸金業者Xは，その訴状において，Yが最初の支払遅滞の時点で期限の利益を喪失していたとして，その時点からの残元金について遅延損害金の支払を求めている。

Yのなしうる主張について説明するとともに，その主張書面の起案例を示しなさい。そのうえで，貸金業者Xの貸金返還請求の可否について説明しなさい。

〔1〕 はじめに——前提となる基礎知識

(1) 期限の利益の意義

期限が到来するまで債務の履行を請求されず，義務を負わないというように，期限（始期又は終期）がいまだ到来しないことによって当事者が受ける利益を「期限の利益」という。貸付金の債務者は，返済期限につき期限の利益を有しているものである（民136条1項）。しかし，貸付金の債務者が期限の利益を失い，期限前に弁済しなければならない場合がある。そして，債務者が，期限の利益を失えば，債権者は期限前でも返済を請求できるのである。

(2) 期限の利益喪失の事由

債務者が期限前に弁済しなければならなくなる「期限の利益の喪失」には，法律の規定により期限の利益を喪失する場合と当事者の約定により期限の利益

を喪失する場合がある。以下，この２つの場合に分けて説明する。

　(a)　法律の規定による期限の利益喪失

　(イ)　民法137条による期限の利益喪失　　民法137条は，債務者が破産手続開始の決定を受けたとき（１号），債務者が担保を滅失させ，損傷させ，又は減少させたとき（２号），債務者が担保を供する義務を負う場合において，これを供しないとき（３号）の３つの事由に該当するときは，「債務者は，期限の利益を主張することができない。」と規定している。

　この３つの事由を規定したのは，債務者側に信用がなくなったり，信頼関係を破壊する事情が発生しているのに，債権者になお期限の到来を猶予させるのは公平の観念からして不当であるからである。民法が規定するのは，上記の３つの事由のみであるので，後に述べるように金融取引などの実務には不備なので，当事者間で期限の利益喪失を約定している。

　(ロ)　民法137条による期限到来の効果の発生時期　　民法137条の事由に基づき，期限の利益を喪失させるためには，（１号の破産手続開始決定の場合を除き）債権者の意思表示が必要である。したがって，債権者が請求し，その意思表示が債務者に到達したときに履行遅滞の効果が生じる。

　(b)　債権者と債務者の特約に基づく期限の利益の喪失

　(イ)　期限の利益喪失約款　　民法137条に掲げる事由以外にも，当事者間で期限の利益喪失特約をする場合が多い。これを期限利益喪失約款又は期限喪失約款という。貸金契約や割賦販売契約などに多く見られる。例えば，債務者が１回でも支払を怠ったとき，あるいは，債務者が他の債権者から強制執行を受けたときは，期限の利益を失うなどである。

　(ロ)　期限の利益喪失約款の効力　　民法137条は強行規定ではないから，同条と異なる期限利益喪失約款も，原則として有効である。しかし，債務者に不当な不利益を強いる場合や，法律関係を不当に混乱させる場合には，その効力を認めるべきではない。

　債務者が利息制限法所定の制限を超える約定の利息の支払を遅滞したときは，当然に期限の利益を喪失する旨の期限の利益喪失約款の特約は無効であるとされた（最判平18・１・13民集60巻１号１頁。さらに，この判決は，こうした特約の下でなされた制限超過部分の支払は，特段の事情がない限り任意性がないとしている）。

(ハ) **期限の利益喪失約款の類型**　期限利益喪失約款には、①その事実が生ずれば自動的に期限が到来するという類型と、②その事実が生ずれば債権者は期限の利益を喪失させることができるという類型がある。その事実が生じたとき、①では当然に遅滞となるが、②では債権者の期限の利益喪失の意思表示がない限り遅滞に陥らない（大〔連〕判昭15・3・13民集19巻7号544頁、消滅時効の起算点が争点）。いずれに解すべきかは法律行為の解釈の問題であるが、疑わしいときは②の類型と解すべきである。

(3) **期限の利益喪失の効果**

期限の利益喪失によって、債務者は以後履行遅滞の責任を負わなければならなくなり、残債務全額につき消滅時効が進行を開始する。

〔2〕 設問の検討——借主Yのなしうる主張

(1) **期限の利益喪失約款**

貸金業者Xの金銭消費貸借契約書には、期限の利益喪失特約の合意条項として、通常、「債務者が約定分割金の支払を1回でも怠ったときは当然に期限の利益を失う。」と記載されており、実務上は、その記載に基づく契約締結の効力が問題となる。

前記約定の場合の要件事実としては、原告（債権者・貸金業者X）は、

> ① 分割払いを内容とする金銭消費貸借契約締結の事実
> ② 期限の利益喪失約款締結の事実
> ③ 特定の分割金支払日の経過の事実

を主張・立証することになり、それらが認められれば、債務者（被告・借主Y）の期限の利益喪失の効力が発生することになり、Yは、抗弁として、特定の分割金につきその分割支払日以前に弁済の提供をした事実を主張・立証することになる。

したがって、「期限の利益の喪失を否認する。」と記載した答弁書が提出されることがあっても、原則として、Yがその期日までに支払をした事実を主張・立証しない限り、期日の経過によって当然に期限の利益を喪失したものとなる

（大阪地判平5・10・13判時1514号119頁・判タ840号205頁）。

(2) 期限の利益喪失の効果を否定する主張とその法律構成

実務上，特定の分割支払日経過後における借主Yの返済状況とそれに対する貸主Xの対応等から，なおもXはYに対し，継続的に信用の供与をし，期限の利益を付与しているような事案が見受けられる。

(a) そこでYから，支払を遅滞したことを認めつつ，一定の事実の存在を理由に，期限の利益喪失の効果を否定する主張がなされることがある。

一定の事実としては，

---

① 遅滞した後に新たに貸付けがなされた
② 遅滞した後に遅延損害金を支払ったところ，その後は再び利息の利率に戻った
③ 遅滞した後も残額の一括請求はなく，毎月分割金を（利息として）支払ってきた
④ 全体の支払状況から見ると，わずかな遅滞にすぎない

等がある。

(b) 期限の利益喪失の効果を否定する法律構成としては，

---

① 貸主Xは期限の利益の喪失を宥恕（免責）した
② 貸主Xは期限の利益を再度付与した
③ 再度付与の黙示の合意があった
④ 貸主Xは信義則上期限の利益の喪失を主張できない

等がある（最高裁判所事務総局編『簡易裁判所民事事件執務資料』93頁）。

前記の主張は，期限の利益未到来を主張するものであれば，Yの抗弁となる（期限の利益喪失約款に違反していないとの主張であれば否認となる）。

前記の主張がなされた場合，双方から自らに有利な事実として，

---

① 遅滞の事実の有無
② 遅滞した額と期間

③　その後の弁済期における双方の態度
④　原告Xが一括請求をしていたか
⑤　原告Xのその後も貸付けをしていたか

等を立証してもらう。

　その結果，Xに期限の利益の再度付与あるいは宥恕の意思が推認されたり，信義則や権利の濫用により期限の利益喪失が認められないことになれば（東京高判平14・10・17金判1162号14頁），Xは改めて期限の利益を喪失させる旨の意思表示をしなければ残元金全額の請求はできないことになる。

　Xが期限の利益喪失を証する書面（例えば，弁済金を遅延損害金のみ又は遅延損害金と元金の一部に充当した旨記載した領収書兼利用明細書）を交付していた場合は有力な反証となり，一括請求をしていないなどの事情があっても期限の利益は喪失する（最判平21・4・14裁判集民事230号353頁，最判平21・9・11裁判集民事231号495頁，最判平21・11・17判夕1313号108頁）。

　すなわち，期限の利益喪失約款での期限の利益喪失を直ちに主張しないことが，再度の期限の利益の付与を認めたことになるか，後に期限の利益の喪失を主張することが信義則違反で認められないかが問題となる。一律に決することはできず，Yの信頼や誤信の有無など当該事案ごとの個別的な事情によることになろう（信義則に反しないとしたものとして，前掲最判平21・9・11，前掲最判平21・11・17，信義則に反するとしたものとして，最判平21・9・11裁判集民事231号531頁）。

〔3〕　被告の主張書面

　以下は，期限の利益の宥恕・再度付与に信義則違反を加えた主張書面である。

平成〇〇年(ハ)第〇〇〇〇号　貸金請求事件
　　原　　告　〇〇〇〇
　　被　　告　〇〇〇〇

　　　　　　　　　被告準備書面

平成27年3月20日

○○簡易裁判所　御中

〒○○○-○○○
○○市○○区○○町○丁目○番○号（送達場所）
被　　　告　　　Ｙ　　㊞
電　話　○○○-○○○-○○○○
ＦＡＸ　○○○-○○○-○○○○

第1　期限の利益の宥恕・再度付与
　　原告は，被告が平成16年5月7日の支払期限に弁済を怠ったため，当然に期限の利益を喪失したという。
1　しかしながら，同時点以降に原告が被告に対し，残債務の一括請求をした事実はなく，また，当該遅延部分以外について遅延損害金の請求をした事実もない（甲1の2）。加えてＡＴＭ伝票（領収書兼利用明細書）に期限の利益を喪失させる旨の記載がない（甲2の1ないし10）。原告は同時点以降も約定利息を被告に対し請求し，受領していた（甲1の2）。
2　原告は，同時点以降の平成17年4月27日に，被告に対し34万円を追加で貸し付けた（甲1の2）。しかし，一方で期限の利益の喪失を主張しつつ，他方で追加の融資を行うが如きは明らかに矛盾した行為である。
3　上記事実を検討するに，原告としては顧客が形式上数日弁済を遅滞した場合でも，一括請求をすることにより顧客との契約が終了し営業の機会を失う不利益や，顧客が支払不能となって返済がかえって受けられなくなる不利益等を勘案し，期限の利益の喪失を宥恕し，又は期限の利益を再度付与したと考えるのが合理的である。
　　このように考えれば，原告が一括請求しなかった事実，当該遅滞部分以外について遅延損害金を請求しなかった事実，追加の貸付けをした事実もすべて矛盾なく説明することができる。
4　したがって，被告が返済を数日途過したことがあったとしても，原告は被告に期限の利益を再度付与し，又はその喪失を宥恕したのであるから，遅延

損害利率を採用すべき理由はない。
第2　信義則違反
1　原告が期限の利益の喪失を主張したのは，本訴において，過払金の返還を求められてからであり，その遅滞があったとする時点から約10年を経過した後である。債務の完済からも約5年を経過している。
2　また，原告は被告が約定債務を完済したものとして扱っている。このことは取引計算書（甲1の2）において，平成21年10月28日の返済により「元金残高」が「－828」とされていることから明白である。加えて甲第1号証には「希望郵送により返却」との記載があり，契約書の返還によって両当事者が契約の終了を確認したことが明らかとなっている。
3　このように，元金及び約定利率に基づく利息を完済したことを前提に両当事者が行動していたにもかかわらず，長期間経過後に期限の利益の喪失を主張することは信義則に反し許されない。
よって，この点からも遅延損害利率を採用すべき理由はない。

〔4〕　貸金業者Xの貸金返還請求の可否

(1)　期限の利益喪失を証明する証拠がある場合

Xが一部弁済金を受領する都度，一貫して，弁済金を遅延損害金のみ又は遅延損害金と元金の一部に充当した旨記載した領収書兼利用明細書等を交付していた場合は，期限の利益喪失の主張時期が大幅に遅れていたとしても，さらに，追加貸付けをしていた事実があったとしても，XY間の期限の利益喪失特約は有効であるから，通常は，Xの，Yが最初の支払遅滞の時点で期限の利益を喪失していたという主張は認められる（前掲最判平21・4・14，前掲最判平21・9・11，前掲最判平21・11・17）。

(2)　期限の利益の再度付与を証明する証拠がある場合

実務上，期限の利益喪失後に追加貸付けがなされた場合は，貸増し・借換えとして，法律的には新たに独立の金銭（準）消費貸借契約を締結したことになるとして，追加貸付以後，新たな遅滞がない限り遅延損害金の請求はしておらず，期限の利益の再度付与がなされたとする事例が多い。この場合，期限の利

益喪失後から追加貸付けがなされた日までの遅延損害金は認められる。

設問において，XがYに対し，追加貸付けをした後，Yから一部弁済を受領する都度，弁済金を利息金のみ又は利息金と元金の一部に充当した旨記載した領収書兼利用明細書等を交付していたのであれば，期限の利益の再度付与が推認される。

したがって，後日，訴訟になってXが追加貸付後の遅延損害金を主張しても，期限の利益の再度付与があったとして，認められないことになろう。

(3) Yが期限の利益を喪失していないと誤信したことに相当の理由がある場合

Xが一部弁済を受領する都度，弁済金を遅延損害金と残元本の一部に充当した旨記載した領収書兼利用明細書等を送付していた場合であっても，Xの対応（言動）などにより，Yは，期限の利益を喪失していないと誤信し，Xも，その誤信を知りながらこれを解くことなく，長期間，Yが経過利息と誤信して支払った金員等を受領し続けたという事実が認められるときは，Xが，上記特約に基づきYが期限の利益を喪失したと主張することは，誤信を招くようなXの対応のために，期限の利益を喪失していないものと信じて支払を継続してきた借主（Y）の信頼を裏切るものであり，信義則に反し許されない（前掲最判平21・9・11）。

(4) 取引終了後，長期間経過後に期限の利益喪失の主張をしている場合

具体例として，「Xが期限の利益の喪失を主張したのは，その遅滞があったとする時点から約10年を経過した後である。債務の完済からも約5年を経過している。また，XはYが約定債務を完済したものとして扱っている。このことはX作成の取引履歴（甲1）に，平成21年10月28日の返済により『元金残高』が『−828』と記載されていることから明白である。加えて甲第1号証には『希望郵送により返却』との記載があり，契約書の返還によって両当事者が契約の終了を確認したことが明らかとなっている」という事案である（前記〔3〕被告の主張書面の第2参照）。

このような場合，元金及び約定利率に基づく利息を完済したことを前提に両当事者X，Yが行動していたにもかかわらず，長期間経過後にXが期限の利益の喪失を主張することは信義則に反し許されない。

〔堀田　隆〕

Q28 | 約束手形等の交付による金銭消費貸借の成否

　Xは、Yに対し、100万円を貸し付けるにあたり、金銭交付の方法として、額面80万円の約束手形と額面20万円の小切手を振り出し交付した。Yは、小切手については直ちに銀行から支払を受けたが、約束手形についてはその満期前に割引を受けたため、割引料が控除され、全部で、額面100万円に満たない金額を取得したにすぎない。その弁済期が到来したのに、Yが弁済しないため、Xは、Yに対し、貸金100万円の返還を求める訴訟を提起した。
　Yは、100万円の金銭消費貸借は成立していないと主張して争っている。Yの上記主張は認められるか、説明しなさい。

〔1〕 消費貸借の成立要件

(1) 要物契約

　民法587条は「消費貸借は、当事者の一方が種類、品質及び数量の同じ物をもって返還することを約して相手方から金銭その他の物を受け取ることによって、その効力を生じる」と規定している。これは、消費貸借の成立要件に関する規定であり、「貸そう」及び「借りよう」という両当事者の合意（消費貸借の合意）のほか、消費貸借の目的物である金銭その他の物の授受（目的物の授受又は交付）が必要であるということを明らかにしたものであると解されている。このような契約を要物契約といい、その契約上の性質を要物性という。なお、民法上要物契約とされるものとして使用貸借（民593条）、寄託（民657条）がある。また、契約成立の際に金銭その他の目的物の交付が行われているから、消費貸借成立後に貸主の借主に対する目的物交付の債務が生じる余地はない。また、借主による目的物の利用は、交付によって借主に移った目的物の所有権に基づ

くものであり，貸主は賃貸借の場合のような目的物を利用させる債務も負わない。借主が同種，同質，同量の物の返還債務を負うのみである。したがって，消費貸借は片務契約であるということになる。

(2) 目的物自体を交付する必要性の緩和

　要物性を厳格に解釈すれば，消費貸借が成立するためには，消費貸借の目的物そのものが交付されることが必要ということになる。すなわち，金銭消費貸借では現金の交付が必要であり，現金に代えて手形，小切手等の代替物が交付されても，金銭消費貸借は成立しないとも考えられる。

　この点，判例は，経済取引の実情に沿って，次のように要物性を緩和してきた。

　金銭消費貸借の目的物として国庫債券を交付した場合について，「当事者ノ一方カ一定数量ノ金銭ヲ受取ルヘキ場合ニ代物ヲ領収シ而シテ同一数量ノ金銭ヲ以テ返還ヲ為スコトヲ約スルトキハ仍ホ消費貸借契約タルコトヲ失ハス何トナレハ当事者ノ一方カ受取リタル物品ハ金銭ナラスト雖モ金銭ニ代ヘテ之ヲ受取リタルヲ以テ当事者ノ間ニ在リテハ金銭ノ授受アリシト同一視スヘキモノナレハナリ」とし（大判明44・11・9民録17輯648頁），金銭消費貸借の目的物として預金通帳と印章を交付した場合については，「縦令現実ニ金銭ヲ授受セサルモ借主ヲシテ現実ノ授受アリタルト同一ノ経済上ノ利益ヲ得セシムルニ於テハ其ノ金額ニ付消費貸借成立スヘキコトハ当院判例ノ示ストコロナリ」として，大正元年（オ）第126号事件に対する大正2年1月22日判決を引用したうえ，1500円を預け入れた口座の預金通帳とその銀行印の交付を受けたときは，「当時現金ヲ授受セサルモ貸主ニ於テ右通帳及印章ヲ借主ニ交付シテ之ニ因リテ借主ヲシテ右銀行ヨリ所用ノ金額ノ支佛ヲ受クル権利ヲ得セシメタルモノナレハ借主ハ右金額ノ交付ヲ受ケタルト同一ノ経済上ノ利益ヲ得タルモノトス」（大判大11・10・25民集1巻621頁）として，金銭消費貸借の成立を認めている。

　これらの判例によれば，貸主と借主との間で，金銭貸与の方法として授受する旨の合意に基づき，金銭消費貸借の目的物として，現実の金銭の授受があるのと同一の経済上の利益を得られる物（金銭に代わる物）を授受する場合，金銭消費貸借の成立が認められることになる。小切手や約束手形を含め，実際にどのような種類，性質のものが金銭に代わる物と認定されるのかは，それぞれ個

別に考えることになる。

〔2〕 小切手の交付と消費貸借の成否

現金が手元にない貸主が金銭消費貸借を締結する際に，取引銀行を受取人とした約定の金額を額面金額とする小切手を振り出して借主に交付することがある。小切手は，振出人が支払人である銀行にあてて一定額の支払を委託する一覧払いの有価証券である。日常多くの支払をなす者が自ら金銭の出納を行うときの間違いや危険を避けるために，銀行に資金を置き，銀行に指図してその資金から支払をなさしめるために用いるものであるから，これを経済的機能からみると支払の手段であるといえる。借主は，直ちに支払銀行において小切手の支払を受けられることから，小切手の交付は，現実の金銭の授受があるのと同一の経済上の利益を得られる物の交付にあたり，金銭消費貸借が成立するものとされている。小切手の交付による金銭消費貸借の成立を認める判例としては，大判昭16・11・29法学（東北大学）11巻7号711頁のほか，東京高判昭35・3・22高民集13巻3号249頁，東京高判昭51・11・22判時845号59頁，大阪高判昭58・3・23判タ504号106頁等がある。

〔3〕 約束手形の交付と消費貸借の成否

約束手形とは，振出人が自ら一定金額の支払を約束する形式の手形であり，振出人は，受取人などの手形所持人が満期に手形を呈示して支払を求めたときは手形金を支払うことになる。貸主が，現金が手元にないだけでなく，現時点では現金支払に応じられないが，若干の時日の後であれば金銭を支払えるという場合もある。このような状況であるにもかかわらず，あえて金銭消費貸借の契約を締結しようとするときは，貸主は，金銭交付の方法として，約定の金額を額面金額とし，満期を支払予定の日とする約束手形を振り出して借主に交付することがある。この場合，借主が満期に額面金額の支払を受けることができれば，現実の金銭の授受があるのと同一の経済上の利益を得られることになるから，現金の支払に代えて約束手形を交付したときにも金銭消費貸借が成立すると解されている。これを認める判例としては大判大14・9・24民集4巻470頁，最判昭39・7・7民集18巻6号1049頁がある。なお，この場合の借主は，

満期まで待たずに約束手形を第三者に割り引いてもらって割引料を入手し，これによって満足することでも差し支えない。

〔4〕 小切手の交付による消費貸借成立の時期・金額

　小切手や約束手形といった金銭に代わる物の交付によって金銭消費貸借が成立する場合に問題とされるのは，消費貸借が成立する時期と消費貸借が成立する額である。消費貸借成立要件としての要物性が緩和されたとしても，小切手や約束手形といった金銭に代わる物は現金自体ではないから，金銭に代わる物が現実に現金化されたときに消費貸借が成立するとも考えられる。他方，現金化を待つまでもなく，金銭に代わる物が交付されたとき直ちに成立する等の考えもある。また，金額については，消費貸借が成立する金額は金銭に代わる物を現金化したときに入手した金額か，額面金額そのものかという点が問題となる。

　金銭消費貸借において金銭に代わる物として小切手を交付した場合について，判例は，消費貸借成立時期については小切手交付の時としている（前掲大判昭16・11・29。前掲東京高判昭35・3・22。前掲大阪高判58・3・23。これらより以前，支払銀行から金銭の支払を受けたときとした判例（大判昭11・9・7法学（東北大学）6巻82頁）もあった）。また，消費貸借の成立額について，判例は，小切手額面額としている（前掲大判昭16・11・29。前掲東京高判昭35・3・22。前掲東京高判昭51・11・22）。

　前記のとおり小切手は，支払の手段（支払の用具ともいう）という性質があり，借主は，直ちに支払銀行において小切手の額面額の支払を受けられることからすれば，小切手交付の時に額面額について金銭消費貸借が成立するという判例の結論は相当である。

〔5〕 約束手形の交付による消費貸借成立の時期・金額

(1) 成立金額

　金銭消費貸借において金銭に代わる物として約束手形が交付された場合，借主としては満期に額面金額の支払を受けるほか，直ちに手形割引により換価して現金を入手する方法をとる場合も多い。後者の場合，借主が入手できる金額は当然に額面額を下回る。そこで，消費貸借が成立する金額につき①額面金額

が成立金額であるとする考え（額面金額説）のほか，②割引金額が成立金額であるとする考え（割引金額説）も想定しうる。

　手形を他で割り引いてもらって現金を入手するか満期まで待って手形振出人である貸主から額面額の手形金の交付を受けるかは，手形受取人である借主の意思にかかっている。また，手形割引によって入手できる現金の額も割引の時期などに左右される。このように割引金額は貸主の関知しないところで貸主の意思に無関係に決められることになる。したがって，当事者間に割引金額を消費貸借の成立金額とするという趣旨の特約がない限り，貸主がその結果を受け入れなければならないとするのは相当ではない。

　判例も「金銭の消費貸借にあたり，貸主が借主に対し金銭交付の方法として約束手形を振り出した場合において，右約束手形が満期に全額支払われたときは，たとえ借主が右約束手形を他で割り引き，手形金額にみたない金額を入手したのにとどまっても，右手形金額相当額について消費貸借が成立する」（前掲最判昭39・7・7判決要旨）として額面金額説をとっている。

　もっとも，この結論は，前記のとおり当事者間に特段の約定がない場合である。例えば，貸主が手元に現金がないとして第三者振出の手形を借主に裏書交付するような場合は，これを他で割り引かせ，その入手金をもって消費貸借の金額とする趣旨のこともあろう。その場合は，借主の割引金額をもって消費貸借の金額とする特約がある場合ということになり，その特約によって割引金額が消費貸借の成立する金額となるものと考える。

(2) 成立時期

　当事者間に特段の約定がない場合の，消費貸借の成立時期については，次の3説がある。①手形割引時に消費貸借が成立するとの考え方（割引時説），②手形金支払時に消費貸借が成立するとの考え方（支払時説），③約束手形の交付時に消費貸借が成立するとの考え方（交付時説）である。

　(a) 割引時説の検討

　割引時説は，借主は割引によって現実の金銭を入手するのであるから，この時をもって消費貸借が成立すると解する。大判大14・9・24民集4巻470頁は，「手形ノ割引ニ因リテ銀行ヨリ金銭ノ交付ヲ受ケタルトキハ之ト同時ニ手形面ノ金額ト同一ナル額ヲ目的トシテ両者間ニ消費貸借ヲ成立セシムル意思表示ア

リシモノ」と判示するから割引時説に立つようである。

　割引時説のように割引による金銭の授受のときに金銭消費貸借が成立するとするならば，消費貸借が成立する金額も割引金額となるべきである。しかし，消費貸借が成立する金額については割引金額説が妥当ではなく，判例も額面金額説に立つことは前記のとおりである。金額につき額面金額説によりながら成立時につき割引時説に立つことには整合性が認められない。また，手形割引は手形受取人である借主と手形割引人である第三者の間の行為である。これにより手形振出人である貸主と受取人である借主の間の法律行為である消費貸借が成立するというためには，その旨の当事者間の特約がなければならないはずであると批判される。

　(b)　支払時説の検討

　支払時説は，満期における手形金の支払をもって貸金としたいという貸主の意向をそのまま反映したものである。すなわち，約束手形は振出人が受取人等に対し満期に額面どおりの金額の現金を交付することを約束した書面であって，この書面の交付をもって直ちに消費貸借上の現金交付に代えるとか，借主たる受取人をして第三者に約束手形を割り引かせ，その割引代金をもって直ちに消費貸借上の現金交付に代えるといった趣旨は，この書面自体には含まれていない。そうすると，特段の約定がない場合，貸主は，約束手形上で約束したとおり，満期に手形所持人に額面金額相当の現金を支払ったときに初めて借主に対する現金交付の実を果たしたつもりでいるであろうから，このことを素直に金銭消費貸借の成立時期に結びつけたものであるとされる（坂井芳雄・最判解説民事篇昭和39年度295頁）。支払時説に立つ判例もある（東京高判昭43・7・31判時536号56頁，福岡高判昭48・2・20判時707号94頁）。

　しかし，借主が交付された手形の割引によって得た金額をもって自己の買掛金を決済し，その後自己の売掛金を回収し，これをもって交付された手形の満期前に貸主に返済し，貸主は，この返済された資金によって満期に手形を決済するということは，取引上稀な例ではない。この場合，支払時説に立つと，消費貸借の成立前に返済がなされるということになり，理論的な順序が転倒した状況になる。この点で支払時説は取引の実情を正確に反映していないということになろう。

(c) 交付時説の検討

　交付時説は，金銭の交付に代えて約束手形が交付された場合，当事者はその額面どおりの経済的価値があるものと合意して手形を授受したものと解する考え方である。約束手形の交付が，金銭消費貸借における要物性の要件を充足するということを承認するのであれば，その交付時に額面金額で金銭消費貸借が成立するというのが理論的に整合的である。交付時説は学説の有力説であり，この考えに立つ判例もある（大阪地判昭46・7・14判タ1169号278頁，東京高判昭51・4・27判時815号53頁）。もっとも，この考え方に対しては，交付時と満期との間で，客観的に当然存在している手形の経済的価値の差異（手形の客観的価値は，交付から満期までの期間を公定割引率により減額した金額ということになる）を無視し，貸主が手形の交付時から満期までの金利を不当に利得する結果となるという批判がある。しかし，この批判に対しては，額面金額と客観的価値の差額は利息として上乗せする合意がなされたものと理解すれば足りると反論しうる。また，手形の満期が遠い将来であるときはその差額が高額になり借主の不利が著しい事態が生じることにもなるが，この点は，利息制限法の適用や場合によっては暴利行為の理論で対応すべき問題であり，これに対応するのに消費貸借の要物性の解釈をもってするのは相当とはいえないものと考える。以上によれば，交付時説が相当であろう。

(3) 融通手形

　融通手形とは，一般に，単に第三者から金銭の融通を受けさせる目的で手形が授受される場合の経済的呼称であり，法律的な意味は必ずしも明確ではない。しかし，融通手形の授受にあたっては，手形を融通目的で利用しうる旨の合意とともに，一般に，第三者による融資を得られた場合には，支払期日までに被融通者が資金を融通者に提供することにより，被融通者の計算によって手形金が支払われること，融通の目的が達せられなかった場合は，速やかに融通手形を回収し，融通者に返還すべきことが合意されているのが普通であり，これが融通手形の授受に当然に伴う当事者の意思というべきである。このように，融通手形の授受では被融通者から融通者に対する直接の手形金の請求が予定されていないものである。そこで，この場合も振出人において手形金が支払われることが予定されている前記の場合と同様に消費貸借の成立を認めてよいかが議

論される。

　前掲大判大14・9・24によれば，融通手形として交付した場合も金銭消費貸借の合意が成立したと認められるとされている（消費貸借説等といわれる。同様の判例に東京地判昭45・8・6判時600号90頁等がある）。しかし，最判昭40・6・17裁判集民事79号401頁は，「何ら現実の商取引なきにかかわらず，約束手形を振出交付し，受取人をしてこれをもって他より金融を得せしめようとする融通手形の場合，振出人と受取人の間において，受取人が事実上その支払の責に任じ振出人がその責に任じないことを約したときは，かかる融通手形の授受のみによっては，当事者間に未だ消費貸借が成立したものとは認められない。けだし，当事者にかかる契約を成立せしめる意思を欠くからである」としている。これは，融通手形の振出は一般に一種の隠れた保証であるとの認定を前提に，振出人に求償権を認めれば足りるとした趣旨であるとも解されているが（金法417号6頁のコメント），明らかではない。融通手形の場合の法律構成は，当事者の合意，意思によって定まるものと考える。そして，それが明確でない場合も，取引の通念からすれば，振出人が受取人の手形割引によって金銭を融通し，その金銭を直接交付したのと同じ効果を生じさせる趣旨の下に手形の授受を行ったもの，したがって消費貸借が成立したものと認められる場合が多いのではないかと思われる（なお，消費貸借説のほか，求償権説，不当利得説，債務不履行説，消費寄託説等があるといわれる（髙部眞規子「手形・小切手の交付による金銭消費貸借の成立」薦田茂正＝中野哲弘編『裁判実務大系⒀金銭貸借訴訟法』120頁））。

〔6〕 約束手形・小切手が満期に支払われなかった
　　　（不渡りとなった）場合

　手形の交付により金銭消費貸借が成立するためには，前掲最判昭39・7・7によれば，約束手形の満期に手形金全額が支払われることが要件とされている。交付時説に立てば，交付時（割引時説では割引時）に金銭消費貸借が成立していることになるところ，借主が満期に呈示したときに手形金が支払われないということになると，借主は金銭を入手することができず，借主が予め割引により金銭を入手していたときも遡求によってその金銭を返還しなければならず，いずれにしても借主は金銭を入手して消費するという消費貸借の目的を達成で

きないからである。
　この点について，①当事者の意思からみても，授受された手形が消費貸借の金額だけの価値があることを前提にして消費貸借契約が締結されているのであり，その合意は，手形の不渡り等により借主がその価値を受けられない場合にまで効力を維持するという趣旨ではない。すなわち不渡り等は解除条件とされる（解除条件説）。②消費貸借の効力自体は妨げられず，その支払のないことが貸主に担保責任を生じさせる（瑕疵担保説）。③貸主は，当該手形を決済しないため，判決で手形金の支払を命じられ，執行によって支払を強制されることもあるから，満期に手形が決済されなかったとの一事で直ちに消費貸借が失効すると解するのは相当ではなく，交付を受けた借主が，手形を割引先から受け戻したり，貸主が手形の決済をする必要がなくなったときを待って失効すると解すべきである（義務消滅説。東京地判昭45・8・6判時614号90頁）等の考え方がある。
　いずれにしても，借主は，満期に約束手形が支払われなかったなど結局金銭的価値を受けないのと同じ状態になった事実を主張し，立証することにより返還義務を免れることになる（髙部・前掲122頁）。
　小切手の交付の場合にも小切手が不渡りになれば，約束手形の不渡りの場合と同様の問題が生じうる。約束手形の場合と同様の解釈のほか，このような換金に支障のある小切手は，交付の時点で金銭に代わる物との評価はできないから，消費貸借は成立しないとも考えられる（坂井・前掲211頁）。

〔7〕　本問の回答

　問題文上，本問Yが100万円の金銭消費貸借は成立していないと主張する理由は必ずしも明らかではない。ところで，前掲最判昭39・7・7の事案は，小切手1通と約束手形2通（いずれも額面10万円）が交付され，このうち小切手はまもなく支払を受けたが，手形は割引により2通で16万8000円を入手したにとどまり，借主が入手した現金は合計26万8000円であったという本問と同種の事案であり，上告理由は，原審が額面金額である30万円の金銭消費貸借を認めたのは民法587条の解釈を誤ったものであるというものであった。そこで，本問Yの主張もこの上告理由に倣ったものと想定される。そうだとすると，約束手形が交付され，これが割り引かれた場合の金銭消費貸借の成立範囲（金

額）が問題にされていることになる。この点については，前掲最判昭39・7・7のとおり，手形金が満期に全額支払われたときは，額面金額について金銭消費貸借が成立することになる。Ｙが問題にしているのは割引料が控除されたという点のみであることからすれば，不渡りとなって遡求された事実はなく，満期に手形金が全額支払われたことが推認できる。したがって，本問ＸＹ間の金銭消費貸借は，額面額である100万円について成立し，Ｙはその返還義務を負っていると認定されるから，これに反するＹの主張は認められないことになる。これが本問の回答である。

〔8〕 要物性の緩和と諾成的消費貸借

(1) 銀行取引の実情に即した緩和

要物性の緩和については，本問の主題である授受される目的物そのものに関するもののほか，実際の取引における消費貸借の成立時期に関して次のような議論がある。

実際に銀行が顧客に融資する場合，まず公正証書が作成され，抵当権その他の担保権が設定された後に金銭が授受されることも多い。ところが，要物性を厳格に求めれば，公正証書作成は消費貸借契約が成立する前であり，金銭の授受がなされていないのに金銭を「受け取った」と真実に合致しない記載をすることにもなるから，公正証書は無効とされ，また，抵当権設定契約は，被保全債権又はこれを生じる契約である主たる法律関係が存在することを前提として成立するので（附従性），金銭が授受される前に設定されたときは，附従性に反して無効とされるということにもなる。しかし，このような結論は金銭消費貸借取引の実情にそぐわないものというべきである。判例は，公正証書作成後に金銭が授受された場合にも債務名義としての効力を認め（大決昭8・3・6民集12巻325頁，大判昭11・6・16民集15巻1125頁），金銭の授受前に設定された抵当権も有効であるとしている（大判明38・12・6民録11輯1653頁，大判大2・5・8民録19輯312頁等）。

(2) 諾成的消費貸借

ここまでの要物性の緩和に関する議論は，取引の実際と民法の典型契約である消費貸借における要物性との調整という観点からなされてきた。しかし，契

約自由の原則からすれば，当事者間において，貸主が一定量の代替物を給付すること，借主がこれと同種同等同量の物を返還することのみで，目的物の授受を伴わない合意をすることも可能なはずである（諾成的消費貸借といわれる）。無名契約の一種としてこれを認めるのが通説である。判例も最判昭48・3・16金法683号25頁は，諾成的消費貸借が有効であることを当然の前提としているようである。元々消費貸借の要物性はローマ法の沿革に基づくものであり，現在の法制の下でこれを維持しなければならない理由はない。そこで，約束手形・小切手の交付による貸付けについて，これが諾成的金銭消費貸借であるとすると，貸主は契約による金銭の交付義務を負い，その履行方法として手形を交付したときは，借主は同額の返還義務を負担したことになる。貸主が交付するのが現金か金銭に代わる物かは，当事者の合意によって定まった貸主の履行方法にすぎず，契約の成否や成立の時期・金額に影響しない。また，手形が不渡りになる場合は，貸主の債務不履行の問題となるものと解されている（住山真一郎「手形・小切手」中田昭孝編『現代裁判法大系(1)金銭貸借』41頁）。要物性の議論の詳細についてはＱ２を参照されたい。

　なお，平成27年3月31日国会提出の民法の一部を改正する法律案では，587条を維持しながら，587条の2を新設し，その1項に「前条の規定にかかわらず，書面でする消費貸借は，当事者の一方が金銭その他の物を引き渡すことを約し，相手方がその受け取った物と種類，品質及び数量の同じ物をもって返還することを約することによって，その効力を生ずる。」と規定して，要物契約と併存する形で書面による諾成的消費貸借を認めることとしている。

〔笹本　昇〕

Q29 | 手形割引による金銭消費貸借の成否

　Yから100万円の融資の申込みを受けたX銀行は，Zが振り出しYが所持する額面100万円の約束手形にYの裏書を受けたうえでその交付を受け，Yに対し，割引手数料を控除した金員を交付した。この場合，金銭消費貸借は成立するか。Xが銀行ではなく貸金業者であった場合はどうか，説明しなさい。

A

〔1〕 手形割引

(1) はじめに

　約束手形とは，その発行者（振出人）が受取人その他証券の正当な所持人に対して，一定の期日（満期）に一定の金額を支払うことを約束する有価証券である。手形所持人は，満期まで手形を所持して手形金の支払を受けることもできるが，資金繰りの都合上，満期前にその手形を現金化したいときは，銀行等の金融機関に手形の割引を依頼することもできる。手形割引は，手形貸付け（金銭消費貸借に際し，支払確保等の手段として，借用証書に代えて借主に手形を振り出し交付せしめてなす貸付け）と同様に手形を手段とする融資の一方法である。

(2) 手形割引とは

　手形割引とは，手形所持人（割引依頼人）が，銀行等の金融機関（割引人）に，満期未到来の約束手形を裏書譲渡すると同時に，割引人より，手形金額から割引料を控除した金額（割引金）を受領する形式の取引をいう。割引料には，割引実行日から満期日までの利息相当額のほか，その他の費用（銀行取引では，他店券の取立手数料）が含まれる。手形割引という用語は，実務上形成された概念（実務用語）であって，明確な法的定義はない。

　銀行等の金融機関は，割り引いた手形を満期まで所持して手形債務者から手

形金額を取り立てることもできるし，満期前に，他の金融機関に再割引（一度割り引かれた手形を再び割り引くこと）に出して資金を回収することもできる。

銀行取引において割引の対象となる約束手形は，商品の売買など現実の商取引に基づいて代金決済のために振り出された，いわゆる商業手形がほとんどである。商業手形は，商品の売買という裏付けがあり，その商品を転売することによって，手形の満期決済が期待されるのみならず，通常，手形債務者が2名以上存在すること（複名手形）から，支払の確実性が高いといわれている。

(3) 手形割引の法的性質

手形割引の法的性質については，①割引依頼人を売主，割引人を買主とする手形上の権利の売買であって，割引金はその売買代金で，割引料は金利相当額の値引きであるという「売買説」，②割引依頼人を借主，割引人を貸主とする金銭消費貸借であって，割引手形の授受は割引依頼人の債務の担保目的又は支払確保のためであるという「消費貸借説」，③割引依頼人を売主兼借主，割引人を買主兼貸主とする手形の売買と金銭消費貸借とが併存するという「併存説」，④手形割引は，慣習によって発展形成された複雑多岐なものであって，既成の典型契約の概念にあてはまらない一種の無名契約であるという「無名契約説」の諸説がある（庄政志・金判699号47頁）。

この論争は主として売買説と消費貸借説との間で行われたが，売買説が通説である。売買説は，手形割引を有価証券たる手形の売買とみなし，割引依頼人の合理的意思が，自己の有する手形を銀行等の金融機関に譲渡して対価たる割引金を受け取ることにあるとみている。同説によれば，手形金額から満期までの利息や費用を差し引いた割引金は，手形の現在価値であり，売買代金ということになる。これと対立する消費貸借説は，銀行等の金融機関が，割引にあたって手形債務者よりも割引依頼人の信用を重視しており，割引依頼人に信用悪化の事態が生ずれば，満期前でも割引金の返還（手形の買戻し）を受ける意思を含めて割引の合意をしていることから，金融機関の意思は手形の売買よりも貸付けにあるとみている。同説によると，手形は消費貸借上の履行確保ないし担保のために譲渡されることになる。手形割引を売買とみるか消費貸借とみるかで実質上の違いが生じるのは，割引料に対する利息制限法の適用の有無等である。

〔2〕 手形割引と金銭消費貸借の成否

(1) 裁判例の趨勢

　手形割引の性質に関し活発な議論の契機となった裁判例（先例拘束性のある「判例」と区別した，下級審の判決の総称）である，いわゆる国対三菱銀行事件（京都地判昭32・12・11下民集8巻12号2302頁，その控訴審である大阪高判昭37・2・28高民集15巻5号309頁）は，売買説を採用し，手形取引約定書によって，形式的に手形売買と消費貸借との併存についての特約をなしても，手形割引に消費貸借の性格を帯びさせることはできない旨判示した。しかし，その後の裁判例の多くは，手形割引を原則として売買と認めながらも，それに反する特別の事情があれば消費貸借とする柔軟な態度をとっている。その理由は，典型的な銀行取引としての手形割引であれば，その契約類型を手形の売買と捉えるのが相当であろうが，現実の取引社会においては，手形割引と称される取引の実態が必ずしも一様ではなく，手形割引のすべてが手形の売買であるとは即断できないからである。

(2) 最高裁判例

　最高裁判例も，当該手形割引の取引実態を具体的に考察することによって，その法的性質を判断している。昭和48年4月12日第一小法廷判決（金法686号30頁）では，銀行取引以外の手形割引を売買とみて，要旨「手形割引は手形の売買たる性質を有し，手形の割引料名義の金員を差し引いた金員の交付は手形の売買代金の授受にあたり，これについては利息制限法の適用はないと解すべきである」と判示した。他方，それ以前のものである昭和41年3月15日第三小法廷判決（民集20巻3号417頁）では，信用組合が行った手形割引を消費貸借とみて，要旨「信用組合とその取引先との間で行われた手形取引の名が手形割引であったとしても，①信用組合と取引先との間に，手形割引の都度，手形金額に相当する借入金を負担するとの特約があり，②信用組合は，割引依頼人の信用に重きを置き，手形の実質価値にかかわらず，一律に一定の割引率で割引に応じており，不渡りの場合でも専ら割引依頼人の責任を追及していたというような事情があるときは，その性質は消費貸借であると認めることができる」と判示した。

(3) 認定の指標となる諸事情

このように手形割引の名の下で行われる具体的な取引の法的性質が手形売買なのか消費貸借なのかは，形式論理的に結論が導かれるものではなく，当該取引の実態や当事者の意思解釈によって決せられるべき問題というべきである。その認定判断の指標となるべき事情について，主要項目を列挙すると以下のとおりである。ただし，これらは必ずしも決定的な基準とはいえないので，総合的に検討する必要がある（薦田茂正＝中野哲弘編『裁判実務大系(13)金銭貸借訴訟法』138頁〔川勝隆之〕，庄・前掲50頁）。

(a) 割引人の職業は何か

割引人が銀行であれば，その典型的な取引形態を念頭におく限り，当該手形割引は売買と認定できようが，割引人が貸金業者であれば，当該手形割引を消費貸借と認定すべき場合が少なくない。当事者の人的要素は，割引人が手形自体の適正な評価，主たる債務者の信用調査，手形の成因調査（当該手形が商業手形であって，その原因関係に問題がないか否かの調査）等をなすだけの能力を備えているか否かを判断する際の重要な指標となる。

(b) 割引手形が複名か単名か

複数の手形署名がなされ，手形債務者が複数ある手形を複名手形という。手形割引に係る手形は，通常，商業手形であるから，割引依頼人以外に主たる債務者がいる複名手形である。これに対し，手形貸付けの貸付手形のように，貸付けを受ける割引依頼人自身の振出署名のみの手形を単名手形という。手形貸付けにおいては，単名手形を利用するのがその典型である。

(c) 手形取引以外に借用証書の交付，消費貸借契約書の作成，担保の提供等があったか

これらの存在は，当事者の合理的意思として消費貸借性を認定しうる有力な事情となる。

(d) 手形授受に際し重視したのは，手形自体の価値か，若しくは割引依頼人の信用か

当事者の意思が，授受される金員を手形の代価とみているか，手形担保の金融とみているかである。例えば，手形の主たる債務者の信用調査をほとんどすることなく，割引依頼人の資産や担保のみに依存していたのであれば，消費貸借を推認させる有力な事情となる。

(e) 割引率が一定割合か，又は著しく高率か

割引率は，当該手形の振出人や裏書人の信用の程度によって相違するところ，常に一定の割合をもって割り引いていたのであれば，手形の実質価値を無視して，むしろ割引依頼人の信用のみを重視したものといえる。また，当該手形の評価額に比して割引率が著しく高率である場合も同様であって，いずれも消費貸借を推認させる事情となる。

(f) 不渡りの場合に，誰に対して責任追及しているか

不渡りになっても，振出人や裏書人にではなく，常に割引依頼人に対して請求しているのであれば，割引依頼人の信用のほうを重視していたものといえ，消費貸借を推認させる事情となる。

(g) 買戻特約等が付いているか

消費貸借ならば単に期限の利益喪失特約を定めれば足りるにもかかわらず，ことさら買戻特約（割引人が，割引依頼人に対し，手形を買い戻させ，その代金の支払を請求できる旨の約定）等の権利保全措置が設けられていることは，売買を推認させる事情となる。

(h) 再割引に出しているか

かつては，割引手形が優良手形や再割引適格手形（日本銀行が，取引先の金融機関の保有する手形を再割引する際に，予め再割引の対象として認めた手形の総称）であるにもかかわらず，再割引に出していないときは，消費貸借を推認させる事情となった。しかし，近時は，大企業が手形を利用しなくなり，再割引適格手形が減少したため，日本銀行による商業手形の再割引は平成13年6月30日に停止された（日本銀行・公表資料2001年〔掲載日は同年2月28日〕）。したがって，この項目を認定判断の指標として挙げる実益は乏しくなったといえる。

〔3〕 本設問の検討

(1) X（割引人）が銀行の場合

昭和37年8月に全国銀行協会連合会によって制定された銀行取引約定書ひな型は，手形割引の定義がないものの，それを手形売買と観念して作成されている。かつて銀行が売買説をとるに際し問題となったのは，銀行に対する割引依頼人の預金債権が差し押さえられた場合において，銀行が，割引依頼人に対

する手形割引に基づく債権を反対債権として相殺に供することができるか否かという点にあった。手形売買だと、相殺に供すべき反対債権がないため、預金との相殺ができないからである。しかし、この点に関しては、最高裁判例（最判昭40・11・2民集19巻8号1927頁）によって、銀行は、銀行取引で使用される取引約定書に基づく合意あるいは事実たる慣習に基づいて発生する、手形外の権利である手形買戻請求権を反対債権として相殺に供しうることが認められている。

銀行取引約定書には、買戻請求権は、①（割引依頼人らの信用悪化の場合）割引依頼人又は手形の主たる債務者に信用悪化を示す一定の事実が発生したときは当然に、②（手形の信用悪化の場合）当該手形につき債権保全の必要が認められるときは銀行の請求によって生じる旨、さらに、いずれの場合も、銀行は、割引依頼人に対し、手形面記載の金額の支払を求めうる旨定められている。この買戻特約の有効性も最高裁判例（最判昭51・11・25民集30巻10号939頁）によって承認されている。

手形買戻請求権の法的性質については、種々の説があるが、割引手形の再売買と構成するのが通説である。銀行取引約定書の規定内容に応じて、買戻請求権が、①一定の事実の発生によって当然に生じるときは、停止条件付再売買、②銀行の請求によって生じるときは、再売買の予約と解されている。

このように、X（割引人）が銀行の場合は、売買説に立脚した銀行取引約定書の規定によって法律関係が処理されるので、Zが振り出しYが裏書譲渡した約束手形の割引は、XとYとの間における売買ということになる。したがって、金銭消費貸借は成立しない。

(2) X（割引人）が貸金業者の場合

手形割引は、銀行取引以外にも、貸金業者によって行われる場合がある。貸金業者が手形割引の名で融資するにあたって、実務上問題となるのは、割引料、損害金特約等に利息制限法の適用があるか否かである。消費貸借説をとると利息制限法の適用があるが、売買説をとるとその適用がないからである。X（割引人）が貸金業者の場合も、表面的な手形割引の名称にとらわれることなく、当該取引の実態や当事者の意思解釈によって、その法的性質を判断すべきであることは上述のとおりである。

もっとも裁判例の傾向としては，当事者の一方（ほとんどが割引人で，稀に割引依頼人）が貸金業者である場合，利息制限法の適用を考慮し，消費貸借と認めるものが多い（東京高判昭28・7・30下民集4巻7号1047頁，名古屋地判昭31・6・30下民集7巻6号1731頁，その控訴審である名古屋高判昭32・1・30判時104号24頁，東京地判昭46・3・31判時666号86頁，東京地判昭56・5・28判タ465号148頁，東京地判昭58・5・17判タ503号87頁，東京地判平2・5・14判時1388号64頁等）。これらの裁判例が消費貸借と認めた根拠事実を総括的に列挙すると，①当事者の一方が貸金業者であること，②割引手形が商業手形ではないこと，③割引手形が第三者振出の約束手形であるのに，支払のために振出人に手形を呈示せず，割引依頼人から手形の満期に手形金額の支払を受ける約定になっていたこと，④割引手形が不渡りになっても，割引人が，振出人や裏書人に対して手形金請求訴訟を提起しなかったこと，⑤手形割引に際し，割引人が公正証書作成費用を徴したこと，⑥割引依頼人所有の不動産に割引人のために根抵当権が設定されていたこと，⑦振出人の信用状態に関わりなく割引料が一定であったことなどが挙げられる（上掲裁判例の個別的考察については，川勝・前掲133頁，田邊光政・金法1331号21頁参照）。

〔宇都宮　庫敏〕

Q30 金貨売買に仮託した金銭消費貸借契約の成否

金貨売買に仮託した金銭消費貸借契約の成否について説明しなさい。

A

〔1〕 金貨売買に仮託した金銭消費貸借契約とは

　金貨売買に仮託した金銭消費貸借契約とは、次のような事例の契約がなされた場合である。以下、次の具体例をもとに説明する。
　「Ｙは結婚後、生活費、子供の学費、妻の医療費等のため消費者金融から借金を重ね、いわゆる多重債務状態に陥り、3年前に破産手続開始決定、免責許可決定を受けていたが、再度、生活費等のため借財の必要が生じた。しかし、Ｙは、銀行や大手消費者金融からは、貸付けを受けられないでいたところ、インターネット上の『他から借り入れを断られた方の相談に応じます。お金が必要な方、即日現金化できます。』とのＸの広告を見て、Ｘと連絡をとった。ＹはＸの店舗を訪れ、10万円が必要である旨を告げると、Ｘから『外国金貨2枚を14万円で代金後払いで買うと、即日10万円で買い取ってくれる人Ｚを紹介できます。代金は2週間後でけっこうです。』との説明を受けたので、同売買契約を締結することとし、売買契約書に署名押印した。その後、Ｙは、Ｘの店舗外でＺと落ち合い、同人にＸから交付を受けた外国金貨2枚を交付し、Ｚから売買代金として10万円の交付を受けた。」（以下、「本設例」という）。
　本設例は、ＸがＹに対し、外国金貨を代金後払いで売り渡し、即日、その金貨をＸの意を受けた第三者Ｚが、Ｙから同人が買い受けた金額よりも安い値段で買い受け、Ｙに対し、売買代金の名目で金員を交付するが、ＹはＸに対し、ＸＹ間の金貨売買代金の支払義務を負うというものである。

上記契約を選択された法形式から見ると、2つの売買契約があり、第2のYZ間の売買契約による代金10万円は弁済済みであって、YがXに対し、代金後払いとした第1の売買代金債務14万円を2週間後に支払わなければならない、ということになる。

　ところで、外国金貨は、金相場に連動した市場価格で販売、買取りが正規の取引として行われている。投資の手段として金貨を売買する者は、通常は値上がりを見込んで金貨を購入し、購入した金貨をいつ売却するかは、金貨市場の推移を見ながら選択することとなる。

　ところが、本設例の場合には、購入した金貨を購入した代金よりも安い価格で即日売却しているわけであるから、投資目的の金貨の購入でないことは明らかであり、また、金貨収集目的の購入でないことも明らかである。

　そこで、上記金貨の第1の売買契約及び第2の売買契約を全体として見ると、YはXの意を受けた第三者Zから現金10万円の交付を受け、その2週間後に、YはXに対し、14万円の支払義務を負うのであるから、XY間に、貸付額10万円、弁済期2週間後、返済額14万円の金銭消費貸借契約が成立したと評価できると考える。

　ここで、第2の売買契約に第三者Zが介在していることが問題となるが、通常このような場合に介在する第三者は、第2の売買をYからの即時の買戻しと見られることを回避するだけのために関与するのであって、Xと一体の者又はXの手足として動いていた者と考えられる。よって、本設例の場合、XY間及びZY間に2個の契約があるのではなく、XY間に1個の契約があるとみなすこととなる。

　設問は、「金貨」売買に仮託した金銭消費貸借契約（以下「金貨金融」という）であるが、仮託される物品としては、パソコン、テレビ等の電気製品、商品券等の金券など種々のものが選択されている。ただし、外国金貨は、1oz（トロイオンス）、2分の1oz、4分の1oz、10分の1oz等の種類があり、正規の取引市場も存在することから、媒介商品として使い勝手がよいのか、金貨金融は、全国的にかなり広まっているようである。

〔2〕 金貨金融の効力

　金銭消費貸借契約については，利息制限法により利息，損害金の上限利率が定められているし，貸金業者に対しては，貸金業法の規制が及ぶ。

　近年，複数の貸金業者等から顧客が自己の返済能力を超える過剰な貸付けを受ける，多重債務者問題が社会問題化したことから，改正された貸金業法は，「貸金業者は，貸付けの契約を締結しようとする場合には，顧客等の収入又は収益……その他の返済能力に関する事項を調査しなければならない。」（貸金業法13条1項）として，貸金業者に顧客の返済能力の調査義務を課し，また，「貸金業者は，貸付けの契約を締結しようとする場合において，前条（13条）第1項の規定による調査により，当該貸付けの契約が個人過剰貸付契約その他顧客等の返済能力を超える貸付けの契約と認められるときは，当該貸付けの契約を締結してはならない。」（貸金業法13条の2第1項）として，当該個人顧客に係る基準額（年収の3分の1の額）を超える貸付けを禁じている（貸金業法13条の2第2項）。

　そこで，上記規制による額を超える貸付けを受けたい者や過去に破産手続開始決定を受けるなどして正常な手段では貸金業者等から貸付けを受けることができない者をターゲットとして，金貨金融業者が現れることとなった。

　金貨金融業者は，スポーツ新聞紙上やインターネット上に「外国金貨を即日現金化します。」，「総量規制外で貸し出しできます。」，「他から融資を断られた方ご相談下さい。」，「面倒な審査はありません。」等の文言を含む広告を掲載することによって，金銭的窮状にあり，正常な手段では金融を得ることが困難な者を誘い込んでいるのが実情のようである。

　そこで，本設例のＸＹ間における，金貨に仮託した貸付額10万円，弁済期2週間後，返済額14万円の金銭消費貸借契約についてみると，貸付額10万円と返済額14万円の差額4万円は利息とみなされることとなる。元本額10万円の場合，利息制限法上の制限利率は年1割8分であるから，Ｘが受領しうる利息は1年間でも1万8000円が限度である（計算式：10万円×18％）。本設例の場合，弁済期は2週間後であるから，Ｘが受領しうる利息の限度額は690円となる（計算式：10万円×18％÷365（日）×14（日））。ところが，本設例においてＹが期日に

支払うこととされた額は14万円であり，うち4万円は利息であるから，本設例の契約は，利息制限法の制限利率をはるかに超える約1000％強の割合による利息の支払義務を債務者に課す契約であるということになる。利息制限法及び貸金業法の規制を潜脱する，そのような契約を有効とすべきでないことは明らかである。

また，金貨金融は，正常な手段では金融を得ることができない者をターゲットとしているのであるから，いわゆる「闇金」と背景事情は同じであり，その約定利息は利息制限法の制限利率を大幅に超えるように設定して行われているのが実情である。

そこで，本設例の場合には，契約を実質面から把握し，ＸＹ間に金銭消費貸借契約の成立を認め，同金銭消費貸借契約は暴利行為であるとして，公序良俗違反として無効とすべきこととなろう（民90条）。

〔3〕 暴利行為による無効

暴利行為とは，公序良俗違反とされる法律行為の典型的一類型であって，①他人の急迫，軽率又は無経験を利用し，②著しく過当な利益を獲得することを目的とする法律行為である。①が主観的要件であり，②が客観的要件である。

本設例の場合，Ｙは正常な手段では，他から借入れができないという立場に陥っており，Ｘは他人の金銭的に差し迫った事情を利用しているのであるから，①の主観的要件を満たすといえ，また，利息制限法の制限利率をはるかに超える利息を付する契約であり，②の客観的要件を満たすことも明らかである。

金貨に仮託した金銭消費貸借契約に限らず，当該金銭消費貸借契約が暴利行為となるか否かは，①の主観的要件，すなわち貸主の悪さの程度と，②の客観的要件，すなわち貸主の得た利益の大小の相関関係によって判断されることとなろう。ただし，貸主の利息名目により得た利益が著しく過当である場合には，その客観的要件が主観的要件を満たすことを徴表しているといえる。

公序良俗違反の金銭消費貸借契約は無効であるから，貸主は契約に基づき貸金返還請求をしたり，その不履行に対し，損害賠償請求をすることはできない。また，追認により契約が有効となるものではない（民119条）。

〔4〕 一部無効について

　ところで，本設例の場合，貸主Ｘが暴利を得ているのは，利息の定めの部分であるから，貸主が利息部分の利益を得ることを阻止すればよいのであって，貸主からの元本部分，すなわち第2の売買契約により交付した10万円は，返還請求を認めてよいとの考えも成り立ちえないではない。公序良俗違反とされる契約の中には，契約全体を無効とするのではなく，一部無効とすれば足りる場合もありうる。

　しかし，本設問の場合には，一部無効として，貸主からの元本部分の返還請求を認めるとの考えはとるべきではないであろう。なぜなら，そのような場合に一部無効を認めると，貸主は，現実に交付した金銭は最低限確保できることとなり，暴利行為の効果を否定して，もって暴利行為がなされることを抑止するという法の趣旨に反することとなるからである。

　なお，民法改正法案では，民法90条は「公の秩序又は善良の風俗に反する法律行為は，無効とする。」となっている。

〔脇山　靖幸〕

Q31 | 準消費貸借の成否

骨董屋Xは、Yに対し、安土桃山時代の抹茶碗を100万円で売った際に、Yとの間で、その売買代金を準消費貸借の目的として100万円の金銭消費貸借契約を締結した。その弁済期が到来したのに、Yが弁済しないため、Xは、Yに対し、貸金100万円の返還を求める訴訟を提起した。

上記準消費貸借に基づく貸金返還請求の要件事実について説明するとともに、その訴状（請求の趣旨及び原因）の起案例を示しなさい。

Xの請求に対して、Yが上記抹茶碗の引渡しを受けるまで100万円を支払わないと主張した。このYの主張（同時履行の抗弁権の行使）は認められるか、説明しなさい。

〔1〕 準消費貸借契約に基づく貸金返還請求権の要件事実について

(1) 準消費貸借について

Yは、Xから抹茶碗を代金100万円で買ったところ、Xとの間で、この代金100万円を借りたことにして、その返済日について合意している。このように、消費貸借によらないで金銭その他の物を給付する義務を負う場合において、当事者がその物を消費貸借の目的とすることを約したときは、消費貸借が成立したものとみなされ、このみなされた消費貸借を準消費貸借という（民588条）。消費貸借が成立するためには金銭等の交付が要件とされているところ（要物性）、設例のようなケースにおいて代金100万円を借用するために、代金をいったん支払った上で改めて借りるという二重のやり取りを求めるのも余計な作業というものであろう。もっとも、講学上、準消費貸借契約が要物契約であるのかど

うかについては，緩和されたとはいえ既存の債務の存在を要する点から要物契約とする考え（我妻栄『債権各論中巻一（民法講義Ｖ２）』366頁）もあれば，諾成契約とする考えもある（加藤雅信『新民法体系Ⅳ契約法』296頁）。

準消費貸借は，設例のように債務の弁済期を延期する方法（併せて利息を付することもあろう）として利用されることもあれば，既存の複数の債務を１個の債務にまとめた上で新たに借用証書を作成するなどして債権債務関係を単純化したり，また，まとめた１個の債務について新たに保証人を付するなどして，債権者側の債権回収の便宜や確保のために利用されることもある。

(2) **要件事実について**

(a) 準消費貸借契約が成立するためには，実体法の観点からみると，設例では100万円の売買代金債務（旧債務）の存在が前提となるが，これを訴訟の観点からみると，準消費貸借契約に基づく100万円の貸金債務（新債務）の履行を求める訴えにおいては，この旧債務の存否についての主張責任は原告が負担するのか，それとも被告が負担とするのかといった点が問題になる。この点については，準消費貸借の成立を主張する側の負担とする考え方（原告説。設例のXのように原告として支払を求める場合が多いことからこのように呼ばれている）と準消費貸借の成立を争う側の負担とする考え方（被告説。設例のY）がある。以下に両説をみることにし，続いて判例をみることにする。なお，**Q13〔２〕**及び**Q32〔３〕**の論述も参照されたい。

(b) 原　告　説

原告説は，①旧債務の存在，②返還の合意が要件事実であるとする。

この説は，準消費貸借の要件事実は，消費貸借（民587条）の要件事実とパラレルに考えるべきであるとして，消費貸借の要件事実が，①金銭その他の物の交付，②返還の合意であることから，準消費貸借の要件事実の①には「旧債務の存在」が「金銭その他の物の交付」に代わって入り，②には「返還の合意」が消費貸借と同様に入るとするものである。

この説によれば，原告が，請求原因において，要件事実①として旧債務の発生原因事実を主張することになり，被告は，抗弁において，旧債務の発生の障害となる事実や旧債務を消滅させる事実を主張することになる。

(c) 被　告　説

被告説は，原告は，請求原因において旧債務の目的物について新たな返還の合意があったことのみを主張すれば足りるとする（ただし，旧債務を識別可能な程度に特定することは必要であろう）。

この説は，準消費貸借契約を締結すると，貸主は旧債務の発生原因事実を立証する資料（契約書，借用書等）を借主に返還する等して手元に有していない例が多いのが実情であるとして，これをもとに被告に主張責任があるとするものである。

被告は，抗弁において，旧債務の発生原因事実の不存在となる事実又は旧債務の発生原因事実の存在と併せて発生の障害となる事実若しくは消滅となる事実を主張することになる。

(d) 判　　例

判例は，複数の貸金債務（旧債務）を1個の貸金債務にまとめた上でその返済方法を定める準消費貸借契約を締結したとして貸金の返還を求めたところ，旧債務の存否が争われたという事案において，「旧債務の存否については，準消費貸借契約の効力を主張する者が旧債務の存在について立証責任を負うものではなく，旧債務の不存在を事由に準消費貸借契約の効力を争う者においてその事実の立証責任を負うものと解するを相当とする」として，被告に旧債務の不存在についての立証責任を負わせている（最判昭43・2・16民集22巻2号17頁）。要件事実において被告説をとった上での判断と思われる。

〔2〕 訴状の起案例について

(1) 請求の趣旨について

起案例（原告説，被告説いずれの立場によっても同じである）は次のとおりである。

1　Yは，Xに対し，100万円を支払え。
2　訴訟費用は，Yの負担とする。
3　仮執行宣言

---

(2) 請求の原因について

(a) 原告説に基づく起案例は次のとおりである。

246　第2編　貸金返還請求訴訟

> 1　Xは，Yに対し，○年○月○日，安土桃山時代の抹茶碗を100万円で売った。*1
> 2　Xは，Yとの間で，同日，弁済期を△年△月△日として，上記売買代金債務100万円をもって消費貸借の目的とすることを約した。*2
> 3　△年△月△日は到来した。*3
> 4　よって，Xは，Yに対し，上記準消費貸借契約に基づき，貸金100万円の支払を求める。*4

［注］
* ＊1　要件事実①の旧債務の存在として旧債務の発生原因事実の記載である。旧債務の発生原因事実は売買契約であるから，目的物と代金額の合意を記載すれば足りる。代金の支払時期は売買契約の本質的要素とされていない。特に合意がない限り直ちに履行すべきものだからである。したがって，合意があったとしても，それは附款にとどまるものである。

  なお，「安土桃山時代の抹茶碗」の記載のみで目的物の特定ができているのかどうかは別途検討すべきことと思われる。

* ＊2　要件事実②の返還の合意である。準消費貸借も消費貸借，賃貸借及び使用貸借と並んで貸借型の契約類型であるところ，この貸借型契約における返還の合意は，上記の売買契約とは異なり，法律行為の附款にとどまるものではなく本質的要素とされている。これは，貸借型契約は，借主において契約の目的物の価値の利用を一定の期間可能にさせることを目的としていることから，目的物の利用期間は，貸借型契約にとって不可欠の要素と解されるからである。したがって，返還時期の合意について主張しなければ主張自体失当になろう。

* ＊3　弁済期の到来の事実である。貸金の返還を請求するためには，弁済期になっていることが必要である。もっとも，実務では自明のこととして記載されないことが多いようであるが，弁済期の到来が貸金返還請求権の要件事実であることは明らかである。

* ＊4　いわゆる「よって書き」である。この記載によって請求の原因が請求の趣旨と結び付くことになる。また，この記載は，①訴訟物，②給付・確認・形成の別，③全部請求か一部請求か，④併合態様，といったことを明らかにするという機能を有している。

(b)　被告説に基づく起案例は次のとおりである。

1 Xは、Yとの間で、〇年〇月〇日、XがYに対して安土桃山時代の抹茶碗を売る契約（同日に締結）の代金債務100万円をもって消費貸借の目的とし、弁済期を△年△月△日とすることを約した。*
2 △年△月△日は到来した。
3 よって、Xは、Yに対し、上記準消費貸借契約に基づき、貸金100万円の支払を求める。

[注]
* 旧債務の目的物についてされた新たな返還の合意である。なお、旧債務の特定については、①権利者、②義務者、③権利の種類・内容及び④権利の発生原因を記載すれば足りるであろう。

なお、設例では旧債務は単発の売買契約に基づくものであるから、旧債務の発生原因事実と特定との間にはそれほど大きな差異はないといえよう。仮に、旧債務が複数の債務であって準消費貸借でこれらを一本化するような場合には、発生原因事実と特定との間に差異が生じる（村田渉＝山野目章夫編『要件事実論30講』〔第3版〕216頁〔三角比呂〕参照）。

〔3〕 同時履行の抗弁について

(1) 問題点

双務契約の当事者の一方は、相手方がその債務の履行を提供するまでは、自己の債務の履行を拒むことができる（民533条）。これを同時履行の抗弁という。

ところで、売買契約においては、買主は代金支払の債務を、売主は財産権移転の債務をそれぞれ負い（民555条）、しかもこれらの債務は対価関係にある。そうすると、売買契約は双務契約である。したがって、売買契約における代金支払と財産権移転（目的物引渡し）とは同時履行の関係に立つ。

そこで、例えば、売主が目的物を引き渡そうとしないまま買主に対して代金の支払を求めてきた場合、買主は、売主の目的物の引渡しと引換えでなければ代金は支払わない、と抗弁できるわけである。

それでは、このような売買代金支払債務（旧債務）を準消費貸借の目的物とした場合、旧債務に付着していた同時履行の抗弁権は存続するのかどうか、つ

まり，準消費貸借契約上の債務（新債務）と目的物引渡債務とは同時履行の関係に立つのかどうかといった点が問題になるわけである。

この点については，旧債務と新債務の同一性の問題として捉えられてきたところであるが，考え方としては，例えば，「売買代金債務は諾成・有償契約に基づくものである。貸金債務は要物・無償契約に基づくものである。この両債務を対比してみたところで両債務には共通項を見出すことができない。そうすると，両債務に同一性はない。したがって，同時履行の抗弁権は存続しない。」というように論理的に結論を導くのも考え方の1つと思われる。しかしながら，旧債務を目的として準消費貸借契約を締結すること自体がそもそも当事者の意思によるものであるから，同時履行の抗弁，担保等といった事項についても個々の事項ごとに当事者の意思によって同一性の有無が決まると解するのが相当な考え方ではないかと思われる。もっとも，当事者の意思を解釈する際には，①同時履行の抗弁権は存続することを原則とするのか，②存続しないことを原則とするのか，あるいは，③準消費貸借契約の内容を検討して，それが支払猶予に近い性質のものであるのか，それとも更改に近い性質のものであるのかを検討した上で当事者の意思を解釈するのかといった種々の考え方があると思われる（①の立場では，同時履行の抗弁権の存続を否定する当事者において，存続しないことの特段の事情を主張することになろうし，②の立場では，同時履行の抗弁権の存続を肯定する当事者において，存続することの特段の事情を主張することになろうし，③の立場では，性質が支払猶予に近づくほど同時履行の抗弁権の存続の意思は認められやすくなろう）。

(2) 判　　例

判例は，土地の売買代金を目的として締結された準消費貸借契約が，従来明確ではなかった残代金の支払時期とこれに付するべき利息の利率を定め，併せて連帯保証人を付することも目的として締結されたという事案において，準消費貸借契約上の債務（新債務）と土地の所有権移転登記手続債務とは同時履行の関係に立ち，準消費貸借契約上の未払債務を弁済するまでは，所有権移転登記手続の履行を拒むことができる，としている（最判昭62・2・13裁判集民事150号175頁）。

もっとも，上記判例の事例であっても，当事者が同時履行の抗弁権を存続させない意思表示をする等特段の事情があった場合には同抗弁権は存続しないと

しても判例の立場と矛盾することにはならないものと思われる。
(3) 同時履行の抗弁の要件事実
　訴訟においては，同時履行の抗弁権の発生原因事実が弁論に現れていたとしても，それだけでは抗弁として成り立つものではなく，権利行使の主張をして初めて抗弁としての意味をもつことに注意しなければならない（権利抗弁）。

　次に，準消費貸借契約に基づく貸金請求事件における同時履行の抗弁権の要件事実の内容であるが，これは先に準消費貸借契約の要件事実において述べた原告説，被告説によって異なってくる。すなわち，原告説では，原告において売買契約に基づく代金債務（旧債務）の発生原因事実を主張していることになるから，被告としては，同時履行の抗弁権を行使する主張をすればそれで足りる。

　これに対して被告説では，旧債務は特定されているだけであるから，被告において，旧債務として特定された売買契約の発生原因事実を主張し，その上で権利主張をしなければならないことになる。

(4) 同時履行の抗弁の記載例
　以上を踏まえた同時履行の抗弁の記載例は次のとおりとなる。
(a)　原告説に基づく記載例

> 　Yは，Xが安土桃山時代の抹茶碗を引き渡すまで，その代金の支払を拒絶する。

(b)　被告説に基づく記載例

> 1　Yは，Xから，○年○月○日，安土桃山時代の抹茶碗を100万円で買った。
> 2　Yは，Xが上記茶碗を引き渡すまで，その代金の支払を拒絶する。

(5) 設例において同時履行の抗弁権の行使は認められるか
　Yの同時履行の抗弁権の行使は，論理的に同一性の有無を考える立場に立って売買代金債務と貸金債務に同一性はないというのであれば，これを認めることはできないであろう。

　次に，同一性の有無を当事者の意思に求め，これを解釈する場合には，代金

を先給付とすれば売買の目的物の引渡しについて担保するものがなくなり買主が不利な立場に置かれること,設例からは準消費貸借が代金の支払猶予にとどまり代金の先給付まで合意した事情は見当たらないこと,以上の点のみを考慮して当事者の意思を解釈したときには同時履行の抗弁権の行使は認められる方向に傾くであろうが,以上の点に加えて,Yの資力の状況,Xによる目的物処分の可能性の有無,仮にこれまでにもXとYとの間に同様な売買取引があったとすれば,そのときのYの代金債務の履行状況,また,支払猶予をしたのであれば同時履行の抗弁をどのように処理したのか等といった事情も考慮して当事者の意思を解釈するのが相当であろう。

(6) **同時履行の抗弁が認められた場合の裁判所の判断**

設例のようにXが無条件で100万円の支払を求める請求に対して同時履行の抗弁権の行使を認める場合,請求が全部棄却されるわけではなく,引換給付の判決になる。

判決の主文例は,次のようなものになる。

1　Yは,Xから安土桃山時代の抹茶碗の引渡しを受けるのと引換えに,Xに対し100万円を支払え。*1
2　Xのその余の請求を棄却する。*2
3　(訴訟費用の負担)

[注]

* ＊1　引換えとなる反対給付があったこと又はその提供があったことが強制執行開始の要件とされていることから(民執31条1項),引換給付の内容は判決主文において明確に表示されることになる。
* ＊2　Xは無条件で100万円の支払を求めたのに対して,判決は引換えという条件が付いたものになったわけであるから,その分,質的な意味で一部棄却されたことになる。

[神谷　義彦]

Q32 | 準消費貸借における旧債務の主張立証責任

(1) Yは，都内で，洋装店と雑貨店を5店も展開し，個人で手広く商売をしていたが，平成2年1月ころからほぼ20年間にわたり，街の金融業者Xから，運転資金の名目で，年に2～4回，利息・遅延損害金年20％，返済日は借入日の1ヵ月後という約定で，30万円から70万円を借り入れていた。

Yは，当初は返済日に元利金をきちんと返済していたが，だんだんと返済が遅れたり，返済されなくなったりしたこともあった。しかし，Xは，Yが手広く商売を行っているためつぶれることはないと考え，Yに融資を続けていた。

(2) 以上のような状況において，Xは，平成20年10月1日に，Yとの間で，平成20年4月1日の融資分70万円と同年6月1日の融資分60万円の合計130万円が返済されていないとして，この130万円を準消費貸借の目的として，返済日を平成21年10月1日，利息年15％，遅延損害金年20％とする金銭消費貸借契約を締結した。

(3) しかし，Yは平成21年10月1日になってもXに対し返済しようとしない。そこで，Xが130万円とその利息の返還を請求したところ，Yは，平成20年4月1日の融資分と同年6月1日の融資分についてはまったく融資を受けた覚えがないので，Xがそのような融資をしたと主張するのならば，融資したことを証明すべきであると主張している。

このようなYの主張は認められるか。

(4) XがYの資産状況を調査したところ，平成20年2月にはYは多額の債務をかかえほぼ無資力になっており，同年8月には唯一の財産である自宅とその敷地を，妻のZに贈与（移転登記も済み）していることがわかった。Xは，そのようなZに対する贈与契約は上記(2)の準消費貸借契約に基づく債権に対する詐害行為に該当するとして取り消したいが，可能であろうか。

〔1〕 はじめに

本問の場合には，まず，①XとYとの間で準消費貸借契約が締結されたとあるので，準消費貸借とはどのような契約であるのかについて説明をする。次に，②XがYに対し準消費貸借契約上の債務の履行を請求したところ，Yは，元の債務（旧債務）につきまったく融資を受けた覚えがなく，Xが融資したことを証明すべきであると主張しているので，準消費貸借の基礎となった旧債務の存在が争いになった場合において，債権者Xがその存在を主張・立証しなければならないのか，あるいは，債務者Yがその不存在について主張・立証しなければならないのかについて，説明をする。併せて，XがYに対し訴えを提起する際に，Xは旧債務についてどの程度の内容を主張しなければならないのか，すなわち，旧債務の特定の問題についても説明をする。さらに，③Xは，YによるZへの自宅と敷地の贈与を詐害行為として取り消したいとあるので，そのような詐害行為としての取消しが可能であるかについても説明をする。

〔2〕 準消費貸借とはいかなる契約か

(1) 準消費貸借とは

準消費貸借とは，当事者間においてすでに金銭その他の物を給付する義務（旧債務）が存在する場合において，この義務（旧債務）を新たに消費貸借上の義務（新債務）とする旨の契約のことである（民588条）。

準消費貸借においては，旧債務が無効であれば準消費貸借も無効となる。また，準消費貸借の締結によって，旧債務は消滅するが，準消費貸借が無効であれば，旧債務は消滅しないとされている。

さらに，民法588条によれば，「消費貸借によらないで」とあるが，旧債務について制限はないとされており，よって，既存の消費貸借に基づく債務であってもよい[*1]。すなわち，既存の消費貸借に基づく債務（旧債務）を新たな消費貸借上の義務（新債務）とするような準消費貸借も可能である。本問の場

合も，XとYとの間の平成20年10月1日の準消費貸借契約については，同年4月1日の消費貸借における70万円の債務と同年6月1日の消費貸借における60万円の債務を旧債務とするものであって，このような準消費貸借ももとより可能なわけである。

> *1 平成27年3月31日に国会に提出された「民法の一部を改正する法律案」においては，民法588条において「消費貸借によらないで」という部分が削除されている。

(2) 旧債務についていた担保や抗弁権の帰趨

ところで，準消費貸借の場合，旧債務についていた担保や抗弁権が，準消費貸借による新債務に引き継がれるかという問題がある。

この問題について，判例は，準消費貸借の前後における新旧両債務につき同一性があるかを論じ，原則上，同一性があるとして，そこで，引き継がれるとしている（最判昭33・6・24裁判集民事32号437頁など参照）。

しかし，近時の学説の多くは，新旧両債務の同一性を抽象的に論じそこから引き継がれるのかを検討するのではなく，問題ごとに，当事者が引き継ぐ意思を有していたのかを個別に検討すべきであるとしている。そして，準消費貸借をする当事者の意思は，旧債務が有していた効力はそのままにして，旧債務に消費貸借による債権の性質を与えて新債務を形成したいというものであり，そのため，旧債務についていた担保や抗弁権については，原則として，新債務に引き継がれるとしている。ただし，旧債務における同時履行の抗弁権については，引き継がれないとする学説*2が有力である。しかし，この同時履行の抗弁権は当事者間に履行についての公平を実現しようとするものであるから，やはり引き継がれるものと考える。

> *2 引き継がれないとする学説は以下のように主張する。すなわち，同時履行の抗弁権は，双務契約を前提とする。しかし，消費貸借については，目的物の引渡しにより成立するから（要物性），貸主の債務はなく（目的物の引渡しにより貸主の債務は履行済みであり，終了している），借主が返還債務だけを負うことになる。このように消費貸借は片務契約である。よって，消費貸借による債務には同時履行の抗弁権は生じない。そうして，準消費貸借が旧債務に消費貸借による債務（債権）の性質を与えて新債務を形成しようとするものである以上，新債務に同時履行の抗弁権は生じえないとするのである。

〔3〕 準消費貸借における旧債務の主張・立証責任の分配

本問の場合，XがYに対し準消費貸借契約上の債務の履行を請求したところ，Yは，元の債務（旧債務）につきまったく融資を受けた覚えがなく，Xが融資したことを証明すべきであると主張している。そこで，XがYに対して準消費貸借契約上の債務の履行を求めて訴えを提起した場合に，Yが主張するように，Xが旧債務の存在を主張・立証しなければならないのかが問題になる。この点については，見解が分かれている。なお，この論点については，Q13〔2〕及びQ31〔1〕の論述も参照されたい。

(1) 原告説（否認説）*3

まず，Yが主張するように，原告Xが旧債務の存在を請求原因事実として主張・立証しなければならないという見解がある（原告説）。原告説においては，消費貸借について規定する民法587条によれば，消費貸借の要件事実が，①金銭等の交付と，②返還約束となるから，準消費貸借について規定する民法588条においても，この民法587条とパラレルに考えて，準消費貸借の要件事実は，①旧債務の存在と，②返還約束になると解し，旧債務の存在は，準消費貸借における債権を主張する債権者（原告）が主張・立証責任を負うものとするのである。そして，この見解は，条文に忠実であり，しかも，裁判実務が採用している，主張・立証責任の分配についての法律要件分類説にも合致するとされる。要するに，消費貸借と準消費貸借を統一的に把握すべきであるとするのである。

*3 準消費貸借契約に基づく準消費貸借債権の履行請求訴訟において，原告が旧債務の存在について主張・立証責任を負うと解するところから，「原告説」と呼ばれる。また，この見解は，被告による旧債務の不存在の主張が，原告の主張する請求原因事実に対する否認になるところから，「否認説」とも呼ばれる。

(2) 被告説（抗弁説）*4

原告説とは反対に，被告Yが，旧債務の不存在を抗弁事由として主張・立証しなければならないという見解である（被告説）。

被告説における理由については，論者によって異なるが，次のようなものがあげられている。すなわち，①準消費貸借の当事者は，準消費貸借契約の締結の際に，旧債務が存在するという前提のもとに準消費貸借を締結している。あ

るいは，旧債務の債務者は債権者にその旧債務の存在を承認して準消費貸借を締結している。そのため，旧債務の存在を否定する，つまり，旧債務の不存在を主張する債務者において，旧債務の不存在を主張・立証しなければならない。②原告説では，旧債務が存在するという前提のもとに準消費貸借を締結した債務者が，何らの制裁・制約を受けることなく旧債務の存在を否定できることになり，そのような事態は禁反言あるいは信義則に反するものである。③債務の存在や債務額について最もよく知っているのは当事者であり，準消費貸借の締結の際に，一方当事者の債務者が旧債務の存在を明示的又は黙示的に認めているので，通常は旧債務が存在すると考えられ，よって，それにもかかわらず，旧債務の不存在を主張するのは特殊事情の主張にほかならず，そのため，「通常と特殊（あるいは原則と例外）」の観点から証明責任の分配が行われるべきであり，したがって，特殊事情（債務の不存在）を主張する債務者において，旧債務の不存在を主張・立証しなければならない。④準消費貸借を締結することによって，旧債務関係を消費貸借関係に単純化しようとする意図の中には，債権者の訴訟による権利実現の際に，立証を容易にしようというねらいも含まれていると考えるべきである。しかるに，訴訟の際に，債権者は，準消費貸借締結の合意を主張・立証するだけでなく，旧債務の存在までも主張・立証しなければならないとすると，債権者の上記のような準消費貸借締結のねらいが実現できないことになって，不合理である。⑤実質的にも，準消費貸借の締結の際には，債権者は旧債務に関する証書，内金の受取書などの証拠書類を破棄してしまい，新たに作成された証書のみを保存していることが多いようであり，さらに，相当長期間にわたって金銭の貸し借りを続け，債権者と債務者の間にその計算関係につき争いが生じた場合に，双方が債務額を確認したり譲り合ったりして定め，かつ支払方法について改めて合意をして新たに証書を作成するという場合が，準消費貸借を締結する普通の場合のようであるから，これらの場合に，債権者に旧債務を明確に特定させて，その存在につき主張・立証責任を負わせるのは，債権者に困難を強いるもので，相当ではないなどである。

　＊4　準消費貸借契約に基づく準消費貸借債権の履行請求訴訟において，被告が旧債務の不存在について主張・立証責任を負うところから「被告説」と呼ばれる。また，この見解は，被告による旧債務の不存在の主張が，原告の主張する請求原因事実に

対する抗弁になるところから，「抗弁説」とも呼ばれる。

(3) 最高裁判所の見解

この点については，最判昭43・2・16（民集22巻2号217頁参照）の判決がある。この判決は，以下のように判示して，被告説を採用した。すなわち，「準消費貸借契約は目的とされた旧債務が存在しない以上その効力を有しないものではあるが，右旧債務の存否については，準消費貸借契約の効力を主張する者が旧債務の存在について立証責任を負うものではなく，旧債務の不存在を事由に準消費貸借の効力を争う者においてその事実の立証責任を負うものと解するを相当とする」と判示している。

この最高裁判所の判決の事案は次のようなものであった。訴外丙は，乙に対し数回金銭を貸し付けたが，この貸金残額が合計98万円になったことから，乙に上記債務の存在を認めさせて，乙との間で，上記金額を一口の貸金としてこれを毎月3万円ずつに分割して弁済するという内容の準消費貸借契約を締結し，その旨の誓約書を作成した。その後，訴外丙は，この債権を甲に譲渡し，乙はこの債権譲渡を承諾した。その上で，甲と乙は，分割弁済の新約定を締結し新証書も作成したが，乙は一部の支払しかしなかった。そこで，甲は，乙に対して，乙と丙との準消費貸借契約に基づいて残金の支払を求めて訴えを提起した。すると，乙は，丙から金銭を借り入れたことはあるが，その金額は一口の貸金にまとめた当時7万円にすぎなかったと主張し，その上で，甲において，準消費貸借契約の前提となる旧債務の内容を明確にすべきであると主張した。乙の上告に対し，最高裁判所は，上記のように判示して，上告棄却とした。

この最高裁判決は，被告説をとっていた大審院判決を踏襲したものとみられるが，被告説をとる理由については明らかにしていない。しかし，上記(2)の被告説における理由として記載したところなどを考慮しているものと思われる。

そして，上記の最高裁判決の「旧債務の不存在」の事実の中には，権利発生根拠事実の不存在だけでなく，旧債務についての権利障害・滅却・阻止事実の存在も含むとされている。したがって，上記の最高裁判決の見解によれば，被告が権利発生根拠事実の不存在，あるいは旧債務についての権利障害・滅却・阻止事実の存在について立証しなければならないことになる。

また，最高裁判決は，立証責任の分配にしか触れていないが，立証責任と主

張責任は，一般に，同一人に帰属すると解されているから，上記の最高裁判決の見解に従えば，被告が旧債務の不存在の主張責任も負うことになる。

(4) 被告説に従った運用

　最高裁判所が，大審院判例を踏襲して，被告説を採用する旨を明示しており，そして，その判決においては被告説を採用する理由を明らかにしていないが，上記(2)のように，被告説にはそれなりに説得的な理由が存在しており，そのため，少なくとも裁判実務においては，被告説を基本にすべきものと考える。

　しかし，被告説によれば，例えば，街の高利貸と債務者との関係などにおいて，債務者の窮状とか無思慮に乗じて準消費貸借が締結され，これによって二重請求や旧債務に利息制限法所定の制限利率を超過した利息・遅延損害金を加算した新債務の形成などが難なく実現される可能性があり，よって，このような場合には何らかの修正が必要になる。これらの場合に，具体的妥当性を実現するため，事実上，立証責任を転換するなどの方法をとることも考えられる。少なくとも，訴訟の進行に応じて，被告説によれば不都合が出現すると考えられる場合に[*5]，原告に旧債務の不存在に対する強い反証（つまり，旧債務の存在を強く推測させるような反証）を求めるといった運用[*6]によって，具体的妥当性を実現すべきものと考える。

　　＊5　被告説によれば不都合が出現すると考えられる場合であることの主張・立証責任は，被告にある。
　　＊6　この運用は，反証レベルではあるが，裁判所の釈明によって，原告に旧債務の存在を推測させるような証拠の提出を求めるものである。そして，原告が釈明に応じずそのような証拠の提出をしない場合には，釈明に応じなかったことも1つの判断材料にして，他方で，原告が釈明に応じて証拠を提出した場合には，そのように提出された証拠を評価して，裁判所が，旧債務の存在・不存在を認定することになる。

〔4〕 旧債務の特定

(1) 問題の所在

　旧債務の特定の問題とは，準消費貸借に基づく新債務の履行を求めて提訴する訴訟において，原告は請求原因事実として旧債務をどの程度まで特定しなければならないのかの問題である。本問に即していうと，Xが平成20年10月1

日付けの準消費貸借に基づく債務（新債務）の履行を求めてYに対し訴えを提起する場合に、Xは準消費貸借の元の債務（旧債務）についてどの程度の内容までを主張しなければならないのかという問題である。

(2) **特定の程度**

この問題においては、一般的に、準消費貸借における旧債務の存在・不存在の主張・立証責任につき被告説に従った場合においても、原告は、被告の防御権を保障するため、準消費貸借における旧債務につき識別可能な程度には特定しなければならないといいうる。

そして、準消費貸借の旧債務の特定の程度ついては、①旧債務の金銭の数量だけで足りるという見解（数量説）、②旧債務の種類、性質（例えば、売買代金、貸金という程度）までを明示すべきであるという見解（種類説）、さらに、③旧債務の発生原因まで主張する必要があるという見解（原因説）が考えられる。

これを本問に即していうと、Xは、①の数量説では、旧債務につき、「YのXに対する債務130万円」と主張すればよく、②の種類説では、旧債務につき、「YのXに対する貸金債務130万円」と主張しなければならず、さらに、③の原因説では、旧債務につき、「平成20年4月1日付け融資分の70万円と同年6月1日付け融資分の60万円の合計130万円の貸金債務」と主張しなければならないことになる。

そして、被告の防御権を最大限に保証するのは原因説である。しかし、原因説では、準消費貸借における旧債務の存在・不存在の主張・立証責任における原告説をとるのと大差がなくなってしまう。一方で、準消費貸借における旧債務の存在・不存在の主張・立証責任における被告説をとる限りは、旧債務の内容は、旧債務の不存在を主張する被告がそのような主張の前提として具体的に主張すべきものであるとして、原告は、旧債務につき金銭の数量の特定だけで足りるという見解（数量説）もある。しかし、数量説では、被告が準消費貸借の元の債務（旧債務）であると考え、その債務の不存在をいかに主張・立証しようと、それが準消費貸借における旧債務であると証明できない場合には、被告のそのような主張・立証はまったく無駄なものになってしまう。したがって、そのような不都合を回避するために、少なくとも旧債務の種類、性質までは特定すべきものと考える（種類説）。しかも、原告に対して、旧債務の種類、性質

第2章 貸金返還請求訴訟に関するQ&A　Q32 準消費貸借における旧債務の主張立証責任　259

までは特定すべきものとしても、原告にそれほどの困難を強いるものとも解せられない。

(3) 本問の場合

以上により、本問においては、XがYに対して準消費貸借に基づき130万円とその利息を請求し訴えを提起した場合には、Xは当該準消費貸借における旧債務につき「YのXに対する貸金債務130万円」である旨を主張しなければならない。

〔5〕 詐害行為の取消し

本問の場合、Xは、YによるZへの自宅と敷地の贈与を詐害行為として取り消したいと考えている。

(1) 詐害行為取消権（民424条）[7]

Xは、詐害行為取消権を行使しようとしている。この詐害行為取消権とは、債権者が、債務者がその債権者を害することを知って行った法律行為の取消しを裁判所に請求する権利のことであり、債権の共同担保となるべき債務者の一般財産（責任財産）を保全し、よって、債権を保全することを目的とした制度である。

その要件は、①債務者が債権者を害するような法律行為（詐害行為）をしたこと、及び②債務者及び受益者・転得者が詐害の事実を知っていることである。

そして、詐害行為取消権によって保全される債権は、詐害行為がなされる以前に発生していなければならない（最判昭33・2・21民集12巻2号341頁参照）。詐害行為の当時に未だ発生していない債権は、当該詐害行為によって害されることはないので、上記の最高裁判決の見解が妥当である。通説も同様の見解をとる。

　　[7]　平成27年3月31日に国会に提出された「民法の一部を改正する法律案」（民法改正法案）においては、詐害行為取消権について、「要件」、「取消しの範囲」、「取消しの効果」、また、「詐害取消権の行使方法」について、改正したり、新たな規定を設けたりしている（ところで、債権者が、詐害行為取消権を行使するには、裁判所に訴えを提起し詐害行為の取消請求をする必要があるが、このように裁判所に詐害行為につき取消請求をすることを、以下「詐害行為取消請求」という）。
　　　第1に、「要件」については、①詐害行為取消請求の対象を「行為」と改正し（改

正法案424条1項・2項),詐害行為取消請求の対象が「法律行為」に限らないことを明らかにした。②詐害行為取消請求の対象となる行為類型ごとに,要件を整理し規定した(改正法案424条=一般的要件を規定。改正法案424条の2=相当の対価を得て行った財産処分行為の場合の要件を規定。改正法案424条の3=特定の債権者に対する担保の供与等の場合の要件を規定。改正法案424条の4=過大な代物弁済等の場合の要件を規定)。③例えば,詐害行為の後に発生した遅延損害金を保全するための詐害行為取消請求が可能なことを明らかにするために,債権が詐害「行為の前の原因に基づいて生じたものである場合」には,詐害行為取消請求ができると規定した(改正法案424条3項)。④転得者に対する詐害行為取消請求の場合には,経由した受益者,転得者の全員が債権者を害することを知っていたことが必要になると規定した(改正法案424条の5)。

第2に,「取消しの範囲」については,①債務者がした詐害行為の目的が可分であるときは,債権者の被保全債権の額の限度においてのみ取消しができると規定した(改正法案424条の8)。②取消しの結果,受益者や転得者に対し財産の返還を請求しうる場合において,受益者や転得者に対する返還請求の対象が金銭や動産である場合には,債権者は,受益者や転得者に対し,当該金銭等を直接自分に引き渡すように請求できると規定した(改正法案424条の9)。

第3に,『取消しの効果』については,①詐害行為の取消しの効果は,すべての債権者に対して,さらには債務者に対しても効力が及ぶと規定した(改正法案425条)。この「債務者」に対しても取消しの効果が及ぶという点は,判例(大判大8・4・11民録25輯808頁参照)の立場を改めるものである。①のように債務者に対しても取消しの効果が及ぶと改正したことに平仄を合わせ,②債務者がした財産処分行為(債務消滅行為を除く)が取り消された場合には,受益者は,債務者に対し行っていた反対給付の返還あるいは価格の償還を請求できると規定し(改正法案425条の2),また,③債務者がした債務消滅行為が取り消された場合に,受益者が債務者に対し給付の返還又は価格の償還をしたときは,受益者の債務者に対する債権は回復すると規定し(改正法案425条の3),さらに,④転得者がいる場合に,債務者がした行為が取り消されたときに,転得者の行使しうる権利について規定した(改正法案425条の4)。

第4に,「詐害取消権の行使方法」については,①債権者は,詐害行為取消請求によって,債務者による詐害行為の取消しのみならず,当該行為によって受益者,転得者に移転した財産の返還あるいは価格の償還を請求できると規定した(改正法案426条の6)。②詐害行為取消請求に係る訴えについては,その被告を受益者,転

得者のみで足りると規定した（改正法案424条の7第1項，この点は現行民法の解釈を維持している）。他方で，③債務者を保護する見地から，債務者に対する訴訟告知が義務づけられた（改正法案424条の7第2項）。

(2) 問題点の所在

本問の場合は，XとYとの準消費貸借の締結は，YのZへの贈与（詐害行為）の後になされている。つまり，準消費貸借に基づく新債権は，詐害行為の後に発生したことになる。一方，準消費貸借のもとになった旧債権は，詐害行為の前に発生している。つまり，発生の順に並べると，準消費貸借のもとになった旧債権，贈与（詐害行為），そして，準消費貸借に基づく新債権という順になる。そこで，上記のように，詐害行為取消権によって保全される債権は，詐害行為がなされる以前に発生していなければならないのであるから，旧債権の発生時期を基準にすると，贈与（詐害行為）を取り消しうることになるし，他方，準消費貸借に基づく新債権の発生時期を基準にすると，贈与（詐害行為）を取り消しえないことになる。そのため，本問の場合に，Xが詐害行為として取り消そうとすれば，旧債権（旧債務）において認められる詐害行為取消権は，新債権（新債務）に引き継がれるかという点を検討しなければならない。

(3) 最高裁判所の見解

この点についても，最高裁判所の判決がある。すなわち，最判昭50・7・17（民集29巻6号1119頁参照）は，「準消費貸借契約に基づく債務は，当事者の反対の意思が明らかでないかぎり，既存債務と同一性を維持しつつ，単に消費貸借の規定に従うこととされるにすぎないものと推定されるのであるから，既存債務成立後に特定債権者のためになされた債務者の行為は，詐害行為の要件を具備するかぎり，準消費貸借契約成立前のものであっても，詐害行為としてこれを取り消すことができるものと解するのが相当である。」と判示して，従前の大審院判決を変更した。

詐害行為取消権は，上記(1)のように，債権者が，債務者がその債権者を害することを知って行った法律行為の取消しを裁判所に請求する権利のことで，債権の共同担保となるべき債務者の一般財産（責任財産）を保全し，よって，債権を保全することを目的とした制度であり，担保権や保証と同一の機能をもつ。そして，上記〔2〕(2)において述べたように，準消費貸借の場合，旧債務につ

いていた担保権などが，準消費貸借による新債務に引き継がれるかという問題について，原則として，旧債務についていた担保権などは，準消費貸借によって生じた新債務に引き継がれるとのことであった。そうすると，上記のように詐害行為取消権は担保権や保証と同一の機能をもつのであるから，旧債務において認められる詐害行為取消権についても，新債務に引き継がれるものと解すべきである。

さらに，準消費貸借の場合は，そもそも，準消費貸借をしようとする当事者の意思は，通常，旧債務が有していた効力はそのままに，旧債務に消費貸借による債権の性質を与えて新債務を形成したいというものと考えられ，準消費貸借によって旧債務が有していた効力が減殺されてもかまわないというのは例外的な場合である。そのため，旧債務において認められる詐害行為取消権についても，準消費貸借の当事者が引き継ぐという意思を有していたものと解するのが相当であり，旧債務についていた担保権と同様に，準消費貸借によって生じた新債務に引き継がれるものと考えるべきである。

以上によれば，最判昭50・7・17の結論に従うのが相当である。

(4) **本問の場合**

そこで，本問の場合において，上記(1)①及び②の詐害行為取消権行使の要件について検討すると，Yは平成20年2月にはほぼ無資力になっており，同年8月に唯一の財産である自宅とその敷地をZに贈与（無償行為）しており，しかも，贈与の相手方は妻Zであるというのであるから，それらの要件を充足するものと解せられる。したがって，Xは，YによるZへの自宅と敷地の贈与を詐害行為として取り消しうることになる。

〔井手　良彦〕

Q33 貸金返還請求訴訟における審理方法

貸金返還請求訴訟における審理はどのように行われるか，下記事項ごとに説明しなさい。
(1) 第1回口頭弁論期日前の準備・審理計画の策定の段階
(2) 争点の整理・立証計画の決定の段階
(3) 証拠調べの段階
(4) 事件終了の段階

〔1〕 はじめに

　民事訴訟手続において，裁判所は，適正迅速な裁判を実現する責務を負っているが，当事者としても同様に適正迅速な裁判の実現に応えることが要請されており，そのためには，訴訟の各段階において十分な準備が必要となる。
　本問では，上記(1)から(4)までの貸金返還請求訴訟の各審理段階ごとに，裁判所による審理の内容及び原告，被告両当事者の準備すべき事項について解説していきたい。
　なお，本問においては，個人間の金銭消費貸借契約に基づいて，貸主が原告となり，借主を被告として貸金返還請求訴訟を提起したケースを想定して解説していくが，銀行，貸金業者，その他の金融機関と個人あるいは会社との金銭消費貸借取引の事案においても，約款で定められた特約の存在やその他契約内容が複雑となり，また，金額も多額になることが多いものの，基本的な事項については概ね妥当するものと考えられる。

〔2〕 第1回口頭弁論期日前の準備・審理計画の策定の段階

(1) 訴状審査及び請求内容の検討

訴状が受理されると，裁判長の訴状審査権（民訴137条）に基づき，管轄の有無，当事者及び請求の特定の有無（民訴規53条1項）等，必要事項の審査が行われる。また，裁判所は，訴状に記載された請求の趣旨と請求原因事実との対応関係，例えば，必要な要件事実が漏れなく含まれているか否か，請求内容（訴訟物）の特定や根拠づけが十分になされているか否かなど，訴状の記載内容について実質的な検討をするのが通常である。

したがって，ある意味では，裁判所が上記検討をする段階で，すでに審理が開始されているともいえよう。

【原告の準備】

(a) 訴状作成

貸金返還請求訴訟の訴状作成においては，特に，「請求原因」欄に要件事実（詳細についてはQ19を参照されたい）が漏れなく，具体的かつ的確に記載されており，それによって，訴訟物（例えば，原告の被告に対する平成○年○月○日付け金銭消費貸借契約に基づく○○○円の返還請求権」）が必要かつ十分に特定されていることに留意する必要がある。

被告が，答弁書を提出せず，第1回口頭弁論期日に欠席した場合は，請求原因事実を自白したものとみなされて（擬制自白，民訴159条1項），通常は，第1回で結審し，請求の趣旨どおりの認容判決が言い渡されるが，これは，訴状に上記のような十分な記載がなされていることが前提となっている。

(b) 証拠の早期収集

訴状には，立証のために重要な書証の写しを添付することとされている（民訴規55条2項）。重要な書証とは訴状に記載した請求原因事実を立証するのに必要な証拠ということになるから，貸金返還請求であれば，返還及び弁済期の合意に関しては，金銭消費貸借契約書や借用書等が，金銭の授受に関しては，領収書，振込証，預金通帳の写し等が，それぞれ考えられる（このほか，原告が金融機関である場合には取引履歴の写しが訴状に添付される場合もある）。

これら重要な書証は，上記のとおり，訴状提出の段階で添付することが要請されており，原告としても早期の証拠収集が必要となろう。

(2) **訴状及び期日呼出状の被告への送達**

実務では，訴状審査が終了すると，第1回口頭弁論期日が指定され，訴状副

本と期日呼出状がともに被告に送達される（民訴139条・138条）。

第1回口頭弁論期日は，特別の事由がある場合を除き，訴え提起の日から30日以内に指定する旨が定められている（民訴規60条2項。ただし訓示規定と考えられている）。

【被告の準備】
　(a)　応訴準備の期間

　被告としては，応訴の準備をするわけであるが，上記のとおり第1回口頭弁論期日まではそれほど期間があるわけではない。本人が応訴する場合は，事前の交渉内容により，訴え提起が予想されている場合もあり，ある程度の準備が可能であるが，代理人として応訴する場合には，債務整理を委任されていたような場合を除き，被告本人に訴状副本が送達されて後に，委任を受ける場合がほとんどであろうから，時間的余裕があまりない中での応訴準備となる。

　(b)　原告の請求内容の検討

　まず，当事者及び訴訟物の特定，実質的な当事者適格（貸主及び借主といえるか），管轄等の事項を検討することになるが，貸金返還請求訴訟では，貸金債務の履行地であること（民訴5条1号）や金銭消費貸借契約時に管轄の合意（民訴11条）に関する特約があることを理由として，被告の所在地（民訴4条）を管轄する裁判所以外の裁判所に訴えが提起されることがあり，このような場合には，移送の申立てをするかどうかも含めて検討することになろう。

　移送の申立てをする場合には，答弁書に「本案前の答弁」として移送申立てが記載される例と，別途申立書が作成される例があるが，いずれにしても，移送申立てが認められなかったときに備えて，答弁書には本案についての答弁も合わせて記載されることが多い。

　次に，請求の趣旨と請求原因とを対照して，どのような根拠に基づく請求なのかを正確に把握するとともに，取引履歴に基づく計算書が添付されているような場合には，利息・損害金等の充当関係を中心に詳細にチェックすることも必要となる。

　(c)　答弁書の作成

　答弁書は，原告が準備するのに必要な期間をおいて裁判所に提出するとともに，原告には直送しなければならない（民訴規79条1項・83条1項）。答弁書には，

①請求の趣旨に対する答弁，②請求原因事実に対する認否及び抗弁事実の具体的記載，③立証を要する事実に関連する重要事実及び関連証拠の記載が求められる（民訴規80条1項）。

なお，上記②で原告の主張事実を否認する場合には理由を記載しなければならない（民訴規79条3項。理由付け否認あるいは積極否認ともいわれている）。

ただ，実際の訴訟審理では，答弁書に請求の趣旨に対する答弁（上記①）の記載として，「原告の請求を棄却する。訴訟費用は原告の負担とする。」との記載はあるものの，上記②の認否及び抗弁の記載としては，「請求原因事実は争う。」，さらには「請求原因事実に対しては追って認否する」とのみ記載する例も見られるところである（ただ，このような場合でも，速やかに上記所定の事項を記載した準備書面を提出しなければならない（民訴規80条1項））が，貸金返還請求訴訟における防御方法（具体的にはQ20を参照されたい）はある程度定形化している部分もあると思われるので，普段から防御方法の全体像を把握しておくことで，個別の事件について効率的な答弁書の作成が可能となるのではないかと考えられる。

(d) 重要な書証の写しの添付

答弁書には，原則として立証を要することになった事由について重要な書証の写しを添付することとされている（民訴規80条2項）。立証を要することになった事由というのは，被告が立証責任を負う被告に有利となる事実のことであり，抗弁だけでなく否認の場合もその理由を基礎づける事実も含まれるものと解される。

【原告の準備——反論を記載した準備書面の作成】

原告が，被告の答弁書の記載を検討して反論を要する場合には，答弁書に記載された事実の認否及び再抗弁事実（例えば，消滅時効の主張に対する時効中断の事実等が考えられる），その他重要な関連事実を具体的に記載した準備書面を速やかに裁判所に提出し，被告には直送しなければならない（民訴規81条・83条1項）。さらに，重要な書証の写しを添付しなければならない（民訴規81条）。

(3) **審理計画の策定**

争点が多数にわたり，事案が複雑で錯綜しているような場合には，当事者と裁判所が協議をして審理計画を定めなければならないとされている（民訴147条

の3第1項）が，貸金返還請求訴訟においては，上記のような審理計画の決定をすべき場合はそれほど多くないものと考えられる。ただ，争いのある事案であれば計画審理の要請（民訴147条の2）により，裁判所が訴訟の概要を把握した時点で，早い時期に主張・争点整理を終え，その後の期日で書証の取調べと人証の申出及びその採否の決定，さらにその次の期日で証人・本人尋問を実施して，弁論を終結するというような事実上の審理計画を立て，これを当事者に示して協力を求めるような例は相当数あるものと思われる。

また，金融機関と個人・会社との高額貸借取引等で，書証が多数にのぼったり，計算関係が複雑にわたるような場合には，弁論準備手続（民訴168条以下参照）に付されて主張・争点整理が実施されることもある。

〔3〕 争点の整理・立証活動の段階

(1) 裁判所による主張・争点整理

貸金返還請求訴訟の審理の目的は，原告の被告に対する貸金返還請求権の存否及び貸金の額について判断を下すこと，具体的にいえば，原告に主張・立証責任がある請求原因事実，すなわち①返還及び弁済期（弁済期を定めた場合）の合意，②金銭の授受，③利息支払の合意（利息の支払を求める場合）の事実，一方，被告に主張・立証責任のある抗弁事実，すなわち弁済，時効消滅，反対債権の成立（相殺の主張の場合）などの事実の存否をそれぞれ判断することが審理の目的であり，これら事実の存否について裁判所が迅速かつ的確な判断を下すために行われる作業が争点整理である。

では，実際にどのように争点整理の作業が行われていくのであろうか。

裁判所は，まず，口頭弁論であらわれたすべての事実に関する主張の中から上記請求原因事実や抗弁事実に直接関連する事実（主要事実又は直接事実）の主張を抽出し，これに重要な間接事実の主張を関連づけて整理する。そして，争いのない事実は証拠によることなく，そのまま判断資料となる（民訴179条）から，争点からとり除き，残った争点及びこれに関連する直接事実及び重要な間接事実の主張を対比形式の一覧表（争点整理表）などにして記載して，争点整理を完了する。

なお，主張・争点整理の過程で，当事者の主張の趣旨やこれに対する認否が

今一つ明確でないような場合には，裁判所は，当事者にこれらを明確にするよう促すことになる（釈明権の行使等。民訴149条1項）。

　上記はあくまで争点整理の方法の一例として示したものであるが，このような争点整理を経て，裁判所は争点に絞った集中審理，集中証拠調べが可能となり，迅速かつ的確な訴訟審理に資することとなるのである。

(2) 貸金返還請求訴訟における争いの態様

　貸金返還請求訴訟では，実際にどのような争い方がされるのであろうか。以下，被告が，金銭の授受と返還及び弁済期の合意の双方について争っている場合を例として，具体的に説明していくこととしたい。

(a) 契約書等の書面が作成されている場合

　まず，金銭の返還及び弁済期の合意に関しては，契約書，借用書等の貸借に関する書面が作成されている場合，金銭の授受については，契約書に金銭の授受の事実の記載がある場合や，領収書や口座振込みを証する書面が作成されている場合には，上記文書を書証として提出することによって，金銭消費貸借の成立という請求原因事実を直接立証することが可能となる。

(b) 上記(a)の契約書等の書面が作成されていない場合

　上記(a)と異なり，原告が，被告との間で，金銭の返還及び弁済期について口頭による合意があり，これに基づいて，現金を手渡しで被告に交付したと主張し，これに対し，被告が現金の交付は受けていないし，また，上記口頭での合意はなかったと主張して争ったような場合に，双方にどのような攻撃防御方法が考えられるであろうか。

　このような，請求原因事実を直接証明する証拠が存在しない場合には，原告としては，関連する重要な間接事実を主張・立証することで，同事実を主張・立証する必要がある。上記のような事案では，①金銭を交付するだけの資力があったこと，②被告が現実に貸し渡したとされる金銭を費消していること，③原告が手渡しのために被告と会っていること（以上，主として金銭の交付に関連する事実），④被告の側で金銭借用を必要としていたこと，あるいは被告から借用の申出があったこと，⑤被告に返還するよう催告したこと，⑥被告において金銭の借用を前提とするような言動があったこと（以上，主として返還及び弁済期の合意に関連する事実）等の事実が重要な間接事実と考えられよう。

他方，被告としては，上記間接事実の存在が否定されるような事実を主張・立証することにより，金銭消費貸借契約が成立しているとの推認を妨げることになる。

　なお，被告が，金銭の交付を受けたことは認めるが，返還及び弁済期の合意があったことについては争う場合，例えば，当該金銭は贈与されたものである，あるいは利益配当を期待して事業資金として交付されたものであるといった主張（これらの主張は理由付け否認である）をする場合には，原告・被告間の贈与や資金投資に係る契約の事実を主張し，贈与や資金投資の契約書等を書証として提出することにより，上記被告の主張の直接根拠となる事実について主張・立証するか，あるいは，原告・被告間の関係や金銭授受に至る経緯等の中で贈与又は資金投資の主張が認められるような間接事実を主張・立証することにより，金銭消費貸借契約の不存在・不成立の事実を主張・立証することになろう。

(3) 当事者の立証活動——書証及び人証の申出

　前記(2)で説明したとおり，貸金返還請求訴訟においては，金銭消費貸借契約書や借用書，抗弁として弁済の事実を主張する場合には領収書等，要件事実に直結しうる書証の存在が重要である。ただ，これら直接証拠となる書証が存在しない場合には，前記(2)(b)で説明したような間接事実の立証によらざるを得ないが，一般的には，直接事実の立証であるか，間接事実の立証であるかを問わず，訴訟での証拠に基づく事実認定においては，人証に比べて「客観的な証拠」，「動かない証拠」としての書証に基づく心証形成が中心となると考えられることから，可能な限り書証の収集を図って，書証の申出を中心に据えるような立証活動を展開すべきであると考えられる。ただし，貸金返還請求訴訟の間接事実の立証においては，やはり人証，特に本人尋問による立証が重要であることも否定しがたいところであろう。

　以下，書証及び人証の申出の手続について一般的な説明を付け加えておきたい。

(4) 書証申出の手続

　書証の申出は，証明すべき事実を特定し，これと証拠との関係を具体的に明示し，文書の原本を提出して行うのが原則であるが（民訴180条1項・219条，民訴規99条・143条），実務では，事前に文書の写しを文書の標目，作成者及び立証趣

旨を明らかにした証拠説明書（民訴規137条1項）とともに裁判所に提出することが行われている（裁判所と相手方の分として相応する通数を提出することになるが，相手方分については準備書面同様，民事訴訟規則137条2項に基づき直送されることも多い）。

なお，簡易裁判所の事件では，口頭弁論は書面で準備することを要しないことから（民訴276条1項）証拠説明書は提出しなくてもよいことになるが，訴訟代理人が付いている場合には，提出を求められることも充分に考えられる。

証拠説明書において文書作成者の氏名や作成年月日等，文書の特定事項の記載が不十分な場合には裁判所から釈明を求められることもある。

(5) **人証の申出**

(a) 証人尋問の申出

証人尋問も書証の申出と同様，証明すべき事実の特定及び証拠との関係の明示が必要であるが（民訴180条1項，民訴規99条），さらに証人を指定し，尋問の所要時間の見込みを明らかにすることも必要となる（民訴規106条）。また，尋問事項を個別具体的に記載して，裁判所に提出するとともに相手方には直送する（民訴規107条）。証人尋問の申出にあたっては，争点及び要証事実との関連性や採用の必要性を十分に検討することが必要となる。裁判所としてもこの点十分に検討して証人の採否を決定している。

貸金返還請求訴訟においては，中立的な証人は少なく，契約に立ち会った者等，申出をした当事者の側に立つ証人が中心となるため，採用された場合には，呼出しではなく，申出をしたほうの当事者によって同行されることが多いものと考えられる。

なお，証人尋問の効率化のためにあらかじめ証人となる者の陳述書が書証として提出されることもよく行われている。

(b) 本人尋問の申出

本人尋問の申出の場合も，原則として証人尋問に関する規定が準用される（民訴210条，民訴規127条）。本人尋問に関する規定は，訴訟において，当事者を代表する法定代理人について準用される（民訴211条本文）から，法人の代表者，未成年者の親権者，成年後見人等は本人尋問として申出をすることになる。尋問の見込み時間を明らかにすること，尋問事項書を提出し，相手方に直送することも証人尋問と同様であり（民訴規127条本文・106条・107条），尋問の効率化の

ための本人の陳述書が提出されることも証人尋問の場合と同じことがいえる。

一方，本人尋問の場合には，争点及び要証事実との関連性は認められるから，証人尋問とは異なり，必要性がある限り，採用されるものと考えられる。

また，本人尋問は，当事者の申出がなくても裁判所が職権で尋問することもできる（民訴207条1項）。

〔4〕 証拠調べの段階

(1) 書証の取調べ

書証の取調べは，口頭弁論又は弁論準備手続において，書証の原本が取り調べられる。したがって，当事者は，口頭弁論又は弁論準備手続に，書証の原本を持参する必要がある。実際には，裁判所にあらかじめ提出されている当該書証の写しを，当事者が持参した原本と照合し，作成者や文書の標目等についての確認や必要な釈明を行ったうえで，相手方に当該書証が真正に成立したものかどうか（当該文書が，作成者として表示されている者の意思に基づいて作成されたものであるかどうか）の認否を問うという形で実施される。

相手方が，書証となっている文書が真正に成立したことを争った場合には，書証の提出者が，文書が真正に成立したことを証明しなければならない（民訴228条1項）。ただ，相手方が認めるのではないものの，積極的に争わなかった場合には（文書の成立を否認するときは，その理由を明らかにしなければならないと定められている（民訴規145条）），特段の立証を待たずに，弁論の全趣旨により，文書が真正に成立したことが認定されるものと解される。

なお，私文書については，その文書に本人又は代理人の署名又は押印があるときは当該文書が真正に成立したものと推定される（民訴228条4項）から，提出された書証が署名又は押印のある私文書の場合には，裁判所は，相手方に署名又は押印が本人のものかどうか尋ねるという形で，文書の作成の真正に関する認否を問うことになる。さらに，押印部分について，「被告が捺印したものではないが，同部分の印影が被告の印章によるものであることは認める。」と認否した場合には，反証のない限り，印影が被告の意思に基づくものであるとの事実上の推定を受ける（最判昭39・5・12民集18巻4号597頁，一段目の推定と呼ばれることがある）ので，上記民事訴訟法228条4項により，結局，当該文書が真

正に成立したものと推定されることになる（いわゆる二段の推定）。したがって、あくまで当該文書の作成の真正を争う場合には、事案に応じて、例えば、「押印部分は何者かが被告の印章を冒用して偽造した。」というように、印影が被告の意思に基づくものであるとの推定を妨げるような事実を主張する必要がある。

貸金返還請求訴訟において、原告が提出した書証（甲号証）が処分証書である金銭消費貸借契約書の場合、成立に争いがない場合又は真正に成立したものと認められた場合には、特段の事情のない限り、その内容どおりの意思表示又は法律行為があったものと推認される（最判昭32・10・31民集11巻10号1779頁参照）ことになり、その結果、書証から直接、金銭消費貸借契約成立の事実が認められることになるし、借用書、念書といった表題で金銭借用の事実や借主が返還を約している事実を記載しているような書面についても、その内容によっては処分証書に準じた証拠として取り扱われる場合もあるので、被告としては、これらの文書の作成の真正及びその内容に関しては、あらかじめ十分慎重に検討しておく必要がある。

(2) 人証の取調べ

(a) 人証取調べの時期等

証人及び当事者本人尋問は、できる限り、争点及び証拠の整理が終了した後に集中して行わなければならない（集中証拠調べの規定（民訴182条））とされている。

証人尋問と本人尋問の順序であるが、通常は、証人尋問のあとで本人尋問が実施されるが、本人尋問を先に実施する運用がなされる場合もある。

(b) 証人尋問

証人尋問は、人定質問、宣誓の趣旨及び偽証の罰則（刑169条）を説明したうえで、証人に宣誓をさせて実施する（民訴201条1項、民訴規112条）。尋問の順序は、①申出をした当事者の主尋問、②相手方の反対尋問、③上記①の再主尋問の順に行われ、必要があれば裁判所が介入尋問を行い、当事者にも介入尋問が許されることがある（民訴202条1項、民訴規113条）。代理人が付いている場合には、代理人が質問した後、裁判所がまとめて補充尋問を行うことが多いが、まず裁判所から尋問を行う運用も考えられよう。

(c) 本人尋問

本人尋問についても，上記証人尋問で説明したところとほぼ同様であるが，宣誓をさせるかどうかは裁判所の裁量による点が異なる。ただし，宣誓をさせるのが通常であり，特に，貸金返還請求訴訟において宣誓をさせない例はほとんど見られないと思われる。

なお，証人尋問，本人尋問のいずれにおいても，尋問内容は，争点に関係する事項に限られており（民訴規115条2項4号），争点に関係のない質問があった場合，正当な理由がない限り，裁判長（裁判所）はこれを制限できる（同条3項）。

〔5〕 事件終了の段階

(1) 訴訟上の和解及び効用
(a) 訴訟上の和解の意義及びメリット

訴訟上の和解は，訴訟物たる権利関係に関する当事者間の互譲によって，訴訟を終了させるとの合意であって，その合意内容が調書（和解調書）に記載されたときは，その記載は確定判決と同一の効力を有する（民訴267条）ものとされ，また，和解条項により給付条項が定められると，和解調書は執行力を付与されて債務名義となる（民執22条7号）。

貸金返還請求訴訟の和解では，債務不存在を確認する場合以外は，通常，給付条項が定められる。

上記のとおり，訴訟上の和解は，確定判決と同一の効力があるから，訴訟を早期に終結させて，紛争を解決することができるだけでなく，特に貸金返還請求訴訟においては，当事者の合意に基づき，元金の減額や分割払い等事案に応じた柔軟な解決を図ることによって，債務者（被告）の任意の履行が期待できることから，結局は，債権者（原告）としても，早期に自己の権利内容が実現できるというメリットがある。

(b) 訴訟の段階と訴訟上の和解

訴訟上の和解は，訴訟のどの段階でも可能であるが，前記〔2〕の争点整理及び当事者の立証活動の段階では，判断する側の裁判所よりも，むしろ，当事者のほうが今後の訴訟の展開を予想しやすいため，当事者の主導により，和解が進行していくことのほうが多いと考えられる。これに対して，前記〔3〕の証拠調べの段階では，裁判所はある程度，事実関係及び争点について心証形成

ができていることが考えられるから，書証取調べの後，又は人証の取調べの後に，裁判所から，和解勧告を行い，裁判所の心証を踏まえて，和解案が提示されることのほうが多くなるものと予想される。貸金返還請求訴訟の場合であれば，貸主である原告の請求を認容するとの心証を得ている場合には，例えば請求額から一定金額を減額することや分割払いにするといった勝訴の予定者である原告に一定の譲歩を促すような内容の和解案になるし，被告の防御の主張に理由があるとの心証を抱いた場合には，例えば，判決に対する控訴提起によりさらなる紛争の継続を回避することなどを目的として，被告から原告への事案に応じた相当額の解決金の支払による解決を提案することが考えられる。

(c) 一部請求の場合の訴訟上の和解について

貸金総額が200万円であるところ，そのうちの一部請求であると明示して，140万円の貸金返還請求があった場合には，140万円の請求部分だけが訴訟物と解されており（最判昭和37・8・10民集16巻8号1720頁），判決の場合は，上記140万円の限度で貸金返還請求権の存否が判断されることになるが，和解の場合には，双方の合意により，200万円全部について和解を成立させることが許されるものと解される。実際問題としても，貸金の一部のみについて和解が成立しても，紛争の抜本的解決には至らないことから，貸金全部についての和解による解決が許されよう。

なお，訴訟代理人が和解を行うには，特別授権が必要となる（民訴55条2項2号）ところ，訴訟代理人が司法書士である場合には，その代理権が簡易裁判所の事物管轄の範囲内（訴額140万円）に限られる（司法書士法3条1項6号ロ）ことから，上記特別授権があった場合でも，140万円を超える金額で和解を成立させることができるかが問題となる。

①訴額140万円を超える請求額への訴えの変更（請求拡張）がなされた場合は，もともと司法書士が代理してこのような請求拡張をすることはできないので，代理権が否定されることになるが，②上記訴えの変更がなされなかった場合には，代理権そのものは否定できず，和解を成立させること自体は可能となろう。ただし，上記訴えの変更の手続を経なかった場合でも，実質的には訴額が140万円を超える金額に請求が拡張されたと解されるような場合には，司法書士の品位保持義務（司法書士法2条）違反の問題が生じるものと解される。

(2) 和解に代わる決定及び訴訟上の和解が成立したものとみなされる手続
(a) 和解に代わる決定

簡易裁判所における手続の特則として，和解に代わる決定（民訴275条の2）の規定が設けられている。これは，①金銭の支払を請求する訴訟事件において，②被告が原告の主張した事実を争わず，その他，何らの防御方法も提出しないときに，③裁判所が資力，その他の事情を考慮して，和解による解決を相当と認めた場合に，④原告の意見を聴いた上で，⑤5年を超えない期間での分割支払等の条項を定めることにより，訴訟上の和解と同様の効力をもたらそうとするものである（ただし，決定の告知を受けた日から2週間の異議申立期間があり，この期間に異議申立てがあれば当該決定は失効する）。一方，当事者が出頭しなくても決定が可能である（むしろ，被告が遠方に居住する等の理由で裁判所に出頭できないような場合に，和解同様の手続による解決を図るための制度といえよう）。

被告としては，出頭の費用・労力を伴わず，早期に分割払い等の柔軟な解決が可能となるために和解に代わる決定を希望する場合が相当数ある。一方，原告としても，任意の履行により，強制執行の負担を回避することが期待できることから，分割金が許容範囲の金額であれば，同決定をすることに応じることも少なくないことから，簡易裁判所の訴訟，特に貸金返還請求訴訟では，相当に活用されている制度である。

(b) 和解条項案の書面による受諾（受諾和解）等

一方の当事者が遠隔地に居住していること等の理由により出頭が困難であると認められる場合に，予め裁判所から提示された和解条項案を受諾する旨の書面を裁判所に提出し，他方の当事者が口頭弁論期日に出頭し，上記和解条項案を受諾したときは和解が成立したものとみなされる（民訴264条）。これが受諾和解と呼ばれている手続である。ただ，簡易裁判所の貸金返還請求訴訟では，和解に代わる決定の手続が活用できるため，この受諾和解の手続はそれほど活用されていないのが実情といえよう。

このほか，両当事者が共同で，裁判所に適切な和解条項を定めるよう申し立て（両当事者が，裁判所が定めた和解条項に服する旨書面に記載することが必要となる），この申立てに基づいて，裁判所が定めた和解条項を口頭弁論期日等で両当事者に告知することによって，和解が成立したものとみなされるという手続もある

(民訴265条)。

(3) 口頭弁論の終結及び再開

(a) 口頭弁論の終結

当事者の主張・立証が尽き，訴訟が裁判をするのに熟したとき，貸金返還請求訴訟でいえば，裁判所が貸金返還請求権の存否について判断をする時期にあると考えたときは，弁論を終結し（民訴243条1項），判決言渡期日を指定する（なお，判決言渡期日の通知告知については民訴規156条参照）。

訴訟のどの段階で「訴訟が裁判をするのに熟した」として弁論を終結するかについては，前述（(3)(1)）のとおり，争点及び証拠の整理が終了した後に集中して人証の証拠調べが実施されることから（集中証拠調べ，民訴182条），証人及び本人尋問の終了後は，それ以上の当事者の主張及び立証は予定されていないことになるので，このときに訴訟が裁判をするのに熟したものとして，弁論が終結されることになると考えられる。実際の訴訟でも，人証の証拠調べ終了後，同一の口頭弁論期日で弁論を終結する場合が多いのではなかろうか。

ただ，先に述べたとおり，上記証拠調べ終了時点で裁判所から和解勧告がされる場合があり，また，当事者が，証人・本人尋問の結果を踏まえたうえで，準備書面を提出したいとして期日の続行を求め，同準備書面陳述後，弁論が終結される場合もある。

なお，裁判所が，弁論を終結するに際し，当事者に対しほかに主張・立証はないことを確認し，その旨記録にとどめておくよう裁判所書記官に指示する取扱いも見られるところである（当該期日の口頭弁論調書に，例えば「当事者双方　ほかに主張及び立証はない。」といった記載がされる）。

(b) 口頭弁論の再開

弁論を終結した後，裁判所は必要があれば口頭弁論の再開を命ずることができる（民訴153条）。実際の訴訟では，当事者が主張・立証を追加する必要があるとして，弁論の再開を裁判所に申し立てる場合があるが，これは裁判所に口頭弁論再開の職権発動を求める趣旨であると解されている。ただ，訴訟の終局段階になって，当事者が新たな主張をした場合には，時機に後れた攻撃防御方法として却下される場合がある（民訴157条1項）こととの関係で，当事者が新たな主張・立証を追加したいとの理由から，口頭弁論再開の職権発動がされる

場合は限られてくるのではないかと考えられる。

［辰巳　晃］

Q34 少額訴訟手続

Xは、Yに対し、弁済期を定めずに50万円を貸し付けたが、その際、契約書や念書や借用書などを作成しなかった。その後、1年が経過したものの、Yには、50万円を弁済しようとする気配すら見受けられない。そこで、Xは、少額訴訟手続を利用してYから50万円を回収したいと考えている。

Xが少額訴訟を提起する際に、留意すべきことは何か。また、少額訴訟手続における審理、判決及び執行などはどのように行われるのか、説明しなさい。

A

〔1〕 少額訴訟手続について

(1) 意　義

少額訴訟手続とは、訴額が60万円以下の金銭の支払を目的とする訴訟について、原則として1回の口頭弁論期日で審理を終了し、その後、直ちに判決を言い渡すことを予定した簡易裁判所の訴訟手続における特則手続である（民訴368条～381条、民訴規222条～231条）。

もともと、簡易裁判所は、市民に親しみやすい裁判所として、少額の訴額（140万円以下）の事件を対象とし、簡易な手続で迅速に事件を解決する役割を担っているが（民訴270条～280条、民訴規168条～172条）、少額訴訟手続はその趣旨をさらに前進させて創設されたものである。

なお、少額訴訟手続といえども、手続の基本的構造は同じであるから、少額訴訟に関する特則規定にない部分は、簡易裁判所の特則規定に従い、さらに、その規定にない部分は一般の訴訟手続の規定に従うことになる。

(2) 少額訴訟の対象となる事件

(a) 金銭の支払請求を目的とするもので，かつ，訴額が60万円以下の事件である（民訴368条1項）。

訴額は「60万円以下」（平成16年4月から「30万円以下」から引き上げられた）であり，金銭の支払請求を目的としているから，金銭債務不存在確認請求とか物の引渡請求等の事件は対象外である。

(b) 利用回数は，同一の簡易裁判所において同一年に10回までである（民訴368条1項但書，民訴規223条）。

一般市民が利用することを想定した手続であるから，簡易裁判所に多数係属する消費者信用関係事件が少額訴訟手続に移らないように回数を制限した。

(c) 原告の申述（民訴368条2項・3項）

原告は，訴えを提起する際に「少額訴訟手続による審理及び裁判を求める旨の申述」をしなければならない。そのとき，当該裁判所において，少額訴訟による審理及び裁判を求めた回数を届け出なければならない。

(3) 通常の手続への移行

(a) 被告による通常移行（民訴373条1項・2項）

被告は，訴訟を通常の手続に移行させる旨の申述をすることができる。ただし，最初にすべき口頭弁論期日において弁論をした後はできない。この申述があれば，その時に訴訟は通常手続に移行する。

原告が少額訴訟を選択できるのに対応して，被告にも手続選択の機会を与えるのが公平であり，被告の手続保障を図ることになる（移行させるか否かについては，裁判所による事前の手続教示がある。民訴規222条1項・2項2号）。

(b) 職権による通常移行（民訴373条3項4号・4項・5項）

当事者が少額訴訟手続を選択しても，裁判所が「少額訴訟により審理及び裁判をするのを相当でないと認めるとき」，裁判所は，通常の手続で審理及び裁判をする旨の決定をする。この決定には不服申立てができない。なお，通常の手続に移行したときは，少額訴訟のために指定した期日は，通常の手続のために指定したものとみなされる。

(4) 審理の特徴

(a) 一期日審理の原則

当事者が1回だけ裁判所に出頭すれば済むように，①最初にすべき口頭弁論

の期日において，審理を完了し（民訴370条1項），②当事者は，その期日前又はその期日において，すべての攻撃防御の方法を提出しなければならないし（同条2項），③審理が完了すると，原則として，直ちに判決の言渡しがある（民訴374条1項）。

（b）　反訴の禁止（民訴369条）

反訴を認めると，裁判所としては，原告の答弁を待って審理を進める必要が生じ，審理も複雑化するおそれもあり，1回の審理を原則とする少額訴訟手続の基本的構造と相容れない。

（c）　証拠調べの制限（即時性）と緩和（宣誓の省略等）

（イ）　原則，1回の期日で審理を完了しなければならないから，証拠調べは，即時に取り調べることができる証拠に限られる（民訴371条）。

例えば，在廷証人の尋問，出頭した当事者本人の尋問，法廷に提出が可能な文書や物などである。

（ロ）　一般市民が利用することを想定しているから，厳格な証拠調手続を緩和し，①証人尋問は，形式張らず，宣誓をさせないですることができ，②証人又は当事者本人の尋問は，当事者に代わって裁判所がまず尋問を行う必要があることから，裁判官が相当と認める順序で行う（民訴372条1項・2項）。

（ハ）　実務では，弁論と証拠調べを明確に区分せずに，裁判官が当事者から事実関係を聴取し，訴訟資料及び証拠資料を整理しながら審理（主張と立証の一体化審理）を行っている。

(5)　裁判の特徴

（a）　判決は，原則，審理が終了した後，直ちに言い渡す。その場合，判決書の原本に基づかないですることができる（民訴374条1項・2項）。

簡易迅速に紛争解決をするため，別の期日を指定して言い渡すのではなく，直ちに言い渡す。そのためにも，調書判決を利用できることとした。

少額訴訟手続においては，通常訴訟手続における調書判決（民訴254条）と異なり，当事者間に争いがあるか否かにかかわらず，調書判決で言渡しができる。

（b）　被告の資力その他の事情を考慮して，特に必要があると認めるときは，判決の言渡し日から3年を超えない範囲内において，支払期限の猶予，分割払いを定める判決ができる（民訴375条1項）。

原告が勝訴判決を得ても，被告が任意に履行しなければ，強制執行の手続が必要となり，原告にとっては時間と費用が新たな負担となる。被告にとっては，任意に履行しやすい内容であれば，それが期待できるから，双方にとって利益となりうる制度である。

もっとも，実務では，和解又は和解に代わる決定によって解決しており，分割払判決による解決はあまりない。

(c) 必要的仮執行宣言

請求を認容する判決については，裁判所は，職権で仮執行をすることができることを宣言しなければならない（民訴376条1項）。

早期の執行を容易にするために，必ず仮執行宣言をすることとした。

なお，執行段階でも簡易迅速に紛争が解決するよう，単純執行文の付与は不要とした（民執25条但書）。

(6) 少額訴訟判決に対する不服申立て

(a) 控訴の禁止と異議申立て

少額訴訟判決に対しては控訴をすることができない（民訴377条）。控訴を認めると，紛争解決終了まで相当の時間，費用がかかり，少額訴訟手続を新設した趣旨が損なわれかねないからである。

控訴に代わり，その判決をした簡易裁判所に対し，異議の申立てができる（民訴378条1項）。

(b) 異議後の訴訟における審理と裁判

(イ) 適法な異議があったときは，訴訟は，口頭弁論の終結前の程度に復する。この場合においては，通常の手続によりその審理及び裁判をする（民訴379条1項）。

口頭弁論終結前の状態に戻るから，当事者及び裁判所の訴訟行為は，すべて当然にその効力が維持され，異議後の審理に引き継がれることになる（裁判官が異なる場合は，弁論の更新が必要）。

異議後は，通常の手続に従って審理を行うため，一期日審理の原則（民訴370条）や証拠方法の制限（民訴371条）は適用がなくなる。

しかし，異議後も簡易，迅速な審理が望ましいから，反訴は禁止され，証拠調べの順序も緩和して行われる（民訴379条2項）。

(ロ) 少額異議判決

(i) すでに債務名義（少額訴訟判決）が存在するから，それを前提に判断する必要がある。したがって，この状況と同じ手形・小切手訴訟手続における規定が準用される（民訴379条2項・362条・363条）。

(ii) 異議審の終局判決についても，控訴は禁止され，最高裁判所への特別上告を除き，不服を申し立てることはできない（民訴380条）。

簡易迅速な紛争解決を損なわないよう控訴を禁止するとともに，憲法違反が問題になると，最高裁判所への不服申立ての機会を保障する必要があるから，特別上告は認めた。

(7) **少額訴訟債権執行手続**

(a) 少額訴訟債権執行手続とは，少額訴訟手続で得られた債務名義による金銭債権に対する強制執行を地方裁判所のほか，少額訴訟手続を行った簡易裁判所においても実施できるようにした手続である（平成17年4月1日から施行）。

訴訟手続段階だけではなく，執行手続段階においても簡易迅速に手続が実施できるよう債権者の利便性を図ったものである。

(b) 少額訴訟債権執行手続が利用できる債務名義

少額訴訟手続に係る債務名義（①少額訴訟確定判決，②仮執行宣言付少額訴訟判決（確定前），③少額訴訟における訴訟費用等の費用負担の額を定める裁判所書記官の処分，④少額訴訟における和解，認諾調書，⑤少額訴訟における和解に代わる決定等）に限られる（民執167条の2第1項）。

(c) 申立ては，債務名義を作成した簡易裁判所の裁判所書記官に対して行い，裁判所書記官が差押処分を行う（同2項）。

(d) 差押えの対象は，金銭債権（預貯金，給与，賃料，敷金等）のみである（同1項）。

(e) 被差押債権の換価手続は，取立て（同167条の14（155条から158条まで準用））と弁済金交付手続（同167条の11第3項）のみを予定している。

(f) 債権執行手続への移行

次の3つの場合，執行裁判所（簡易裁判所）は，その所在地を管轄する地方裁判所における債権執行の手続に事件を移行させることになる。

(i) 転付命令等のための移行（民執167条の10）　差押債権者から，転付命

令又は，譲渡命令，売却命令，管理命令その他相当な方法による換価を命ずる命令を求めるため，債権執行手続に事件を移行させるよう申立てがあった場合。

(ⅱ) 配当等のための移行（民執167条の11）　債権者が2人以上であって，第三債務者の供託金で各債権者の債権及び執行費用の全部を弁済することができないため，配当を実施すべきとき（同条1項）。

なお，移行する裁判所として，差押えに係る金銭債権について，さらに差押命令又は差押処分が発せられた場合には，当該差押命令を発した執行裁判所又は当該差押処分をした裁判所書記官の所属する簡易裁判所の所在地を管轄する地方裁判所における債権執行の手続にも事件を移行させることができる（同条2項）。

(ⅲ) 裁量移行（民執167条の12）　執行裁判所が差し押さえるべき金銭債権の内容その他の事情を考慮し，地方裁判所で判断するほうが相当であると認めたとき。

〔2〕　設問の検討（Xの留意事項）

(1)　少額訴訟手続の選択がよいのかどうか

設例の事案によると，Yは争う可能性が高いといえる。しかも，設例の事実だけでは，相手に貸金の事実を否認されると，貸金の事実を裏付ける証拠が乏しいから，1回で審理を終了する少額訴訟手続では，原告敗訴の可能性がある。

このように，証拠が不十分な場合，相手がどのような態度を示し，どのような主張をしてくるのか，Xとしては，Yの態度をある程度予想して，訴訟を準備し，審理に臨む必要がある。

(2)　攻撃又は防御の方法を提出する準備

(a)　通常，貸金請求の請求原因事実は，①XがYとの間で金銭の返還の合意をしたこと，②XがYに金銭を交付したこと，③XがYとの間で弁済期の合意をしたこと，④弁済期が到来したことであり，Xは各事実を主張・立証することになる。

(b)　しかし，本問では弁済期の定めがない。

「弁済期を定めていない」ということは，当事者としては「貸主が催告した時」を弁済期とする合意があると意思解釈するのが合理的であるから，①訴え

を提起する前にYに催告し，訴状には「催告した日及び相当期間の末日の到来」（民591条）を記載する方法と，②訴状をもって催告に代え（訴状には「弁済期の定めなし」と記載する），訴状を送達する方法がある（弁済期の定めがない場合，貸主はいつでも返還請求することができ，借主は相当期間を定めた催告がないことを抗弁として主張しなければ，その請求を受けた時から遅滞の責めを負う（大判昭5・6・4民集9巻9号595頁））。

(c)　Xは，契約書や借用書等を作成しなかった。

(イ)　契約書のような処分証書がない場合，まず，なぜ契約書等が作成されなかったのかについて，Xとしては，合理的な理由を示す必要がある。XとYとの人間関係，貸すことになった経緯，金額等から契約書を作成しなかった事情を明らかにすることになろう。

(ロ)　Yが金銭の授受を争うことを想定した準備　　金銭の授受自体が争われた場合は，その金銭交付がどのような方法でなされたかによるが，手渡しで授受したということであれば，客観的証拠は少ないから，間接事実を積み重ねることになる。

Xとしては，①Xの資力を示す証拠，②50万円の原資を示す証拠，③Yが借入れを必要としていたことを示す証拠，④Yが50万円を何かに使ったことを示す証拠，⑤金銭の授受を前提とした当事者間のやり取り（会話，メール等）を記録した媒体（物証）や当事者間のやり取りを見聞きしていた第三者（人証）の供述などを収集することになる。

(ハ)　Yが金銭の授受を争わないが，返還合意の有無を争うことを想定した準備　　金銭の授受はあるが，返還合意がないという主張は，金銭が別の目的で授受されたということであり，その中では「贈与である」という主張が多い。

仮にYが贈与であるという主張をすることを想定した場合　　贈与は，片務かつ無償契約であるから，XがYに対し，そのような恩恵を与えるだけの動機，目的を有するか否かが問題となる。

この点，付き合っていた男女間で争いになったとき，貸金と贈与が混在することがあるため，事実認定が難しくなるが，いずれにしても，Xとしては，X自身の資産，Yとの人間関係，金銭を交付した理由や経緯，金銭交付後に返還を前提とした当事者の行動の有無など，返還合意を推認させる間接事実をでき

るだけ多く取り上げ，主張・立証できるよう準備を行い，口頭弁論に臨む必要がある。

[桐　　忠裕]

Q35 金銭債務不存在確認請求訴訟

金銭消費貸借に基づく債務不存在確認請求の要件事実について説明するとともに、その訴状（請求の趣旨及び原因）の起案例を示しなさい。また、同請求に対する被告の防御方法について説明するとともに、その主張書面の起案例を示しなさい。

〔1〕 はじめに

　債務不存在確認訴訟とは、特定の債務の不存在を主張し、裁判所にその確認判決を求める申立てであり、実体法規範が整備された社会を前提に、当事者間の権利・法律関係の存否を判決によって、宣言・確定し、紛争の終結ないし予防に寄与する訴訟類型であるといわれている。実務上、金銭債務不存在確認訴訟が提起されるのは、貸主が借用証を所持し、貸金債権があると主張しながら、貸金返還請求訴訟までは提起しない場合に、借主（ないし保証人）から争いのある権利関係について現存する不安を除去するために提起することがある（確認訴訟の予防的機能）。また、当該金銭消費貸借について公正証書が作成されていたり、抵当権等の担保権が存在するときなどは、放置することができないので、請求異議訴訟や抵当権登記の抹消登記手続訴訟を提起する必要があるが、これらの訴訟に付加して金銭債務不存在確認請求訴訟を提起する例が見られる。これは法律関係の安定化の観点から、当事者の意識を考えると、抵当権登記の抹消登記手続訴訟等による紛争解決では十分とはいえず、消極的確認訴訟を提起する実益があるといえる。

〔2〕 請求の特定

　訴訟上の請求は、確認訴訟では、実務上、実体法上の請求権ごとに考える旧

訴訟物理論を原則とすることで定着しており，積極的確認訴訟，消極的確認訴訟のいずれでも審判の対象は，特定明示された当該具体的権利又は法律関係そのものであり，明確に一義的に定まっている必要がある。確認訴訟の訴訟物は，請求の趣旨のみで特定するのが原則である（通説）が，訴訟物としては，常に権利の法律的性質決定を伴うことが必要であり，請求の趣旨において，この特定を欠き，単に債務を負担しない旨の確認を申し立てた場合には，不適法な訴えとなり，却下を免れないことになる。

このことは，金銭債務不存在確認訴訟においても，同様であり，債務者において，債権者との間で不存在確認を求める債務の特定，具体的な契約の発生原因（合意の日時，内容）を請求の趣旨に掲げて対象となる法律関係を特定し，かつ，その法律関係から生ずる金銭債権の額を具体的に明示することが必要である。これは，その特定がなければ，訴訟の対象が明らかとはいえないからであるが，その特定された当該債務の発生原因事実の主張・立証責任は債権者にある。

〔3〕 請求の趣旨の記載

(1) 基 本 型

基本型ともいうべき請求の趣旨の記載例は，次のとおりである。

■基本型Ⅰ──金銭債務全額不存在確認

「原告と被告間の平成20年8月1日の1000万円の金銭消費貸借契約に基づく原告の被告に対する貸金債務が存在しないことを確認する。」

「原告と被告間の平成20年8月1日付け金銭消費貸借契約に基づく原告の被告に対する元金1000万円の返還債務が存在しないことを確認する。」

「被告において，原告と被告間において平成20年8月ころに締結したと主張する金銭消費貸借契約に基づく原告の被告に対する元金1000万円の返還債務が存在しないことを確認する。」

■基本型Ⅱ──金銭債務一部不存在確認

「原告と被告間の平成20年8月1日の1000万円の金銭消費貸借契約に基づく原告の被告に対する貸金債務が300万円を超えて存在しないことを確認する。」

〔注〕 債務不存在確認請求を全部認容する判決の主文は，通常，請求の趣旨に対応して，

基本型Ⅰは「……の債務が存在しないことを確認する。」という表現で示され，基本型Ⅱは「……の債務は300万円を超えて存在しないことを確認する。」と記載する。

(2) 「一定の債務額の明示」は必要か

上記基本型Ⅰ，Ⅱとも，一定の債務額を明示しており，訴訟物は，1000万円の貸金債務（一部不存在の場合は700万円の貸金残債務）の存否として特定されているのであるが，これに対し次のように，一定の債務額の明示がない場合，訴訟物の特定として有効といえるかが問題となる。

「原告と被告間の平成20年8月1日の金銭消費貸借契約に基づく原告の被告に対する貸金債務が存在しないことを確認する。」

「原告と被告間の平成20年8月1日の金銭消費貸借契約に基づく原告の被告に対する貸金債務が300万円を超えて存在しないことを確認する。」

「原・被告間において，原告の被告に対する貸金債務の残存元本が300万円を超えて存在しないことを確認する。」

この点について，金銭債権の積極的確認訴訟では債務額の明示が必要であるとする判例（最〔1小〕判昭27・12・25民集6巻12号1282頁）があるが，多数説は，債務不存在確認訴訟の請求の特定において，このように，請求の趣旨に上限を明示していない場合でも，請求の原因に記載されている等により一定の上限が付された訴えと「解釈」される場合には，訴訟物の特定に欠けるところはないとする。

これは請求の特定が訴状中の「請求の趣旨」部分のみによって特定されなければならないというものではなく，訴状中の「請求の原因」部分まで拡げて，解釈し，債務額の上限が明確になり，申立ての趣旨（範囲）を把握することができればよいとするものである。

多数説は，消極的確認訴訟の場合，原告において具体的な金額を把握することが困難なことも少なくないこと，上記のとおり，請求の特定自体は，訴訟を提起する原告がしなければならないが，債権発生の請求原因事実の主張・立証責任は債権者である被告にあることを考慮すると，債務額が明示されていなくとも，被告の防御に支障があるとはいえないことを理由としている。

この点，最〔2小〕判昭和40年9月17日（民集19巻6号1533頁）は，原告が請求の趣旨で「原告の被告に対する債務の残存元本は金14万6465円を超えて存

第2章　貸金返還請求訴訟に関するQ＆A　　Q35　金銭債務不存在確認請求訴訟　　289

在しないことを確認する。」と記載した金銭債務不存在確認訴訟において，1，2審が，審理の結果，原告の被告に対する残存元本債務は原告の主張する14万6465円を超えることが明らかであるとしたのみで，残存額の不存在の限度を明らかにすることなく原告の請求を棄却したのに対し，請求の趣旨及び請求の原因並びに一件記録によると，原告らが本件貸金債務について不存在の確認を求めている申立ての範囲（訴訟物）は，原告らの先代が被告から借り受けた金110万円の債務から金14万6465円を控除した残額金95万3535円の債務の不存在の主張であり，請求の当否を決めるためには残存額の不存在の限度を明確にすべきであるとして，原判決を破棄している。

(3) 解釈によっても債務額の上限が明確にならない場合

それでは，請求の趣旨，請求の原因の記載等の「解釈」によっても債務額の上限が明確にならない場合には請求の特定を欠くのであろうか。

金銭消費貸借紛争の事例においては，訴訟前に当事者間で何らかの折衝がなされることが少なくないし，特に，債務消滅を理由とする債務不存在確認訴訟の場合には，原告は，かつて契約に関与しているのであるから，債務額の上限が明確にならないことは稀といえる。

しかしながら，継続的な金銭消費貸借取引において，一定期間に多数の消費貸借などが行われているため，現在の残債務の存否及び額が不明な場合がまったくないとはいえないし，保証債務を負担した者には，具体的な取引内容自体を知らない場合が少なくないと思われる。

このような場合，訴え提起段階で上限額を明示することは困難であるが，原告としては，上限を設定せずに自己の負う債務の総額について裁判所の終局的な判断を求めることが紛争の抜本的な解決に資することは否定できない。また，このような請求でも，通常は審理の過程で上限額が判明するから，判決の段階になっても依然として上限が不明の事態は少ないであろう。

また，原告が債務の上限額を示している場合でも，この一定額の表示自体は，原告において債務全額と想定した額にすぎないのであるから，特に一部請求であることが明示されていない限り，請求の趣旨で表示している特定の法律関係から発生する債務額全部の存否の確認を求めているものと解されている。この点は既判力の観点からもいえるのであり，一定額を明示した債務不存在確認訴

訟に対する全部認容判決の既判力は，一定額の明示がされているにもかかわらず当該債務全額の不存在を確定するものであり，一定額の明示があることが被告の失う利益の範囲を画するものではないとされている。このことからすれば，かかる一定額の明示がないからといって，請求が特定されていないとはいえず，不適法とはいえない（事物管轄及び訴状の貼用印紙額の算定上，一定額が明示されていることがベターであることはいうまでもない）。ただし，裁判所としては，一定額（想定額）を超えて債務の存在を確認することは民事訴訟法246条により許されないことはいうまでもない。

(4) **申立ての範囲（訴訟物）の限定は必要か**

債務不存在確認訴訟においても申立ての範囲を決めるのは債務者である原告であり，被告の態度その他の事情を考慮して，紛争解決に必要な範囲で申立ての範囲（訴訟物）を限定することになる。

(a) 一部債務を認めている場合

原告としては，あらかじめ存在すると考える債務額を除外して，残債務について不存在確認訴訟を提起することができるが，この場合の訴訟物は，当該消費貸借契約の債務の全額から除外した額を差し引いた残債務額である。この場合の請求の趣旨は，前掲基本型Ⅱのとおりである。

(b) 一部弁済の場合

原告は，弁済等により消滅したと考える債務の一部を除外して，残債務について不存在確認訴訟を提起することもできる。この場合の請求の趣旨は，「……貸金債権のうち，弁済にかかる300万円を控除した700万円の債務の存在しないことを確認する。」旨記載するか，「貸金債権1000万円のうち，700万円の債務の存在しないことの確認を求める。」旨記載することになる。請求の趣旨として「……貸金債権1000万円のうち，700万円の債務の存在しないことを確認する。」旨記載して，一部請求であることを明示するにとどめ，請求の原因において300万円の弁済の事実を明らかにすることによって請求にかかる700万円を特定することも許されるとされている。

この場合，被告である貸主が300万円の弁済を受けたことは認めて残金700万円の債権の存在を主張したのに対し，借主が700万円も弁済によって消滅したから当該債務は全額存在しないと主張して争う場合，金銭債務の不存在確認

は，争いのある範囲についてのみ求めれば足りるので，借主としては，300万円について確認の利益はないことになるが，実務上は貸主が弁済のあったことを一応認めているときでも，後日紛争が生ずるおそれがあることを考慮して借主の法律上の地位に対する不安・危険の除去の必要性を肯定し，債務全額についての不存在確認を求める例も少なくない。

なお，審理の結果，原告が存在するとして除外した債務が存在しないことが判明しても，裁判所としてはその不存在を確認することは許されない。原告の申立事項の範囲を超えるからである（裁判所としては，通常，釈明により請求の趣旨を全額の不存在確認に拡張，補正させるため，かかる事態は起こりえない）。

〔4〕 請求の原因の記載

(1) 確認の利益の基礎となるべき事実の主張

債務不存在確認訴訟については，「請求の趣旨」により，請求が特定されるため，請求特定に必要な事実（民訴規53条1項）としての「請求の原因」を記載する必要はない。

また，債権の発生原因事実は，借主である原告には主張責任がないから，請求を基礎づける意味での請求原因も記載する必要はない。

したがって，民事訴訟規則53条1項の「請求の原因」として最小限記載すべき事項としては，①訴訟物である特定の債務が存在しないとの法律上の主張，②確認の利益の基礎となるべき事実（権利関係について当事者間に争いがあること）である。

例えば，

「1　被告は，原告に対し，請求の趣旨記載の1000万円の貸付金債権を有すると主張している。

　2　よって，原告は，被告に対し，請求の趣旨記載の判決を求める。」

旨記載し，一部不存在確認訴訟の場合には，「原告は，上記債務中300万円が存在することは認める。」旨の記載がなされる。

(2) 抗弁事実の先行否認ないし再抗弁事実の先行主張

しかしながら，実務上は，これらの記載に加えて，債務不存在確認請求を基礎づける事実上，法律上の主張が記載されている。例えば，借受けの事実を否

定し（抗弁事実の先行否認），あるいは，借り受けたことは認めながら弁済による消滅を主張すること（抗弁事実の先行自白と再抗弁事実の先行主張）は実務上通常なされているところである。例えば，争点が1000万円の貸付金中，原告が被告に対して，いくら弁済したかである場合には，

「1　被告は，原告に対し，平成25年8月1日に請求の趣旨記載の1000万円を貸し付けたと主張し，同金員の支払を請求している。
　2　しかし，原告は，被告に対し，平成25年10月31日に500万円，同年12月1日に200万円を弁済した。
　3　よって，原告は，被告に対し，請求の趣旨記載の判決を求める。」

旨記載するのが通常である。

〔5〕　確認の利益

(1)　確認の利益の意義

　確認の利益は，職権調査事項である（最〔1小〕判昭42・9・14民集21巻7号1807頁）とされているが，職権探知事項ではないため，訴状には，訴訟上の請求のほか，前記〔4〕(1)で記述したとおり確認の利益を基礎づける事実の記載を要する。

　確認の利益は，①方法選択の適否，②対象選択の適否，③即時確定の利益の存否から判断される。①は，原告が債務者であって給付訴訟の余地はないので問題はない。②は，原告の被告に対する現在（過去又は将来ではない）の特定の法律関係（債権・債務）（事実関係ではない）を対象とすることが必要である。また，③の即時確定の利益については，確認訴訟の場合，対象となる権利又は法律関係の存否について原告が即時に判決で確定してもらう現実の法律上の利益（確認判決が原告・被告間の具体的紛争の解決にとって有効適切であること，又は，確認判決によって原告・被告間の紛争が即時確定を必要とする切迫したものであること）のある場合に限り，訴えの提起が許される。

　金銭消費貸借紛争の場合，債権が存在するとの貸主の主張があれば，借主の法的地位に危険・不安が現存するといえる。したがって，それを除去するためには，判決において当該債務の不存在を確認するのが有効適切であるといえるので，即時確定の利益が認められる。また，依然として貸主において借用証等

を所持する等により借主の法的地位に不安・危険が生じていれば、貸主による積極的な債権の存在の主張がなくとも、確認の利益があるとされている。

(2) **具体的な問題点**

(a) 金銭債務の不存在確認は争いのある範囲についてのみ請求すれば足りる。

債権者が1000万円の貸金中300万円の弁済を受けたことは認め700万円の債権を主張し、債務者が700万円も弁済等により消滅したと主張して争う場合については、前記〔3〕(4)(b)で述べたとおりである。

逆に、債務者が債権の一部が残存していることを自認する場合には、残存部分を除外して「1000万円の貸金中300万円を超えて債務が存在しないことの確認を求める。」として不存在確認を求めることになる。

(b) 弁済の有無、額、弁済充当の方法に争いがある場合でも、過去の弁済の有無等の確認を求めることは許されず、現在の債務の存否、額につき確認を求めることになる。また、金銭消費貸借契約等が無効若しくは取り消されるべきものか否かにつき争いがある場合には、前記契約が無効である等の確認を求めるのではなく、前記契約に基づく権利義務の不存在確認を求めることになる（実務では、金銭消費貸借契約無効確認の訴えについて、直ちに不適法却下することなく、釈明して訂正させ、当該契約に基づく貸金債務の不存在確認を求める趣旨に補正させて審理している）。

(c) 即時確定の利益が存するというためには、原則として争いのある債権を現に有すると主張する者を被告として提起すべきである（相手方が積極的に債権を有する旨の主張をしていない場合でも金銭消費貸借の公正証書、借用書等を所持する等により、債務者の法的地位に不安・危険が生じている場合には、その者を被告として提起することができる）。

(3) **関連する給付訴訟がある場合の確認の利益の帰趨**

(a) 過払いによる不当利得返還請求訴訟と債務不存在確認訴訟

原告が過払いによる不当利得返還請求訴訟に加えて債務不存在確認訴訟を提起する場合、債務不存在確認訴訟の確認の利益があるか。不当利得返還請求訴訟に関する原告勝訴判決の既判力は、当該債務の不存在を確定するものではないから、原告の法律上の地位の不安定を完全に除去するためには、債務不存在確認を求めることが有効適切であり、確認の利益があるとされている（債務の

不存在を理由とする抵当権設定登記抹消登記手続請求訴訟も同様）。

(b) 債務不存在確認訴訟と給付訴訟

貸主からの貸金請求訴訟に対抗して借主から当該貸金債務の不存在確認訴訟を反訴提起することが許されないのはいうまでもない。貸金請求訴訟の請求棄却判決によって当該貸金債務の不存在が確認され，これにより反訴の目的を達することができるので，反訴の利益は認められない。

また，借主が債務不存在確認訴訟を提起した場合に，その訴訟の係属中に貸主が同一債権について給付訴訟（貸金請求訴訟）を提起することは，審理の重複，裁判の抵触のおそれがあり，訴訟経済からみても反訴の形式によるべきである。

(c) 債務不存在確認訴訟が提起された後，被告がその確認の対象となっている債務の履行を求める反訴を提起する場合に，本訴請求に係る確認の利益の帰趨が問題となる。民事訴訟の実務においては，あえて確認の利益について判断せず，本訴，反訴双方の実体判断をするという取扱いも見られていたが，最高裁は，債務不存在確認の訴えが給付の訴えに先行して提起されている場合においても，反訴として貸主から同一債権について給付訴訟（貸金請求訴訟）を提起されていて，反訴が認容される場合，債務不存在確認の本訴については確認の利益がないとして訴えを却下すべきであるとした（最〔1小〕判平16・3・25民集58巻3号753頁）。

なお，東京地裁平成13年8月31日判決（判タ1076号293頁）は，債務不存在確認訴訟が係属中である場合，同訴訟が控訴審に係属中であっても，同一の権利関係について新たに給付訴訟を別途提起することは，反訴を提起することが不可能な状態にあるとは認められないから，例外的に新訴の提起が許される事情があるとはいえないとして，控訴審に係属中の先行訴訟について控訴の取下げがされる可能性があっても，民事訴訟法142条において禁止されている重複訴訟に該当するものであり，給付訴訟の提起を適法と解することはできないとして，不適法却下した。

〔6〕 被告の対応と審理

債務不存在確認訴訟は，当該債務に対応する債権の給付訴訟（ないし保証債務の履行請求訴訟）と表裏一体の関係にあるから，その攻撃・防御方法は，貸金請

求訴訟の攻撃・防御方法を反転させた関係にある。
 (1) **原告側の攻撃方法とその問題点**
　原告側の攻撃方法は，もっぱら債務者の貸金債務の不存在（不発生・消滅）に向けられる。貸金請求訴訟における被告側（借主）の防御方法を原告側の攻撃方法として提出することになる。
　債務不存在確認訴訟では，その確認の対象となる債務の特定を前提に，被告（債権者）において，債務者に係る貸金債務の成立及び存在を主張・立証することになるので，被告（債権者）の主張・立証に対応して，貸金債務が実際には発生しえない場合であること，あるいは，その発生した貸金債務が消滅した場合であることが原告（債務者）の攻撃方法の主眼となる。
 (a) 貸金債務の不発生
　貸金債務の不発生は，金銭消費貸借契約の無効をいう場合が一般的である（当該金銭消費貸借契約の錯誤無効等）。
 (b) 貸金債務の消滅
　貸金債務の消滅としては，元本債権，利息債権，損害金債権の消滅がある。
　被告（貸主）の抗弁として，弁済，相殺，免除，消滅時効などを再抗弁として，主張・立証することになる。
 (2) **被告側の防御方法とその問題点**
　被告側の防御方法は，原告（債務者）側が特定した貸金債務の発生原因事実に向けられる。
 (a) 貸金債務の発生
　債務不存在確認訴訟において，被告が債務の存在を主張して，原告の請求を争う場合，債務の発生原因事実の主張・立証責任は被告である貸主にある。被告としては，金銭消費貸借契約の成立（合意と金員交付）の事実について主張・立証することになる（抗弁）。
　債務者の特定した債務と債権者の主張する債務とが齟齬する場合がある。この場合には，債務者において，債権者の主張する債務を対象として，その不存在確認を求めるのでなければ意味がないので，当初の債務の特定を改めることが必要となる。また，債権者が債務者の特定したＡ債務とは別のＢ債務を主張し，Ａ債務を主張しない場合には，Ａ・Ｂ両債務が実質的には同一の債務であ

る場合などは格別，A債務が存在しないとして，債務者の請求を認容すべきではなく，その特定したA債務の存否をめぐる争いそれ自体が債権者との間にないのであるから，確認の利益を否定し，訴えを却下すべきものと解される。

　また，原告が請求の特定をするにつき一定額を明示して債務不存在確認を求める基本型Ⅰについて，被告から当該債権はその一定額を上回る金額である旨主張して争う場合がある。例えば，基本型Ⅰで原告は貸金債務1000万円の全部不存在を求めたところ，被告が借用証等を提出して当該貸金は1200万円であると主張する場合である。原告が請求において自ら明示した一定額は，不存在を争う当該債務の全額として原告が想定した額であり，債務不存在確認がなされる上限を画したものである。訴訟物としては当該債務額全額であり，債務全額の不存在について確認請求を求めているといえる。これに対する被告の主張は訴訟物である当該債務の発生原因を主張するものであるから，抗弁にあたる。

　この場合，裁判所としては，貸金が1000万円であったか1200万円であったかを審理することになる。これは，損害賠償の一部請求に対する相殺について，申立事項（訴訟物）の外側の債権部分が審理の対象になるとする，いわゆる外側説（判例）の考え方と類似するといえようか。そして，審理の結果，貸金は1200万円であるが，この1200万円については債務不存在と認定されたとき，不存在確認の訴えは請求認容となるが，裁判所としては，民事訴訟法246条の制約から1000万円の債務不存在確認しか主文で命じえないし，既判力も，1000万円の不存在を確認するだけで，残り200万円については既判力は生じないことになる。このような場合，裁判所としては，釈明して，請求の拡張・補正を促すことになる。逆に，審理の結果，1200万円の債務が現存すると認定されたときは，不存在確認の訴えは請求棄却になるが，既判力は1200万円の債務の存在確認ではなく，1000万円の存在確認のみに生ずると考えるべきであろう。

(b)　貸金債務の不消滅

　被告（貸主）としては，原告（借主）が再抗弁（弁済，相殺，免除，消滅時効など）として主張する貸金債権の消滅を基礎づける事実を争い，再抗弁を障害する事実や阻止する事実を主張・立証することになる。利息制限法所定の制限超過利

息等の元本充当による貸金債権の消滅が争われる場合に，被告（貸主）のいわゆるみなし弁済規定適用の主張は，貸金債権の消滅を阻止する事実の主張といえる。

(3) **被告の欠席**

(a) 被告が適式の呼出しを受けながら口頭弁論期日に出頭せず，答弁書その他の準備書面も提出しない場合は，通常，いわゆる欠席判決がなされる。債務不存在確認訴訟の場合は，原告の訴状の記載いかんによって，対応に差異がある。

(b) 訴状に最小限の記載しかない場合，被告が訴訟物である債務の発生原因事実を主張・立証しないことを理由に請求認容判決をすることになる。これに対し，原告が抗弁事実を先行否認する主張（例えば，借受けの事実を否定すること）や抗弁事実の先行自白と再抗弁事実の先行主張（例えば，借り受けたことは認めながら，当該債務の弁済消滅を主張すること）をしていた場合は，被告が当該主張事実を明らかに争わないものと認めて請求認容の判決をすることになる。

(c) 原告が訴状で「被告は債権の存在を主張している」との確認の利益の主張をしていない場合はどうか。

この点，確認の利益の有無の判断を基礎づける事実について，弁論主義の適用を認め，裁判上の自白の成立可能性を肯定する裁判例（大阪地判昭40・12・27判時440号26頁）がある。この弁論主義適用説からすると，「被告は債権の存在を主張している」との主張がなければ，確認の利益を欠くことになり，同主張があれば，擬制自白が成立する（民訴159条1項本文）。

これに対し，確認の利益の有無の判断を基礎づける事実について，弁論主義の適用がないとしても，直ちに職権探知事項となるわけではなく，当事者から提出された証拠や弁論の全趣旨に基づき，確認の利益の有無を判断することになるとの弁論主義不適用説からすると，原告の同主張の有無は，弁論の全趣旨の一要素として，被告が欠席して何らの主張もしていないことや他の証拠から認められる事実と併せて考慮されることになり，必ずしもその事実のみで確認の利益の有無が判断されることにはならないが，重要な要素ということになる。

(d) 被告が債務の不存在を認めながら，請求の趣旨に対する答弁としては請求棄却の判決を求めた場合はどうか。

実務では確認の利益を肯定して，原告の請求認容の判決をしている。棄却を求める以上，原告の法的地位に不安が認められるといえるからである。
　この点，上記弁論主義適用説からは，原告が「被告は債権の存在を主張している」との主張をしなければ，確認の利益を欠くことになり，同主張があっても，被告が債権の存在を主張していないのは明らかであるから，裁判上の自白は成立せず，証拠及び弁論の全趣旨（被告が請求棄却の判決を求めていること）による認定が必要となる。
　また，上記弁論主義不適用説によれば，原告の同主張の有無は，弁論の全趣旨の一要素として，被告が請求棄却の答弁をしたことや，他の証拠から認められる事実と併せて考慮されることになる。
　(e)　被告が請求を認諾すると答弁した場合はどうか。
　これによって原告の法律上の地位の不安定が終局的に除去され，裁判所が本案判断を示さずに訴訟を終了させても，将来に禍根を残すことがないと認められる場合（例えば，訴訟進行中に被告が自己の従前の主張が法律の誤解に基づくものであることを理解し，以後被告が争うことは絶対にないと見込まれる場合）には確認の利益がなくなるといえるが，かかる例外的な場合を除いては，過去における紛争の存在から推して，なお確認の利益が存在するものとして請求認諾調書を作成すべきであるとされている。

〔千矢　邦夫〕

Q36 | 金銭債権存在確認請求訴訟

Xは、Yに対する債務名義（貸金の勝訴確定判決）を有しているが、強制執行をしないまま、その確定日から10年が経過しようとしている。この消滅時効を中断するためには、どのような訴訟を提起すべきかについて説明するとともに、その訴状（請求の趣旨及び原因）の起案例を示しなさい。

A

〔1〕 問題の所在

確定判決によって確定した給付請求権は、10年より短い時効期間の定めがあるものであっても、その時効期間は10年となる（民174条の2第1項）。

例えば、NHKの放送受信料債権は、放送受信契約という基本契約に基づく支分権で、受信規約で定められた月額が2ヵ月ごとに支払われる金銭債権であるから、民法169条所定の5年の短期消滅時効の対象となるが、当該勝訴判決が確定した場合、その時効期間は10年となる。

このため、本設問では、XがYに対する貸金返還請求訴訟で取得した勝訴判決が確定した時から新たに時効期間が進行し、10年が経過すると時効消滅することになる。

XのYに対する勝訴確定判決があるにもかかわらず、Yが弁済しない場合、通常は同確定判決を債務名義としてYに対する強制執行を行い、これによって、金銭債権の回収を図ることになる。

しかし、Xは、強制執行をしておらず、勝訴判決の確定日から10年が経過しようとしているため、このままでは、XがYに対して有する確定判決によって確定した権利は時効消滅してしまうことになりかねない。

そこで、①そもそも時効を中断するための再訴は許されるのか、これが肯定

されるとして，②時効中断のための再訴は，前訴と同一内容の給付判決を求める訴訟を提起すべきなのか，あるいは，金銭債権存在の確認を求める訴訟を提起すべきなのかがそれぞれ問題となる。換言すれば，この問題は，貸金請求という給付訴訟によって実体法上の給付請求権の存在が確定しているにもかかわらず，二重に給付請求権の判決を得ることは許されるのかということに収斂される。

なお付言しておくと，現行民法174条の2第1項・2項は，民法の一部を改正する法律案において削除されているが，同法律案169条1項は，「確定判決又は確定判決と同一の効力を有するものによって確定した権利については，10年より短い時効期間の定めがあるものであっても，その時効期間は，10年とする」と規定しており，現行民法174条の2第1項と比較して大きな違いはないといえる。

〔2〕 時効中断のための再訴の許否

時効中断のための再訴の許否について，リーディング・ケースとなる判例としては，大審院昭和6年11月24日判決（民集10巻12号1096頁）があるが，その事案は以下のとおりである。

【事案の概要】

為替手形の裏書譲渡を受けその所持人であるAは，大正12年7月11日，同手形の振出人・支払人・引受人であるBに対し，同手形に表示された金員の支払を求める訴訟を提起し，A勝訴の言渡しを受け，同判決は確定した。その後，Aは，同判決における手形債権の消滅時効を中断するため，前訴と同一の給付判決を求める訴訟を提起した。

第一審は，Aの請求を棄却したため，Aは，これを不服として控訴した。

原審は，勝訴の給付判決が確定した場合，①権利者は，当該給付請求権について判決手続において受けるべき法律上の利益を満足させられたものといわざるを得ない，②裁判所は，前訴の給付判決が確定した以上，他の特別の事情がない限り，同一事件について再訴をもって権利保護を請求する利益を認めることはできない，③裁判上の請求に対して時効中断の効力を付したのは，裁判上の請求が私法上の請求を包含するためではなく，訴訟係属の付随的効力として訴訟物たる権利又は法律関係について時効中断を認めようとするものにほかな

らない，④時効中断の利益ある一事によって再訴をもって権利保護を裁判所に要求できるような特別の事情があると解されないと判示して，Aの控訴を棄却した。Aは，これを不服として上告した。

これに対して，大審院は，①確定判決は主文に包含するものに限り既判力を有することは（旧）民事訴訟法199条1項（現民訴114条1項）の規定するところであるが，これは同一事案について再訴を禁じたものではなく，権利保護を国家に対して要求する利益がある場合は，同一事件について再び訴求することを妨げるものではない，②給付訴訟において原告勝訴の判決が確定した場合であっても，事実上強制執行をなしえないような場合には，債権者においてその請求権が時効によって消滅するのを防止するために時効中断の挙に出るほかない，③裁判上の請求によらなければその目的を達しえない場合には，時効中断のための再訴の提起が許される，③原審が本訴による以外に時効中断の方法がなかったか否かについて審究することなく上告人の請求を排斥したのは，審理不十分又は理由不備の不法があると判示した。

この大審院判決によると，確定給付判決を得た債権の時効中断のためにする再訴については，原則として，訴えの利益を欠くが，裁判上の請求によらなければ権利保護を図れないような「特別な事情」がある場合には，前訴確定給付判決と同一内容の再訴を提起することは，既判力に抵触せず訴えの利益が認められるということに帰着する。

そこで，次に，確定給付判決においてその存在が認められた権利の時効消滅を防止するための再訴は，前訴同様に給付訴訟で行うべきか，あるいは，確認訴訟で行うべきかが問題となるので，以下これについて検討する。

〔3〕 前訴確定給付判決と同一内容の給付判決を求める訴訟の許否

実務では，確定給付判決を取得しているのにこれと同一の請求権についてさらに給付を求める訴えが提起された場合は，訴えの利益がないとするのを原則としつつも，裁判上の請求によらなければ権利保護を図れないような「特別な事情」がある場合には，例外的に前訴確定給付判決と同一内容の給付判決を求めて再訴する場合にも訴えの利益を認めている（東京地判昭56・3・25判時1028号81頁，東京高判平5・11・15判タ844頁）。

そこで，上記「特別な事情」がある場合とは，どのような場合をいうのかが問題となるが，例えば，①前訴判決の被告（債務者）の行方不明のため他に簡易な方法をとることができない場合，②強制執行をなしうるような財産がない場合，③連帯保証人Aに対してすでに確定した支払督促が存在するところ，主債務者Y会社は，同Aが代表取締役を務める同Aの個人会社というべきもので，資産もなく現在は休業中である事案において，主債務者Y会社に対する債権の短期消滅時効を中断するため，連帯保人Aに対する同一請求権についての再度の給付訴訟を提起する場合（東京高判平5・11・15判タ844号259頁を参照されたい）が該当することになろう。

実務上，このような「特別の事情」が訴状の請求原因から欠落している事例が時折見受けられるが，この場合には，裁判所書記官から任意の補正促しが求められることになる。

〔4〕 前訴確定給付判決と同一の債権について，時効中断のための確認訴訟を提起することの許否

上記〔3〕の時効中断のための再訴のほか，債権者がすでに給付判決を取得して同判決が確定しているにもかかわらず，さらに同一の訴訟物（原告の被告に対する本案請求において審理の対象となるもの）について審判を求めることは，原則として，訴えの利益を欠くため許されず，確認訴訟によるべきとする判例及びこれに沿う実務もある（東京地判昭47・5・9判タ278号192頁）。

その理由は，①当該請求権の存在を確認する判決を取得することによって前訴判決の時効消滅が避けられる，②消滅時効さえ中断されれば前訴の給付判決をもって強制執行ができるので債権者の保護に欠けることはなく，再訴において改めて同一の給付の主文を求める必要はないという点にある。

確認訴訟で足りるとする判例及びこれに沿う実務によると，裁判上の請求によらなければ権利保護を図れないような「特別な事情」があるか否かにかかわらず，訴えの利益が認められることになる。

〔5〕 前訴給付判決確定後に内入れ弁済があった場合の問題点

当該債権の消滅時効期間が10年より短いものであったが，確定給付判決を

取得したため民法174条の2第1項に基づいて消滅時効期間が10年に延長されたものの，その後に内入れ弁済があり，さらに時効中断した場合には，元の短期消滅時効期間に戻るのか，それとも，最終内弁済の日から10年の消滅時効期間が進行するのかが問題となる。

この点，①消滅時効期間が10年に延期されるのは確定判決等の効果であって，権利の性質を変えるものではないとして，元の短期消滅時効期間に戻るという見解と，②民法174条の2第1項の立法趣旨からして，確定判決等によって時効期間自体が変更されるという見解がある（東京高判平4・10・28判タ925号42頁）。

〔6〕 前訴確定給付判決を得た債権について消滅時効が完成した後に，確認訴訟を提起することの許否

前訴確定給付判決を得た債権について消滅時効期間が経過した場合であっても，その債権は債務者の時効援用の意思表示がない限り存続するため，債権者は，不安定な地位に置かれることとなる。

債務者が行方不明である場合や，援用に関する態度を明確にしない場合，債権者としては，確認訴訟を提起することによって，相債務者が消滅時効を援用するか否かを問うことは，不安定な債権者の立場を法律上明確にさせる点で，債権者の権利保護に資すると考えられる。とすると，裁判上の請求によらなければ権利保護を図れないような「特別な事情」があるといえる。また，後訴の確認判決が確定すると，既判力の遮断効によって債務者が請求異議訴訟を提起して消滅時効を援用することは不可能となるから，債権者が改めて確認判決を得ることには訴えの利益があるといえる。

したがって，裁判上の請求によらなければ権利保護を図れないような「特別な事情」がある場合には，前訴確定給付判決を得た債権について消滅時効が完成した後に，確認訴訟を提起することは許される（東京地判平13・4・27金法1637号74頁）。

〔7〕 時効中断のためにする再訴の訴状の起案例

ここでは，時効中断のためにする再訴の訴状起案例について，給付訴訟型のものと確認訴訟型のものをそれぞれ示す。

■給付訴訟型

請求の趣旨
1 被告は，原告に対し，○○○万円及びうち○○○万円に対する平成15年12月12日から支払済みまで年○○．○パーセントの割合による金員を支払え。
2 訴訟費用は被告の負担とする。
との判決並びに仮執行宣言の申立て。

請求の原因
1 被告は，訴外株式会社A銀行○○支店（以下「訴外銀行」という）から，以下のとおり金員を借り受けた。
  (1) 金　　　額　　○○○万円
  (2) 貸　付　日　　平成13年12月9日
  (3) 支払方法　　平成14年6月9日を第1回とし，以後2ヵ月ごとの9日限り平成15年12月まで○○万円ずつ分割弁済
  (4) 利　　　息　　年○○．○パーセント
  (5) 特　　　約　　①上記分割金を1回でも怠ったときは訴外銀行の請求によって期限の利益を失う。②銀行取引停止処分を受けたときは当然に期限の利益を失う。
2 原告は，平成13年12月7日，被告との間で，以下のとおり信用保証委託契約を締結した。
  (1) 原告は，訴外銀行に対し，前項の被告の訴外銀行に対する債務を保証する。
  (2) 原告が上記保証に基づいて被告のために訴外銀行に弁済した時は，被告は，原告に対し，同弁済額及びこれに対する弁済日の翌日から支払済みまで年○○．○パーセントの割合による遅延損害金を支払う。
3 原告は，訴外銀行に対し，平成13年12月9日，前項の保証委託契約に基づいて，上記1の被告の訴外銀行に対する債務について保証した。
4 被告は，訴外銀行に対し，支払を怠り，訴外銀行の請求によって，平成14年10月9日，期限の利益を喪失した。
5 そこで，原告は，平成15年12月11日，訴外銀行に対し，上記2の信用保証委託契約に基づいて，借入元金○○○万円及び利息○○万円の合計○○○万円

を代位弁済した。

6　よって，原告は，被告に対し，求償金○○○万円及びうち○○○万円に対する平成15年12月12日から支払済みまで年○○．○パーセントの割合による遅延損害金の支払を求める。

(本件には○○地方裁判所平成17年5月11日に言い渡され，同年6月3日確定の給付判決がある。同判決によって確定された請求権は，平成27年6月3日の経過によって消滅時効期間が満了することになるところ，被告には見るべき財産がないため，原告は，被告に対する上記請求権の消滅時効を中断させる必要があり，本件訴訟を提起したものである)。

■前訴給付判決確定後に内入れ弁済があった場合

請求の趣旨

1　被告は，原告に対し，○○○万円及びうち○○○万円に対する平成19年12月2日から支払済みまで年○○．○パーセントの割合による金員を支払え。
2　訴訟費用は被告の負担とする。
との判決並びに仮執行宣言の申立て。

請求の原因

1　被告は，訴外株式会社A銀行○○支店(以下「訴外銀行」という)から，以下のとおり金員を借り受けた。
　(1)　金　　額　　○○○万円
　(2)　貸　付　日　　平成13年12月9日
　(3)　支払方法　　平成14年6月9日を第1回とし，以後2ヵ月ごとの9日限り同15年12月まで○○万円ずつ分割弁済
　(4)　利　　息　　年○○．○パーセント
　(5)　特　　約　　①上記分割金を1回でも怠ったときは訴外銀行の請求によって期限の利益を失う。②銀行取引停止処分を受けたときは当然に期限の利益を失う。
2　原告は，平成13年12月7日，被告との間で，以下のとおり信用保証委託契

約を締結した。
(1) 原告は，訴外銀行に対し，前項の被告の訴外銀行に対する債務を保証する。
(2) 原告が上記保証に基づいて被告のために訴外銀行に弁済したときは，被告は，原告に対し，同弁済額及びこれに対する弁済日の翌日から支払済みまで年○○．○パーセントの割合による遅延損害金を支払う。
3 原告は，訴外銀行に対し，平成13年12月9日，前項の保証委託契約に基づいて，上記1の被告の訴外銀行に対する債務について保証した。
4 被告は，訴外銀行に対し，支払を怠り，訴外銀行の請求によって，平成14年10月9日，期限の利益を喪失した。
5 そこで，原告は，平成15年12月11日，訴外銀行に対し，上記2の信用保証委託契約に基づいて，借入元金○○○万円及び利息○○万円の合計○○○万円を代位弁済した。
6 原告は，平成19年12月1日，被告から，○○万円の内入れ弁済を受けたので，これを求償債権残元金に充当した結果，残債務額は，別紙計算書記載のとおりとなる。
7 よって，原告は，被告に対し，求償金○○○万円及びうち○○○万円に対する平成19年12月2日から支払済みまで年○○．○パーセントの割合による遅延損害金の支払を求める。
(本件には○○地方裁判所平成17年5月11日に言い渡され，同年6月3日確定の給付判決があるが，上記6のとおり，平成19年12月1日の内入れ弁済によって時効が中断した場合であっても，その後の時効期間が10年となるのか，あるいは，本来の5年の短期消滅時効期間に戻るのかは，民法174条の2第1項の規定からは明らかではないから，同時効期間が5年と解釈されることを慮り，本件訴訟を提起したものである）。

［注］
1. 上記〔5〕「前訴給付判決確定後に内入れ弁済があった場合の問題点」中，元の短期消滅時効に期間に戻ると解釈されることを慮った場合の訴状起案例である。
2. 上記信用保証委託契約は，被告の営業のためにするものと推定される（商503条1項・2項）から，5年の短期消滅時効（商522条）に服する（最判昭42・10・6民集21巻8号2051頁）。

■確認訴訟型

請求の趣旨
1　原告が，原告と被告との間の平成15年12月3日付け消費貸借契約に基づく貸金○○万円の返還請求権及びうち○○万円に対する平成16年1月6日から支払済みまで年○○．○パーセントの割合による遅延損害金請求権を有することを確認する。
2　訴訟費用は被告の負担とする。
との判決の申立て。

請求の原因
1　原告は，平成15年12月3日，被告に対し，○○万円を以下の約定で貸し付けた。
　(1)　利　　息　　年○○パーセント
　(2)　遅延損害金　　年○○．○パーセント
　(3)　支払期日　　平成16年1月5日
2　上記1の貸金債権について，原告は，被告に対し，○○簡易裁判所平成17年(ハ)第○○○号貸金請求事件においての給付訴訟を提起し，平成17年3月15日，「被告は，原告に対し，○○万円及びうち○○万円に対する平成16年1月6日から支払済みまで年○○．○パーセントの割合による金員を支払え」との判決を得，同判決は，平成17年5月10日に確定した。
3　よって，原告は，被告に対し，上記給付判決が確定した債権と同一の債権についての存在確認を求める（上記2の判決によって確定されて請求権は，平成27年5月10日の経過によって消滅時効期間が満了することになるので，原告は，被告に対する請求権の消滅時効を中断させるため，本件訴訟を提起したものである）。

［西村　博一］

第3編

関連訴訟

第1章

保証債務履行請求訴訟の概要

〔1〕 保証債務の意義と性質

(1) 保証債務の意義

　保証債務は，主たる債務の履行を担保するために，債権者と保証人との間に締結される保証契約によって成立する債務である。保証債務においては，主たる債務が有効に存在することを前提として，主たる債務が履行されない場合に，保証人が保証債務を履行するという責任を負うことになる（民446条1項）。債権者は，保証債務が履行されることによって，主たる債務が履行されたのと同一の利益を確保することができる。

　そのため，債権者は，主たる債務が履行されない場合に，保証人に対し，保証債務の任意の履行を求め，そのような任意の履行がないときには，保証債務履行請求訴訟を提起することになる。

　なお，保証債務履行請求訴訟の要件事実については，Q37の解説を，また，上記訴訟における防御方法などについては，Q38の解説をそれぞれ参照されたい。

(2) 保証債務の性質

　保証債務は，上記(1)のようなものであるために，以下のような性質を有している。

(a) 主たる債務とは別個の債務であること

　保証債務は，債権者と保証人との間の保証契約によって成立する債務であって，保証人は，債権者に対し，保証債務という主たる債務とは別個の債務を負担することになる。この点で，保証人は，債務を負担せずに責任だけを負担す

る物上保証人と区別される。

　(b)　主たる債務と同一の内容を有する債務であること

　保証債務は，主たる債務と同一内容の給付をすることを目的としている。

　ただし，主たる債務者が特定物の引渡債務を負う場合に，保証人がそのような債務を保証した場合など，不代替的給付を目的とした債務を保証したような場合には，主たる債務が債務不履行によって損害賠償債務に変わることを停止条件として，保証したものと解すべきである。

　(c)　附　従　性

　(イ)　附従性の内容　　保証債務は，主たる債務の履行を担保するものであるから，主たる債務が有効に存在することを前提としている（附従性）。すなわち，①主たる債務がなければ，保証債務も成立せず（成立における附従性），②主たる債務が弁済や時効などによって消滅すれば，保証債務も消滅し（消滅における附従性），また，③保証債務は，その目的や態様において主たる債務よりも重いことは許されない（内容における附従性；民448条）などの性質を有している。

　そして，①の成立における附従性に関して，保証契約の締結時点で主たる債務が確定的に存在している必要はなく，主たる債務が将来の債務であったり，不特定の債務であったりする場合にも保証債務は有効に成立する（例えば，継続的取引関係を一体として担保しようとする根保証の場合など）。また，主たる債務が条件付債務である場合にも，保証債務も条件付債務として成立することになる。なお，成立における附従性に関しては，Q40の解説も参照されたい。さらに，③の内容における附従性のために，保証契約の締結時点において，保証債務の内容が主たる債務よりも重い場合には，その内容が主たる債務の内容まで減縮される（民448条）[*1]。

　ところで，保証人は，保証契約において，保証債務の履行について違約金や損害賠償の額を約定することができる（民447条2項）。これは，保証債務の内容を加重しようとするものではなく，保証債務の履行を確実にしようとする趣旨のものであるために，許容しうるからである。

　　　*1　平成27年3月31日に国会に提出された「民法の一部を改正する法律案」（民法改正法案）においては，民法448条に2項が新設されて，「主たる債務の目的又は態様が保証契約の締結後に加重されたときであっても，保証人の負担は加重されない。」

と規定された（改正法案448条2項）。

(ロ) 取り消しうる債務の保証　　上記の保証債務の附従性のために、保証により担保された主たる債務が取り消しうる場合には、主たる債務の取消しによって、一応成立していた保証債務も消滅するのが原則である。しかし、例外的に、行為能力の制限のために取り消しうる債務を保証した者が、保証契約の時にその取消原因を知っていた場合には、主たる債務が取り消されると、保証人はその債務と同一内容の債務を負担したものと推定するとされている（民449条）。これは、行為能力の制限のために取り消しうる債務であると知って保証人となった者は、万が一取り消されても債権者に迷惑をかけないという意思を有していたと考えられるとされたからである。

なお、民法449条は、取り消しうる債務の「取消しの場合」のほか、そのような債務の「不履行の場合」にも、保証人が独立の債務を負担するという推定が働くと規定している。しかし、この部分の規定は無意味なものとされている。なぜならば、不履行が主たる債務者の帰責事由によって生じた場合には、主たる債務は損害賠償債務に変わり、保証債務はその損害賠償債務を担保することになるので、あえて規定する必要はないし、他方、不履行が主たる債務者の帰責事由によらないで生じた場合には、保証人がそのような場合にまで債権者に迷惑をかけないという意思を有していたとは考えがたく、独立の債務を負担したものと推定するのは相当でないからである。

(d) 随伴性

保証債務は随伴性を有する。すなわち、保証債務によって担保される主たる債務が債権譲渡などによって移転すれば、それに随伴して保証債務も移転する。よって、主たる債務（に対応する債権）の譲受人が保証債権の債権者になる。

(e) 補充性

保証債務は補充性を有する。すなわち、保証人は、債権者に対して第二次的な地位にあり、主たる債務者が主たる債務を履行しないときに、初めて、債権者による保証債務の履行請求に応じなければならないのである。保証債務には、上記のような補充性があるために、保証人は、催告の抗弁権（民452条）と検索の抗弁権（民453条）をもつことになる。

これらの抗弁権の詳細については、後記〔2〕(2)(b)を参照。

なお，連帯保証には補充性はなく，よって，補充性に基づく催告と検索の各抗弁権は認められない（民454条）。

〔2〕 保証債務の成立と内容

(1) 保証契約

(a) 保証契約と保証委託契約

保証債務は，債権者と保証人との間の保証契約によって成立する。主たる債務者は，この保証契約の当事者ではなく，保証契約と直接の関係をもたない。

保証人は主たる債務者に頼まれ，保証人になることを合意して（保証委託契約の成立），保証人になることが多いであろうが，このような保証委託契約があるかどうかは，保証契約の成立には関係がない。保証委託契約がなくても，さらには，主たる債務者の意思に反しても，保証契約を締結して保証人になることができる[*2]。他方，保証委託契約が成立しても，それだけでは，保証債務が成立するわけではない。しかも，保証人が主たる債務者に騙されたり，錯誤に陥ったりして保証委託契約を締結した場合のように，保証委託契約が取消可能であったり，無効であったりしても，保証契約の効力に直接に影響するわけではない。その場合には，保証契約そのものに第三者の詐欺（民96条2項）が成立するか，あるいは錯誤（民95条）があるかを，別途，問題にしなければならない。この点の詳細については，**Q39**の解説を参照されたい。

> [*2] 保証委託契約があるかどうか，さらには，主たる債務者の意思に反するかどうかは，保証人の求償権の範囲に影響を与えることになる（民459条以下）。

(b) 保証契約の要式性

保証契約は，書面でしなければ，効力を生じない（民446条2項）。保証契約が安易に締結され，保証人が過大な負担を強いられることを少しでも回避しようとする趣旨である。なお，保証契約が電磁的記録によってなされたときは，その保証契約は書面によってなされたものとみなされる（民446条3項）[*3]。

> [*3] 民法改正法案においては，事業のために負担する借入れ（事業性借入れ）を対象とした個人保証・個人根保証の場合には，保証契約締結前の1ヵ月以内に，公正証書によって，保証人になろうとする者（個人）の「保証債務を履行する意思」を確認しなければならず，これがなければ，保証契約や根保証契約は原則として無効に

なるとされた（改正法案465条の6）。したがって，事業性借入れを保証しようとする者（個人）は，保証契約締結前の1ヵ月以内に，公証役場に行き，公証人の面前で保証意思を示して，公正証書を作成しなければならない。これは，事業性借入れにおいては，主たる債務が多額になりがちであり，そのため，保証人になろうとする者（個人）の保証意思を慎重に確認する必要があると考えられたからである。

　　ただし，保証人になろうとする者が，主たる債務者が法人である場合の経営者（理事，取締役，執行役など）やオーナー（議決権過半数保有株主など）の場合，また，主たる債務者が法人でない場合の共同事業者や事業従事配偶者の場合などについては，公正証書の手続を経ることなしに，個人保証・個人根保証をなしうるとした（改正法案465条の9）。これらの者は経営状態を認識し，リスクを把握できる立場にあり，しかも，実際にも，経営者保証が企業の信用補完のために多用されており，このような実情を考慮したためである。

　　なお，民法改正法案においては，主たる債務者が，事業性借入れを対象とした個人保証・個人根保証を委託する場合には，委託を受け保証人になろうとする者（個人）に対し，財産・収支状況及び主たる債務以外に負担している債務の有無，その額や履行状況などについて情報提供をしなければならないという規定を新設した（改正法案465条の10第1項）。そして，情報提供をしなかったり，誤った情報を提供したりし，そのため誤認に陥り保証した者（個人）は，情報提供のなかったことなどにつき債権者が悪意又は善意でも有過失の場合には，保証契約を取り消すことができるとした（改正法案465条の10第2項）。

　　上記のような情報提供義務については，保証人を保護するために新設されたものであるが，同様に保証人を保護する趣旨から，次の規定が新設された。すなわち，①債権者は，受託保証人（個人・法人を問わない）が請求したときには，主たる債務の不履行の有無やその残額などについての情報提供義務を負うとし（改正法案458条の2），また，②債権者は，保証人（個人）に対し（受託の有無を問わない），主たる債務の期限の利益喪失を知った時から2ヵ月以内に，そのような期限の利益喪失についての情報提供義務を負うとして，しかも，情報を提供しないときは，情報提供時までの遅延損害金について保証債務の履行請求をなしえないとした（改正法案458条の3）。

(c)　保証人になりうる資格

　　保証人になりうる資格については，原則として制限がない。よって，保証契約において，どのような人であっても保証人になりうる。

　　ただし，法律上（例えば，民29条1項など）又は契約上，債務者が担保の方法と

して保証人を立てる義務を負う場合には，債務者の立てる保証人は，①行為能力者であること，また，②弁済の資力を有することの各要件を満たさなければならない（民450条1項）。保証契約が取り消されるのを防ぎ，人的担保としての保証の実効性を確保しようとするためである。よって，債務者が保証人を立てる義務を負い，上記①及び②の要件を満たす保証人を立てていた場合に，保証人が上記②の要件を欠くに至った場合には，債権者は，債務者に対し，上記①及び②の要件を満たす他の人を保証人にするように請求できる（民450条2項）。ただし，債権者のほうから特定の人を保証人にするように指定してその者が保証人になった場合には，上記①及び②の要件は適用されない。よって，そのような保証人が上記②の要件を欠くに至った場合にも，債権者は他の保証人に変更するように請求できない（民450条3項）。また，債権者が保証人を立てる義務を負っていた場合に，債務者が上記①及び②の要件を満たす人に保証人になってもらえない場合には，期限の利益を失うほか（民137条3号），保証人を立てる債務の不履行になる。しかし，上記①及び②の要件を満たすような保証人を立てられない場合には，債務者は，質権や抵当権などの他の担保を提供して，保証人に代えることができる（民451条）。

(2) **保証債務の内容**
　(a) 債権者の権利
　保証債務の範囲は，主たる債務に関する利息，違約金，損害賠償，その他主たる債務に従たるすべてのものを包含する（民447条1項）。したがって，債権者は，保証債務の履行請求によって，保証人に対し主たる債務の元本のほか，主たる債務に従たるすべてのものの支払を求めることができる。
　(b) 保証人の抗弁権
　(イ) 催告の抗弁権（民452条）　債権者による保証債務の履行請求に対して，保証人は，まず主たる債務者に請求せよという抗弁を出すことができる（民452条）。この抗弁権を催告の抗弁権といい，保証債務の補充性に基づく（前記〔1〕(2)(e)参照）。ただし，補充性のない連帯保証の場合（民454条），さらに，普通の保証であっても，主たる債務者が破産手続の開始決定を受けたとき，又は行方不明のときには，この抗弁権は認められない（民452条但書）。債権者の保証債務履行請求に対して，保証人が催告の抗弁権を行使したのに，債権者が主たる債

務者に請求せず，後に全部の弁済を受けられなくなった場合には，債権者が直ちに請求すれば弁済を受けられたであろう限度において，保証人はその義務を免れることになる（民455条）。

(ロ) 検索の抗弁権（民453条）　債権者が，まず主たる債務者に請求したが，その履行がないために，保証人に保証債務の履行請求をした場合であっても，保証人は，まず主たる債務者の財産に執行せよという抗弁を出すことができる（民453条）。この抗弁権を検索の抗弁権といい，やはり，保証債務の補充性に基づく（前記〔1〕(2)(e)参照）。補充性のない連帯保証においては，この抗弁権は認められない（民454条）。債権者の保証債務履行請求に対して，保証人がこの抗弁権を行使するには，主たる債務者に弁済の資力があること，かつ，その執行の容易なことを証明しなければならない。主たる債務者の「弁済の資力」については，保証人保護の観点から，必ずしも全額を弁済するに足る資力でなくてもよく，総債務額に対して相当といえる額を弁済するに足る資力を有することを証明すればよいとされている。さらに，執行の容易性については，それぞれの場合について個別に判断することになる。総じて，金銭や有価証券などは執行が容易であるが，不動産は容易とはいえないであろう。保証人が検索の抗弁権を行使したのに，債権者が直ちに主たる債務者に執行せず，後に全部の弁済を受けられなくなった場合には，債権者が直ちに執行すれば弁済を受けられたであろう限度において，保証人はその義務を免れることになる（民455条）。

(ハ) 相殺権　保証人は，主たる債務者が債権者に有する債権をもって相殺することができる（民457条2項）＊4。もっとも，保証人が，他人である主たる債務者の債権につき相殺といった処分権をもつと考えるのは行きすぎであるから，保証人は，主たる債務者が相殺をした場合に債務を免れる限度において，履行を拒絶しうるにすぎないと考えるべきである。その意味で，下記(ニ)と同様の趣旨の規定であると解すべきである。

　　＊4　民法改正法案においては，民法457条2項は「保証人は，主たる債務者が主張することができる抗弁をもって債権者に対抗することができる。」と改正され（改正法案457条2項），また，3項が新設され，「主たる債務者が債権者に対して相殺権，取消権又は解除権を有するときは，これらの権利の行使によって主たる債務者がその債権を免れるべき限度において，保証人は，債権者に対して債務の履行を拒むこ

とができる。」と規定された（改正法案457条3項）。

(ニ) 附従性に基づく抗弁の主張　保証債務の附従性によって，保証人は，債権者の保証人に対する保証債務の履行請求において，主たる債務者が債権者に主張しうる抗弁のすべてを債権者に対して主張しうる。例えば，主たる債務が時効で消滅したという抗弁（この点に関しては，Q41の解説も参照されたい），また，同時履行の抗弁（民533条）などを，保証人は債権者に主張しうる。

(3) **主たる債務者又は保証人に生じた事由の効果**

(a) 主たる債務者に生じた事由

主たる債務者に生じた事由は，原則として，すべて保証人に対しても効力を生じる。これは，保証債務の附従性によって，保証債務は，主たる債務の変更に応じて変更するものであるためである。

このような効果の1つとして，民法は，消滅時効の中断につき，主たる債務者に生じた中断事由については，すべて保証人に対しても効力が生じる旨を規定している（民457条1項）*5。これは，主たる債務が消滅しない限り，保証債務も存続させようとする趣旨である。そのため，主たる債務者に対する請求や強制執行，また，主たる債務者による承認による時効中断によって，保証人に対しても時効中断の効果（時効中断効）が生じることになる。

　*5　民法改正法案においては，時効の「中断」を「更新」と，「停止」を「完成猶予」とそれぞれ呼び替えることにし（改正法案147条など），そして，民法457条1項を「主たる債務者に対する履行の請求その他の事由による時効の完成猶予及び更新は，保証人に対しても，その効力を生ずる。」と改正した（改正法案457条1項）。

(b) 保証人に生じた事由

保証人に生じた事由は，主たる債務を消滅させる事由を除いて，主たる債務者に何らの効力を生じない。ただし，連帯保証の場合には，後記〔4〕(2)(c)のように，例外がある。

〔3〕　**保証人の求償権**

債権者による保証債務の履行請求に対し保証人が応じた場合，すなわち，保証債務の弁済など自らの出捐によって主たる債務を満足させた場合には，他人（主たる債務者）のために費用を支出したのであるから，当然に主たる債務者に

対し求償請求しうる。そして，主たる債務者が任意に求償請求に応じなければ，保証人は主たる債務者に対して求償金請求訴訟を提起して，自らの出捐を回収することになる。

このような保証人の求償権については，第3編第5章〔2〕の解説を参照されたい。

〔4〕 連 帯 保 証

(1) 連帯保証の意義

連帯保証とは，保証人が，主たる債務者と連帯して債務を負担する場合をいう（民454条）。実際の取引社会でみられる保証は，ほとんどが連帯保証である。

(2) 連帯保証の特徴

連帯保証においては，次のような特徴がある。

(a) 補充性の不存在

通常の保証の場合には，保証債務には補充性がある。すなわち，保証人は，債権者に対して第二次的な地位にあり，主たる債務者が主たる債務を履行しないときに，初めて，債権者による保証債務の履行請求に応じなければならないのである。このような補充性のために，保証人は，催告の抗弁権（民452条）と検索の抗弁権（民453条）をもつ（前記〔1〕(2)(e)参照）。しかし，連帯保証の場合には，保証人は主たる債務者とともに連帯して債務を負担するため，債権者に対して第二次的な地位にあるわけではなく，補充性はない。そのため，催告の抗弁権及び検索の抗弁権は認められない（民454条）。

(b) 附従性の存在

連帯保証も保証債務であるから，附従性を有する。この点が，連帯債務との違いである。附従性のために，主たる債務がなければ，連帯保証債務も成立せず，また，主たる債務が消滅すれば，連帯保証債務も消滅する。さらに，主たる債務者に生じた事由は，原則として，すべて連帯保証人に対しても効力を生じる（前記〔2〕(3)(a)参照）。例えば，主たる債務者に請求すれば，請求の効力は連帯保証人にも及び，また，主たる債務者が承認すれば，承認の効力は連帯保証人にも及ぶことになる[*6]。

　＊6　このような効力のため，主たる債務者に請求すれば，連帯保証人についても遅滞

に付させる効果（付遅滞効）や時効中断の効果（時効中断効）が生じることになる。また，主たる債務者が承認すれば，連帯保証人に対しても時効中断効が生じることになる。すなわち，これらの点は，普通の保証人の場合と同じである。

(c) 連帯保証人に生じた事由の効果

普通の保証では，保証人に生じた事由は，主たる債務を消滅させる事由を除いて，主たる債務者に何らの効力を生じさせない（前記〔2〕(3)(b)参照）。

しかし，連帯保証では，連帯保証人に生じた事由について，連帯債務の絶対的効力事由を定める規定が準用され[7],[8]，よって，一定の事由は，主たる債務者に効力を生じさせることになる。ただし，連帯債務の絶対的効力事由を定める規定のうち，負担部分を前提とする規定（民436条2項・437条・439条）は，準用の余地がない。なぜなら，連帯保証には負担部分というものが存在しないからである。しかも，更改と相殺はともに主たる債務を満足させる事由であるから，それらの事由が連帯保証人に生じた場合に，主たる債務者の債務が消滅するのは当然のことであり，よって，連帯債務の絶対的効力事由を定める更改の規定（民435条）及び相殺の規定（民436条1項）については，準用するまでのことはない。そこで，連帯債務の絶対的効力を定める民法の規定のうち，連帯保証に準用の効果が生じるのは，請求（民434条）と混同（民438条）についての規定だけである。すなわち，連帯保証人に対する請求は，主たる債務者に対する関係でも請求の効力をもつ（その結果，主たる債務者に付遅滞効と時効中断効が生じる）。また，連帯保証人に混同が生じればそれは弁済とみなされ，主たる債務者の債務も消滅することになる。

 [7] ところで，債務の承認については，連帯債務においても絶対的効力事由とされていない。つまり，相対的効力事由である（民440条）。よって，連帯保証において，連帯保証人が債務を承認しても，主たる債務者が承認したことにならず，主たる債務者について付遅滞効や時効中断効は生じないことになる。

 [8] 民法改正法案においては，連帯債務の絶対的効力事由が「更改」（改正法案438条），「相殺」（改正法案439条），「混同」（改正法案440条）の3つに限定された。すなわち，現行民法において絶対的効力事由とされている「請求」（民434条），「免除」（民437条），「時効」（民439条）は相対的効力事由とされた。ただし，相対的効力事由についても，債権者と連帯保証人の合意で絶対的効力をもたせることができると規定された（改正法案441条但書）。

(d) 分別の利益の不存在（共同保証の場合）

下記〔5〕(1)(a)のように，共同保証，つまり，複数の保証人が同一の主たる債務を保証する場合に，共同保証人は，原則として分別の利益をもつ。しかし，複数の保証人が連帯保証人である場合，つまり，共同連帯保証の場合には，共同連帯保証人は分別の利益をもたない（大判大6・4・28民録23輯812頁参照，通説）。

〔5〕 特殊な保証

(1) 共同保証

共同保証とは，複数の保証人が同一の主たる債務を保証する場合をいう。1個の契約で複数の者が保証人になる場合のほか，一部の者が後から保証人になる場合にも，この共同保証が認められる。

(a) 分別の利益

共同保証人は，原則として，分別の利益をもつ。すなわち，それぞれの共同保証人は，主たる債務の額を保証人の頭数で割った額についてのみ，保証債務を負担することになる（民456条）。しかし，次の場合には，共同保証人は，分別の利益を有しない。すなわち，①主たる債務が不可分債務である場合（民465条1項），②保証連帯の場合（共同保証人間で各人が全額を弁済すると合意をした場合；同項），また，③連帯保証の場合である（大判大6・4・28民録23輯812頁参照，通説）。

(b) 共同保証人間の求償権

共同保証人の1人が弁済など自らの出捐によって主たる債務を満足させた場合には，主たる債務者に対し求償権を取得する（民459条・462条）。しかも，他の共同保証人に対しても求償権を取得する（民465条）。

このような保証人の求償権については，第3編第5章〔2〕(5)(b)の解説を参照されたい。

(c) 共同保証人の1人に生じた事由の効果

共同保証の場合に，共同保証人の1人に生じた事由が，他の共同保証人に影響を及ぼすかの問題である。この点は，共同保証人間に連帯債務に準じる法律関係（あるいは，連帯関係）が存在するかどうかによって異なってくる。

(イ) 共同保証人間に連帯債務に準じる法律関係が存在する場合　共同保証人間に保証連帯の特約がある場合，あるいは商法511条2項[9, 10]の適用があ

る場合には，共同保証人間に連帯債務に準じる法律関係の存在が認められる。よって，これらの場合には，共同保証人の1人に連帯債務で絶対的効力を生じるとされている事由（民434条ないし439条）が発生した場合に，他の共同保証人に対しても影響を及ぼすことになる。

　(ロ)　(イ)のような法律関係が存在しない場合　　この場合には，共同保証人の1人に生じた事由は，他の共同保証人に対して影響しない。たとえ，共同保証人が連帯保証人である場合，つまり，連帯保証人が複数いる場合であっても，(イ)のような連帯債務に準じる法律関係が存在しない以上，連帯保証人の1人に生じた事由は他の連帯保証人に影響しない。この点に関し，最高裁判所は，複数いる連帯保証人間に連帯債務に準じる法律関係が存在しない場合に，債権者が連帯保証人の1人の債務を免除しても，他の連帯保証人の債務に何らの効果を生じさせない旨を判示している（最判昭43・11・15民集22巻12号2649頁）。

＊9　商法511条2項は，「保証人がある場合において，債務が主たる債務者の商行為によって生じたものであるとき，又は保証が商行為であるときは，主たる債務者及び保証人が各別の行為によって債務を負担したときであっても，その債務は，各自が連帯して負担する。」と規定している。そして，上記の「保証が商行為であるとき」とは，保証が保証人にとり商行為である場合だけでなく，債権者のために商行為である場合を含むとされており（大判昭14・12・27民集18巻1681頁参照），また，複数の保証人がいる場合において，債務が主たる債務者の商行為で生じたとき又は保証自体が商行為であるときは，各保証人が主たる債務者と連帯すると同時に，保証人相互間でも連帯するものとされている（大判明44・5・23民録17輯320頁参照）。

＊10　大判昭15・9・21民集19巻1701頁は，主たる債務が商行為により発生しており，この債務につき複数の連帯保証人がおり，そして，債権者が連帯保証人の1人の債務を免除したという事案において，連帯保証人間に連帯関係が発生することを肯定し，各連帯保証人間の負担部分を認めて，免除についての民法437条を適用し，負担部分を限度として免除の絶対的効力が生じる旨を判示した（この判例は，本文における最判昭43・11・15の事案と違って，複数いる連帯保証人間に連帯債務に準じる法律関係が存在する場合といえる）。

　なお，この判例のように，連帯保証人が複数いる場合には，複数いる連帯保証人間の内部関係においては，負担部分を認めうると考えるべきであり，この場合の負担部分は，特約がある場合には特約によって決定され，特約がない場合には平等と解すべきである（最判昭46・3・16民集25巻2号173頁参照）。ところで，連帯保証

人と主たる債務者との関係においては、連帯保証人に負担部分があるとは考えられていない（前記〔4〕(2)(c)参照）。

(2) 根保証

(a) 根保証契約とは

根保証（継続的保証）契約とは、債権者と債務者との間の継続的取引関係から債務者が債権者に対して将来負うことになる又は現在負っている不特定の債務の履行を保証するために、債権者と保証人との間で締結する契約のことである。

ところで、通常の保証とか連帯保証の場合は、特定の債務（主たる債務）の履行を担保することを目的とした人的担保であり、そのため、主たる債務が有効に存在することを前提としている（附従性）。すなわち、上記〔1〕(2)(c)のように、①主たる債務がなければ、保証債務も成立せず（成立における附従性）、②主たる債務が弁済などによって消滅すれば、保証債務も消滅し（消滅における附従性）、また、③保証債務は、その目的や態様において主たる債務よりも重いことは許されない（内容における附従性；民448条）などの性質を有するとされる。

これに対して、根保証の場合は、継続的取引関係から生じる増減変動する不特定の債務（つまり、将来の債務であってもよい）を前提にして、そのような債務の履行を担保し、もって、継続的取引関係を一体として担保しようとする人的担保であり、そのような性質のものであるから、元本の確定までは、債務が不存在であっても根保証は成立し、あるいはいったん債務が消滅しても根保証は消滅しないなど、上記のような通常の保証の場合と同様の意味での附従性は認められない。

このような根保証には、保証限度額（極度額）や保証期間を定めず、主たる債務者の一切の債務を保証するところの「包括根保証」と、保証限度額（極度額）や保証期間に限定が加えられているところの「限定根保証」がある。

(b) 貸金等根保証契約（民465条の2から民465条の4）

上記の「包括根保証」においては、根保証人が契約時には考えてもいなかったような金額についてまで保証債務の履行を求められたり、また、根保証人が根保証契約の締結を忘れかけたころに行われた融資についてまで、保証債務の履行を求められたりして、根保証人に酷な事態も生じうる。そのため、下記の貸金等根保証契約について、平成17年4月1日から施行された民法改正によっ

て，以下のような規定が設けられた[*11]。

　(イ)　貸金等根保証契約（定義）　貸金等根保証契約とは，①根保証契約であって，②主たる債務のなかに，金銭の貸渡し又は手形割引によって負担する債務（この債務を「貸金等債務」という）を含むものであり，③個人を保証人とするものであることの3つの要件を充足するものである（民465条の2第1項）[*12]。このような貸金等根保証契約だけが，民法465条の2から465条の4によって規制されることになる。

　(ロ)　要式性　根保証契約は，書面で行わなければ効力を生じない（民465条の2第3項・446条2項）。

　(ハ)　保証する限度額（極度額）　根保証契約は，書面上，保証する限度額（極度額）を定めなければ効力を生じない（民465条の2第2項）。

　(ニ)　保証期限（元本確定日）　保証期限（元本確定日）については，契約において元本確定日を定める場合には，契約日から5年以内としなければならない。また，契約において，元本確定日を定めない場合には，契約締結から3年を経過した時点で，保証する主債務の元本が確定することになる（民465条の3第1項・2項）。

　(ホ)　元本確定事由　次のような事由が発生した場合には，根保証人の保証債務の元本が確定することになる。①債務者や根保証人が強制執行や担保権の実行を受けた場合，②債務者や根保証人に対する破産手続開始決定があった場合，③債務者や根保証人が死亡した場合である（民465条の4）。

　　[*11]　民法改正法案においては，根保証契約について，次のような改正がなされている。
　　　(1)　法人でないものが根保証契約を締結した場合を「個人根保証契約」というとし，そして，個人根保証契約であって，その主たる債務の範囲に金銭の貸渡し又は手形の割引を受けることによって負担する債務が含まれるもの（つまり，現行民法における「貸金等根保証契約」）を「個人貸金等根保証契約」というとした（改正法案465条の3）。
　　　(2)　民法465条の2の適用対象を，現行の貸金等根保証契約に限らず，個人根保証契約一般に拡大した。そのため，「一定の範囲に属する不特定の債務」を主たる債務とする個人根保証についても，極度額の定めがない限り無効になるようになった（改正法案465条の2）。これは，個人根保人が予想外に多額の債務を負うという事態を防止しようとする趣旨である。

(3) 現行の貸金等根保証契約の場合の元本確定事由のほか，すべての個人根保証契約の場合の元本確定事由として，①根保証人が強制執行や担保権の実行を受けた場合，②根保証人に対する破産手続開始決定があった場合，③債務者や根保証人が死亡した場合が規定された（改正法案465条の4第1項）。

＊12　根保証契約の被保証債務のなかに上記の貸金等債務を含まず，売掛金債務や賃料債務などを保証するための根保証契約には，民法465条の2から同465条の4までの規定は適用されない。よって，その内容については契約自由の原則にゆだねられるが，これまでに出された判例による規制や学説の解釈による規制を受けることになる。

　なお，民法465条の2から同465条の4までの規定による規制は，個人の根保証人を保護するためのものである。よって，法人が根保証人になった場合には，上記の各規定は適用されず，そのため，法人が根保証人になった場合には，保証限度額（極度額）や保証期間を定めないことも可能である。その結果，根保証人（法人）の根保証債務の履行額が過大になり，よって，根保証人（法人）の債務者に対する求償額も過大となり，そこで，根保証人（法人）の債務者に対する求償権を担保するために個人が保証人になっている場合に，そのような個人の保証人が思わぬ過大な保証債務を負担することにもなりかねない。このような事態は，民法465条の2から同465条の4までの規定を設けて，個人の保証人を保護しようとした趣旨に反することになる。そのため，民法465条の5の規定を設けて，上記のような個人の保証人を保護しようとしている。

［井手　良彦］

第2章

保証債務履行請求訴訟に関するQ＆A

Q37 | 保証債務履行請求の要件事実

> Xは，Yに対し，弁済期を平成26年5月8日と定めて100万円を貸し付けたが，その際，Zは，Xに対し，YのXに対する貸金債務を連帯保証する旨約した。その弁済期が到来したのに，Yが弁済しないため，Xは，Zに対し，保証債務の履行を求める訴訟を提起したいと考えている。この場合，保証債務履行請求の要件事実について説明するとともに，その訴状（請求の趣旨及び原因）の起案例を示しなさい。

〔1〕 保証債務履行請求の要件事実

(1) 訴訟物

連帯保証債務の履行請求訴訟における訴訟物について，連帯保証契約を保証契約とは別個の契約類型を解し，その訴訟物は連帯保証契約に基づく連帯保証債務履行請求権であるとする見解（連帯保証説）と，連帯保証債務は，保証債務の補充性を排除して債権者の権利を強化するために，保証人が主たる債務者と連帯して債務を負担する旨の特約が付されたものにすぎず保証契約が原則的形態であるとして，訴訟物は保証契約に基づく保証債務履行請求権であるとする見解（保証説）がある（司法研修所編『紛争類型別の要件事実』36頁参照）。連帯保証にお

いて，連帯の免除があった場合，保証債務が残ることになることからすると，連帯保証契約は保証契約に連帯の特約が付されたものとする保証説が相当である。

(2) **要件事実**

保証説からすると，連帯の特約は催告，検索の抗弁が主張された場合の再抗弁に位置づけられ，請求原因として主張する必要はない。したがって，本問の保証債務履行請求訴訟において，原告が請求原因として主張すべき要件事実は以下のとおりである。

(a) 主たる債務の発生原因事実

保証債務が主たる債務に対し附従性を有することから，主たる債務の存在，内容が請求原因事実となる。例えば，主たる債務が消費貸借契約に基づく貸金返還債務であれば，主たる債務の発生原因事実は，貸金返還請求権の発生原因事実（金銭の返還合意，金銭の交付，弁済期の合意，弁済期の到来）である。

利息及び遅延損害金も併せて請求する場合は，利息請求権の発生原因事実（利息の合意，一定期間の経過）及び遅延損害金請求権の発生原因事実（弁済期の経過，損害の発生とその数額）も請求原因事実として主張する必要がある。

(b) 保証契約の成立

債権者と保証人との間で，保証人が主たる債務を保証する旨の合意をした事実である。なお，保証債務は利息，損害賠償等，主たる債務に従たるすべてのものを包含するとされていることから（民447条1項），債権者が保証人に対し保証契約に基づき利息，遅延損害金についても保証債務の履行を請求する場合，利息，遅延損害金が保証の対象になっていることを主張・立証する必要はない。利息，遅延損害金を保証の対象外とする特約があった場合に，その合意の事実が債務者の抗弁となる。

(c) 上記保証契約が書面又は電磁的記録によってなされたこと（民446条2項・3項）

保証契約は，従来，諾成，不要式契約とされ，書面等の要式は必要とされていなかったが，保証契約の内容を外形上明らかにするとともに，保証人になろうとする者に慎重な対応をとらせるために，平成16年の民法改正により書面等の作成が必要となった。同改正法の施行日は平成17年4月1日であり，同日以後に成立した保証契約について改正規定が適用され，それより前の保証契約については改正規定の適用はない（改正法附則3条）。したがって，平成17年

4月1日以後の保証契約に基づく請求をする場合に，保証契約が書面又は電磁的記録によってなされたことが要件事実となる。

「保証契約は書面でしなければ」（民446条2項）とされていることについて，保証人の保証意思が書面上に示されていればよいとする見解と，保証契約書が作成されるか又は申込みと承諾の双方が書面化されることが必要とする見解がある。書面性が必要とされた趣旨が主に保証人の保護にあることからすると，前者の見解が相当であると思われる。

なお，民法改正法案465条の6ないし9では，保証人が法人である場合を除き，事業のために負担した貸金等債務を主たる債務とする保証契約は，その契約の締結に先立ち，その締結の日の1ヵ月以内に作成された公正証書で保証人となろうとする者が保証債務を履行する意思を表示していなければ効力を生じないとされ，その公正証書の作成について厳格な規制がなされている。ただし，これらの規制はいわゆる第三者保証についての規制であり，会社の取締役が保証人となる場合等のいわゆる経営者保証については同規制の適用はなく，現行法上の要式性の規制によることになる。

(d) 民法446条では保証人は主たる債務者がその債務を履行しない場合に保証債務の履行責任を負うとされているが，「主たる債務者がその債務を履行しないこと」は消極的事実であり，債権者が請求原因事実として同事実についての主張，立証責任を負うとすることは相当ではない。同規定は，要件事実的には，債権者の保証債務履行請求に対して保証人が催告の抗弁権（民452条）及び検索の抗弁権（民453条）を行使することを指しているものと解される。

〔2〕 XのZに対する保証債務履行請求訴訟の訴状起案例

設問事例におけるXの訴状の起案例（ただし，利息を年7％，遅延損害金を年14％とする特約があったものとする）は，次のとおりである。

○○簡易裁判所　御中

　　　　　　　　　　　　原告訴訟代理人司法書士　○　○　○　○　㊞

　　〒○○○－○○○○
　　　○○県○○市○○町○○丁目○○番○○号
　　　　　　　　　　　原　　　告　　　　　　X
　　〒○○○－○○○○
　　　○○県○○市○○町○○丁目○○番○○号
　　　　　　　　　　　上記訴訟代理人司法書士　○　○　○　○
　　　電　話　　○○○○－○○－○○○○
　　　Ｆ Ａ Ｘ　　○○○○－○○－○○○○
　　〒○○○－○○○○
　　　○○県○○市○○町○○丁目○○番○○号
　　　　　　　　　　　被　　　告　　　　　　Z

保証債務請求事件
　　訴訟物の価格　　100万円
　　貼用印紙　　　　○○○○円

第1　請求の趣旨
　1　被告は，原告に対し，○○万○○○○円及び100万円に対する平成26年5月9日から支払済みまで年14パーセントの割合による金員を支払え。[*1]
　2　訴訟費用は被告の負担とする。
　との判決及び仮執行の宣言を求める。
第2　請求の原因
　1　原告は，Yに対し，平成○○年○月○○日，100万円を次の約定で貸し付けた。[*2]
　　　弁済期　　平成26年5月8日
　　　利息　　　年7パーセント

　　　　遅延損害金　年14パーセント*3
　　2　被告は，原告に対し，平成〇〇年〇月〇〇日付けの書面により，上記契約におけるYの債務を連帯保証した。*4,*5
　　3　よって，原告は，被告に対し，上記保証契約に基づき〇〇万〇〇〇〇円及び100万円に対する平成26年5月9日から支払済みまで年14パーセントの割合による遅延損害金の支払を求める。

証拠方法

1　金銭消費貸借契約書（甲1号証）
2　保証承諾書（甲2号証）

附属書類

1　甲1号証及び甲2号証写し　各1通
2　訴訟委任状　　　　　　　　1通

[注]

* *1　元本，平成26年5月8日までの利息及び同月9日以降の遅延損害金の請求である。主文中の「〇〇万〇〇〇〇円」は元本と利息の合計額となる。利息は，商人間の金銭消費貸借の場合を除いて，特約がある場合にのみ請求できる。遅延損害金は債務不履行に基づく損害賠償請求であり，その額は法定利率により定まるのを原則とするが，利息の約定利率が法定利率を超えるときは約定利率による（民419条1項）。ただし，遅延損害金について，利息の約定利率を超える利率による損害賠償の予定をすることも可能であり（民420条1項），本件において，その利率を年14％と定めていることから，同利率による遅延損害金の請求をしている。
* *2　「貸し付けた」との文言によって，金銭の返還合意，金銭の交付の事実を主張している。
* *3　遅延損害金請求の要件事実の1つである「損害の発生とその数額」は弁済期の経過と約定利率又は法定利率で定まる。ただ，実務上，弁済期の経過は自明の事実であることから省略される場合が多い。
* *4　「保証契約は書面でしなければ」の意味内容を保証契約書の作成又は申込みと承諾の双方が書面化されることが必要とする見解によると，「被告は，原告に対し，上記契約におけるYの債務を保証し，その旨の契約書を作成した。」等と記載されることになる。
* *5　連帯保証の場合も保証契約の締結を主張すれば足りるが，実務上，「連帯保証した。」旨の記載がされることが多い。

[野藤　直文]

Q38 | 保証債務履行請求に対する防御方法

Q37を前提として，次の問題を説明しなさい。
(1) Ｚのなしうる主張（典型的抗弁）について説明するとともに，その主張書面の起案例を示しなさい。
(2) Ｚの上記(1)における主張に対して，Ｘのなしうる主張（再抗弁）について説明するとともに，その主張書面の起案例を示しなさい。

A

〔1〕 はじめに

保証人は，保証契約自体についての権利障害事由（無効・取消し等），保証人自身の弁済などの保証債務についての権利消滅事由などを主張しうるほかに，保証債務の補充性，附従性から生ずる保証債務に特有な抗弁を主張することができる。

本問では，ＸがＹに100万円を貸し付け，ＺがＹのＸに対する貸金債務を連帯保証したことが前提になるが，連帯保証は保証契約の特約であるから，保証契約における抗弁及びこれに対する再抗弁についても併せて検討することにする。

〔2〕 保証契約の無効原因，取消し及び解除，解約に基づく抗弁

保証契約に無効原因，取消原因あるいは解除原因がある場合，保証人はこれを抗弁とすることができる。

ここでは保証契約を無効とする錯誤について検討する。判例は，他の人的担保又は物的担保の存在の誤信は保証契約締結の動機にすぎず，特に保証契約の内容とされたものでない限り，それによって保証契約が無効となるものではな

いとする（最判昭32・12・19民集11巻13号2299頁）。これに対し，立替金償還債務の保証契約を締結したが，立替払委託の前提たる売買契約が空クレジットによる架空のものであったという場合には，直ちに保証契約の内容（主債務の態様）に関する重要な錯誤にあたるものとして，保証契約の無効が認められている（最判平14・7・11金判1159号3頁・判タ1109号129頁）。消費貸借契約に関し，主たる債務者が反社会的勢力関係企業であった場合に保証人となった信用保証協会に錯誤が認められるかどうかについては判例が分かれている。広島高松江支判平26・9・10は，信用保証契約の主たる債務者が反社会的勢力であったことを理由とする同契約の錯誤無効をいう信用保証協会の主張を排斥した第1審判決は，信用保証協会の動機に錯誤があったとしても，当該動機が信用保証契約の内容となっていたとは認められない判示の事実関係の下においては，これを是認することができると判示して，錯誤無効の主張を認めなかった（金判1453号34頁）。一方，東京高判平25・12・4は，金融機関の貸付先が反社会的勢力関連企業であった場合において，反社会的勢力関連企業が信用保証を利用できないことが金融機関に周知され，広く認知されていて，同貸付けについて信用保証をした信用保証協会が同金融機関と信用保証契約を締結するに際しても，同貸付先が反社会的勢力関連企業でないことは，これが動機であったとしても，黙示に表示され，法律行為の要素となっていたと認められる判示の事実関係の下においては，この点に同保証協会に錯誤が認められる以上，同信用保証契約は民法95条により無効になると判示して，錯誤無効の主張を認めた（金判1435号27頁）。

■**抗弁記載例──錯誤無効**

> 1 Zは，本件保証契約の締結の際，Yが反社会的勢力関係企業でないことを信じていた。
> 2 反社会的勢力関連企業が信用保証を利用できないことは，金融機関に周知され，広く認知されていたのであるから，Xは，Zに対し，Yが反社会的勢力関係企業でないことを黙示に表示していたことになる。
> 3 Yは，反社会的勢力関係企業であった。

〔3〕 一部保証及び保証債務の制限の抗弁

(1) 一部保証

保証人は，主たる債務の全額でなく，その一部について数額を限って保証することができる。例えば請求原因で「金100万円の債務のうち金30万円について保証契約を締結した。」と主張するような場合である。

これについては，内側説と外側説という2つの考え方がある。内側説は，30万円まで弁済があることを担保するという考えである。これによると，主債務者が30万円弁済すれば保証債務を免れる。外側説は，債務の残額がある限りその額まで弁済の責めに任ずるという考えである。特に明示のない限り，後者と解されている（我妻栄『新訂債権総論』467頁）。外側説によると，主債務者から50万円の弁済があっても，50万円の債務が残っているので，保証人は30万円の保証債務を免れることはできないが，主債務者が80万円の弁済をすれば，保証人の債務は20万円となる。

■抗弁記載例──一部保証（外側説）

> Yが80万円弁済したので，Zが保証する範囲は20万円である。

(2) 保証債務制限の合意

保証債務には，主たる債務に関する利息，違約金，損害賠償その他その債務に従たるすべてのものが含まれる（民447条1項）。債権者が保証人に対し，保証契約に基づいて，民法447条1項の定める従たる債務の支払を請求する場合は，保証契約において従たる債務が保証の対象になっていることを特に主張・立証する必要はない。逆に，これらの債務が保証契約の対象になっていないときは，その旨の特約があったことを，保証人が抗弁として，主張・立証する必要がある。

■抗弁記載例──保証債務制限の合意

> 本件保証契約には元本のみを保証するとの合意があった。

〔4〕 補充性に基づく抗弁

　保証債務は，主たる債務が履行されない場合に，これを履行することによって，債権者に主たる債務が履行されたのと同一の利益を与えようとするものである。そこで，保証契約は主たる債務を補充するものとされ，主たる債務者に弁済資力があれば，保証人は責任を負わない。この観点から，保証人には債権者が保証人に債務の履行を請求してきたときは，保証人は，まず主たる債務者に催告せよと請求することができる（民452条本文）。これを催告の抗弁という。また，債権者が主たる債務者に催告をした後であっても，保証人は，なお，主たる債務者に弁済の資力があり，かつそれに対する執行が容易であることを証明したときは，債権者は，まず主たる債務者の財産に執行しなければならない（民453条）。これを，検索の抗弁という。さらに，複数の保証人がある場合は，各保証人は分別の利益があるので（民456条），保証人は自己の他にも保証人が存在することを抗弁として主張でき，その結果，保証債務は立証された保証人の数で除した額まで減額される。これを，保証人複数存在の抗弁という。

　ただし，連帯保証の場合は，保証人が債務者と連帯して保証債務を負うものであるから，上記催告の抗弁，検索の抗弁及び保証人複数存在の抗弁を主張することはできない。

　現実の訴訟においては，請求原因で連帯保証であることが主張・立証されることが多いが，保証契約における連帯性の合意が主張・立証されなくても債権者の請求は認容されるものと考えると，保証債務の履行請求では，保証契約における連帯性の合意の事実は請求原因となるのではなく，再抗弁と位置づけられることになる。この考えに立つと，催告の抗弁，検索の抗弁及び保証人複数存在の抗弁に対しては，保証契約が連帯保証であることが再抗弁となる。

■抗弁記載例——催告の抗弁

> 　Xは，本件請求をする前に，Yに対して催告すべきである。

　保証人がこの催告の抗弁権を行使したとしても，債権者は主たる債務者に対して，裁判上又は裁判外を問わず，ともかく一度催告するのみでよく，たとえ

その効果がなかったとしても，再び保証人に対して履行の請求ができる。この請求に対しては，保証人はもはや催告の抗弁権を行使することはできない。よって，保証人は，この抗弁権を行使することによって，債権者に対してその履行を一時的に拒絶し，延期するにすぎず，この抗弁の実効性はそれほど大きくない。

■抗弁記載例──検索の抗弁

> Xは，まずYが○○銀行に対して有している普通預金債権に対して執行すべきである。

　主たる債務者に弁済する資力があり，かつ，執行が容易であることを保証人が証明したときは，債権者は，まず主たる債務者の財産につき執行しなければならない。それをすることなく保証人に債務の履行を請求することはできない。
　保証人は，債権者がまず主たる債務者の財産について執行するまでは，保証債務の履行を拒絶できるから，この抗弁権は催告の抗弁に比べ，保証人の保護の点で実効性が大きいといえる。
　通常，保証人は，まず催告の抗弁を主張し，債権者がこれに応じて，主たる債務者に催告をし，その効果がなく再び保証人に対して履行の請求をしてきた場合に，保証人は検索の抗弁を行使する。ただし，催告の抗弁と検索の抗弁を順次行使することなく，検索の抗弁から行使することもできる。
　主たる債務者の「弁済をする資力」とは，一部の弁済をなしうるにすぎない資力であっても，それが総債務額に対して相当な額であるなら「弁済をする資力」と解されている。そして，弁済をする資力があっても，執行が容易とは限らないので，執行の容易さのほうに重点が置かれる。不動産より金銭や有価証券のほうが執行が容易とされている。

■抗弁記載例──保証人複数存在の抗弁

> 本件貸金契約には，Zのほかに2名の保証人が存在する。

　債権者は，複数の保証人との間で，同時に保証契約を締結することもできる

し、各共同保証人と個別に保証契約を締結することもできる。共同保証には分割債務の規定（民427条）が準用され、保証人は分別の利益を有し、共同保証人は主債務の額を平等の割合で分割した額についてのみ保証債務を負担すればよいことになる。この制度は、保証人の責任を軽減することになり、債権者からみると担保力を弱めることになる。共同保証人の一人が無資力のときは、債権者はその無資力者の負担する額についての担保を有さなくなることになる。以上のような分別の利益は、①主債務が不可分債務のとき、②各保証人が全額を弁済すべき特約をなしたとき、③連帯保証のときには主張できない。

■再抗弁記載例──保証契約が連帯保証であること

> XとZとの間の保証契約には連帯保証の特約があった。

前述のとおり、催告の抗弁、検索の抗弁及び保証人複数存在の抗弁に対しては、保証契約が連帯保証であることが再抗弁となる。

〔5〕 附従性に基づく抗弁

主たる債務を生じさせる契約が無効又は取り消されたため、主たる債務が不成立又は消滅した場合、及び主たる債務が弁済、代位弁済、消滅時効、免除等によって全部又はその一部が消滅した場合には、保証人はこの事由を抗弁として主張できる。これは保証債務の附従性からくるものである。

(1) 一部弁済及び一部免除の抗弁

■抗弁記載例──一部弁済

> Yは、Xに対し、本件債務につき、30万円を支払った。

■抗弁記載例──一部免除

> Yは、Xに対し、本件債務のうち、30万円を免除する旨の意思表示をした。

(2) 未成年者に基づく取消し

主債務が取り消されれば，保証債務もまた無効となるのが原則であるが，主債務が行為能力の制限を理由に取り消されるかもしれないことを，保証人が保証契約締結当時知りつつあえて保証した場合には，保証人は，主債務が取り消されても，なお，主債務と同一の目的を有する独立の債務を負担することになる（民449条）。

取消しがなされた場合は，取消以前にあっては，保証人は保証債務を負担し，取消後にあっては保証債務とは別個独立の債務を負担することになる。

主債務が債務不履行の場合は，主たる債務者と同一性を有する債務（原状回復請求権，損害賠償請求権）についての保証債務が残る。

■抗弁記載例――主債務の未成年に基づく取消し

1 本件貸金契約を締結したYは契約当時未成年者であった。
2 AはYの親である。
3 Aは，Xに対し，本件貸金契約におけるYの意思表示を取り消す旨の意思表示をした。

■再抗弁記載例――主債務の未成年に基づく取消しに対する再抗弁

Xは本件貸金契約につき保証契約を締結した当時，Yが未成年者であることを知っていた。

(3) 主たる債務者の抗弁権の援用
(a) 主たる債務者の有する取消権の行使
　主たる債務者が取消権を行使し，主たる債務の発生原因たる法律行為が遡及的に無効になったときは，保証債務も附従性によって消滅するから，保証人が法律行為についての取消事由と主たる債務者による取消権行使の事実を主張して保証債務履行請求に対する抗弁とすることができることについては異論がない。

　しかし，主たる債務者が取消権を行使していない場合に保証人が主たる債務者の有する取消権を行使することができるかについては，①保証人は取消権者ではない，②保証人に主たる債務者と債権者との関係に干渉する権限を付与す

べきではないとの理由から、これを否定する見解が多数である。
　この見解によると、保証人は、主たる債務の発生原因たる法律行為に取消原因がある場合には、保証債務の附従性の内容として、保証人に法律行為が取り消されるかどうか確定するまで保証債務の履行を拒絶する権限が認められる。この履行拒絶権を行使するためには、主たる債務の発生原因たる法律行為についての取消原因（詐欺・強迫等）の存在を主張立証することになる。

■抗弁記載例——主たる債務の取消原因による保証債務の履行拒絶

> 1　YがXから100万円を借り受けたのは、AがYに対し、借り受けをしなければYの家族に危害を加えかねない気勢を示してYを脅かし、畏怖させたためである。
> 2　Zは、Xに対し、本件契約が取り消されるかどうか確定するまで保証債務の履行を拒絶する。

(b)　主たる債務者の有する反対債権による相殺

　この相殺権は、民法457条2項によって保証人に認められているが、これについても、保証人に主たる債務者の有する反対債権につき主たる債務者に代わって相殺権を行使すべき権限を付与したものとする見解（西村信雄編『注釈民法(11)』264頁〔中川淳〕）と、相殺によって消滅する限度で、保証人に単に債権者からの履行請求を拒絶する抗弁権を付与したにすぎないとする見解（我妻栄『新訂債権総論』483頁）とが対立している。前者の見解によれば、この相殺を抗弁として主張する場合の要件事実は、主たる債務者が相殺を主張する場合と同一であるが、後者の見解によるときには、そのうち相殺の意思表示は不要ということになる。

■抗弁記載例——主たる債務の反対債権による保証債務の履行拒絶

> 1　Yは、Xに対し、平成○年○月○日、自動車を代金100万円で売却した。
> 2　Yは、Xに対し、平成○年○月○日、自動車を引き渡した。
> 3　Zは、Xの本件請求債権につき、YのXに対する自動車売買代金請求債権100万円に基づき、100万円の支払について履行を拒絶する。

(c) 主たる債務の消滅時効

保証人は，主たる債務についての消滅時効の援用権を有する。したがって，保証人は，保証債務自体についての消滅時効を援用することができるだけではなく，主たる債務についての消滅時効を援用して，保証債務の消滅を主張できる。この主たる債務についての消滅時効の援用は，主たる債務が時効の援用をしていなくても（大判大4・7・13民録21輯1387頁），さらには主たる債務者が時効の利益を放棄しても（大判大5・12・15民録22輯2494頁，連帯保証につき大判昭6・6・4民集10巻401頁）することができる。

■抗弁記載例──主たる債務の消滅時効

> 1 本件貸金債務の弁済期は平成○年○月○日と定められていた。
> 2 上記弁済期から10年は経過した。
> 3 Zは，Xに対し，本件貸金債務について消滅時効を援用する意思表示をした。

債権者は，保証人の消滅時効の抗弁に対して，時効中断の再抗弁を主張することになるが，主たる債務者について生じた時効中断事由は，承認を含めてすべての保証人についても効力を及ぼす（民457条1項）ため，債権者は，保証人の消滅時効の抗弁に対し，保証人について生じた時効中断事由のほかに主たる債務者に生じた時効中断事由をも再抗弁とすることができる。

■再抗弁記載例──主たる債務者に生じた中断事由

> Yは，Xに対し，本件貸金債務の一部10万円を平成○年○月○日，支払った。

なお，保証人について生じた事由は，主たる債務者には影響を及ぼさないから，債権者の保証人に対する請求や保証人の債務の承認によっては主たる債務の消滅時効は中断しない。したがって，これらの事由は，保証人の主たる債務の消滅時効の抗弁に対しては再抗弁たりえない。その結果，上記請求や承認があった場合でも，主たる債務につき時効が完成すれば，保証人は，保証債務についての消滅時効の援用はできなくなるが，主たる債務についての消滅時効は援用することができることになる。ただし，連帯保証については，民法458条

による同法434条の準用により連帯保証人に対する請求は主たる債務者に効力を及ぼすから，債権者はこれを主たる債務の消滅時効に対する再抗弁として主張することができる。

■再抗弁記載例──連帯保証人に対する請求

> Xは，本件保証契約に関し，連帯保証人Zに対する訴訟を○○簡易裁判所に提起した。

［丸尾　敏也］

Q39 | 保証契約の錯誤無効

　A会社の名目的な代表取締役であったYは、A会社の実質的経営者であるBから、A会社が手形貸付けを業とするX会社から50万円を借りるにあたって連帯保証してほしいと頼まれ、X会社・A会社間の継続的手形貸付取引約定書の連帯保証人欄に署名押印したが、実はその約定書には極度額500万円の根保証をする旨の記載があった。その後、Yは、A会社の代表取締役を辞任し、代わってBが就任したが、Bは、依然として代表取締役Yの名義で手形を振り出し、X会社から新たな貸付けを受けるとともに、従前の貸付けの書替えをしていたが支払が滞りがちになった。そこで、X会社は、Yに対し、上記約定書に記載された根保証を根拠に、手形割引による貸金400万円の返還を求める訴訟を提起した。

　Yは、上記保証が根保証でなく、A会社がX会社から50万円を借り入れるための保証であると信じて保証したのであり、後になって、その保証が500万円を限度とする根保証であることが判明したのであるから、上記保証の意思表示は、重要な部分に錯誤があり、無効であると主張して争っている。

　Yの上記主張は認められるか、説明しなさい。

〔1〕 はじめに

　本問の場合、Yは、X会社（以下「X社」という）とA会社（以下「A社」という）との間の継続的手形貸付取引約定書の連帯保証人欄に署名押印したが、実はその約定書には極度額500万円の根保証をする旨の記載があったとのことであり、そのため、YとX社との間で、X社のA社に対する手形貸付債権を担保するた

めの根保証契約が締結されていると考えられ，したがって，手形貸付債権を担保するための根保証契約とはどのようなものかについて問題となる。

また，Yは，A社の実質的経営者であるBから，A社がX社から50万円を借りるにあたって連帯保証してほしいと頼まれ，A社とX社との間の手形貸付契約に関してX社と連帯保証契約を締結したつもりが，実は極度額500万円の根保証契約を締結していたとのことであり，YはBに騙されて上記の根保証契約を締結したことになる。そのため，Yは上記の根保証契約締結の意思表示につき錯誤があり，無効であると主張しているが，そのような主張が認められるか。また，その他の主張は認められないかについても，検討したい。すなわち，この問題は，ノンバンクが中小零細業者に対して行う融資（商工ローン）の場合に，担保を取り連帯保証人をつけるという貸借契約の形をとって，その際の連帯保証人は債務者と利害関係の薄い友人や知人がなることもあり，また，その連帯保証は根保証である場合が多く，しかも，根保証の法的性質や経済的負担の範囲などにつき十分な説明をしないまま，詐欺的な方法により根保証契約を締結させたような場合もあったようで，そのような場合に，どのような方法により救済を図りうるかという問題である。

〔2〕 根保証契約

(1) 根保証契約とは*1

根保証（継続的保証）契約とは，債権者と債務者との間の継続的取引関係から債務者が債権者に対して将来負うことになる又は現在負っている不特定の債務の履行を保証するために，債権者と保証人との間で締結する契約のことである。

ところで，通常の保証（単純保証）とか連帯保証の場合は，特定の債務（主たる債務）の履行を担保することを目的とした人的担保であり，そのため，主たる債務が有効に存在することを前提としている（附従性）。すなわち，①主たる債務がなければ，保証債務も成立せず（成立における附従性），②主たる債務が弁済などによって消滅すれば，保証債務も消滅し（消滅における附従性），また，③保証債務は，その目的や態様において主たる債務よりも重いことは許されない（内容における附従性；民448条）などの性質を有するとされる（本編第1章「保証債務履行請求訴訟の概要」〔1〕(2)(c)(イ)参照）。

これに対して，根保証の場合は，継続的取引関係から生じる増減変動する不特定の債務（将来の債務であってもよい）を前提にして，そのような債務の履行を担保し，もって，継続的取引関係を一体として担保しようとする人的担保であり，そのような性質のものであるから，元本の確定までは，債務が不存在であっても根保証は成立し，あるいはいったん債務が消滅しても根保証は消滅しないなど，上記のような通常の保証の場合と同様の意味での附従性は認められない。

このような根保証には，保証限度額（極度額）や保証期間を定めず，主たる債務者の一切の債務を保証するところの「包括根保証」と，保証限度額（極度額）や保証期間に限定が加えられているところの「限定根保証」がある。

(2) **貸金等根保証契約**（民465条の2から民465条の4）

上記の「包括根保証」においては，根保証人が契約時には考えてもいなかったような金額についてまで保証債務の履行を求められたり，また，根保証人が根保証契約の締結を忘れかけたころに行われた融資についてまで，保証債務の履行を求められたりして，根保証人に酷な事態も生じうる。そのため，下記の貸金等根保証契約について，平成17年4月1日から施行された民法改正によって，以下のような規定が設けられた。

(a) 貸金等根保証契約（定義）

貸金等根保証契約とは，①根保証契約であって，②主たる債務のなかに，金銭の貸渡し又は手形割引によって負担する債務（この債務を「貸金等債務」という）を含むものであり，③個人を保証人とするものであることの3つの要件を充足するものである（民465条の2第1項）[※2]。このような貸金等根保証契約だけが，民法465条の2から465条の4によって規制されることになる。

(b) 要式性

根保証契約は，書面で行わなければ効力を生じない（民465条の2第3項・446条2項）。

(c) 保証する限度額（極度額）

根保証契約は，書面上，保証する限度額（極度額）を定めなければ効力を生じない（民465条の2第2項）。

(d) 保証期限（元本確定日）

保証期限（元本確定日）については，契約において元本確定日を定める場合には，契約日から5年以内としなければならない。また，契約において，元本確定日を定めない場合には，契約締結から3年を経過した時点で，保証する主債務の元本が確定することになる（民465条の3）。

(e) 元本確定事由

次のような事由が発生した場合には，根保証人の保証債務の元本が確定することになる。①債務者や根保証人が強制執行や担保権の実行を受けた場合，②債務者や根保証人に対する破産手続開始決定があった場合，③債務者や根保証人が死亡した場合である（民465条の4）。

* 1　平成27年3月31日に国会に提出された「民法の一部を改正する法律案」（民法改正法案）における根保証についての改正内容は，本編第1章＊11を参照。
* 2　本編第1章＊12を参照。

(3) 本問の場合

本問の場合，Yは，X社・A社間の継続的手形貸付取引約定書の連帯保証人欄に署名押印したが，その約定書には極度額500万円の根保証をする旨の記載があったとのことであり，YとX社との間で根保証契約が成立するとなると，それは，X社・A社間の継続的手形貸付取引約定書に基づく貸付債務について保証するための根保証契約であって，個人であるYが保証するものであるから，貸金等根保証契約に該当する。したがって，民法465条の2から同465条の4までの規定による規制を受けることになる。

〔3〕　YのX社に対する主張（抗弁）

(1) 錯誤・無効の主張

本問の場合，Yは，A社の実質的経営者であるBからX社によるA社への50万円の融資につき連帯保証してほしいと頼まれ，その50万円の手形貸付債務について連帯保証するつもりで，A社とX社との間の継続的手形貸付取引約定書の連帯保証人欄に署名押印をし，その結果，X社との間で極度額500万円の根保証債務を負うという内容の根保証契約を締結したとされ，500万円の根保証債務を負っているものと考えられる。そこで，Yの意図したところと実際に生じた事態との間に食い違いが生じており，よって，Yは上記の根保証契約締

結の意思表示につき錯誤があり，無効であると主張しているが（民95条），そのような錯誤・無効の主張は認められるかが問題となる。

(a) 錯誤（民95条）[*3]とは

錯誤とは，表意者の外部に現れた意思表示の内容（表示）と表意者の真意との間に食い違いがあり，そのように食い違いがあることを表意者が知らないことをいう。このような錯誤がある場合には，表意者は自らの意思表示の無効を主張しうることになる（民95条）。

*3　民法改正法案は，「錯誤」について，次のような改正を行っている。

(1) 錯誤を「意思表示に対応する意思を欠くもの」と「表意者が法律行為の基礎とした事情についてその認識が真実に反するもの」とに分けて規定し，錯誤の2類型を明確にした（改正法案95条1項）。前者の類型は，表示行為の錯誤（①表示上の錯誤——言い間違いなど，表示行為そのものに関する錯誤の場合，及び②内容の錯誤——表示行為の意味を誤解している場合）であり，後者の類型は，動機の錯誤である。そして，後者の類型である動機の錯誤については，動機（表意者が法律行為の基礎とした事情）が「法律行為の基礎とされていることが表示されていたときに限り，」取り消しうると規定した（改正法案95条2項）。これは，判例の見解を明文化したものである。

(2) また，意思表示の錯誤であって，「その錯誤が法律行為の目的及び取引上の社会通念に照らして重要なもの」であるときに取り消しうると規定し（改正法案95条1項），現行民法上の「要素の錯誤」のある場合をより具体的に明文化している。

(3) 重過失によって錯誤に陥った表意者の錯誤の主張を認めない現行民法のルールは維持しつつ，表意者の相手方が表意者の錯誤を知っていた場合（悪意）又は重過失によって知らなかった場合，さらには両当事者が同一の錯誤に陥っていた場合（共通錯誤）には，重過失のある表意者にも錯誤の主張を認めることにした（改正法案95条3項）。これらの場合には，表意者の相手方は表意者が重過失によって錯誤に陥ったことを責められないために，表意者の錯誤の主張を認めることにしたのである。

(4) 錯誤の意思表示の効果について，無効ではなく，取り消しうるものと改められた（改正法案95条1項）。その上で，錯誤・取消しの効果は，善意かつ無過失の第三者に対抗できないとした（改正法案95条4項）。

(b) 動機の錯誤

まず，Ｙの錯誤は，動機の錯誤にとどまらないか。

動機の錯誤とは、意思表示そのものではなく、意思を形成する過程としての動機の点に錯誤がある場合をいう。このような動機の錯誤の場合には、意思表示については錯誤（表示と真意の食い違い）がなく、よって、無効にはならない[*4]。そこで、本問の場合も、この動機の錯誤の場合にとどまらないかについて、一応、検討しておくのが相当である。

動機の錯誤は、本問の場合に即して考えれば、Yが、X社によるA社への50万円の融資につき連帯保証をしようという動機で、X社との間で極度額500万円の根保証契約を締結すれば上記の連帯保証をなしうると考え（つまり、動機を達成しうると誤解し）、X社との間で極度額500万円の根保証契約を締結するという意思（真意）で、X社との間で極度額500万円の根保証契約を締結するという意思表示をした場合がこれに該当するであろう。この場合であれば、YがX社との間で極度額500万円の根保証契約を締結すると意思表示をした場合に、Yの真意も、X社との間でそのような根保証契約を締結するという意思（真意）であって、そこに表示と真意に食い違いはなく、ただし、Yは、上記の意思表示によって、X社による50万円の融資につき連帯保証をするという動機・意図を達成しうると考えていた（誤解していた）ことになる。

しかし、本問の場合は、上記のような動機の錯誤の場合に該当しないものと考える。なぜならば、本問の場合、Yは、Bに騙されA社とX社との間の継続的手形貸付取引約定書の連帯保証人欄に署名押印をさせられて、そのため、YがX社との間で極度額500万円の根保証契約を締結するという意思表示をしたことになるが、その際のYの真意は、X社によるA社への50万円の融資につき連帯保証をするというものであって、そこには表示と真意の食い違いが認められるからである。

[*4] ただし、動機も表示されて、意思表示の内容となれば、その場合の動機の錯誤によって、当該意思表示は錯誤・無効になりうる（判例・通説）。

(c) 要素の錯誤

錯誤がある場合、すなわち、表意者の外部に現れた意思表示の内容（表示）と表意者の真意との間に食い違いがあり、そのように食い違いがあることを表意者が知らない場合であっても、その錯誤が意思表示の重要部分にある場合（すなわち、要素の錯誤の場合）でなければ、表意者は無効を主張しえない（民95条）。

要素の錯誤とは，具体的には，表意者の意思表示の内容の主要な部分であって，この部分に錯誤がなかったら表意者は意思表示をしなかったであろうし，かつ，意思表示をしないことが一般の取引通念に照らしてもっともであると認められる場合のことであり，このような場合に限って，表意者は自らの意思表示の無効を主張しうることになる（民95条）。

(d) 本問の場合

そして，本問の場合，YとX社との間の根保証契約に現れているYの意思表示の内容（表示）は，極度額500万円の根保証債務を負うというものであり，一方，Yの真意は，X社によるA社への50万円の融資につき連帯保証をするというものであって，そのため，表示と真意が食い違っており，しかも，そのことをY自身が気づいていないものと考えられるから，Yには錯誤があるものと解せられる。しかも，Yが50万円の融資につき連帯保証をするという部分について，実際は極度額500万円の根保証債務を負うというものであると知っておれば，Yは保証をするという意思表示をしなかったと思われるし，そのように意思表示をしないことが一般の取引通念に照らして相当であると認められるので，上記のYの錯誤は意思表示の重要な部分にある錯誤，つまり，要素の錯誤であると解しうる。

そのため，本問の場合，Yは，X社に対して，X社との間で締結した極度額500万円の根保証契約につき，その意思表示に錯誤があったとして無効を主張しうる。その結果，根保証債務の履行請求を拒みうることになる。

(2) **詐欺の主張**

本問の場合，Yは，Bから，X社によるA社への50万円の融資につき連帯保証してほしいと頼まれ，その50万円の手形貸付債務について連帯保証するつもりで，X社との間で，極度額500万円の根保証債務を負うという内容の根保証契約を締結し，500万円の根保証債務を負うことになったものと考えられる。そのため，Yは，Bに騙されて，X社との間で根保証契約を締結したものといえ，第三者による詐欺（民96条2項）の成否が問題となる（ただし，本問では，Yは第三者による詐欺の主張をしていない）。

(a) 第三者による詐欺[*5]

第三者による詐欺（民96条2項）とは，表意者の相手方以外の第三者が欺罔行

為を行い，その結果，表意者が錯誤に陥り，その錯誤によって表意者が意思表示をする場合をいう。なお，詐欺による表意者の錯誤については，通常は，表意者の内心の意思決定の動機について存在することになり，動機の錯誤とされている。また，詐欺における錯誤は，民法95条の錯誤の場合と違って，要素の錯誤でなくてもよい。さらに，表意者に重過失があっても，詐欺による取消しを主張しうる。

そして，第三者による詐欺の場合，表意者の相手方が第三者による詐欺の事実を知っていれば，表意者は自らの意思表示を取り消すことができる（民96条2項）。このように相手方が第三者による詐欺の事実を知らなければ取り消すことができないのは，詐欺と関係のない相手方を保護するためである。ただし，相手方が知らなくても知らないことに過失がある場合（善意・有過失）にも，そのように過失のある相手方は表意者と比べて保護に値しないと考えられるので，第三者による詐欺を理由に，表意者は自らの意思表示を取り消すことができるものと解すべきである。

*5　民法改正法案は，「詐欺」について，次のような改正を行っている。
　　(1)　第三者による詐欺の場合，そのような詐欺について相手方が知らなくても知らないことに過失がある場合（善意・有過失）にも，表意者は取り消しうることを明らかにした（改正法案96条2項）。
　　(2)　詐欺・取消しの効果は，善意かつ無過失の第三者に対抗できないことを明らかにした（改正法案96条3項）。

(b)　本問の場合

本問の場合，上記におけるYとX社との間の根保証契約について，表意者Y及びその相手方であるX社以外の第三者であるBが，実際は，極度額500万円の根保証債務を負うものであるのに，X社からの50万円の融資について連帯保証するものとYを騙して，Yを錯誤に陥れ，その錯誤によって表意者Yが意思表示を行ったものと認められ，したがって，第三者による詐欺（民96条2項）が成立するものと考える。

ただし，本問の場合にも，Yが，第三者であるBの詐欺を理由にX社との間の根保証契約を取り消し，X社の根保証債務の履行請求を拒むためには，X社がBによる詐欺の事実を知っていたか（悪意），知りうべきであったのに知らな

かった（善意・有過失）場合でなければならない。そのため，X社あるいはその担当者が，A社の実質的経営者であるBがYに対しX社からの50万円の融資について連帯保証してほしいと頼んでおり，Yの承諾を得ていたこと，しかるに，A社とX社との間の継続的手形貸付取引約定書の連帯保証人欄に署名押印をさせて，その結果，Yに極度額500万円の根保証債務を負担させるに至ったことを知っていたか（悪意），あるいは，知りうべきであったのに知らなかったこと（善意・有過失）について，Yが主張・立証する必要があり，そのような主張・立証ができた場合には，Yは，第三者であるBによる詐欺として，YとX社との間の根保証契約を取り消すことができるものと解すべきである。そして，取り消した場合には，そのように取り消された根保証契約は初めから無効であったものとみなされるので（民121条本文），YはX社の根保証債務の履行請求を拒むことができる（ただし，本問では，Yは第三者による詐欺の主張をしていない）。

(c) 錯誤と詐欺の関係

本問では，Yは第三者による詐欺の主張をしていない。しかし，上記(b)のように，Yが，X社あるいはその担当者は第三者Bの詐欺の事実を知っていたか（悪意），あるいは，知りうべきであったのに知らなかった（善意・有過失）ことを主張・立証できた場合には，第三者Bによる詐欺として，YとX社との間の根保証契約を取り消し，YはX社の根保証債務の履行請求を拒むことができる。その一方で，上記(1)(e)のように，Yは錯誤・無効の主張もできそうである。そこで，表意者は，錯誤・無効を主張すべきか，それとも，詐欺・取消しを主張すべきかが問題になる。

この点につき，判例は，錯誤が法律行為の要素にある場合は錯誤・無効を，錯誤が意思決定の動機にある場合は詐欺・取消しを主張すべきものとしている（大判大5・7・5民録22輯1325頁参照）。無効行為は取り消すことができないとの考えのもとに，判例に賛成する見解もある。しかし，通説では，表意者が任意にいずれを選択して主張することができるとしている。

この点，錯誤の場合は，要素の錯誤であることを立証しなければならない（民95条本文）。しかし，後記の詐欺のように，相手方（欺罔者）の故意[*6]を立証する必要がない。また，表意者に重過失があると保護されない（民95条但書）。さらに，効果の点では，民法96条3項のような規定がないので，錯誤・無効

を善意の第三者に対しても主張しうる。他方，詐欺の場合は，要素の錯誤でなくてもよいが，相手方（欺罔者）の故意（前掲＊6）を立証しなければならない。また，表意者に重過失があっても保護される。しかし，効果の点では，詐欺・取消しの効果を善意の第三者に対抗できない（民96条3項）。

このように錯誤の場合と詐欺の場合で要件とか効果の点に差異があり，錯誤の制度も詐欺の制度もともに表意者を保護しようとする制度であるから，表意者がいずれかを任意に選択して，その要件を主張・立証する以上，表意者のそのような選択を認めるのが相当である。よって，通説の見解に従うべきである。

したがって，本問の場合も，Yは，第三者Bによる欺罔の結果，X社との根保証契約にはYに要素の錯誤があったことを立証し無効を主張して，X社の根保証債務の履行請求を拒むこともでき，また，第三者Bによる詐欺として，その要件を主張・立証したうえでX社との根保証契約を取り消し，X社の根保証債務の履行請求を拒むこともできるものと考えるべきである。

＊6　詐欺における相手方（欺罔者）の故意については，①表意者を欺いて錯誤（要素の錯誤でなくてもよい）に陥らせるという点，及び，②表意者に①の錯誤に基づいて意思表示をさせるという点につき，故意がなければならない。第三者による詐欺の場合は，欺罔者が第三者であるから，この第三者に①及び②の点に故意がなければならず，しかも，相手方に第三者の詐欺の事実を知っていたか（悪意），あるいは，知りうべきであったのに知らなかったこと（善意・有過失）が必要になる。

(3)　信義則違反の主張

また，本問の場合に，Yは，X社の根保証債務の履行請求は信義則に違反するとして，信義則違反を理由にX社の履行請求を拒むことが考えられる。

しかし，本問の場合のように，第三者Bが表意者Yを騙している場合に，それに関してX社に信義則違反があるという主張が認められるためには，X社あるいはその担当者が第三者BのYに対する欺罔を知っていたか（悪意），あるいは，知りうべきであったのに知らなかった（善意・有過失）ことが必要になるであろう。そうだとすると，X社による信義則違反の主張は，上記(2)(b)における第三者Bによる詐欺の場合の主張と重なることになる。そのため，第三者による詐欺の主張のほかに，信義則違反の主張を認める必要がないことになる。すなわち，第三者Bによる詐欺の主張が認められる場合には，X社による信義則

違反という主張を認める必要はないし，他方，第三者Bによる詐欺の主張が認められない場合には，そもそもX社に信義則違反があるという主張も認められないからである。

［井手　良彦］

Q40 保証人が借主を代理した場合の金銭消費貸借の成否

Xは，Aの代理人と称するYから，Yが連帯保証するのでAに100万円を貸してやってほしいと申し込まれたことから，Yを連帯保証人として，Aの代理人であるYに対し，100万円を交付した。その弁済期が到来したのに，Aから弁済がないため，Xは，連帯保証人Yを被告として，保証債務の履行を求める訴訟を提起した。これに対して，Yは，YにはAを代理する権限がなかったので，X・A間において金銭消費貸借は成立せず，これに附従する連帯保証も成立していないと主張して争っている。

Yの上記主張は認められるか，説明しなさい。

〔1〕 Xの請求とYの主張

(1) 連帯保証債務履行請求の訴訟物

　保証債務は，主たる債務と同一の内容を有し，主たる債務が履行されない場合に，これを履行することによって，債権者に主たる債務が履行されたと同一の利益を与えようとするものである。保証人と債権者との間の契約（保証契約）によって成立するのが普通である。保証人の財産を引当てにすることによって主たる債務の実現を確実にするもので，抵当権などの物的担保に対して人的担保と呼ばれる。保証債務は，主たる債務の存在を前提とし，これを担保する手段であることから主たる債務との間に主従の関係を生ずる（保証債務の附従性）。したがって，保証契約が有効に成立するためには主たる債務の存在することが必要である。

　連帯保証とは，保証人が主たる債務者と連帯して債務を負担するものである。普通の保証と連帯保証の差異は，①連帯保証人は，普通の保証人が有する催告

の抗弁権（民452条）及び検索の抗弁権（民453条）を有しないこと，すなわち補充性がないこと，②連帯保証人に生じた事由が主たる債務者に対しても効力を及ぼす場合があること（民458条が準用する民434条〜440条），③保証人が数人あっても分別の利益（民456条）がないことである。

連帯保証においても連帯債務と同様に連帯の免除があるとすると，これにより保証債務のみは残るということからすれば，連帯保証とは，単純保証債務という基本債務に連帯の特約が付加されたものであり，連帯保証契約という別個の契約類型が存在するわけではないと解すべきである（保証説）。保証説によれば，連帯保証債務履行請求の場合も訴訟物は，契約に基づく保証債務履行請求権ということになり，連帯の特約は催告の抗弁や検索の抗弁に対する再抗弁と位置づけられる。なお，連帯保証契約における連帯の特約の効果は附従性には影響しないから，連帯保証の場合も当然に附従性を有する。

(2) **本問の請求原因とYの主張**

本問で，貸主Xは，Yに対し，X・Y間の保証契約に基づき，連帯保証債務の履行を求めている。

この場合の請求原因事実には，①保証契約成立の事実（書面による保証の合意）のみならず，②主たる債務である貸金債務の発生原因事実（貸金請求の要件事実）が含まれる。これは前記の保証債務の附従性や民法446条の文理を根拠とする。また，本問の主たる債務の発生原因事実である金銭消費貸借契約の締結が貸主XとAの代理人Yとの間で行われたことから，前記の請求原因事実②は，②−(i)X・A間における金銭消費貸借の合意（金銭返還の合意，弁済期の合意）及び金銭の授受，②−(ii)上記②−(i)に際して，YがAのためにすることを示したこと，②−(iii)上記②−(i)に先立つAからYへの代理権授与行為があったこと，により構成されることになる。そうすると，Xの請求の原因の記載例は次のようなものとなる（訴訟物について保証説に立つと連帯の特約は再抗弁にあたるが，実務では，おそらく訴訟物の特定という観点から連帯の特約も請求の原因欄に記載されるというのが通例である）。

1　Xは，Yに対し，平成26年4月1日，弁済期を平成27年4月1日として，100万円を貸し付けた。

2　Yは，前項の消費貸借契約締結の際，Aのためにすることを示した。
3　Aは，Yに対し，第1項の消費貸借契約締結に先立ちその代理権を与えた。
4　平成27年4月1日は到来した。
5　Yは，Xとの間で，平成26年4月1日，第1項の借受金債務を連帯して保証するとの合意をした。
6　Yの前項の意思表示は連帯保証契約書による。

　これに対し，Yの主張は，㋐YにはAを代理する権限がなかった。→㋑X・A間における金銭消費貸借契約は成立しない。→㋒X・A間における金銭消費貸借契約に基づく借受金債務という債務は発生していないから，これに付従する連帯保証債務も存在しないというものである。これを前記の請求原因に対応する攻撃防御方法の観点からみると，㋐はXの主張する前記請求原因事実②－(iii)に対する否認であり，㋑，㋒は法律上の主張である。その記載例は，次のとおりである。

　請求の原因第3項は否認する。

　Yの否認により，Xは，AからYへの代理権授与の事実を証明しなければならなくなる。本問では，Xが保証債務の履行を求めていることからすれば，Aは主たる債務の履行を拒絶したものと解されるが，Aの拒絶の理由がYに代理権がないことによる主たる債務の不発生だとすれば，代理権授与の当事者とされる者がいずれもその存在を否定していることになるから，第三者であるXが代理権授与の存在を証明することは極めて困難なことになる。X・A間の金銭消費貸借契約の成立が認められないとすると，Yの主張のとおり，附従性により連帯保証債務の成立も認められないから，Xの本問請求は棄却されることになる。
　しかし，問題文上Yは他の請求原因事実を否認していないから，X・Y間の保証契約締結の事実自体は認定されることになる。それにもかかわらず，代理権がないのに金銭消費貸借契約締結をした当のYがそれを理由に自らの連帯債務を免れるという結論は落ち着きが悪いようにも思われる（連帯保証債務履行請

求の要件事実について詳細はQ37を参照されたい)。

〔2〕 判例に準拠した回答

(1) 最高裁判所第二小法廷昭和41年11月18日判決民集20巻9号1845頁

標題の最高裁判決(以下「本件判例」という)は,次のようにいう。

他人の代理人と称して金銭消費貸借契約を締結し,かつ,自らその他人のため連帯保証契約を締結した者が,債権者の提起した連帯保証債務の履行を求める訴訟において,代理権の不存在を主張して連帯保証債務の成立を否定することは,特別の事情のない限り,信義則上許されないものと解するのが相当である。これを本件についてみると,原審(大阪高判昭38・11・20高民集16巻8号714頁)が認定したところによれば,訴外亡yは,訴外A及びaの代理人と称して,Xに対し,金員借入の申入れをなし,Aらの代理人としてXと金銭消費貸借契約を締結するとともに,Aらの債務につき連帯保証をする旨の契約をしたが,その後,yは死亡し,Yが相続によりyの権利義務を承継したというのであるから,yの相続人であるYは,Xに対し,yの前記代理権の不存在を主張して主たる債務の成立を否定し,さらには本件連帯保証債務の成立を否定することは許されないものというべきである。

(2) 本問の回答

本件判例は,信義則の一態様としての禁反言の法理を採用した判例中に位置づけられるものである。そして,原審認定事実中に禁反言の成立要件はすべて充足されており,本件判例のYは,禁反言の阻却事由(本件判例のいう「特別の事情」)の主張・立証をしていないから,禁反言の法理が適用されたのだと解されている(川嵜良徳調査官の判例解説(最判解説民事篇昭和41年度501頁))。

本問の事例では,X・Y間の事実関係は本件判例の原審が認定した事実と同旨で,Yの主張も本件判例と同旨であり,問題文上,Yは禁反言の法理適用の阻却事由(後記〔3〕(2)④)を主張しているとはいえないから,本件判例に準拠すれば,禁反言の法理が適用されてYのこのような主張は信義則上許されないことになる。そして,Yの主張が認められるか否かという問題文に即していえば,Yの主張は認められないというのが本問の回答ということになる。以下,若干付言する。

〔3〕 禁反言の法理

まず，本件判例が採用したとされる禁反言の法理について略述する。

(1) 禁反言の法理の意義

禁反言の法理（禁反言の原則等ともいう）は，英米法上の原則で，当初は，証拠法における原則であり，記録による禁反言（estoppel by matter of record）が最も古い形とされる。その後，種々の形態が認められるに至るが，重要なのは表示による禁反言（estoppel by representation）である。被表示者が表示者の表示を信じ，それに基づいて自己の地位を不利益に変更したときは，表示者は，後に自己の表示が真実に反していたことを理由にそれを翻すことができないというものである。取引の相手方の信頼を保護して取引の安全を守ろうとする制度として外観法理（権利外観理論等ともいう。ドイツ法の理論であるRechtsscheintheorieに由来する）に類似するが，人は常に真実を表示すべきであるという倫理的な要素が基底にある点が外観法理とは異なるところである。禁反言の法理は，民法109条等表示責任に関する民事法，商事法の条項の解釈基準となるほか，信義則（民1条2項）という一般条項を具体化する下位概念（個別的法原則等ともいう）として機能するとされている。本件判例も禁反言の法理を適用し，信義則により判決したものと理解される。なお，ドイツがestoppelを受容して再構成した「先行行為に矛盾する挙動（venire contra factum proprium）」の禁止の原則も禁反言の法理と同義に扱われているようである。

(2) 禁反言の法理の要件

禁反言の成立要件は次のようなものである（前掲川嵜調査官の判例解説に準拠する。なお，本城武雄「不開示による禁反言則（一）」民商43巻5号37頁参照）。

① 表示者が被表示者に対し，言語挙動により，又は作為義務があるのにこれに反して黙止することにより表示すること（この表示の内容が⑦信頼するに足りるものであること，④現存事実に関するものであること，⑨明確であること，を要す）

② 表示者が現実に表示意思を有していたか，又は，その意思の存在を推定しうること（表示者に欺罔の意思があることを要しない。表示者は，被表示者が自己の表示に信頼することを知り，又は，知りうべかりし場合は，禁反言の拘束を受ける。したがって，表示者は，自ら事の真相を知らず，知らないことに過失がなく，かつ，自己の表示が他

人の信頼を得るであろうことを知らなくても，禁反言の拘束を受ける）

　③　被表示者が表示者の表示を真実と信じて従来の地位を不利益に変更したこと

　④　禁反言の阻却事由（前記①〜③の成立要件があっても表示者が禁反言の拘束を免れる場合）──㋐被表示者が表示が真実ではないことを知っていたとき，㋑相手方に信頼が生じないうちに表示を撤回した場合，㋒表示が相手方の詐欺，強迫に基づく場合，㋓禁反言を認めることが違法若しくは公序良俗に反する結果を招来する場合，㋔禁反言の基礎をなす表示が禁反言主張者のすでにした表示に基づいて生じた場合

(3) 禁反言の法理適用の効果

　禁反言の法理が適用されると，表示者は，訴訟において当該表示が真実に反していたことを理由としてこれを翻すことができなくなり，当該表示を真実として押し通すことを要求されることになる。他方，被表示者は，単に表示者の虚偽によって受けた損害の賠償を請求しうるのみならず，実質的に当該表示が真実であったのと同様の立場にあることを主張することができる（末延三次「英米法における禁反言」法律時報8巻12号1156頁）。

(4) 判例による受容

　判例は，当初，禁反言の法理の適用を認めなかった（大判明31・10・11民録4輯9巻20頁は「所謂禁反言ノ法則ハ我邦ニ於テ認メラレタルモノニアラス」という）。しかし，第1順位抵当権設定登記のある自己所有の旧建物を取り壊わして跡地に新建物を建築し，旧建物の登記を流用したうえ第2順位根抵当権を設定する等した者が第1順位抵当権者に対しそれが有効に存在するのと同一の責に任ずるのは「禁反言ノ法理ニ考フルモ当然ノコト」と明言して禁反言の法理を受容するに至った（大判昭13・2・16民集17巻7号613頁）。なお，最判昭48・7・20民集27巻7号890頁は，「仮差押に対し，その目的物件が営業譲受により自己の所有に帰したと主張して第三者異議訴訟を提起，追行していた者が，その後右営業譲受を理由として仮差押債権者より提起された訴訟においてその事実を否認しても，右否認が事実に合致し，かつ第三者異議訴訟が民訴法238条［現行民訴236条］によって終了しているときには，これを信義則に違反するとはいえない。」（判決要旨）という前提として，「先にある事実に基づき訴えを提起し，その事実の

存在を極力主張した者が，その後相手方から右事実の存在を前提とする別訴を提起されるや一転して右事実の存在を否認するがごときは，訴訟上の信義則に著しく反することはいうまでもない。」と訴訟行為にも禁反言の法理が適用されることを明らかにしている（それ以前にも，最判昭34・3・26民集13巻4号493頁等訴訟行為に禁反言の法理を採用したとされる判例はある）。本文掲記のほか，禁反言の法理を採用したと考えられるものとして次のような判例が挙げられる。

①最判昭29・8・20民集8巻8号1505頁，②最判昭37・4・20民集16巻4号955頁（傍論），③最判昭41・2・1民集20巻2号179頁，④最判昭41・7・14民集20巻6号1173頁，⑤最判昭42・4・7民集21巻3号551頁，⑥最判昭49・11・14民集28巻8号1605頁，⑦最判昭51・4・23民集30巻3号306頁，⑧最判昭57・7・15民集36巻6号1113頁。

〔4〕 本問事例への信義則（禁反言の法理）の適用

前記のとおり本件判決に準拠すれば，本問事例には禁反言の法理が適用され，その結果，Ｙの主張が信義則上許されないこととなる。このことは，要件事実，法的効果，当事者の主張という観点からはどのように理解されることになるのだろうか。本件判例を手がかりに考える。

(1) 要件事実

信義則のような規範的評価の成立が所定の法律効果の発生要件となっている規範的要件（一般条項ともいうことは前記〔3〕(1)のとおり）の場合，その評価根拠事実が主要事実（要件事実）であり，「信義則上主張することは許されない」旨の主張自体は，例えば「過失がある」という陳述と同様に法律上の意見の陳述である。訴訟において信義則（本問では禁反言の法理）の適用を主張する者は，その評価根拠事実（禁反言の法理の要件事実）を主張し，立証することになる。

禁反言の成立要件にあたる具体的な要件事実は，それぞれの事案により異なるが，本問の事例における要件事実は具体的にどういうものであろうか。本件判例が判示しているところから推測すれば，①代理人として金銭消費貸借契約を締結すること，かつ，その金銭消費貸借について自ら連帯保証契約を締結することを併せたものが先行行為にあたり，②そのような行為をした者が行為の相手方が提起した連帯保証債務履行請求訴訟においてその代理権の不存在を主

張する（代理権授与を否認する）という矛盾行為をすることが，本件判例における禁反言の要件事実ということになろう。①について，無権代理人の責任を117条によって規律しようという民法の趣旨からすれば，無権代理人が，後に提起された訴訟において無権代理であったことを主張することが信義則上常に許されないものとは解されない。また，自ら連帯保証する意思がないのに連帯保証契約を締結する行為も，それ自体は心裡留保の問題であろうから，それぞれ単独では要件となりえず，両者相まって要件となるものと解される。なお，本件判例の原審が代理権の授与を認める証拠がまったくないとして代理権授与の事実を認めていないこともあり，代理権がないこともXの主張・立証すべき要件事実となるとも考えられそうである。しかし，本件判例の文言上も「代理人と称して」というにとどまり，代理権の有無について明確に言及していないことからすれば，代理権がないことがXの主張・立証すべき要件事実とされることはないものと解する。また，本件判例で原審認定事実として挙げられている「YがXに対して，金員借入の申入れをしたこと」が強調されるなら，Yが契約締結を主導した事実も禁反言の法理適用の要件であり，この点についてもXに主張・立証責任があるということにはなろう。しかし，本件判例の前記引用部分は，前半で信義則（禁反言の法理）適用の要件，効果を，後半で原審認定事実の要件へのあてはめを判示する構成であり，その前半部分には，「金員借入の申入れ」にあたる記載がないことからすると，この点は，Yの背信性を強調する事実であるかもしれないが，禁反言の法理適用のために必要な事実ということにはならないものと解する。

そうすると，この事例では，信義則違反（禁反言の法理の適用）を主張する場合の要件事実のうち①は，前記記載例の請求原因事実に重なることになる。また，要件事実②は，裁判所に顕著な事実（民訴179条）ということになろう。

(2) 法的効果

その効果は，本件判例によれば，Yの主張が信義則上許されないということである。その意味について考える。

前記〔3〕(3)の禁反言の法理適用の効果中「表示者は，訴訟において当該表示が真実に反していたことを理由としてこれを翻すことができない」とは，表示者Yは，訴訟において，真実は代理権がなかったということを理由に，有権

代理人としての金銭消費貸借契約締結行為を否定する主張をすることができないということであろう。他方，被表示者Xは，実質的に当該表示が真実であったのと同様の立場にあることを主張できるというのであるから，Y（以下，本件判例のyも併せてYという）がA（以下，本件判例のaも併せてAという）の代理人として金銭消費貸借契約を締結した行為が有効であったこと，すなわち，金銭消費貸借契約の有効な成立，ひいては主たる債務の成立が真実であったのと同様の立場を主張できると言い換えることができよう。

　これを民事訴訟における攻撃防御の観点からみると，前記〔1〕(2)の請求原因とYの主張の例でいえば，「Aは，Yに対し，第1項の消費貸借契約締結に先立ちその代理権を与えたことは否認する」とのYの主張は禁反言にあたり，Yがこれを主張することができない結果，裁判所は，Xによる証明を待つまでもなく，Yの代理権の存在を認定し，これを判決の基礎とすることになるものと解する。このことを被表示者Xの側からみれば，Yの連帯保証債務の成立要件である主たる債務が有権代理により有効に成立したとのXの主張が，証明を要さずに認められるということである。これらを言い換えると，この場合の代理権授与は証明を要しない事実となったものといえる。しかし，この事実は裁判所に顕著な事実（民訴179条）にはあたらないのはもちろんであるから，このことを説明するためには，信義則を証明を要しない事実の発生原因としない限り，自白（民訴179条）又は擬制自白（民訴159条）が成立したものと構成すべきことになる。なお，前記〔3〕(3)の禁反言の法理適用の効果中，表示者は「当該表示を真実として押し通すことを要求される」を言い換えれば，Yは消費貸借契約締結が有効な代理権に基づいて行われたこと，したがって，代理権授与の存在を自ら主張しなければならないことになり，自白が成立することになりそうであるが，本件判例の文言からすれば，少なくとも本件判例の事案ではそこまでの効果を認めることはしないものと解される。そうすると，この場合のYは，Xの主張した代理権授与の事実を争うことを明らかにすることができない状態にあるということもできるから，この状態をもって擬制自白（民訴159条）が成立すると説明するのが最も合理的であるように思われる（滝沢孝臣による最判平23・2・18裁判集民事236号147頁に関する判例評釈（金判1375号8頁．注10）参照）。

(3) 訴訟における主張

さらに，裁判所により信義則（禁反言の法理）の適用を認めてもらおうとする当事者の訴訟行為について考える。

　抗弁とは，請求原因の効果発生を障害・消滅・阻止する事実の主張であり，再抗弁は，抗弁事実による効果発生を障害・消滅・阻止する事実の主張である。これに対し，否認は，一方当事者による事実の主張に対し，その相手方当事者の示す態度の1つであり，その事実は存在していないという事実上の主張である。例えば，禁反言の法理が採用されたと解されている，いわゆる時効援用権の喪失の例（最〔大〕判昭41・4・20民集20巻4号702頁）では，貸金請求訴訟の被告である借主が貸金債権の消滅時効を援用するとの抗弁を主張したのに対し，原告がその時効援用は信義則に反して許されないとの主張（法律上の意見陳述）をし，その要件事実として「債務者が時効完成後に債務の承認をしたこと」を主張することは再抗弁にあたる。本問の場合，Ｙは請求原因事実の一部に対して否認する旨陳述したのであり，抗弁を主張したものではないから，これに対応するＸの「信義則上主張することは許されない」旨の主張は，その否認の主張を争う旨の法律上の意見陳述であるが，これに伴う禁反言の要件事実の主張も含め，抗弁に対する再抗弁ということにはならない。

　ところで，民法113条の追認の主張は，通常，代理権のないことが明白なときか，代理権の立証が不成功の場合に備えてされるのであるが，代理権の不存在自体が追認の要件ということではなく，代理の効果の発生に関しては，追認の場合も表見代理の場合も代理権の存在と等価値であると解されている。そこで，請求原因事実中に有権代理の請求原因事実とともに追認の事実が併記されることもある。本問の事例でも，代理権の不存在は要件ではなく，結果として代理の効果が発生することからすれば，追認や表見代理と同様，その要件事実の主張は請求原因ということになるものと考える。この場合，信義則の評価根拠事実（禁反言の法理の要件事実）が認定されれば，前記のとおりの効果を生じるが，他方，Ｘが金銭消費貸借契約締結についての代理権の存在を立証することができれば，これにより連帯保証債務履行請求権が認められることになる。

　しかし，信義則は一般条項である点，また，少なくとも本問の事例ではその要件事実も有権代理の要件事実に重なる部分があるという点で追認の場合と同一とはいえないので，さらに考慮を要する。すなわち，要件事実が存在すると

して裁判所がいきなり証拠によりこれを認定することになれば，Yに対する不意打ちということにもなりかねない。Yには禁反言の阻却事由を主張する（例えば，XはYが代理権を有しないことを知っていたと主張する等である。抗弁にあたるものと考える）などの防御の機会が与えられるべきであるから，Xは信義則の評価根拠事実（禁反言の法理の要件事実）を主張して信義則違反にかかる法律上の意見の陳述をすることを要すると解され，これが不明確な場合は，裁判所が釈明を求めるべきである。本問の事例では，Xの主張は，「Aの代理人と称して，Xに対し，金員借入の申入れをなし，Xとの間で金銭消費貸借契約を締結するとともに，自らAの債務につき連帯保証をする旨の契約をしたYが，Xに対し，自らの代理権の存在を否認する旨主張して主たる債務の成立を否定し，ひいて本件連帯保証債務の成立を否定する主張をすることは信義則に反して許されない。」等ということになろう。ちなみに，本問と同様，請求原因事実（ここでは「原告の損失の発生」）に対する被告の否認の主張が問題となった後掲最判平16・10・26裁判集民事215号473頁の第一審である山形地鶴岡支判平15・8・20金判1209号33頁は，事案の概要中に「被告が自ら自己の法定相続分を越えることを認識しつつ，原告に無断かつ無権限で原告に属する預金を払い戻し，原告の預金払戻請求権を侵害する行為をしながら，原告に対して各預金債権の存在を主張するのは公平でなく，被告の主張は，信義則に反し，許されないというべきである。」との原告の主張を掲げ，「原告は，本件各金融機関に対する払戻請求権の行使を漫然と怠り，その権利行使を事実上放棄していたのであるから，公平や信義則違反をいう理由がない。」との被告の反論も記載した上，「被告の主張が信義則に反し許されないか」を争点として挙げている。

〔5〕 無権代理人の責任との関係——補充的考察(1)

　民法は117条を置いて無権代理人に特別の法定責任を負わせているところ，本問の問題文からは，XがYに対し，民法117条に基づいて金銭消費貸借上の債務の履行請求をすることが困難である事情は窺えない。このようにXには民法上十分な救済手段が与えられており，本件判例の第一審（Yの主張を認めてXの請求を棄却した）は連帯保証人としての責任を追及する限り不利なことを示唆してもいるのに，漫然と連帯保証人の責任を求めるXは訴訟追行に勤勉でない

ともいえる。Yが倫理的に非難すべき術策を用いたとしても、このような場合に、信義則という一般条項を持ち出してまでXを救済する必要はないであろうという本件判例に対する批判もある（浜上則雄による判例評釈（民商56巻5号145頁））。同批判は理論的な前提として、無権代理人が履行責任を負うという無権代理行為の効果（民117条1項）からすれば、無権代理人があたかもその契約の相手方（金銭消費貸借の当事者）として扱われることにより、保証契約の当事者の地位は混同により消滅するとも考えられるという。しかし、Yが無権代理人としての履行責任を負うことが確定したときは、そのような説明の可能性があるとしても、Yが無権代理人としての責任を訴求されていない段階では混同するとまではいえないであろう。また、民法117条の責任を求められた無権代理人は同条2項に規定する相手方の悪意又は過失等の抗弁を主張することもできる等連帯保証債務の履行請求とは要件も異なり、当事者の訴訟追行の適正や裁判所の適切な求釈明といった問題を別にすれば、当事者が禁反言の法理の適用による連帯保証人としての責任を求めているのに対し、民法117条の責任を求めうることを理由にこれを否定することにはならないであろうと考える。

　もっとも、このように本件判例の立場が支持されるとしても、実際にはXはYに対して民法117条の責任を求める選択をする場合も多いであろう。その場合に請求原因の記載は、次のようなものとなる。

1　Xは、Yに対し、平成26年4月1日、弁済期を平成27年4月1日として、100万円を貸し付けた。
2　Yは、前項の消費貸借契約締結の際、Aのためにすることを示した。

　この場合の代理権の存在の立証責任は無権代理人であるY側にある。したがって、代理権の発生原因事実又は追認が抗弁事実となる（通説。「代理人がその代理権を有していなかったこと」、「追認拒絶があったこと」も要件とされるべきか否かについては争いがある）。民法117条2項の主張も抗弁となるが、その要件事実は「代理権がないことについてXの悪意又は過失（重過失である必要はないことにつき最判昭62・7・7民集41巻5号1133頁）」である（平成27年3月31日国会提出の民法の一部を改正する法律案では、相手方に過失がある場合も「他人の代理人として契約した者が自己に代

理権がないこと知っていたときは」(改正法案117条2項2号但書),無権代理人の責任を免れないものとされている)。無権代理人の責任については,さまざまな論点があるが,本問の主題から離れるので,言及はこの程度としたい。

〔6〕 禁反言の法理の問題点――補充的考察(2)

(1) 禁反言の要件

禁反言の要件については,例えば,被表示者が悪意であることが禁反言の阻却事由とされることは争いがないものの,被表示者の過失の扱いについては必ずしも確定していないように思われる等,必ずしも要件が明確ではない(昭和54年段階ではあるが,禁反言の法理は「一般的に承認された定義を欠く」(中野貞一郎「民事訴訟における信義則及び禁反言」三ケ月章ほか編『民事訴訟法の争点』42頁)との指摘もある)。

(2) 判例の解釈

前掲各判例のほか,「主張は信義則に反し許されない」との趣旨を述べる判決は,最近でも少なくない。そして,その中には禁反言の法理が適用されたと解されるものもある(過払金返還請求訴訟において貸主が借主の期限の利益は喪失したと主張することが信義則に反し許されないか否かが争点となった最判平21・9・11裁判集民事231号531頁では,期限の利益喪失の主張が誤信を招くような貸主の対応を信頼した借主の信頼を裏切るものであることが認定されたこと,同じ争点の事案について同日同じ小法廷で判決があった最判平21・9・11裁判集民事231号495頁では期限の利益喪失の主張が貸主の従前の態度に相反する行動か否かが問題とされたことからすれば,少なくともこれらの判決では信義則を構成する要素の1つとして禁反言の法理が採用されたものと解される等である)。しかし,判決は,元々個々の事案につき具体的に妥当な解決を目指すものであり,近時の判決では,禁反言の法理を適用したなどと明言することもないこともあり,当該判決が禁反言の法理を採用したか否かは解釈に委ねられている。

また,最判平16・10・26裁判集民事215号473頁は「YがXとともに相続した預金債権のうちのXの法定相続分に当たる部分について何らの受領権限もないのに受領権限があるものとして金融機関から払戻しを受けていながら,その払戻しに係る金員についてXが提起した不当利得返還請求において,一転して,上記払戻しは民法478条の弁済として有効であるとはいえず,Xが上記金融機

関に対してXの法定相続分に当たる預金債権を有していることに変わりはなく，Xには不当利得返還請求権の成立要件である『損失』が発生していないと主張するに至ったなど判示の事情の下では，Yが上記主張をしてXの不当利得返還請求を争うことは，信義誠実の原則に反し許されない。」（判決要旨）とするが，これも禁反言の法理を採用した判例であるとも解されている（角田美穂子による判例評釈（法セ603号120頁）等。なお，最判平23・2・18裁判集民事236号147頁も併せて，損害発生の要件に関し，弁済者，権限なき弁済受領者及び債権者の三者間についての法律関係に関する判例として研究されている）。しかし，このような法律関係に信義則を適用することで解決を求める判決の立場を支持する者の間でも判決のいう「主張することが信義則上許されない」の意味について，本件事例についての前記の解釈と同方向の解釈ばかりではなく，この場合の債権者は「損失の発生」にかかる請求原因事実として「債権の消滅」に代えて「弁済受領者が権限なく弁済を受領したこと」を主張・立証すれば足りるとしたものであると解する者もある。禁反言の法理が採用されたとしても，そのことから一義的に明確な効果が導かれるというわけではないという例ともいえる。なお，この判決のいう「主張することが信義則上許されない」とは，そもそも実体法レベルでの判断か，手続法レベルでの判断か判然としないという批判もある。

このように，個別の判決について禁反言の法理が採用されたかどうか，採用されたとしてその意味内容如何については，それぞれの事案に即して解釈することになるが，これを詳細に論じるのは本問の主題から離れるので，ここでは問題点の指摘にとどめたい。

[笹本　昇]

Q41 | 附従性に基づく抗弁権

　X信用保証協会（以下「X」という）は，A会社との間の保証委託契約に基づいて，B銀行に対し，A会社の借入金債務を保証した。その際，Yは，Xに対し，A会社のXに対する債務を連帯保証した。しかし，A会社が破産手続開始決定を受けた後，Xは，A会社の借入金残を代位弁済したうえで，借入金の元本及び破産手続開始決定の日の前日までの利息を破産債権として届け出た。この破産債権は，債権調査期日において異議なく確定した。破産終結によって破産手続が終了した後も，Xは，約6年間にわたってYから弁済を受け（元本から充当），その結果，求償金債権元金は完済された。しかし，Yが求償債権の遅延損害金について支払をしないため，Xは，破産終結の約9年半後に，Yに対し，上記連帯保証契約に基づいて，求償債権の遅延損害金合計580万円余の支払を求める訴訟を提起した。これに対して，Yは，主債務の消滅時効を援用し，本件訴訟提起時までに主債務が時効消滅し，これに伴って保証債務も消滅したと主張した。この消滅時効援用の可否について説明しなさい。

〔1〕　論点の把握

　本件は，債権者であるXが，破産会社たるA会社の連帯保証人であるYに対し，A会社に対する破産手続が終結してから9年半後，連帯保証債務の履行を求める訴訟を提起した事案であり，Yは，Xに対し，A会社の負担する主債務の消滅時効を援用して，Xの請求を争っている。

　保証人は，主債務に対して附従性を有するから，主債務につき消滅時効が完成した場合，保証人は，主債務の消滅時効を援用することができる（大判昭8・

10・13民集12巻2520頁）。本件では，主債務は，商行為によって生じた債務であり，その消滅時効期間は5年であるところ（商522条・501条ないし503条，会5条），Yは，主債務の消滅時効が完成しているとして，Xに対し，その消滅時効を援用したものと思われる。

しかし，本件のように，主債務者が破産法人であり，破産手続が終結している場合には，別段の考慮を要するとも考えられる。すなわち，破産法人に対する破産手続開始決定がなされた場合，破産法人は解散する（会471条5号等）が，破産手続の清算の目的の範囲で法人格が存続し（破35条），破産手続が終結した場合，破産法人の法人格は消滅し，残余財産が存在する場合には清算の目的の範囲内で法人格が存続するにすぎないと考えられている（金判1160号96頁）。そのことを前提に，保証債務が存在する場合の主債務者たる破産法人について，残債務の主体たる範囲において法人格を存続し，主債務も存続すると考える説（したがって，保証人が主債務の消滅時効を援用することができるとされる説），その逆に，保証債務が存在する場合も破産法人の法人格は消滅し，主債務も消滅すると考える説（したがって，保証人が主債務の消滅時効を援用することができないとされる説），その他の説など，破産法人の帰趨と，保証人による主債務の消滅時効の援用の可否については，さまざまな考え方があり，それらの考え方の違いによって，破産法人の保証人が主債務の消滅時効を援用できるかという問題について，結論を異にする。

そこで，以下では，破産手続が終結した場合に破産法人が負担する債務の帰趨を踏まえ，Yの主張が認められるかを検討する。

〔2〕 **論点の分析**

破産手続が終結した場合に破産法人が負担する債務の帰趨については，大別すると，以下の2つの見解に分けることができる。

(1) **債務存続説**

保証債務が存在する場合の主債務者たる破産法人について，破産手続が終結しても，破産法人は残債務の主体たる範囲において法人格を存続し，主債務も存続すると考える見解である（我妻栄『新訂債権総論』485頁，奥田昌道『債権総論』〔増補版〕401頁，林良平ほか『債権総論』〔第3版〕448頁等）。主債務者の破産によっ

ても保証債務が直ちに消滅するわけではない（金判1160号97頁）ことを理論的に説明できる見解である。この見解に対しては、保証人が長期分割弁済をしている場合、特に、そのために担保権の実行を見合わせている場合においても、後日、保証人から主債務の消滅時効を援用される危険があり、債権者は、それに対処するために訴訟を提起したり、担保権の実行をしなければならないなどの無益なコストを強いられる等の批判がある（金判1170号21頁）。

(2) **債務消滅説**

主債務者である破産法人の破産手続が終結した場合には、保証債務が存在する場合であっても、主債務は消滅するという見解である（大判大11・7・17民集1巻460頁、伊藤眞『破産法』〔全訂第3版補訂版〕432頁も同旨と考えるものがある（金判1170号22頁））。この見解によれば、主債務が消滅する以上、保証人が、存在しない主債務の消滅時効を援用する余地はないことになる。この見解に対しては、残余財産が存在する場合には清算の目的の範囲内で法人格が存続するものと解される以上、残余財産があれば主債務は消滅せず、保証人による主債務の消滅時効の援用もでき、残余財産の有無という、外部から見えにくい事情によって時効管理を強いられ、時効管理が不安定になるという批判がある（金判1170号22頁）。

〔3〕 **関連判例の検討**

上記学説の見解に対し、判例が採用する見解がいかなるものかについて、分析する。

(1) **関連判例等**

(a) 本件の関連判例として、自然人が破産免責決定を受けた場合に、保証人が主債務の消滅時効を援用することはできないと判断したものがある（最〔3小〕判平11・11・9民集53巻8号1403頁・金判1081号57頁）。すなわち、同判決は、「免責決定の効力を受ける債権は、債権者において訴えをもって履行を請求しその強制的実現を図ることができなくなり、右債権については、もはや民法166条1項に定める『権利ヲ行使スルコトヲ得ル時（旧法）』を起算点とする消滅時効の進行を観念することができないというべきである」と判示した。

(b) また、主債務者たる破産法人に対する破産手続が終結した場合に、主債

務を担保するために設定された抵当権が時効により消滅するかという点について，「法人について破産手続が開始された後破産終結決定が行われた場合，当該法人に対する債権は消滅するが，破産法366条の13（旧法。現行法253条2項）の趣旨を類推して，右債権を担保するために設定された根抵当権の効力には影響を及ぼさず，その場合，独立して存続することになった根抵当権については，被担保債権ないしその消滅時効を観念する余地はないから民法167条2項の原則に従い20年の時効によって消滅すると解するのが相当である」と判断したものがある（東京高判平11・3・17金判1064号3頁）。

(c) しかし，上記(a)の判例は，個人破産の事例において，保証人が破産者たる主債務者の消滅時効を援用することはできないとしたものである（金判1081号57頁，銀行法務21・584号52頁等）。ただし，破産者が法人の場合は，自然人と異なり，免責の概念がそもそも存在しないから，本件設問のような事例に対しても射程が及ぶかは，即断できるものではない。また，上記(b)の判例は，根抵当権に関する判例であり，本件設問のような，主債務に対する保証債務の帰趨に対しても射程が及ぶかは，やはり即断できるものではない。

(2) 破産法人の保証人による，主債務の消滅時効の援用の可否に関する判例

そのような状況の下，本件設問のように，破産法人に対する破産手続が終結した場合に，保証人が主債務者の消滅時効を援用することができるかについて判断した判例が出現した（最〔2小〕判平15・3・14民集57巻3号286頁）。

以下，同判例の当事者は，本件設問とおおむね同様であるので，各当事者の表示については，本件設問にならうものとする。

(a) 第一審

XがA会社の破産手続において届け出た債権は，原債権であり，求償権ではないとした上で，届出債権に異議がなかった場合であっても，債権調査手続によって確定されたのはあくまで原債権であって，求償債権についてまで確定されたものではないとした。そして，そのような状況の下では，破産法242条（旧法。現行法124条3項），民法174条の2は適用されず，時効期間が10年に延長されるものではないとして，求償債権は破産手続終結から5年後に時効により消滅し，Yの保証債務も消滅したとして，Xの請求を棄却した。

主債務者である破産法人に対する破産手続が終結した場合に，保証人が主債

務の消滅時効を援用することができるかという点に着目したというよりは，保証人が主債務の消滅時効を援用することができるという前提のもと，主債務の消滅時効が5年なのか，10年なのかという観点で論理構成されているように読める。

(b) 控訴審

Xが届け出た債権が原債権か求償債権かは曖昧な点が残るとしつつ，代位弁済者が代位弁済後に債権を届け出る場合には，特段の事情がない限り，届出債権に求償権を含める意思があるものというべきであるとした。その上で，本件破産債権届出書は届出債権に求償権を含む趣旨であると認定して，時効期間が10年に延長されるとして，Xの請求を一部認容した（求償損害金については，時効期間が5年であるとした上で，Yによる主債務（求償損害）についての消滅時効の援用を認めた）。

第一審と同様，保証人が主債務の消滅時効を援用することができるかという点に着目したというよりは，保証人が主債務の消滅時効を援用することができるという前提のもと，主債務の消滅時効が5年なのか，10年なのかという観点で論理構成されているように読める。

(c) 上告審

上告受理申立理由には，破産法人は，破産手続の終結によって債務が消滅する以上，消滅時効の観念を容れる余地がないとして，Yが主債務の消滅時効を援用することはできない旨の指摘がある。そして，その論拠として，前記各関連判例を挙げたのに対し，結論としては，Yによる主債務の消滅時効の援用を否定した。理由は以下のとおりである。

「会社が破産宣告（注・当時）を受けた後破産終結決定がされて会社の法人格が消滅した場合には，これにより会社の負担していた債務も消滅するものと解すべきであり，この場合，もはや存在しない債務について時効による消滅を観念する余地はない。この理は，同債務について保証人のある場合においても変わらない。したがって，破産終結決定がされて消滅した会社を主債務者とする保証人は，主債務についての消滅時効が会社の法人格の消滅後に完成したことを主張して時効の援用をすることはできないものと解するのが相当である。ところが原審は，これと異なる見解に立ち，破産終結決定がされ主債務者の法人

格が消滅した後に主債務の一部が時効消滅し，被上告人の保証債務の一部もこれに伴って消滅したものと判断し，この消滅時効の援用を認め，上告人の被上告人に対する請求を一部棄却した。この原審の判断には，判決に影響を及ぼすことが明らかな法令の違反がある。論旨は理由があり，原判決中上告人の被上告人に対する請求を棄却した部分は破棄を免れない。そして，記録によれば，被上告人は主債務の消滅時効を主張するとともに保証債務の時効消滅をも主張しているものと解する余地があり，また，上告人が被上告人による保証債務の承認を主張していることは記録上明らかであるから，本件については，これらの点についてさらに審理を尽くさせる必要があり，上記部分につき，本件を原審に差し戻すのが相当である。」。

すなわち，本判決は，法人破産の事案において，債務消滅説に立つことを最高裁として初めて明らかにしたものである（金判1170号23頁）。

〔4〕 本件設問の検討

本件設問は，XがYに対し，連帯保証債務の履行を求めるものであり，Yは，主債務の消滅時効を援用してXの請求を争っている。主債務者たるA会社は，破産手続が終結し，すでにその法人格は消滅している以上，主債務も消滅している。

したがって，この場合，もはや存在しない債務について時効による消滅を観念する余地はないから，Yは，主債務についての消滅時効が完成したことを主張して時効の援用をすることはできない。

〔5〕 債権管理実務への影響

これまで，破産法人に対する破産手続が終結した場合に，破産法人の保証人が主債務の消滅時効を援用できるかについては，さまざまな考え方が存在したため，明確な結論を示すことができたわけではなかった。そのため，債権者としては，連帯保証人が主債務の消滅時効を援用することができるとした場合の対抗策として，連帯保証人に対し，訴訟提起して，主債務の消滅時効を中断させていた事案があったと思われる（請求の絶対効が連帯保証に準用されることから，連帯保証人に対する訴訟提起（請求）によって，主債務の消滅時効が中断される）。

上記最高裁判例は，破産法人に対する破産手続が終結した場合，破産法人の保証人が主債務の消滅時効を援用することができないことを判示したものであり，これによって，債権者が，連帯保証人に訴訟提起する等して主債務の消滅時効を中断させるという対策をとる必要がなくなったことになる。もっとも，上記最高裁判例は，保証債務の消滅時効が成立しているか等を審理させるために原審に差し戻していることから明らかなとおり，保証債務の消滅時効を援用することまでは封じているわけではない。したがって，保証債務の消滅時効を中断するための措置をとる必要性があることに変わりはないと考えられる。

[西村　彬]

第3章

過払金返還請求訴訟の概要

〔1〕 はじめに

　「貸金業の規制等に関する法律等の一部を改正する法律」（平成18年法律第25号）が、平成18年12月13日に成立、同月20日に公布され、平成22年6月から全面的に施行された。「貸金業の規制等に関する法律等の一部を改正する法律」は、「貸金業の規制等に関する法律」（昭和58年法律第32号）、「利息制限法」（昭和29年法律第100号）、「出資の受入れ、預り金及び金利等の取締りに関する法律」（昭和29年法律第195号）を改正するものである（「貸金業の規制等に関する法律」の名称も「貸金業法」とされた）。主な改正内容は、「貸金業の適正化」、「過剰貸付けの抑制」、「金利体系の適正化」、「ヤミ金融対策の強化」であるが、「金利体系の適正化」により、出資法の上限金利が年20％に引き下げられ、利息制限法上の制限金利との間の「グレーゾーン」の範囲が縮小化され、また、貸金業の規制等に関する法律43条の「みなし弁済」制度が廃止された。利息制限法1条1項所定の制限を超える利息（以下「制限超過利息」という）は、任意の弁済であっても有効とされることはなく、民事上絶対的無効となり、「グレーゾーン」や「みなし弁済」制度が存在した時期のように、制限超過利息の支払が、「みなし弁済」制度により事実上有効と扱われた後に、その適用がない場合は法律上無効とされて「過払金」が発生するという事態はなくなり、「貸金業の規制等に関する法律等の一部を改正する法律」の施行後における制限超過利息の支払については、過払金返還請求訴訟の余地はなくなったが、同改正法の施行までの時期においては、過払金返還請求訴訟をめぐる問題点につき数多くの最高裁判所の裁判例が示された。本稿においては、そのうち、①期限の利益の喪失特約がある

場合の制限超過利息の支払の任意性（期限の利益喪失特約の下における支払の任意性），②複数の金銭消費貸借契約が締結された場合において，ある金銭消費貸借契約において発生した過払金の他の金銭消費貸借契約における借入金債務への充当（過払金の元本充当），③制限超過利息を受領した貸金業者における民法704条の「悪意の受益者」の推定（悪意の受益者の推定）についての裁判例の概要に触れることとする。なお，過払金返還請求訴訟をめぐる問題点につき示された最高裁判所の主要裁判例につき，裁判所ホームページの「裁判例情報」の検索画面（http://www.courts.go.jp/app/hanrei_jp/search1）から検索した「過払金返還請求訴訟に関する最高裁判所主要判例一覧」を本文末尾に添付した。

〔2〕 期限の利益喪失特約の下における支払の任意性

貸金業者と借主との間で継続的に貸付けと弁済が繰り返される金銭消費貸借契約においては，期限の利益喪失特約が付されているのが普通であることから，同特約の下での借主による制限超過利息の支払が平成18年改正前の貸金業の規制等に関する法律（以下「改正前貸金業法」という）43条1項にいう「債務者が利息として任意に支払った」といえるかどうかが問題とされた。最〔2小〕判平18・1・13民集60巻1号1頁【一覧番号42】は，「本件期限の利益喪失特約のうち，上告人が支払期日に制限超過部分の支払を怠った場合に期限の利益を喪失するとする部分は，同項（執筆者注・利息1条1項）の趣旨に反して無効であり，上告人は，支払期日に約定の元本及び利息の制限額を支払いさえすれば，制限超過部分の支払を怠ったとしても，期限の利益を喪失することはなく，支払期日に約定の元本又は利息の制限額の支払を怠った場合に限り，期限の利益を喪失するものと解するのが相当である。」とした上で，「本件期限の利益喪失特約の下で，債務者が，利息として，利息の制限額を超える額の金銭を支払った場合には，上記のような誤解が生じなかったといえるような特段の事情のない限り，債務者が自己の自由な意思によって制限超過部分を支払ったものということはできないと解するのが相当である。」旨を判示し，支払の任意性を明確に否定する判断を示した。その後，最〔1小〕平18・1・19裁判集民事219号31頁【一覧番号41】及び最〔3小〕判平18・1・24裁判集民事219号243頁【一覧番号40】も同旨を判示し，また，最〔2小〕判平18・3・17裁判集民事219号927

頁【一覧番号39】は特別上告審として同旨を判示した。これらの一連の裁判例によって改正前貸金業法43条の「みなし弁済」制度の適用の余地が実質的に否定されることになり、その後の平成18年改正による「みなし弁済」制度の廃止につながった。

〔3〕 過払金の元本充当

「過払金」とは、制限超過利息を元本に充当する（最〔大〕判昭39・11・18民集18巻9号1868頁参照）ことによって、計算上元本が完済された後になお弁済された金銭をいうが、借主は、過払金を直ちに不当利得として返還請求をすることなく、他の金銭消費貸借契約における借入金債務に充当していくことで、最終的な過払金総額が大きく異なることから、「過払金の元本充当」の問題が、「一連計算」と呼ばれ、過払金返還請求訴訟において大きな争点とされた。充当の対象となる他の借入金債務には、過払金が発生した時点においてすでに存在している場合とその後に発生する場合があるが、後者の場合である過払金が発生した時点で存在せずその後に発生する借入金債務に過払金を充当することができるかについて、最〔3小〕判平19・2・13民集61巻1号182頁【一覧番号38】は、基本契約が締結されていない2つの個別貸付けの間での「過払金の元本充当」が問題となった事案において、「貸主と借主との間で継続的に貸付けが繰り返されることを予定した基本契約が締結されていない場合において、第1の貸付けに係る債務の各弁済金のうち利息制限法1条1項所定の利息の制限額を超えて利息として支払われた部分を元本に充当すると過払金が発生し、その後、第2の貸付けに係る債務が発生したときには、特段の事情のない限り、第1の貸付けに係る過払金は、第1の貸付けに係る債務の各弁済が第2の貸付けの前にされたものであるか否かにかかわらず、第2の貸付けに係る債務には充当されない。」として、原則として充当することはできない旨を判示し、その理由として、「そのような特段の事情のない限り、第2の貸付けの前に、借主が、第1貸付け過払金を充当すべき債務として第2の貸付けに係る債務を指定するということは通常は考えられないし、第2の貸付けの以後であっても、第1貸付け過払金の存在を知った借主は、不当利得としてその返還を求めたり、第1貸付け過払金の返還請求権と第2の貸付けに係る債権とを相殺する可能性があ

るのであり，当然に借主が第1貸付け過払金を充当すべき債務として第2の貸付けに係る債務を指定したものと推認することはできないからである。」とした。これに対し，複数の基本契約が締結されている下で，ある基本契約において発生した過払金の，その基本契約においてその後に発生した借入金債務への「過払金の元本充当」が問題となった事案において，最〔1小〕判平19・6・7民集61巻4号1537頁【一覧番号37】は，「過払金は，その後に発生した新たな借入金債務に当然に充当されるものということはできない。しかし，この場合においても，少なくとも，当事者間に上記過払金を新たな借入金債務に充当する旨の合意が存在するときは，その合意に従った充当がされるものというべきである。」とした上で，「本件各基本契約に基づく債務の弁済は，各貸付けごとに個別的な対応関係をもって行われることが予定されているものではなく，本件各基本契約に基づく借入金の全体に対して行われるものと解されるのであり，充当の対象となるのはこのような全体としての借入金債務であると解することができる。そうすると，本件各基本契約は，同契約に基づく各借入金債務に対する各弁済金のうち制限超過部分を元本に充当した結果，過払金が発生した場合には，上記過払金を，弁済当時存在する他の借入金債務に充当することはもとより，弁済当時他の借入金債務が存在しないときでもその後に発生する新たな借入金債務に充当する旨の合意を含んでいるものと解するのが相当である。」旨を判示し，基本契約には「過払金充当合意」が含まれていると認定した上で，「過払金の元本充当」による一連計算を認めた。また，基本契約が締結されていないが借入れと弁済が繰り返されていた各貸付けの事案において，最〔1小〕判平19・7・19民集61巻5号2175頁【一覧番号33】は，「本件各貸付けは，平成15年7月17日の貸付けを除き，従前の貸付けの切替え及び貸増しとして，長年にわたり同様の方法で反復継続して行われていたものであり，同日の貸付けも，前回の返済から期間的に接着し，前後の貸付けと同様の方法と貸付条件で行われたものであるというのであるから，本件各貸付けを1個の連続した貸付取引であるとした原審の認定判断は相当である。」とした上で，「本件各貸付けのような1個の連続した貸付取引においては，当事者は，一つの貸付けを行う際に，切替え及び貸増しのための次の貸付けを行うことを想定しているのであり，複数の権利関係が発生するような事態が生ずることを望まないのが通常

であることに照らしても，制限超過部分を元本に充当した結果，過払金が発生した場合には，その後に発生する新たな借入金債務に充当することを合意しているものと解するのが合理的である。上記のように，本件各貸付けが1個の連続した貸付取引である以上，本件各貸付けに係る上告人とAとの間の金銭消費貸借契約も，本件各貸付けに基づく借入金債務について制限超過部分を元本に充当し過払金が発生した場合には，当該過払金をその後に発生する新たな借入金債務に充当する旨の合意を含んでいるものと解するのが相当である。」旨を判示し，基本契約が締結されている場合と同様に，「過払金充当合意」を認定し，「過払金の元本充当」による一連計算を認めた。そして，複数の基本契約が締結されている下で，第1の基本契約において発生した過払金の，時を異にしてその後に締結された第2の基本契約において発生した借入金債務への「過払金の元本充当」が問題となった事案につき，最〔2小〕判平20・1・18民集62巻1号28頁【一覧番号32】は，「同一の貸主と借主との間で継続的に貸付けとその弁済が繰り返されることを予定した基本契約が締結され，この基本契約に基づく取引に係る債務の各弁済金のうち制限超過部分を元本に充当すると過払金が発生するに至ったが，過払金が発生することとなった弁済がされた時点においては両者の間に他の債務が存在せず，その後に，両者の間で改めて金銭消費貸借に係る基本契約が締結され，この基本契約に基づく取引に係る債務が発生した場合には，第1の基本契約に基づく取引により発生した過払金を新たな借入金債務に充当する旨の合意が存在するなど特段の事情がない限り，第1の基本契約に基づく取引に係る過払金は，第2の基本契約に基づく取引に係る債務には充当されないと解するのが相当である。」として基本契約をまたぐ「過払金の元本充当」を原則として否定したが，「第1の基本契約に基づく貸付け及び弁済が反復継続して行われた期間の長さやこれに基づく最終の弁済から第2の基本契約に基づく最初の貸付けまでの期間，第1の基本契約についての契約書の返還の有無，借入れ等に際し使用されるカードが発行されている場合にはその失効手続の有無，第1の基本契約に基づく最終の弁済から第2の基本契約が締結されるまでの間における貸主と借主との接触の状況，第2の基本契約が締結されるに至る経緯，第1と第2の各基本契約における利率等の契約条件の異同等の事情を考慮して，第1の基本契約に基づく債務が完済されてもこ

れが終了せず，第1の基本契約に基づく取引と第2の基本契約に基づく取引とが事実上1個の連続した貸付取引であると評価することができる場合には，上記合意が存在するものと解するのが相当である。」旨を判示し，上記6要素を考慮して両基本契約に基づく取引が事実上1個の連続した取引であると評価することができる特段の事情がある場合には，「過払金充当合意」を認定して一連計算をすることができる旨を示した。

〔4〕 悪意の受益者の推定

不当利得返還請求については，悪意の受益者は利得の時からの利息を付して返還しなければならない（民704条）ところ，過払金返還請求訴訟に関し，最〔2小〕平19・7・13民集61巻5号1980頁【一覧番号36】及び最〔3小〕判平19・7・17裁判集民事225号201頁【一覧番号34】は，「貸金業者が制限超過部分を利息の債務の弁済として受領したが，その受領につき貸金業法43条1項の適用が認められない場合には，当該貸金業者は，同項の適用があるとの認識を有しており，かつ，そのような認識を有するに至ったことについてやむを得ないといえる特段の事情があるときでない限り，法律上の原因がないことを知りながら過払金を取得した者，すなわち民法704条の『悪意の受益者』であると推定されるものというべきである。」旨を判示し，悪意の推定を覆す「やむを得ないといえる特段の事情」の有無については，個別の事案の検討に委ねられることになった。

最〔1小〕判平23・12・1裁判集民事238号189頁【一覧番号10】は，改正前貸金業法17条1項に規定する書面の記載要件を充足しない場合に関し，「平成17年判決（執筆者注・最〔1小〕判平17・12・15民集59巻10号2899頁）が言い渡される前に，下級審の裁判例や学説において，リボルビング方式の貸付けについては，17条書面として交付する書面に確定的な返済期間，返済金額等の記載に準ずる記載がなくても貸金業法43条1項の適用があるとの見解を採用するものが多数を占めていたとはいえないこと，上記の見解が貸金業法の立法に関与した者によって明確に示されていたわけでもないことは，当裁判所に顕著である。上記事情の下では，監督官庁による通達や事務ガイドラインにおいて，リボルビング方式の貸付けについては，必ずしも貸金業法17条1項各号に掲げる事

項全てを17条書面として交付する書面に記載しなくてもよいと理解し得ないではない記載があったとしても，貸金業者が，リボルビング方式の貸付けにつき，17条書面として交付する書面には，次回の最低返済額とその返済期日の記載があれば足り，確定的な返済期間，返済金額等の記載に準ずる記載がなくても貸金業法43条1項の適用が否定されるものではないとの認識を有するに至ったことがやむを得ないということはできない。」として「リボルビング方式の貸付けについて，貸金業者が17条書面として交付する書面に確定的な返済期間，返済金額等の記載に準ずる記載をしない場合は，平成17年判決の言渡し日以前であっても，当該貸金業者が制限超過部分の受領につき貸金業法43条1項の適用があるとの認識を有することに平成19年判決（執筆者注・前掲最〔2小〕判平19・7・13【一覧番号36】）の判示する特段の事情があるということはできず，当該貸金業者は，法律上の原因がないことを知りながら過払金を取得した者，すなわち民法704条の『悪意の受益者』であると推定されるものというべきである。」旨を判示し，改正前貸金業法18条1項に規定する書面の交付要件を充足しない場合に関しては，最〔2小〕判平19・7・13裁判集民事225号103頁【一覧番号35】は，「少なくとも平成11年判決（執筆者注・最〔1小〕判平11・1・21民集53巻1号98頁）以後において，貸金業者が，事前に債務者に上記償還表を交付していれば18条書面を交付しなくても貸金業法43条1項の適用があるとの認識を有するに至ったことについてやむを得ないといえる特段の事情があるというためには，平成11年判決以後，上記認識に一致する解釈を示す裁判例が相当数あったとか，上記認識に一致する解釈を示す学説が有力であったというような合理的な根拠があって上記認識を有するに至ったことが必要であり，上記認識に一致する見解があったというだけで上記特段の事情があると解することはできない。」旨を判示した。

　また，最〔2小〕平21・7・10民集63巻6号1170頁【一覧番号27】及び最〔3小〕平21・7・14裁判集民事231号357頁【一覧番号26】は，期限の利益喪失特約の下における改正前貸金業法43条1項の支払の任意性との関連について，「平成18年判決（執筆者注・前掲最〔2小〕判平18・1・13）が言い渡されるまでは，平成18年判決が示した期限の利益喪失特約の下での制限超過部分の支払（以下『期限の利益喪失特約下の支払』という）は原則として貸金業法43条1項にいう『債

務者が利息として任意に支払った』ものということはできないとの見解を採用した最高裁判所の判例はなく，下級審の裁判例や学説においては，このような見解を採用するものは少数であり，大多数が，期限の利益喪失特約下の支払というだけではその支払の任意性を否定することはできないとの見解に立って，同項の規定の適用要件の解釈を行っていたことは，公知の事実であ」り，「平成18年判決が言い渡されるまでは，貸金業者において，期限の利益喪失特約下の支払であることから直ちに同項の適用が否定されるものではないとの認識を有していたとしてもやむを得ないというべきであり，貸金業者が上記認識を有していたことについては，平成19年判決の判示する特段の事情があると認めるのが相当である。」として「平成18年判決の言渡し日以前の期限の利益喪失特約下の支払については，これを受領したことのみを理由として当該貸金業者を悪意の受益者であると推定することはできない。」旨を判示した。本判決は，期限の利益喪失特約の下における支払の任意性と平成19年判決の判示する特段の事情との関係を明らかにし，悪意の受益者であるかどうかは，それ以外の改正前貸金業法43条1項の要件との関係で特段の事情の有無を判断することを要するとしたものである。

[増田　輝夫]

第 3 章　過払金返還請求訴訟の概要

過払金返還請求訴訟に関する最高裁判所主要判例一覧

裁判所ホームページの「裁判例情報」の検索画面（http://www.courts.go.jp/app/hanrei_jp/search1）からの検索により、また、「判示事項」、「裁判要旨」は当該裁判例についての記載による。

番号	判　例	判例集等、掲載法律雑誌	判　示　事　項	裁　判　要　旨
1	最[2小]判平27.6.1			異議をとどめないで指名債権譲渡の承諾をした債務者が、譲渡人に対抗することができた事由をもって譲受人に対抗することができる場合
2	最[2小]判平27.6.1			異議をとどめないで指名債権譲渡の承諾をした債務者が、譲渡人に対抗することができた事由をもって譲受人に対抗することができる場合
3	最[3小]判平26.7.29	裁判集民事247号127頁 判タ1408号57頁 判時2241号63頁 金法2009号120頁	元利均等分割返済方式によって返済する旨の約定で金銭消費貸借契約が締結された場合において、借主から約定の毎月の返済額を超過する額の支払がされたときの充当関係	元利均等分割返済方式によって返済する旨の約定で金銭消費貸借契約が締結された場合において、借主から約定の毎月の返済額を超過する額の支払がされたときは、当該超過額を将来発生する債務の充当に充当する旨の当事者間の合意がある等の特段の事情のない限り、当該超過額は、その支払時点での残債務に充当され、将来発生する債務に充当されることはない。（補足意見がある。）
4	最[1小]判平26.7.24	裁判集民事247号113頁 判タ1408号57頁 判時2241号63頁 金法2009号120頁	元利均等分割返済方式によって返済する旨の約定で金銭消費貸借契約が締結された場合において、借主から約定の毎月の返済額を超過する額の支払がされたときの充当関係	元利均等分割返済方式によって返済する旨の約定で金銭消費貸借契約が締結された場合において、借主から約定の毎月の返済額を超過する額の支払がされたときは、当該超過額を将来発生する債務の充当に充当する旨の当事者間の合意がある等の特段の事情のない限り、当該超過額は、その支払時点での残債務に充当され、将来発生する債務に充当されることはない。
5	最[1小]判平25.7.18	裁判集民事244号55頁 判タ1394号133頁 判時2201号48頁 金判1430号14頁 金法1989号130頁	1　継続的な金銭消費貸借取引に関する基本契約に基づいて金銭の借入れと弁済が繰り返され、同契約に基づく借入金全体に対して行われる弁済金全体において、過払金が発生している借入金について新たな借入れをしたときは、利息制限法（平成18年法律第115号による改正前のもの）1条1項にいう「元本」の額は、新たな借入金に上記過払

	判決	出典	論点	判旨
6	最[1小]判平25.4.11	裁判集民事243号303頁 判タ1392号61頁 判時2195号16頁 金判1426号26頁 金法1986号120頁	継続的な金銭消費貸借取引に係る基本契約に過払金充当合意を含む場合における、過払金について発生した民法704条前段所定の利息を新たな借入金債務に充当することの可否及びその充当方法 2 (省略) 3 (省略) 4 (省略)	継続的な金銭消費貸借取引に係る基本契約の借入金債務が存在しなければ過払金充当合意(過払金をその後に発生する新たな借入金債務に充当する旨の合意)を含む場合には、別段の合意がある等の特段の事情がない限り、まず過払金について発生した民法704条前段所定の利息を新たな借入金債務に充当し、次いで過払金をその余の借入金債務の残額に充当すべきである。継続的な金銭消費貸借取引に係る基本契約の借入金債務が存在しなければ過払金充当合意を含む場合には、別段の合意がある等の特段の事情がない限り、まず過払金を評価できる新たな借入金債務に充当し、次いで過払金を新たな借入れをしたときにおける利息制限法(平成18年法律第115号による改正前のもの)1条1項にいう「元本」の額金を充当した後の額をいう。 2 (省略) 3 (省略) 4 (省略)
7	最[1小]判平25.2.28	民集67巻2号343頁 判タ1388号101頁 判時2182号55頁 金判1418号28頁 金法1972号89頁	1 既に弁済期にある自働債権と弁済期の定めのある受働債権とが相殺適状にあるための要件 2 時効によって消滅した債権を自働債権とする相殺のためには消滅時効援用された自働債権がその消滅時効期間経過以前に受働債権と相殺適状にあったことの要否	1 既に弁済期にある自働債権のある債権者は、受働債権につき、期限の利益を放棄することができるというだけではなく、その弁済期が現実に到来していることを要する。 2 時効によって消滅した債権を自働債権とする相殺をするためには、消滅時効が援用された自働債権がその消滅時効期間が経過する以前に受働債権と相殺適状にあったことを要する。

8	最〔3小〕判平24.9.11	民集66巻9号3227頁	無担保のリボルビング方式の金銭消費貸借に係る基本契約に基づく取引により発生した過払金を不動産に担保権を設定した上で確定金額に係る金銭消費貸借契約に充当する旨の合意に相当するものと解することができるか否か	同一の貸主と借主との間で無担保のリボルビング方式の金銭消費貸借に係る基本契約に基づく取引が続けられた後、改めて不動産に担保権を設定した上で確定金額に係る金銭消費貸借契約(第2の契約)が締結された場合において、第2の契約に基づく債務の弁済に充てられ、金銭の一部が現実に交付される約定で第1の契約に基づくその残額のみが現実に交付する約定で継続しており、第2の契約に基づく借入金債務を生じさせる旨の契約及び第1の契約に基づく取引によって生じた過払金をもって第1の契約に基づく借入金債務の弁済に充当させる旨の契約が締結されたと見られるなどの事情があっても、当事者が第1、第2の契約に基づく各取引が1個の連続した貸付取引であることを前提に取引をしているなど特段の事情がない限り、第1の契約に基づき発生した過払金を第2の契約に基づく借入金債務に充当する旨の合意が存在すると解することはできない。(補足意見がある。)
9	最〔2小〕判平24.6.29	裁判集民事241号1頁 判タ1378号86頁 判時2160号20頁 金判1400号33頁 金法1958号84頁	貸金業者Yの完全子会社である貸金業者Aが、その顧客Xとの間の基本契約に基づく継続的な金銭消費貸借取引に係る債権をYに譲渡した場合において、YがAのXに対する過払金返還債務を承継したとはいえないとされた事例	貸金業者Yの完全子会社である貸金業者Aが、その顧客Xとの間の基本契約に基づく継続的な金銭消費貸借取引に係る債権をYに譲渡し、Yの国内の消費者金融事業の再編を目的として、上記債権譲渡基本契約において、Aの貸金債権をYに移行し、その貸金業を廃止して負担する過払金返還債務をYが引き受ける旨の条項があったとしても、次の(1)、(2)など判示の事情の下では、Yは、AのXに対する過払金返還債務を承継したとはいえない。 (1) 上記債権譲渡基本契約には、個別の債権譲渡によりXまたはAの負担する旨もAとの間の過払金返還債務が当然にYに承継される旨を定めた条項はない。 (2) Xは、上記債務引受けに係る通知を受けてから弁済の効力を失うまでの間に、Yに対し、弁済をしただけであって、Yに対する上記条項に係る受益の意思表示をしたとみる余地のある行為をしていない。

10	最[1小]判平23.12.1	裁判集民事238号189頁 判タ1364号72頁 判時2139号7頁 金判1389号24頁 金法1958号89頁	いわゆるリボルビング方式の貸付けについて、貸金業者が貸金業の規制等に関する法律（平成18年法律第115号による改正前のもの。以下同じ。）17条1項に規定する書面として交付する書面に個々の貸付けの時点での残元利金について返済額を毎月の返済期日に返済する場合の最低返済額等の記載をしない場合、貸金業者は、当該貸金に返済する個々の貸付けの残元利金の記載を要する当該貸金に返済する場合の最低返済額等の記載をした上記記載が平成17年（受）第560号同年12月15日第1小法廷判決・民集59巻10号2899頁の言渡し日以前であっても、利息制限法所定の制限を有するとはいえず、過払金の取得につき過払金の取得につき民法704条の「悪意の受益者」であると推定されるか	いわゆるリボルビング方式の貸付けについて、貸金業者が貸金業の規制等に関する法律（平成18年法律第115号による改正前のもの）17条1項に規定する書面に個々の貸付けの時点での残元利金の記載を要する個々の貸付けの残元利金について返済額を毎月の返済期日に返済する場合の最低返済額の記載をしない場合、当該貸金業者は、最高裁平成17年（受）第560号同年12月15日第1小法廷判決・民集59巻10号2899頁の言渡し日以前であっても、過払金の取得につき民法704条の「悪意の受益者」であると推定されるか
11	最[2小]判平23.9.30	裁判集民事237号655頁 判タ1357号76頁 判時2131号57頁 金判1381号22頁 金法1949号87頁	貸金業者Yとその完全子会社である貸金業者Aの顧客Xとが、金銭消費貸借取引に係る基本契約を締結するに当たり、YがXに対するAのXに対する債権を承継することとし、AのXに対する債務について全てで引き受ける旨合意したものと解された事例	貸金業者Yとその完全子会社である貸金業者Aの顧客Xとが、金銭消費貸借取引に係る基本契約を締結し、同契約に基づく残債務額をYから借り入れ、これをAに弁済してAとの取引を終了させた場合において、次の(1)～(3)など判示の事情の下では、XとYとは、Xとの関係の下では、XとYとは、Xとの関係において、AのXに対する債権に係る債権を承継するにとどまらず、AのXに対する債務について全てで引き受ける旨合意するのが相当である。 (1) Yは、国内の消費者金融子会社の再編を目的として、Aの貸金業を廃止し、これをYに移行、集約するために、Aとの間で業務提携契約を締結し、Aが顧客に対して負担する一切の過払金債務等についても引き受けること、AとYの顧客との間の債権債務に関する紛争について、Yが、Aと顧客との間の債権債務に関する申出窓口にとどまらず、単にその申出窓口になるにとどまらず

第3章 過払金返還請求訴訟の概要

12	最［1小］判平23.7.14	裁判集民事237号263頁 判タ1361号94頁 判時2135号46頁 金判1391号44頁 金法1954号111頁	金銭消費貸借に係る基本契約が順次締結され、これらに基づく金銭の借入れと弁済が繰り返された場合において、先に締結された基本契約に基づく最初の貸付けまでの間に、約1年6か月ないし2年4か月の期間があるにもかかわらず、これらの基本契約に当初契約を2年間継続し、その後の契約期間の経過後も同様に当事者からの申出がない限り当該契約を2年間継続し、その後も同様とする旨の定めが置かれていることから、先に締結された基本契約に基づく取引により発生した各借入金をその後に締結された基本契約に基づく取引の各借入金債務に充当する旨の合意が存在するとした原審の判断に違法があるとした事例（補足意見がある。）
13	最［2小］判平23.7.8	裁判集民事237号159頁 判タ1361号98頁 判時2137号43頁 金判1954号115頁	貸金業者が貸金債権を一括して他の貸金業者に譲渡する旨の合意をした場合において、上記債権を譲渡した業者の有する資産のうち何が譲渡の対象であるか、上記合意の内容いかんによるから、それが営業譲渡の性質を有することをもって、借主との間の金銭消費貸借取引に係る契約上の地位の移転に当然に移転するものであり、当該借主が上記取引によって上記業者に譲渡する債務を譲り受けた業者に当然に移転する、あるいは、当該業者が上記取引に係る過払金返還債務を承継するものということはできず、上記合意の対象に含まれる貸借上の地位が譲渡の対象に含まれる貸金債権に係る過払金返還債務の承継の有

No.	判決	出典	論点	判旨
14	最[1小]判平23.7.7	裁判集民237号139頁 判タ1361号98頁 判時2137号43頁 金法1384号41頁 金判1954号115頁	貸金業者が貸金債権を一括して他の貸金業者に譲渡する旨の合意をした場合における、借主と上記債権を譲渡した業者との間の金銭消費貸借取引及び上記契約上の地位の移転並びに上記取引に係る過払金返還債務の承継の有無	貸金業者が貸金債権を一括して他の貸金業者に譲渡する旨の合意をした場合において、上記債権のうち何が営業譲渡の対象であるかは、上記合意の内容いかんによるものであって、それが営業譲渡の性質を有するものであっても、借主との間の金銭消費貸借取引及び上記取引上の地位に当然に移転する、あるいは、当該業者が上記取引に係る過払金返還債務を譲渡の対象に含まれる貸金債権と一体のものとして当然に承継すると解することはできない。
15	最[2小]決平23.5.18	民集65巻4号1755頁 判タ1352号152頁 判時2120号3頁 金法1950号111頁	民訴法38条後段の要件を満たす共同訴訟につき同法9条ただし書により同法7条の適用が排除されるか	民訴法38条後段の要件を満たす共同訴訟であって、いずれの共同訴訟人に係る部分及び訴訟管轄権を有しているものについて、同法7条ただし書により同法9条の適用が排除されることはない。
16	最[3小]判平23.3.22	裁判集民236号225頁 判タ1350号172頁 判時2118号34頁 金法1374号14頁 金判1927号136頁	貸金業者が貸金債権を一括して他の貸金業者に譲渡する旨の合意をした場合における、借主と上記債権を譲渡した業者との間の金銭消費貸借契約上の地位の移転の有無	貸金業者が貸金債権を一括して他の貸金業者に譲渡する旨の合意をした場合において、上記債権のうち何が営業譲渡の対象であるかは、上記合意の内容いかんによるものであって、それが営業譲渡の性質を有するものであっても、借主との間の金銭消費貸借契約上の地位に当然に移転すると解することはできない。
17	最[3小]判平23.3.1	裁判集民236号199頁 判タ1347号98頁 判時2114号52頁 金法1369号18頁 金判1937号119頁	届出のない再生債権である過払金返還請求権について、届出があった再生債権と同じ条件で弁済する旨を定める再生計画とした場合の過払金返還請求権の帰すう	届出のない再生債権である過払金返還請求権について、届出があった再生債権と同じ条件で弁済する旨を定める再生計画の認可決定が確定することにより、上記過払金返還請求権は、再生計画による権利の変更等の一般的基準に従って変更され、その再生債権者は、訴訟等において過払金返還請求権を有していたことを、その額が確定されることを条件として、上記のとおり変更されたところに従って、その支払を受けられる。

18	最(2小)判平22.6.4	裁判集民事234号111頁 判時2088号85頁 判タ1330号83頁 金判2088号83頁 金判1352号14頁 金法1906号64頁	更生会社であった貸金業者において、届出期間内に届出がされなかった更生債権である過払金返還請求権についてその責めを免れる旨主張することが信義則に反しないとされた事例	更生会社であった貸金業者において、届出期間内に届出がされなかった過払金返還請求権につきその責めを免れる旨主張することは、(1)上記貸金業者の発行したカード上記前記のとおり使用することができる旨が新聞に掲載されたこと、上記過払金返還請求権について償権の届出をしないと更生手続上その責めを免れることになる旨の説明をせず、(2)上記貸金業者の更生手続において、同一の会社をスポンサーとして進められた別の貸金業者の更生手続において、債権の届出がされないと別の取扱いがされたとの過払金返還請求権について、その認めを免れないとの取扱いがされたといら事情があったとしても、信義則に反するとはいえない。
19	最(3小)判平22.4.20	民集64巻3号921頁 判時2084号6頁 判タ1326号115頁 金判1351号39頁 金法1910号73頁	1 継続的な金銭消費貸借取引に関する基本契約に基づいて金銭の借入れと弁済が繰り返され、同契約に基づく債務の弁済がその借入れ全体に対して行われる場合における利息制限法1条1項にいう「元本」の額は、その時点での借入金残元本と新たな借入金との合計額に当たる。 2 継続的な金銭消費貸借取引に関する基本契約に基づいて金銭の借入れと弁済が繰り返され、同契約に基づく債務の弁済がその借入れ全体に対して行われる場合において、上記取引の過程で従前の借入金との合計額が利息制限法1条1項所定の制限額を下回るに至ったときに、上記取引に適用される制限利率	1 継続的な金銭消費貸借取引に関する基本契約に基づいて金銭の借入れと弁済が繰り返され、同契約に基づく債務の弁済がその借入れ全体に対して行われる場合における利息制限法1条1項にいう「元本」の額は、その時点での借入金残元本と新たな借入金との合計額に当たり、従前の借入金残元本と新たな借入金との合計額のうち制限超過部分があるときはこれを上記基本契約に基づく借入金債務の元本に充当して計算する。 2 継続的な金銭消費貸借取引に関する基本契約に基づいて金銭の借入れと弁済が繰り返され、同契約に基づく債務の弁済がその借入れ全体に対して行われる場合において、上記取引の過程で従前の借入金残元本と新たな借入金との合計額が利息制限法1条1項所定の制限額を下回るに至ったとしても、従前の取引に適用される制限利率は変更されない。

20	最〔2小〕判平21.12.4	裁判集民事232号529頁 判タ1323号92頁 判時2077号40頁 金判1333号26頁、1349号28頁 金法1906号68頁	更生会社であった貸金業者において、届出期間内に届出がされなかった更生債権である過払金返還請求権につきその責めを免れる旨主張することが、信義則に反するとされないとされた事例	更生会社であった貸金業者において、届出期間内に届出がされず、更生債権である過払金返還請求権につきその責めを免れる可能性があることにつき顧客に対し、過払金返還請求権が発生している可能性があることにつきやその届出をしないと更正会社の責めを免れることにつき注意を促せず、保全管理人が上記貸金業者の社告を新聞に掲載したことと判示のとおり使用することができる旨の社告を新聞に掲載したなど判示の事情があったとしても、信義則に反するものではなく、権利の濫用に当たるにも当たらない。
21	最〔2小〕判平21.11.9	民集63巻9号1987頁 判タ1313号112頁 判時2064号56頁 金判1335号31頁 金法1894号41頁	民法704条後段の規定の趣旨	民法704条後段の規定は、悪意の受益者が不法行為責任を負うことを注意的に規定したものにすぎず、不法行為の要件を充足する限りにおいて不法行為責任を負うとしても、悪意の受益者に対して不法行為責任とは異なる特別の責任を負わせたものではない。
22	最〔2小〕判平21.9.11	裁判集民事231号531頁 判タ1308号99頁 判時2059号55頁 金判1328号24頁、1331号34頁 金法1886号50頁	貸金業者において、特約に基づき借主が期限の利益を喪失した旨主張することが、信義則に反し許されないとされた事例	貸金業者が、借主に対し、元利金の支払を怠ったときは当然に期限の利益を喪失する旨の特約の下に金銭の貸付けを行い、借主が期限の利益を喪失した後に、その利率を利息とし同じ年29.8%とする旨の特約が付されていた。(1)～(4)など判示の事情の下においては、貸金業者が、上記特約に基づき借主が期限の利益を喪失したと主張することは、信義則に反し許されない。 (1) 上記貸付けに係る契約には、遅延損害金を年36.5%としつつ、期限の利益喪失後も当初の約定の支払期日までに支払われた遅延損害金については、その利率を利息と同じ年29.8%とする旨の特約が付されていた。 (2) 貸金業者は運延損害金と残元本の一部弁済金を受領する都度、弁済金を運延損害金と残元本の一部に充当した旨記載した領収書兼利用明細書を送付していた。 借主の担当者は、約定に従えば支払うべき元利金の支払の期限の前に、約定に従えば支払うべき金員を支払えば足りる旨述べていた上、貸金業者は、同支払期日の翌日に借主が支払った領収書に借主が支払った旨記載した領収書兼利用明細書を下回る金員を支払えば足りる旨述べていた上、同支払期日と元利金の合計額を下回る金員を支払えば足りる旨述べていた上、貸金業者は、同支払期日の翌日に借主が支払った領収書に領収書と元本に充当した旨記載した領収書兼利用明細書これを利息と元本に充当した旨記載した領収書兼利用明細書

第3章　過払金返還請求訴訟の概要

23	最〔2小〕判平21.9.11	裁判集民事231号495頁 判タ1308号99頁 判時2059号55頁 金判1328号24頁、1331号34頁 金法1886号50頁	貸金業者において、特約に基づき借主が期限の利益を喪失する旨主張することが、信義則に反し許されないとした原審の判断に違法があるとされた事例
24	最〔1小〕判平21.9.4	民集63巻7号1145頁 判タ1308号111頁 判時2058号59頁 金判1335号42頁 金法1885号32頁	貸金業者が借主に対し貸金の支払を請求し借主から弁済を受ける行為が不法行為を構成する場合

(3) その後も、貸金業者の担当者は、借主が同担当者に対して支払が約定の支払期日になる旨告げた際、借主が約定の支払期日の翌日に支払う場合の支払金額として、1日分の金利を余計に支払うことを求め、支払期日の翌日に支払う場合の支払金額として年29.8%の割合で計算した金利と毎月返済すべきこととされている元本との合計額と告げた。

(4) 上記(1)～(3)の貸金業者の対応などにより、借主、貸金業者とも、期限の利益を喪失していないと誤信し、長期間、借主がこれを解くことなく、その誤信を知りながらこれを解くことなく、貸金業者が経過利息を領収して支払った金員等を受領し続けた。

書を送付した。

貸金業者が、借主に対し、元利金の支払を怠ったときは当然に期限の利益を喪失する旨の特約の下に3回にわたり金銭の貸付けにつき借主が期限の利益を喪失した後、各貸付けにつき借主が期限の利益を喪失した都度、一部弁済金を領収する都度、弁済金の一部を運延損害金に充当した旨記載した領収書兼利用明細書を交付していた場合において、次の(1)～(3)の各事実のみから、貸金業者が借主に対し上記特約に基づき借主が期限の利益を喪失したとして原審の判断に違法がある。

(1) 貸金業者は、借主からの約定の利息の一括弁済を求めず、借主からの約定の利息の一部弁済を受領していた。

(2) 上記各貸付けにおける約定の利息の利率が同一ないし近似していた。

(3) 貸金業者は、借主が1回目及び2回目の各貸付けについて期限の利益を喪失した後に3回目の貸付けを行った。

貸金業者が借主に対し貸金の支払を受ける行為が不法行為を構成するのは、貸金業者が当該貸金債権が存在しないことを知りながら、又は通常の貸金業者であれば容易にそのことを知り得たのに、あえてその請求をしたなど、その行為の態様が社会通念に照らして著しく相当性を欠く場合に限られ、この理は、当該貸

	判決	出典	論点	判旨
25	最〔2小〕判平21.9.4	裁判集民事231号477頁	いわゆる過払充当合意を含む基本契約に基づく利息制限法所定の制限を超える利息の支払を継続したことにより過払金が発生した場合における、民法704条前段所定の利息の発生時期	金業者が過払金の受領につき民法704条所定の悪意の受益者であると推定されるときであっても異ならない。いわゆる過払金充当合意（過払金発生当時他の借入金債務が存在しなければ過払金をその後に発生する新たな借入金債務に充当する旨の合意）を含む基本契約に基づく利息制限法所定の制限を超える利息の支払を継続したことにより過払金が発生した場合である貸主は過払金発生の時から民法704条前段所定の利息を支払わなければならない。
26	最〔3小〕判平21.7.14	裁判集民事231号357頁 判時1317号117頁 判タ1322号28頁、1340 金法2069号22頁 金法1896号80頁	期限の利益喪失特約の下での利息制限法所定の制限を超える利息の支払の任意性を否定した最高裁判所の判決の言渡し日以前にされた制限超過部分の支払について、貸金業者が同特約の下でこれを受領したことのみを理由として当該貸金業者を民法704条の「悪意の受益者」と推定することの可否	期限の利益喪失特約の下での利息の支払の任意性を初めて否定した最高裁平成16年（受）第1518号同18年1月13日第2小法廷判決・民集60巻1号1頁の言渡し日以前にされた制限超過部分の支払について、貸金業者が同特約の下でこれを受領したことのみを理由として当該貸金業者を民法704条の「悪意の受益者」と推定することはできない。
27	最〔2小〕判平21.7.10	民集63巻6号1170頁 判時1317号117頁 判タ1322号28頁、1340 金法2069号22頁 金法1896号80頁	期限の利益喪失特約の下での利息制限法所定の制限を超える利息の支払の任意性を否定した最高裁判所の判決の言渡し日以前にされた制限超過部分の支払について、貸金業者が同特約の下でこれを受領したことのみを理由として当該貸金業者を民法704条の「悪意の受益者」と推定することの可否	期限の利益喪失特約の下での利息の支払の任意性を初めて否定した最高裁平成16年（受）第1518号同18年1月13日第2小法廷判決・民集60巻1号1頁の言渡し日以前にされた制限超過部分の支払について、貸金業者が同特約の下でこれを受領したことのみを理由として当該貸金業者を民法704条の「悪意の受益者」と推定することはできない。
28	最〔3小〕判平21.4.14	裁判集民事230号353頁 判タ1300号99頁	貸金業者が、借主に対し、期限の利益の喪失を宥恕し、再度期	貸金業者が、貸付けに係る債務につき、借主が期限の利益を喪失した後に、借主に対して残元利金の一括支払を請求せず、

29	最〔2小〕判平21.3.6	裁判集民230号209頁 判タ1301号116頁 判時2048号9頁 金判1332号25頁 金法1875号67頁	継続的な金銭消費貸借取引に関する基本契約が、利息制限法1条1項所定の制限を超える利息の弁済により過払金が発生したときには、弁済当時他の借入金債務が存在しなければ上記過払金をその後に発生する新たな借入金債務に充当する旨の合意を含む場合において、上記取引により生じた過払金返還請求権の消滅時効は、上記取引が終了した時から進行する。	継続的な金銭消費貸借取引に関する基本契約が利息制限法所定の制限を超える利息の弁済により発生した過払金をその後に発生する新たな借入金債務に充当する旨の合意を含む場合における、上記取引により生じた過払金返還請求権の消滅時効の起算点
30	最〔3小〕判平21.3.3	裁判集民230号167頁 判タ1301号116頁 判時2048号9頁 金判1332号25頁 金法1875号67頁	継続的な金銭消費貸借取引に関する基本契約が、利息制限法1条1項所定の制限を超える利息の弁済により過払金が発生したときには、弁済当時他の借入金債務が存在しなければ上記過払金をその後に発生する新たな借入金債務に充当する旨の合意を含む場合には、特段の事情がない限り、上記取引により生じた過払金返還請求権の消滅時効は、上記取引が終了した時から進行する。(反対意見がある。)	継続的な金銭消費貸借取引に関する基本契約が利息制限法所定の制限を超える利息の弁済により発生した過払金をその後に発生する新たな借入金債務に充当する旨の合意を含む場合における、上記取引により生じた過払金返還請求権の消滅時効の起算点
31	最〔1小〕判平21.1.22	民集63巻1号247頁 判タ1289号77頁 判時2033号12頁 金法1310号54頁、1314	継続的な金銭消費貸借取引に関する基本契約が、利息制限法1条1項所定の制限を超える利息の弁済により過払金が発生したときには、弁済当時他の借入金債務が存在しなければ上記過払金をその後に発生する新たな借入金債務に充当する	

(※上部の列:)

借主から長期間多数回にわたって分割弁済を受けていた場合において、貸金業者が、債務の弁済及びこれに受領した損害金については領収書兼利用明細書を交付していたことから、期限の利益を付与する意思はなかったと主張し、これに沿う証拠も提出していたにもかかわらず、貸金業者が、期限の利益の喪失について審理することなく、再度期限の利益を付与したとした原審の判断には、違法がある。

限の利益を付与したとした原審の判断に違法があるとされた事例

判時2047号118頁
金判1319号20頁、1325号42頁
金法1875号61頁

			争点	
		号36頁 金法1862号28頁	発生する新たな借入金債務に充当する旨の合意を含む場合、上記取引により生じた過払金返還請求権の消滅時効の起算点	債務に相当する借入金債務を含む場合、上記取引に充当する旨の合意を含む場合は、特段の事情がない限り、上記取引が終了した時から進行する。
32	最（２小）判平20.1.18	民集62巻1号28頁 判タ1264号115頁 判時1998号37頁 金判1284号20頁、1290号46頁	1 第１の基本契約に基づく継続的な金銭の貸付けに対する利息制限法所定の制限を超える利息の弁済により発生した過払金を、その後に締結された第２の基本契約に基づく継続的な金銭の貸付けに係る債務に充当することの可否 2 第１の基本契約に基づく継続的な金銭の貸付けに対する利息制限法所定の制限を超える利息の弁済により発生した過払金を、その後に締結された第２の基本契約に基づく継続的な金銭の貸付けに係る債務に充当する旨の合意が存在する場合	1 同一の貸主と借主との間で継続的に金銭の貸付けとその弁済を繰り返すことを予定した基本契約が締結され、この基本契約に基づく取引に係る債務について利息制限法１条１項所定の利息の制限額を超えて利息として支払われた部分を元本に充てて改めて計算すると過払金が発生するに至ったが、その後の基本契約に基づく金銭消費貸借に係る債務が発生した場合には、第１の基本契約に基づく取引により発生した過払金に係る過払金返還債務には、特段の事情がない限り、第２の基本契約に基づく取引に係る債務に充当されない。 2 同一の貸主と借主との間で継続的に金銭の貸付けとその弁済を繰り返すことを予定した基本契約が締結され、この基本契約に基づく取引に係る債務について利息制限法１条１項所定の利息の制限額を超えて利息として支払われた部分を元本に充てて改めて計算すると過払金が発生するに至ったが、その後の基本契約に基づく金銭消費貸借に係る債務が発生した場合において、下記の事情を考慮して、第１の基本契約に基づく債務が完済されこれが終了してから第２の基本契約に基づく取引が事実上１個の連続した貸付取引であると評価することができるときには、第１の基本契約に基づく取引により生じた過払金を第２の基本契約に基づく借入金債務に充当する旨の合意が存在するものと解するのが相当である。

第3章　過払金返還請求訴訟の概要　393

				記
33	最〔1小〕判平19.7.19	民集61巻5号2175頁 判タ1251号145頁 判時1981号15頁 金判1273号12頁, 1278号57頁 金法1839号59頁	同一の貸主と借主の間で基本契約を締結せずに1度の貸付けを除き、従前の貸付けの切替え及び貸増しとして多数回の金銭消費貸借契約が、利息制限法所定の制限を超える利息の弁済により発生した過払金をその後に発生する新たな借入金債務に充当する旨の合意を合むものと解するのが相当とされた事例	第1の基本契約に基づく貸付け及び貸付けに基づく最終の貸付けに基づく最終の貸付けの弁済から第2の基本契約に基づく最初の貸付けまでの期間、借入れ等に使用するカードが発行されている場合にはその失効手続の有無、第1の基本契約に基づく最終の弁済から第2の基本契約が締結されるまでの間における貸主と借主との接触の状況、第1と第2の基本契約が締結されるに至る経緯、第1と第2の基本契約における利率等の契約条件の異同等
34	最〔3小〕判平19.7.17	裁判集民事225号201頁 判タ1252号110頁 判時1984号26頁 金判1272号16頁, 1279号27頁 金法1823号85頁	貸金業者が利息制限法1条1項所定の制限を超える利息を受領したことにつき貸金業の規制等に関する法律43条1項の適用が認められない場合と民法704条の「悪意の受益者」	
35	最〔2小〕判平19.7.13	裁判集民事225号103頁 判タ1252号110頁	利息制限法1条1項所定の制限を超える利息を受領した貸金業者が、その受領につき貸金業の規制等に関する法律43条1項の適用が認められないとき、同項の適用が認められるとの認識を有しており、かつ、そのような認識を有するに至ったことについてやむを得ないといえる特段の事情がある場合でない限り、民法704条の貸金口座への払込みを受けた貸金業者は、その預金口座への払込みを受けた際に「悪意の受益者」であると推定される。	

36	最（2小）判平19.7.13	民集61巻5号1980頁 判タ1252号110頁 判時1984号26頁 金判1272号16頁、1279号27頁 金法1823号85頁	1　（省略） 2　貸金業者が利息制限法1条1項所定の制限を超える利息を受領したが、その受領につき貸金業法43条1項の適用が認められない場合には、当該貸金業者は、同項の適用があるとの認識を有しており、かつ、そのような認識を有するに至ったことについてやむを得ないといえる特段の事情があるときでない限り、民法704条の「悪意の受益者」であると推定される。
37	最（1小）判平19.6.7	民集61巻4号1537頁 判タ1248号113頁 判時1977号77頁 金判1269号24頁、1274号17頁 金法1816号60頁	カードの利用による継続的な金銭の貸付けをすることを予定して締結された基本契約が利息制限法所定の制限を超える利息の弁済により過払金が発生した場合には弁済当時他の借入金債務が存在しない限り過払金を残存する他の借入金債務に充当する旨の合意を含んでいるときには、各借入金債務の残元本の合計を基準とする一定率による利息が毎月の返済日に発生し、その返済日における返済後の残元本の合計に対する当該返済日の翌日から当月の支払日までの期間に応じて計算するなど同一の貸主と借主との間でカードを利用して継続的に金銭の貸付けとその返済が繰り返されることを予定した基本契約が締結されており、借入金債務の残高を基礎として毎月の返済額が定められている場合における利息は前月の支払日の翌日から当月の支払日までの期間に対する当該期間に応じて計算するなど

第3章　過払金返還請求訴訟の概要

38	最[3小]判平19.2.13	民集61巻1号182頁 判タ1236号99頁 判時1962号67頁 金判1262号12頁、1266号28頁 金法1807号36頁	借入金債務が存在しなければこれをその後に発生する新たな借入金債務に充当する旨の合意を含むものと解された事例 1　貸主と借主との間で基本契約が締結されていない場合に第1の貸付けに係る債務の各弁済金のうち利息制限法1条1項所定の制限額を超えて利息として支払われた部分を元本に充当すると過払金が発生し、その後、第2の貸付けに係る債務が発生したときは、特段の事情のない限り、第1の貸付けに係る過払金は第2の貸付けの前に発生したものであるかにかかわらず、第2の貸付けに係る債務には充当されない。 2　商行為である貸付けの利息の制限額を超えて利息として発生する場合において、法1条1項所定の利息の制限額を超えた部分を元本に充当することにより発生した過払金を不当利得として返還する場合において、悪意の受益者が付すべき民法704条前段所定の利息の利率は、民法所定の年5分である。
39	最[2小]判平18.3.17	裁判集民事219号927頁 判タ1217号113頁 判時1937号87頁	債務者の貸金業者に対する貸金の弁済について貸金業の規制等に関する法律43条1項又は3項の条項があって、これに基づく債務の弁済が借入金の全体に対して行われるものと解される事情の下において、上記基本契約は、同契約に基づく借入金債務に係る利息制限法1条1項所定の制限額を超える利息の弁済により過払金が発生した場合には、弁済当時他の借入金債務が存在しなければ上記過払金をその後に発生する新たな借入金債務に充当する旨の合意を含んでいるものと解するのが相当である。
			（省略）

			の適用を認めた高等裁判所の上告審としての判決に法令の違反があるとして職権により破棄された事例
40	最(3小)判平18.1.24	裁判集民事219号243頁 判タ1205号85頁 判時1926号28頁 金法1243号32頁 金判1786号90頁	1 債務者が利息制限法所定の制限を超える約定利息の支払を遅滞したときは当然に期限の利益を喪失する旨の約定が付されている場合、同約定中、債務者が約定利息のうち制限超過部分の支払を怠ったときに期限の利益を喪失するとする部分は、債務者が、約定の元本及び約定の期限の利益を喪失することはない。 2 債務者が利息制限法所定の制限を超える約定利息の支払を遅滞したときは当然に期限の利益を喪失する旨の約定の下での制限超過部分の支払の任意性の有無
	金判1250号28頁		
41	最(1小)判平18.1.19	裁判集民事219号31頁 判タ1205号99頁 判時1926号17頁 金法1243号20頁 金判1778号101頁	1 債務者が利息制限法所定の制限を超える約定利息の支払を遅滞したときは当然に期限の利益を喪失する旨の約定の効力 2 債務者が利息制限法所定の制限を超える約定利息の支払

第 3 章　過払金返還請求訴訟の概要

42	最(2小)判平18.1.13	民集60巻1号1頁 判タ1205号99頁 判時1926号17頁 金判1233号10頁、1243号20頁 金法1778号101頁	1　(省略) 2　債務者が利息制限法所定の制限を超える約定利息の支払を遅滞したときは当然に期限の利益を喪失する旨の特約の効力 3　債務者が利息制限法所定の制限を超える約定利息の支払を遅滞したときは当然に期限の利益を喪失する旨の特約の下での制限超過部分の支払の任意性の有無	1　(省略) 2　利息制限法所定の制限を超える金銭消費貸借において、債務者が元本又は約定利息の支払を遅滞したときは当然に期限の利益を喪失する旨の特約が付されている場合、同特約中、利息のうち制限超過部分の支払を怠ったときとする部分は、同法1条1項の趣旨に反して無効であり、約定の元本及び同項所定の利息の制限額を支払いさえすれば、期限の利益を喪失することはない。 3　利息制限法所定の制限を超える金銭消費貸借において、債務者が、債務者が元本又は約定利息の支払を遅滞したときは当然に上記制限額を支払わなかった上記制限額を支払わなかったとの誤解が生じるような特段の事情のない限り、制限超過部分の支払は、制限に関する法律43条1項にいう「債務者が利息として任意に支払った」ものということはできない。 　割返済する約定利息と共に元本を分割返済する約定の金銭消費貸借において、債務者が、元本又は約定利息の支払を遅滞したときには当然に上記制限額を超える約定利息の元本と共に上記制限額を支払わなかったとの誤解が生じるような特段の事情のない限り、制限超過部分の支払は、制限に関する法律43条1項にいう「債務者が利息として任意に支払った」ものということはできない。

43	最[3小]判平17.7.19	民集59巻6号1783頁 判タ1188号213頁 判時1906号3頁 金判1221号2頁, 1227号32頁 金法1753号41頁	貸金業者の債務者に対する取引履歴開示義務の有無	貸金業者は、債務者から取引履歴の開示を求められた場合には、その開示要求が濫用にわたると認められるなど特段の事情のない限り、貸金業の規制等に関する法律の適用を受ける金銭消費貸借契約の付随義務として、信義則上、その業務に関する帳簿に基づいて取引履歴を開示すべき義務を負う。
44	最[3小]判平15.9.16	裁判集民事210号729頁 判タ1139号65頁 判時1841号95頁 金判1188号13頁	同一の貸主と借主との間で基本契約に基づき継続的に貸付けが繰り返される金銭消費貸借取引において貸主が利息制限法所定の制限を超える利息を任意に支払ったことによって生じた過払金と他の借入金債務への充当	1 （省略） 2 同一の貸主と借主との間で基本契約に基づき継続的に貸付けが繰り返される金銭消費貸借取引において、この制限超過部分を元本に充当してもなお過払金が存する場合、この過払金は、当事者間に充当に関する特約が存するなどと特段の事情のない限り、民法489条及び491条の規定に従って、弁済当時他に存在する他の借入金債務に充当され、貸主は当該借入金債務の利率を超える利息を取得することができない。
45	最[1小]判平15.9.11	裁判集民事210号617頁 判タ1139号65頁 判時1841号95頁 金判1188号13頁	同一の貸主と借主との間で基本契約に基づき継続的に貸付けが繰り返される金銭消費貸借取引において貸主が利息制限法所定の制限を超える利息を任意に支払ったことによって生じた過払金と他の借入金債務への充当	1 （省略） 2 同一の貸主と借主との間で基本契約に基づき継続的に貸付けが繰り返される金銭消費貸借取引において、この制限超過部分を元本に充当してもなお過払金が存する場合、この過払金は、当事者間に充当に関する特約が存するなどと特段の事情のない限り、民法489条及び491条の規定に従い、当該超過部分の利息及び制限法所定の制限を超える利息の利率が充当されるべき元本に充当され、貸主は元本に対する約定の期限までの利息を取得することができない。

46	最〔2小〕判平15.7.18	民集57巻7号895頁 判タ1133号89頁 判時1834号3頁 金判1188号22頁 金法1691号38頁	1　（省略） 2　基本契約に基づき継続的に貸付けが繰り返される金銭消費貸借取引において貸主が一つの借入金債務につき利息制限法所定の制限を超える利息を任意に支払ったことによって生じた過払金と他の借入金債務への充当	1　（省略） 2　同一の貸主と借主との間で基本契約に基づき継続的に貸付けが繰り返される金銭消費貸借取引において、借主が一つの借入金債務につき利息制限法所定の制限を超える利息を任意に支払い、この制限超過部分を元本に充当してもなお過払金が存する場合、この過払金は、当事者間に充当に関する特約が存在するなど特段の事情のない限り、民法489条及び491条の規定に従って、弁済当時他の借入金債務が存在するときは、当該他の借入金債務に充当され、当該他の借入金債務の利率が利息制限法所定の制限を超えるときは、貸主は充当されるべき元本に対する約定の制限までの期間の利息を取得することができない。

第4章

過払金返還請求訴訟に関するQ＆A

Q42 過払金返還請求の要件事実

過払金返還請求の要件事実について説明するとともに，その訴状（請求の趣旨及び原因）の起案例を示しなさい。

A

〔1〕 はじめに

 実際の過払金返還請求訴訟では，一般消費者が原告となり，貸金業法の登録を受けた貸金業者を被告として過払金及び民法704条前段所定の利息金の請求をする事案がほとんどなので，本問でも同様の事案を念頭に置いて，解説していきたい。

〔2〕 過払金返還請求の要件事実

 以下では，下記(1)で過払金の返還を求める場合の基本的な要件事実及び同(2)で場合により追加すべき要件事実についてまず説明し，その後に同(4)で民法704条前段の法定利息（以下「過払金利息」というときがある）及び同(5)で同条後段の損害賠償をそれぞれ請求する場合の要件事実について説明していく。また，同(3)で過払金返還請求に対する被告の防御方法についても併せて説明すること

としたい。

(1) 過払金返還請求の基本的な要件事実

過払金返還請求の根拠は，借主と貸主との間に締結された金銭消費貸借に基づき，借主が貸主に対し，利息制限法所定の制限利率（以下「制限利率」という）を超える約定利率による利息・損害金を支払ったが，支払った利息・損害金のうち，制限利率を超える部分（以下「制限超過部分」という）は無効であり，同部分を残存元本に充当して計算した結果，残存元本が消滅した場合，その後に支払われた金額は，債務が存在しないのにその弁済として支払われたものにほかならないから，不当利得として返還を求めることができるというものである（最判昭43・11・13民集22巻12号2526頁参照）。

すなわち，過払金返還請求は，不当利得返還請求権（民703条）に基づく請求である。

一般的な不当利得返還請求の要件事実は，(ⅰ)原告の損失，(ⅱ)被告の利得，(ⅲ)原告の損失と被告の利得との間の因果関係，(ⅳ)被告の利得が法律上の原因に基づかないこと，とされている。

これを上記過払金返還の請求根拠と照らし合わせると，①金銭消費貸借契約を締結した事実及び②上記金銭消費貸借契約の下での取引において，制限利率を超える利息・損害金を支払った事実が，一般的な不当利得返還請求の要件事実(ⅰ)ないし(ⅳ)に対応するものとして過払金返還請求の基本的な要件事実となる。

(2) 一連計算を根拠づける要件事実

(a) 一連計算について

実際の過払金返還請求訴訟では，相当期間にわたって借入れと返済が繰り返される取引において，取引の開始日から終了日までに発生した過払金を順次，他の借入金債務に充当して最終取引日における過払金額を算出するという「一連計算」と呼ばれる方法により請求額が算出される場合がほとんどである。

(b) 過払金の他の借入債務への充当に関する判例法理

最高裁の判例法理によれば，(ⅰ)過払金発生当時に存在していた他の借入金債務には過払金は充当されるが（最判平15・7・18民集57巻7号895頁），(ⅱ)過払金発生後に他の借入金債務が発生した場合には，発生した過払金をその後に発生する新たな借入金債務に充当する旨の合意（過払金充当合意）が存在する等の特段

の事情が認められない限り，過払金は充当されないものとされる（最判平19・2・13民集61巻1号182頁，最判平19・6・7民集61巻4号1537頁等参照）。

　したがって，取引態様が上記①の場合には，前記枠内に示した要件事実以外に追加して主張する必要はないが，上記②の場合であることが判明した場合には，前記(1)の①及び②の基本的要件事実のほかに，③一連計算を基礎づける要件事実として過払金充当合意が存在する等の特段の事情を追加して主張する必要があるものと解される。

　(c)　特段の事情があるとされる場合

　判例は，次のような場合には，過払金充当合意が存在する等の特段の事情があるものとしている。

　(イ)　基本契約に基づかない数回の金銭貸借がなされた取引において，基本契約が締結されているのと同様の貸付けが繰り返されており，第1の貸付けの際にも第2の貸付けが想定されているとか，貸主と借主との間に過払金の充当に関する特約が存在するような場合（前掲最判平19・2・13）。ただし，上記特段の事情の例示からすると，これが認められる場合は，限られてくるものと考えられる。

　(ロ)　1個のリボルビング方式の基本契約に基づき，継続的に貸付け及び返済が繰り返される金銭貸借取引において，債務の弁済が借入金全体に対して行われているものと解される場合（前掲最判平19・6・7）。

　(ハ)　基本契約が締結されていない金銭貸借取引において，多数回の金銭の貸付けが，従前の貸付けの切替え及び貸増しとして長年にわたり同様の方法により反復継続して行われていると解される場合（最判平19・7・19民集61巻5号2175頁）。

　(ニ)　基本契約に基づく継続的金銭貸借取引において，債務が完済され，その後に新たな基本契約が締結されて，これに基づき貸借取引が行われた場合に，第1の基本契約に基づく債務が完済されても取引が終了せず，同契約に基づく取引と第2の基本契約に基づく取引とが事実上1個の連続した貸付取引であると評価できるとき（最判平20・1・18民集62巻1号28頁）。

　なお，上記判例は，事実上1個の連続した取引と評価できるか否かに関する考慮要素として，①第1の基本契約に基づく貸借取引の期間や同貸借取引の最

終の弁済から第2契約に基づく最初の貸付けまでの期間，②第2の基本契約締結時点での第1の基本契約の契約書の返還やカード失効の有無，③上記①の最終の弁済から第2の基本契約締結までの接触状況，同契約締結に至る経緯，④第1，第2各基本契約の条件の異同等の事情を挙げている。

(ホ) 無担保の基本契約（以下「第1契約」という）に基づく金銭貸借取引が続けられた後，改めて不動産に担保権を設定した確定金額による金銭消費貸借契約（以下「第2契約」という）が締結され，分割返済がなされた場合において，第1契約に基づく取引が解消され，第2契約が締結されるに至る経緯，その後の取引の実情等に照らし，貸主と借主において上記各取引が事実上1個の連続した貸付取引であることを前提に取引していると認められたとき（最判平24・9・11民集66巻9号3227頁。なお，同判例は，第2契約の借入金の一部が第1契約に基づく約定残債務の弁済に充てられ，借主にはその残額のみが現実に交付されたことや，第1契約に基づく取引は長期にわたって継続しており，第2契約が締結された時点では当事者間に他に債務を生じさせる契約がないことなどの事情があっても，上記のような特段の事情がない限り，第1契約に基づく取引で発生した過払金を第2契約に係る債務に充当する旨の合意（過払金充当合意）の存在は認められない旨判示している。同判示内容からすると，前記(イ)と同様，このような取引形態において特段の事情が認められる場合は，比較的限られてくるものといえよう）。

(3) 過払金返還請求訴訟における被告の一般的な防御方法

(a) 一連計算の否認の主張（取引分断の主張）

過払金充当合意の存在が認められないとして，原告の一連計算の主張を否認し，当該取引が1個の連続した取引ではなく，別個・複数の取引からなるという主張（いわゆる取引分断の主張）で，具体的には，例えば，「本件取引は，第1の基本契約に基づく貸借取引（以下「第1取引」という）とその後に締結された第2の基本契約に基づく貸借取引（以下「第2取引」という）の2個の取引に分断される。したがって，第1取引で過払金が生じていたとしても第2取引に係る債務には充当されない。」というような主張がなされる。

(b) 消滅時効の主張

過払金返還請求権の時効期間は，同請求権が法律（利息制限法）の規定によって発生する債権であり，商行為によって生じた債権又はこれに準ずる債権と解

することはできないという理由から，10年とされている（最判昭55・1・24民集34巻1号61頁）。そして，上記消滅時効の起算点について，判例は，基本契約に基づく継続的な貸借取引において過払金が生じた場合に，過払金充当合意が存在する場合は，特段の事情がない限り，最終取引日から進行するとしている（最判平21・1・22民集63巻1号247頁）。

　実際の過払金返還請求訴訟において，被告が消滅時効を援用する場合は，上記(a)の取引分断の主張をしたうえで，これを前提として「第1取引で発生した過払金は第2取引に係る債務には充当されず，したがって，過払金返還請求権は，第1取引の最終取引日から10年の経過により時効消滅した。」というような主張がされる場合が多いと考えられる。

　なお，民法改正法案によれば，債権の消滅時効期間は，権利を行使できることを知った時から5年となっているため（改正法案166条1項1号），これが適用される取引においては過払金返還請求権の消滅時効も5年とされる可能性があろう。

　また，上記の例で，第2取引で被告の原告に対する貸付金債権の存在が認められる場合に，原告が，再抗弁として，時効消滅した過払金返還請求権を自働債権とし，貸付金債権を受働債権として対当額で相殺することを主張できるかという問題があるが，これについては，Q48を参照されたい。

　(c)　相殺の抗弁の主張

　被告の原告に対する他の債権を自働債権とし，過払金返還請求権を受働債権として，対当額で相殺するとの主張をする場合である。

　この主張も，過払金返還請求訴訟では，消滅時効が援用される場合と同様，被告が取引の分断を主張したうえで，上記(a)の例でいえば，「第1取引では過払金が発生しているが，これは第2取引に係る債務には充当されない。他方，第2取引では貸付金債権が存在する。被告は，第2取引の終了時をもって，第2取引の貸付金債権を自働債権とし，第1取引の過払金返還請求権を受働債権として，対当額で相殺する。」というような主張をする場合が多いと考えられる。

　(d)　借主が金銭貸借取引のある時点において期限の利益を喪失していたとの主張

　被告が金銭消費貸借契約において，「支払を1回でも遅滞したときは当然に

期限の利益を喪失する。」などの期限の利益喪失に関する特約があり，かつ取引履歴によれば，ある時点で返済が遅滞になっていること等を根拠として，期限の利益喪失時点以降は，利息の制限利率ではなく，遅延損害金の制限利率（利息4条）での引直し計算を求める（その結果，過払金額が原告主張額より少なくなるか，場合によっては過払金が発生しないとの主張で，抗弁と位置づけられよう）。

これに対して，原告からは，再抗弁として，各事案ごとに事由を挙げて，「被告は期限の利益の喪失を宥恕していた。」，「被告が期限の利益の喪失を主張することは信義則に反し許されない。」等の主張がされることが考えられる。

これらの主張の当否に関しては，事案ごとに，個別具体的に判断されることになるが，被告の期限の利益喪失の主張が，信義則に反し許されないとされた事例として，最判平21・9・11裁判集民事231号531頁（判タ1308号99頁），反対に信義則に反するとはいえないとされた事例として最判平21・9・11裁判集民事231号495頁（判タ1308号99頁）の2つの同日付最高裁判例があるので対比しながら参照されたい。

(e) 貸金業法43条1項（平成18年法律第115号による改正前のもの。以下同じ）のみなし弁済の適用があるとの主張

過払金返還請求における抗弁事由ではあるが，最高裁が，制限利率を超える約定利率による利息を支払うことになっている金銭消費貸借契約において，上記約定利息の支払を遅滞したときは当然に期限の利益を喪失する旨の特約がある場合には，本来借主が制限超過部分の支払義務を負うことがないにもかかわらず，同部分の支払を強制されることになるから，特段の事情のない限り，貸金業法43条1項にいう債務者が利息として任意に支払ったものということはできないという趣旨の判示（最判平18・1・13民集60巻1号1頁）をして以降，事実上，貸金業法43条1項のみなし弁済の適用が認められなくなったといえるような事情もあって，過払金返還請求の抗弁事由としては，主張されることはまずないといってよい。

ただ，後記(4)で詳述するが，民法704条の悪意の受益者との推認を妨げる特段の事情として，「みなし弁済規定の適用があるとの認識を有しており，かつ，同認識に至ったことについてやむを得ない事情があった。」というように主張されることは現在でも多いものと考えられる。

(4) 民法704条前段の法定利息請求の要件事実について

　制限超過部分を元本に充当すると，過払金が生じた場合において，被告が悪意の受益者であるときは，原告（借主）は，民法704条前段所定の利息を請求できるが，被告が貸金業者の場合に，悪意の受益者であるというための要件事実として，利息制限法所定の利率を超えることを知りながら制限超過部分を受領したことで足りるのか，貸金業法43条1項の適用がないことまで主張することを要するのかがかつて問題となっていた。

　判例によれば，貸金業者は，貸金業法43条1項の適用がない場合には，制限超過部分は，貸付金の元本があればこれに充当され，残元本が完済になった後の過払金は不当利得として借主に返還すべきものであることを十分に認識しているというべきであるから，制限超過部分を利息の弁済として受領したが，その受領につき貸金業法43条1項の適用が認められないときは，当該貸金業者は同項の適用があるとの認識を有しており，かつ，そのような認識を有するに至ったことがやむを得ないといえる特段の事情がある場合でない限り，民法704条の悪意の受益者と推定される（最判平19・7・13民集61巻5号1980頁等参照）。

　上記判例の趣旨からすると，原告としては，「<u>被告・貸金業者が利息制限法所定の制限利率を超えることを知りながら約定利息・損害金を受領していたこと</u>」だけを要件事実として主張し，被告のほうが，上記判例のいう貸金業法43条1項の適用があるとの認識を有しており，かつ，そのような認識を有するに至ったことがやむを得ないといえる特段の事情の存在を主張することになる。

　なお，被告・貸金業者が上記認識を有するに至ったことについてやむを得ないといえる特段の事情があるというためには，貸金業法43条1項の解釈に争いがあり，被告側の解釈を支持する相当数の裁判例や有力な学説が存在しているような状況の下，被告側の解釈のほうがむしろ多数説であるか，少なくとも上記解釈に関する判例・学説が拮抗していたような事情が必要であると考えられる。

　この点，一部ではあるが，特段の事情があることを認めた判例として，最判平21・7・10（民集63巻6号1170頁）は，前掲最判平成18年1月13日の言渡し以前においては，むしろ大多数の裁判例や学説が期限の利益喪失特約下の支払というだけでは，支払の任意性を否定できないとの見解に立って，貸金業法43条1項の適用要件の解釈を行っていたことは公知の事実であるとして，上記平

成18年1月13日の最高裁判決の言渡しまでは，特段の事情があったことを認めている。

一方，特段の事情がないとされた判例として，例えば，最判平23・12・1（裁判集民事238号189頁・判タ1364号72頁）は，「貸金業者が借主に貸付けの都度交付する貸金業法（貸金業の規制等に関する法律）17条1項の書面（以下「17条書面」という）には確定的な返済期間，返済金額等の記載に準ずる記載をすべき義務があり，基本契約書の記載と合わせてみても，これらの記載がないような場合にはみなし弁済の成立要件である17条書面の交付があったとはいえない。」旨判示した最高裁平成17年12月15日判決（民集59巻10号2899頁）の言渡し日以前であっても，下級審の裁判例や学説において，17条書面に上記記載がなくてもみなし弁済の適用があるとの見解を採用するものが多数を占めていたとはいえないことや，上記見解が立法に関与した者によって明確に示されていたわけではないことは顕著な事実であるとして，上記特段の事情があったとはいえないという趣旨の判示をしている。

(5) 民法704条後段の損害賠償請求について

民法704条後段の規定について，不法行為責任であるとする見解と悪意の受益者の責任を加重した特別の法定責任であるとする見解が対立していたが，判例は，同条後段の規定は，悪意の受益者が不法行為の要件を充足する限りにおいて，不法行為責任を負うことを注意的に規定したものにすぎず，不法行為責任と異なる特別の責任を悪意の受益者に負わせたものではないとの見解を示した（最判平21・11・9民集63巻9号1987頁）。

したがって，同条後段の損害賠償を請求するためには，<u>不法行為（民709条）の要件事実（①権利又は保護される法律上の利益の存在，②加害行為，③加害行為についての故意又は過失，④損害の発生，⑤加害行為と発生した損害との因果関係）</u>を併せて主張することになる。

〔3〕 訴状の請求の趣旨・原因の記載例

原告が貸金業者である被告に対し，過払金の返還及び民法704条前段所定の利息金の支払を求める場合における訴状の請求の趣旨及び原因の記載例を示すと，次のとおりである。

(請求の趣旨)

被告は，原告に対し，22万4451円及びうち22万0843円に対する平成21年9月27日から支払済みまで年5分の割合による金員を支払え。

(請求の原因)

1　原告は，貸金業法による登録を受けた貸金業者（以下「貸金業者」という。）である被告との間で，平成16年2月2日リボルビング方式による金銭消費貸借基本契約を締結し，これに基づき，同日から平成21年9月26日まで継続的に別紙計算書の「年月日」欄記載の各年月日において「借入額」欄記載の金銭の借入れ及び「返済額」欄記載の金銭の返済を繰り返してきた（以下「本件取引」という。）。

2　本件取引において原告が被告に支払った利息制限法所定の制限利率（以下「制限利率」という。）を超える利息を順次元本に充当して計算すると，別紙計算書のとおり過払金が生じており，上記過払金につき，被告は法律上の原因がないのにこれを取得している。

3　被告は，貸金業者であり，本件取引において，約定利率が制限利率を超えることを知りながら約定利息を受領していたのであるから，民法704条の悪意の受益者にあたる。

4　よって，原告は，被告に対し，不当利得返還請求権に基づき，過払金22万0843円及び確定過払金利息3608円の合計金22万4451円並びに上記過払金に対する平成21年9月27日から支払済みまで民法所定の年5分の割合による利息金の支払を求める。

別紙——計算書

| 番号 | 年月日 | 借入額 | 返済額 | 利率 | 日数 | 利息 | 繰越利息 | 元金入金額 | 過払利息計算 | | | 残元金(－)は過払金 |
									利息	利息累計	元金入金額	
1	H16.2.2	300,000	0	0	0	0	0	0	0	0	0	300,000
2	H16.3.2		22,000	18%	55	8,114		13,886				286,114
3	H16.5.1		16,000	18%	34	4,784		11,216				274,898
4	H16.5.31		15,000	18%	30	4,055		10,945				263,953

第4章 過払金返還請求訴訟に関するQ&A　Q42　過払金返還請求の要件事実

5	H16.6.28		17,000	18%	28	3,634		13,366			250,587
6	H16.7.27		16,000	18%	29	3,573		12,427			238,160
7	H16.8.28	100,000		18%	32	3,748	3,748				338,160
8	H16.9.1		16,000	18%	4	665		11,587			326,573
9	H16.10.1		18,000	18%	30	4,818		13,182			313,391

122	H20.10.20		30,000	18%	31	796		29,204			23,052
123	H20.11.11		25,000	18%	22	249		24,751			-1,699
124	H20.12.10		25,000		29			25,000	-6	-6		-26,699
125	H21.1.17	20,000			38				-138	-144	144	-6,843
126	H21.2.15		27,000		29			27,000	-27	-27		-33,843
127	H21.3.16		27,000		29			27,000	-134	-161		-60,843
128	H21.4.17		28,000		32			28,000	-266	-427		-88,843
129	H21.5.20		28,000		33			28,000	-401	-828		-116,843
130	H21.6.24		28,000		35			28,000	-560	-1,388		-144,843
131	H21.7.16		26,000		22			26,000	-436	-1,824		-170,843
132	H21.8.28		25,000		43			25,000	-1,006	-2,830		-195,843
133	H21.9.26		25,000		29			25,000	-778	-3,608		-220,843

〔4〕　上記〔3〕の請求の趣旨及び原因記載例の解説

(1)　記載例の事案

　本記載例は，原告が貸金業者である被告に対し，金銭消費貸借基本契約に基づく継続的な取引において，原告からの弁済金のうち制限超過部分を元本に充当して計算した結果，過払金が生じており，また，被告は民法704条の悪意の受益者であるから，過払金に対する年5分の割合による同条前段所定の利息金が発生するとして，不当利得返還請求権に基づき，最終取引日である平成21年9月26日時点における過払金及び上記最終取引日までに発生した同過払金に対する確定利息金並びに最終取引日の翌日から支払済みまでの将来利息金の支払を求めた事案における，請求の趣旨及び原因の記載例を示したものである。

(2)　一連計算の根拠となる要件事実（過払金充当合意）の記載について

　請求原因第1項で「原告は，……被告との間で，リボルビング方式による金銭消費貸借基本契約を締結し，これに基づき，……継続的に……繰り返してきた」と記載しているが，これは，本件取引において，発生した過払金をその後

に生じた借入金債務に充当できる（計算書の「番号」欄124及び125の各取引を参照）根拠として，前掲最高裁判例（平成19年6月7日）が判示する過払金充当合意の存在の主張を含む趣旨で記載している（前記〔2〕(2)(c)(ロ)参照）。

　なお，原告が，本件取引において，過払金発生後に新たな借入れをしていない場合には，過払金充当合意の問題は起こらないので，請求原因第1項は「原告は，……被告との間で平成16年2月2日から平成21年9月26日まで継続的に……繰り返してきた。」との記載で足りよう。

(3) 過払金算出にあたっての留意事項

(a) 計算書の作成

　計算書は，当該取引において取引年月日，同年月日における貸付け及び弁済金額，過払金の発生及び同金額，過払金利息金額，過払金の残債務への充当関係等を記載することによって，過払金返還請求の要件事実を具体的に主張し，請求金額を明示するため必要とするもので，被告から開示された取引履歴をもとに，利息計算ソフトなどを用いて，制限利率に引直し計算して作成する。

(b) 元本充当計算のために適用する制限利率

　上記制限利率は，当該借入時の残元本を基準とし，利息制限法1条1項所定の各区分に応じた利率を次の借入時まで適用する。なお，本事例のような基本契約に基づく継続的な金銭貸借取引においては，上記同条にいう元本の額とは，各借入時点における従前の借入金残元本と新たな借入金額との合計額となる（最判平22・4・20民集63巻3号921頁）が，詳細については，**Q43**を参照されたい。

(c) 過払金利息の発生時期

　過払金利息は，過払金が発生した時から発生するところ，このことは過払金充当合意を含む基本契約に基づく継続的貸借取引であっても異なるところはない（最判平21・9・4裁判集民事231号477頁・裁時1491号258頁）。

(d) 過払金利息の利率

　民法所定の法定利率である年5分である。過払金返還請求権は，高利を制限して借主を保護する目的で設けられた利息制限法の規定によって発生する債権であって，営利性を考慮すべき債権ではないから，商行為によって生じたもの又はこれに準ずるものとはいえないとするのがその理由である（最判平19・2・13民集61巻1号182頁。過払金返還請求権の消滅時効期間を10年とすることと同様の理由と

なっている（前記〔2〕(3)(b)参照））。

(e) 過払金発生後に発生した借入金への充当関係

　過払金充当合意を含む基本契約に基づく継続的貸借取引で，被告が民法704条の悪意の受益者とされた場合には，特段の事情がない限り，まず発生した同条前段所定の利息を新たな借入金債務に充当し，次に過払金を充当する（最判平25・4・11裁判集民事243号303頁・判タ1392号61頁）。本事例でも，上記判例の趣旨に基づき，「番号」欄123及び124の取引で過払金発生後，「番号」欄125の取引として，平成21年1月17日に原告が2万円を借り入れた際，それまでの過払金発生時からの利息合計144円（「番号」欄125の「過払利息計算」欄の「利息累計」欄参照）をまずこれに充当し，その後，過払金（元金）2万6699円（「番号」欄124の「残元金」欄参照）を充当した結果，上記借入日時点での過払金（元金）が6843円（「番号」欄125の「残元金」欄参照）となっている。

〔辰巳　晃〕

Q43 | 旧利息制限法1条1項にいう元本の額

基本契約に基づく継続的な金銭消費貸借取引において、平成8年8月26日時点で過払金2万円が発生している。同年9月1日に100万円の新たな借入れをした場合、利息制限法1条1項（平成18年法律第115号による改正前のもの。以下同じ。なお、同改正後の利息制限法は「改正利息制限法」という）にいう「元本」の額及び以降の取引に適用される制限利率はどうなるか、計算例を示しながら説明しなさい。

〔1〕 はじめに

利息制限法1条1項は、金銭消費貸借上の利息の契約につき、元本の額に応じて制限利率（元本が10万円未満の場合には年2割、10万円以上100万円未満の場合には年1割8分、100万円以上の場合には年1割5分。以下「制限利率」という）を定めており、約定の利息がその制限利率により計算した金額（最高限度）を超えるときは、その超過部分（弁済金のうち利息制限法1条1項所定の利息の制限額を超えて利息として支払われた部分。以下「制限超過部分」という）を無効とする旨規定している。

したがって、設例で「元本」の額を新たな借入れをした100万円とするのと、過払金2万円を差し引き、100万円未満とするのとでは、制限利率が異なることになる。

〔2〕 設例における問題の所在

設例では、平成8年8月26日時点で過払金2万円が発生しているが、この過払金発生の時点における元本が、10万円未満で制限利率が年2割であったのか、10万円以上100万円未満で年1割8分であったのか、100万円以上で年1割5分であったのかは、明らかでない。

過払金が発生した従前の借入れの「元本」の額が100万円以上で、制限利率が年1割5分であった場合、新たに100万円を借り入れる時点で、「元本」の額に過払金2万円を充当すると、「元本」は10万円以上100万円未満となる。本問は、基本契約に基づく継続的な金銭消費貸借取引において、新たに借入れをした場合の「元本」の額と制限利率を問うものである。

そもそも、基本契約に基づく継続的な金銭消費貸借取引の引直計算における「元本」の額とは、何を基準として判断するのか、極度額（借入限度額）でよいのか。また、基本契約に基づき新たな借入れがされたときに、従前の取引について、過払金の発生はなく、残元本額がある場合に同残元本額と、新たな借入れを受けた元本の額との合計額を「元本」の額としてよいのか、その場合の従前の取引の残元本額とは、従前の取引につき約定利率に基づき計算した残元本額であるのか、制限利率に基づき計算した残元本額であるのか、いずれと解すべきかが問題となる。

〔3〕 制限利率の判断基準となる「元本」の額

(1) 最〔3小〕判平成22年4月20日

設例では基本契約に基づく継続的な金銭消費貸借取引が前提となっている。ここで基本契約とは、継続的に金銭の借入れと弁済が繰り返される金銭消費貸借に係る基本契約のことであるが、この基本契約に基づく継続的な金銭消費貸借取引において、何をもって、制限利率の判断基準となる「元本」の額と解するのかについて、初めて判断を示した最高裁判例として、最〔3小〕判平成22年4月20日民集64巻3号921頁（以下「平成22年判決」という）がある。

(2) 平成22年判決の事案の概要

事案は、貸金業者Y（被告、控訴人、被上告人）との間で締結した基本契約に基づき、継続的に金銭の借入れと弁済を繰り返したX（原告、被控訴人、上告人）が、弁済金のうち制限超過部分を元本に充当すると過払金が発生しているとして、Yに対し、不当利得返還請求権に基づき、過払金及び民法704条所定の利息の支払を請求した事件である。

なお、このX・Y間の金銭消費貸借は、基本契約に基づき極度額の範囲内で金銭の借入れと弁済が継続的に繰り返される取引であり、同取引における弁済

は，貸付けごとに個別的な対応関係をもって行われることが予定されているものではなく，基本契約に基づく借入金全体に対して行われるものであった。

(3) 争　点
上記事件で争点となったのは次の3点である。

① 基本契約において定められた極度額が利息制限法1条1項にいう「元本」にあたるとは考えられないか。

② 新たな借入れがされたときの上記「元本」の額は，従前の取引につき約定利率に基づき計算した残元本額と新たな借入額との合計額をいうのか，それとも，制限利率に基づき計算した残元本額と新たな貸付額との合計額をいうのか。

③ いったん100万円以上（又は10万円以上）となった「元本」の額が弁済により減少し，その後に新たな借入れがなされた際「元本」の額が100万円未満（又は10万円未満）となった場合，適用される制限利率は変わるのか。

(4) 平成22年判決の判断

(a) 争点①について

平成22年判決は，継続的な金銭消費貸借取引に関する基本契約に基づいて金銭の借入れと弁済が繰り返され，同契約に基づく債務の弁済がその借入金全体に対して行われる場合における利息制限法1条1項にいう「元本」の額は，各借入れの時点における従前の借入金残元本と新たな借入金との合計額をいう旨判示した。

これは，利息制限法1条1項が「元本」の額によって制限利率に差を設けた趣旨が貸付金額が多い場合には，借主の弁済すべき金額が大きく，その負担が重くなることから，立法政策上，利息の利率を小さくすることにより，その負担を軽減する，利息の総量規制にあるとされていること，また，借主の負担の軽重は，実際の借入額によって定まるものであり，極度額の大小によって定まるわけではないことに照らせば，極度額を基準とする理由はないこと，また，金銭消費貸借契約が要物契約であることからも，極度額を利息制限法1条1項所定の「元本」の額と解することは困難であるとしたものと思われる。

(b) 争点②について

平成22年判決は，当該取引がいわゆる過払金充当合意の存在が認められる

第4章　過払金返還請求訴訟に関するQ＆A　Q43　旧利息制限法1条1項にいう元本の額

1個の貸付取引と評価すべきものであること（最〔1小〕判平19・6・7民集61巻4号1537頁参照）については当事者間に争いがなく，制限利率を個々の借入金額によるのではなく，基本契約に基づく借入金全体の残元本額によって定めるべきことを前提として，従前の借入金残元本の額は，有効に存在する利息の約定を前提に算定すべきことは明らかであって，弁済金のうち制限超過部分があるときは，基本契約に基づく借入金債務の元本に充当して計算することになるとして，制限利率により弁済金の充当計算をした結果得られた額と解するのが相当であるとした。

　これは，制限利率を超える利率の約定が，その超過部分において無効とされ（利息1条1項）ながら，債務者が制限超過利息を任意に支払ったときはその返還を請求することができないとされていた（利息1条2項。同規定は改正利息制限法により削除された）が，制限超過利息を任意に支払った場合でも，超過支払部分は当然に元本に充当される（最〔大〕判昭39・11・18民集18巻9号1868頁は，制限超過部分は，利息制限法1条1項，4条1項により無効であるから，その部分の債務は存在しない，そうすると，その部分に対する支払は弁済の効力を生ぜず，制限超過部分への充当指定も無意味であり，元本が残っていれば，民法491条により，残元本に充当されるとした）とされ，その後，最〔大〕判昭43・11・13民集22巻12号2526頁は，過払金が発生すれば，制限超過利息への支払に充てられるのではなく，不当利得として返還請求できるとした。そうすると，借主が弁済すべき金額は，上記過払金充当後の残元本とこれに対する利息となる。残元本の額の計算方法に関しても，利息制限法1条1項の趣旨に照らし，借主の実際の負担に応じてその制限利率を定めるべきであることからすれば，制限利率を適用して計算した残元本額と解すべきことになる。

　第一審判決は，弁済により残元本額が10万円未満に減少した場合には制限利率が2割に上昇することを認めることになり妥当でないとして，約定利率を適用して計算すべきであるとの見解を採用していたものである。

(c)　争点③について

　平成22年判決は，ある借入れがされたことによって従前の借入金残元本と新たな借入金との合計額が利息制限法1条1項所定の各区分における上限額を超えることになったときは，適用される制限利率が変更され，新たな制限利率

を超える約定が無効となるが，ある借入れの時点で上記の合計額が同項所定の各区分における下限額を下回るに至ったとしても，いったん無効となった利息の約定が有効になることはなく，適用される制限利率が変更されることはない旨判示した。

〔4〕 従前の借入金について過払金が発生した場合と「元本」の額

ところで，設例では，過払金が発生した時点で新たな借入れをした場合における「元本」の額とは，新たな借入金に当該過払金を充当した後の額をいうのか，それとも新たな借入金そのものの額をいうのかが問題となっている。

この点について，初めて判断を示したのが，最〔1小〕判平成25年7月18日（判タ1394号133頁。以下「平成25年判決」という）である。平成25年判決は，継続的な金銭消費貸借取引に関する基本契約に基づいて金銭の借入れと弁済が繰り返され，同契約に基づく債務の弁済がその借入金全体に対して行われる場合において，過払金が発生している時点で新たな借入れをしたときには，利息制限法1条1項にいう「元本」の額は，新たな借入金に上記過払金を充当した後の額をいうものと判示した。

平成22年判決は，利息制限法1条1項にいう「元本」について，基本契約に基づいて借入れと弁済が繰り返される取引において「過払金が発生していない時点」で新たな借入れをした事案について判示したものであり，「過払金が発生している時点」で新たな借入れをした場合の「元本」の額については，判断を示していなかった。

しかしながら，基本契約に基づいて借入れと弁済が繰り返される取引において過払金が発生する場合には，当事者間に充当に関する特約が存在するなど特段の事情のない限り，当該過払金は弁済当時存在する他の借入金債務に充当される（最〔2小〕判平15・7・18民集57巻7号895頁・判タ1133号89頁）。そして，基本契約に基づく債務の弁済がその借入金全体に対して行われる場合には，弁済により生じた過払金は，同過払金発生当時に他の借入金債務が存在しなくとも，その後に発生する新たな借入金債務に充当する旨の合意が存在し，その合意に従った充当がされる（最〔1小〕判平19・6・7民集61巻4号1537頁）。これらの最

高裁判例によると，設例の基本契約に基づく継続的な金銭消費貸借取引については，過払金が発生した平成8年8月26日の弁済当時存在する他の借入金債務に充当することはもとより，同弁済当時他の借入金債務が存在しないときでもその後に発生する新たな借入金債務に充当する旨の合意を含んでいるので，同日までに発生した過払金2万円は同年9月1日の100万円の借入金債務に充当されることになる。

利息制限法1条1項が「元本」の額によって制限利率に段階を設けた趣旨については，先に述べたとおり，利息の総量規制の観点から借主の負担を軽減することにあり，借主の負担の軽重は，名目上の借入額ではなく，実際に負担することとなる借入額によって定まるものといえる。そうすると，本件のように，すでに過払金が発生している時点で新たな借入れをした場合には，単なる新たな借入金の額（名目上の借入金の額）を「元本」とするのではなく，現に借主が負担することとなる額，すなわち，充当合意に基づいて，発生した過払金を新たな借入金に充当した後の額（実際の借入金の額）を「元本」とするのが相当といえる。

〔5〕 設例における「元本」の額と制限利率

以上によると，平成8年9月1日に100万円の新たな借入れをした時点で，すでに過払金2万円が発生していたのであるから，単なる新たな名目上の借入金の額（100万円）を「元本」とするのではなく，現に借主が負担することとなる額，すなわち，充当合意に基づいて，発生した過払金（年5分の過払金利息を含む）を新たな借入金に充当した後の額（97万9984円）を「元本」とするのが相当といえるのであり，同日以降の取引に適用される制限利率は年1割8分となる。

次頁の表は，①過払金2万円を借入額に充当し，制限利率を年1割8分とした場合の計算例と，②過払金2万円を借入額に充当せず，制限利率1割5分とした場合の計算例である。

■計算例

年月日	借入金額	弁済額	利率	日数	利息	未払利息	残元金	過払利息	過払利息残額
H-.-.-	800,000		0.18		0	0	800,000	0	

①過払金20000円を借入額に充当し，制限利率18%とした計算例

H8.8.26		93,198	0.18	31	1,099	0	−20,000	0	0
H8.9.1	1,000,000		0.18	6	0	0	979,984	−16	0
H8.10.1		100,000	0.18	30	14,458	0	894,442	0	0
H8.11.1		100,000	0.18	31	13,636	0	808,078	0	0

②過払金20000円を借入額に充当せず，制限利率15%とした計算例

H8.8.26		93,198	0.18	31	1,099	0	−20,000	0	0
H8.9.1	1,000,000		0.15	6	0	0	979,984	−16	0
H8.10.1		100,000	0.15	30	12,048	0	892,032	0	0
H8.11.1		100,000	0.15	31	11,333	0	803,365	0	0

〔6〕 最後に——営業的金銭消費貸借の特則（改正利息制限法5条）との関係

(1) 改正利息制限法5条の「元本」の額

　改正利息制限法5条には，1条に規定する元本の額に関し，営業的金銭消費貸借（債権者が業として行う金銭を目的とする消費貸借）の特則が定められた。

　すなわち，①営業的金銭消費貸借上の債務をすでに負担している債務者が同一の債権者から重ねて営業的金銭消費貸借による貸付けを受けた場合における当該貸付けに係る営業的金銭消費貸借上の利息は，当該すでに負担している債務の残元本の額と当該貸付けを受けた元本の額との合計額（1号）を，また，② 債務者が同一の債権者から同時に2以上の営業的金銭消費貸借による貸付けを受けた場合におけるそれぞれの貸付けに係る営業的金銭消費貸借上の利息は，当該2以上の貸付けを受けた元本の額の合計額（2号）を，それぞれ同法1条に規定する元本の額とみなすものとされた。

(2) 改正利息制限法1条の「元本」と同法5条の「元本」との相違点

上記規定は，債務者保護，改正利息制限法1条の潜脱防止の趣旨から規定されたものであるところ，同法5条1号が適用される場合，合計額によって制限利率の区分が定まることとなるのはあくまで新たな貸付けについてであり，既存の貸付けの残元本額を合算した結果新たな貸付けに適用される制限利率の区分が変わることとなる場合であっても，既存の貸付けについてはその影響を受けることはないとされる。

　そうすると，本件取引のように従前の借入金の残元本額と新たな借入金との合計額をもって改正利息制限法1条所定の元本の額となると解すべき場合と，5条1号が適用される場合とでは，既存債務の制限利率について差異が生じることになる。例えば，本件取引の場合，50万円を借り入れて分割弁済し（制限利率1割8分），残元本額が40万円となったところで，新たに60万円を借り入れた場合，残元本額と新たな貸付金額の合計100万円について制限利率が1割5分となるが，改正利息制限法5条1号による場合，新たな貸付金60万円については制限利率が1割5分，既存の貸付金の残元本40万円については制限利率が従前どおり1割8分となる。

　本件取引において，従前の借入金の残元本額と新たな借入金との合計額をもって利息制限法1条1項所定の元本の額となるとされたのは，各借入れを1個の消費貸借取引と同視することができるからであって，改正利息制限法5条は，各貸付けを1個の消費貸借取引と同視することができない場合であっても新たな貸付けについて既存債務の残元本の額との合計額をもって制限利率を定めることを規定したものと解される。

［千矢　邦夫］

Q44 過払金返還債務発生後の債権譲渡

過払金返還債務の発生後に当該貸金業者A会社が，別会社Y会社に対し，営業譲渡又は債権譲渡をしたところ，債務者Xは，Y会社に対し，A会社の過払金返還債務をY会社が承継したと主張して，譲渡前にすでに発生していた過払金の返還を求める訴訟を提起した。
Y会社のなしうる主張及びXの反論について説明しなさい。そのうえで，上記過払金返還債務の承継の可否について説明しなさい。

〔1〕 Y会社のなしうる主張及びXの反論

XはY会社に対し，A会社との取引において発生した過払金を請求しているのであるから，Y会社としては，同過払金をY会社は承継していない，同過払金はA会社に対して請求すべきであると主張することが考えられる。
具体的には，
① Y・A間の営業譲渡契約（又は債権譲渡契約）において，譲渡されたのはX・A間の金銭消費貸借契約にかかるAのXに対する債権であって，AのXに対する債務は含まれない。
② Y・A間の上記契約において，契約上の地位をAからYに移転するとの合意は含まれていない。
そして上記譲渡契約の具体的内容によっては，
③ 本件営業譲渡契約（債権譲渡契約）には，AのXに対する過払金返還債務は，譲渡の対象としないとの合意がある。
等と主張することとなろう。
上記Yの主張に対して，Xとしては，
(i) 継続的金銭消費貸借契約における，貸金債権と過払金返還債権とは，表

裏一体の関係にあるから，営業譲渡契約（又は債権譲渡契約）において，貸金債権と過払金返還債権とを切り離して貸金債権のみを譲渡の対象とし，過払金返還債権を除外することは許されない。
(ⅱ) 本件営業譲渡契約（債権譲渡契約）において，X・A間の金銭消費貸借契約における契約上の地位が，AからYに移転されたのであり，Yは本件過払金返還債務を承継する。

等と反論することが考えられる。

〔2〕 過払金返還債務の承継についての判例

この争点に対し，最判平23・3・22（裁判集民事236号225頁）は，継続的金銭消費貸借契約において，営業譲渡契約がなされた場合に，借主に対する契約上の地位が譲受人である貸金業者に当然に移転するとの考えを否定した。

上記判決要旨は次のとおりである。

「貸金業者が貸金債権を一括して他の貸金業者に譲渡する旨の同意をした場合において，上記債権を譲渡した業者の有する資産のうち何が譲渡の対象であるかは，上記合意の内容いかんにより，それが営業譲渡の性質を有するときであっても，借主との間の金銭消費貸借取引に係る契約上の地位が上記債権を譲り受けた業者に当然に移転すると解することはできない。」

最高裁は，営業譲渡契約（債権譲渡契約）において，譲受人が過払金返還債務を承継するか否かは，その譲渡の対象が何であるかの契約内容によるのであって，継続的金銭消費貸借契約に係る債権譲渡契約があるから，その過払金債務を切り離して処分することはできないとか，当然に契約上の地位の移転があったと解することはできないし，それは営業譲渡契約の場合であっても同様である旨，判示した。

上記判示に続けて，同判決は，「本件譲渡契約は，上告人（譲渡を受けた貸金業者）が本件債務を承継しない旨を明確に定めるのであって，これが，被上告人（借主）とAとの間の金銭消費貸借取引に係る契約上の地位の移転を内容とするものと解する余地もない。」と判示した。

この判決まで，下級審段階では，債権譲渡事案において，過払金債務の承継を認めた判決があり，特に営業譲渡事案では，当該譲渡は個別的な債権譲渡で

はなく，営業譲渡であるからという理由で，過払金債務の承継を認めた判決も多く存在した。

　この点につき最高裁は，譲渡契約が債権譲渡の場合はもちろん，それが営業譲渡契約の場合であっても，何が譲渡の対象となっているかは当該譲渡契約の内容を個別に検討して判断されるべきものと判示した。当該譲渡契約が，譲受人に過払金債務の承継を認める内容であれば，それに従って過払金債務の承継の効果が認められることとなるし，当該譲渡契約において，過払金債務は承継しないものとする条項が存在するなど，過払金債務の承継を排除する内容であれば，それに従って過払金債務の承継の効果は認められないこととなる。結局，当該譲渡契約の内容によるとの結論は，債権譲渡事案であっても，営業譲渡事案であっても同様であり，債権譲渡事案であるから承継は認められないとか，営業譲渡事案であるから当然承継が認められるなどの判断過程はとりえないものと考えられる。

　なお，最高裁は昭和44年12月11日第一小法廷判決（裁判集民事97号753頁）において，「営業譲渡契約は，客観的意義における営業をその同一性を維持しながら移転することを約するものであるから，特段の契約上の定めがないかぎり，営業に属する一切の財産は，譲受人に移転すべきものと推定すべきである。」と判示するところであるが，当該営業譲渡契約に，過払金債務の承継を否定する条項が存在するときは，上記推定は及ばないこととなろう。

〔3〕 貸金業者Aが貸金業者Yの完全子会社である場合に，借主Xの過払金返還債務について，AからYへの承継を肯定した判例と否定した判例

　貸金業者Aと貸金業者Yとの間に上記のように，AはYの完全子会社であるとの関係がある場合について，YがX（借主）との関係において，AのXに対する債務についてもすべて引き受ける旨を合意したものと解されるとして，過払金返還債務の承継を認めた最高裁判決（平成23年9月30日第2小法廷判決（裁判集民事237号655頁））（以下「甲判決」という）と，最高裁平成23年3月22日判決と同じ判断過程を経て，YがAのX（借主）に対する過払金返還債務を承継したとはいえないとした最高裁判決（平成24年6月29日第2小法廷判決（裁判集民事241号1頁））

(以下「乙判決」という）とが存在するが，甲判決と乙判決の結論が異なることとなったのは，どういう事実関係の異同によるものであろうか，以下検討する。なお，甲判決と乙判決のA，Yは同じ貸金業者である。

甲判決の事実関係は，以下のとおりである。

1．Xは貸金業者Aとの間で，金銭消費貸借基本契約を締結し，これに基づき平成5年7月6日から平成19年8月1日までの間，継続的な金銭消費貸借取引を行った（以下「甲第1取引」という）。甲第1取引につき，制限超過部分利息を元本に充当すると，同日時点で過払金が発生していた。
2．大手貸金業者Yは，グループ会社のうち，国内の消費者金融子会社の再編を目的として，平成19年6月，完全子会社であるAが顧客Xに対して有する貸金債権をYに移行し，子会社Aの貸金業を廃止することとし，この債権移行を実行するため，Yの勧誘によりXY間で平成19年8月1日，金銭消費貸借基本契約（以下「切替契約」という）が締結された。
3．YAは，①Aが顧客に対して負担する過払金返還債務について，Yも連帯してその責めを負うものとする債務引受条項，②YとAは切替契約をした顧客に対し，今後のすべての紛争に関する申出窓口をYとする旨を告知するとの周知条項を含む，業務提携契約を締結した。
4．切替契約締結の際，XはYから，Yグループ再編のため切替手続を行うことを承諾する旨及びXA間の取引に係る紛争等の窓口が今後Yとなることに異議はないこと等が記載された「残高確認書兼振込代行申込書」を示され，これに署名してYに差し入れた。
5．上記申込書の差入れを受け，YはXに対し，平成19年8月1日，切替契約に基づき，XA間取引に係る約定利率に基づく残債務金額に相当する金員を貸し付けたうえ，同額をA名義の口座に振り込み送金した。XはYに対し，同年9月2日以降，同貸金に対する弁済を行った（以下「甲第2取引」という）。
6．YとAは，平成20年12月15日，上記業務提携契約のうちの債務引受条項を変更し，過払金返還債務は，Aのみが負担し，Yは切替顧客に対し何らの債務及び責任を負わないことを内容とする契約を締結した。

甲判決は，上記事情の下では，XとYとは，切替契約の締結にあたり，YがXとの関係において，Aとの甲第1取引に係る債権を承継するにとどまらず，債務についてもすべて引き受ける旨を合意したと解するのが相当であるとして，甲第1取引と甲第2取引とを一連のものとして過払金の額を計算すべきである，とした。

一方，判決乙の事実関係は，以下のとおりである。

> 1．顧客Xは，平成6年以降，Aと継続的な金銭消費貸借取引（以下「乙第1取引」という）をしていたが，Yとの間で切替契約の締結は行われなかった。
> 2．YはAと，平成19年10月，Yとの間で切替契約を締結していない顧客に対する貸付債権を譲り受ける旨の合意をした（以下，この合意を「債権譲渡基本契約」という）。債権譲渡基本契約には，Aが顧客に対して負担する過払金返還債務については，Yが併存的に引き受ける旨の条項があったが，Aの貸主としての地位自体をYに移転するとの条項又はAの負担する過払金返還債務が当然にYに承継される旨を定めた条項はなかった。
> 3．Yは，債権譲渡基本契約に基づき，Aとの間で，平成19年10月17日をもって乙第1取引における残債権をAから譲り受ける旨の合意をし，Yから同譲渡の通知を受けたXは，以後，Yとの取引を行った（以下「乙第2取引」という）。
> 4．上記債務引受条項は，平成20年12月にYとAとの間で締結された契約により，その効力を失った（以下，同契約を「変更契約」という）。

乙判決は，上記債権譲渡は，債権譲渡基本契約に基づくものであるところ，同基本契約には，契約上の地位の移転や過払金返還債務の当然承継を定める条項はないというのであるから，本件譲渡により，直ちにYが乙第1取引に係る契約上の地位の移転を受け，又は乙第1取引に係る過払金返還債務を承継したということはできない。また，前記事実関係によれば，債権譲渡基本契約中の債務引受条項は，譲渡債権に係るAの顧客を第三者とする第三者のためにする契約の性質を有するところ，変更契約の締結時までに，XはYに対し，本件譲渡に係る通知に従い弁済した以外には，乙第1取引に係る約定残債権につき特段の行為をしておらず，上記弁済をしたことをもって，本件債務引受条項に係

る受益の意思表示をしたものとみる余地はない。そうすると、本件債務引受条項は、Xが受益の意思表示をする前にその効力を失ったこととなり、Yが本件債務引受条項により過払金返還債務を引き受けたということはできない。Yは債権譲渡基本契約及びこれに基づく本件譲渡により、第1取引によって発生した過払金返還債務を承継したとはいえない。また、Yにおいて過払金返還債務の承継を否定することが信義則に反するともいえない、とした。

〔4〕 両判決の判断が分かれた理由

　甲判決、乙判決は、どちらもYの国内消費者金融子会社再編を目的とする手続のなかで生じた事案であるから、甲判決についても過払金返還債務の承継を認めないという結論を採用する、又は乙判決についても過払金返還債務の承継を認めるという結論を採用する等して、甲判決と乙判決につき同一の結論を導くことも可能であったと思われる。

　しかし、最高裁は、そのようには判断せず、両事件につき異なる結論を導いた。そのような結論に至った理由として、乙判決は、「（甲判決は）Yが、本件業務提携契約を前提としてその完全子会社の顧客に対しYとの間で金銭消費貸借取引に係る基本契約を締結することを勧誘するに当たって、顧客と上記完全子会社との間に生じた債権を全て承継し、債務を全て引き受ける旨の意思表示をしたものと解するのが合理的であり、顧客も上記の債権債務をYにおいて全てそのまま承継し、又は引き受けることを前提に、上記勧誘に応ずる旨の意思表示をしたものと解される場合につき判断したものであり、Xの意思を考慮することなくAとYとの間で本件譲渡がされたにすぎない本件とは、事案を異にすることが明らかである。」と判示している。

　結局、甲判決の事案は、Yの側からのXに対する積極的な働きかけ、それによるX・Y間の切替契約、Yの貸付金によるXのAに対するそれまでの約定残債務の弁済、それに続く、切替契約によるXのYに対する貸付金債務の弁済という一連の事実を全体的に捉えると、X・Y間にYがXのAに対する債務を引き受けるとの合意があったと解釈できるが、一方、乙判決の事案は、Yの側からのXに対する働きかけ及びX・Y間の切替契約はなく、AからYへの債権譲渡及びXへの債権譲渡通知、その後のXからYへの弁済という一連の事実の中

に，甲判決で認めたＸ・Ｙ間の合意を認めることは困難であると判断したものと考えられる。

　また，Ｘ・Ａ間の取引は，切替契約又は債権譲渡の時点で，両判決事案とも過払状態となっていたところ，乙判決事案では，過払金返還債務の承継が認められなくても，ＸがＹに対し弁済した分については，過払金の返還が認められることに変わりはないのに対して，甲判決事案では，Ｘは，Ａに対する約定債務の弁済のためにＹから新たな借入れをしているわけであるから，Ｙが選択した法形式をそのまま認めると，ＸはＹに対し過払金の返還を求められないのにとどまらず，Ｙに貸金残債務を弁済しなければならず，Ｘに予期せぬ不利益を与えることとなるという事情も両判決が結論を異にした理由の１つと考えられる。

〔脇山　靖幸〕

Q45 | 質契約における過払金返還請求の可否

Xは，Y（質屋）に対し，平成22年2月1日から同年5月10日までの間5回にわたり，ロレックスの腕時計及びルイヴィトンのバッグを質入れするとともに，質屋Yとの間で金銭消費貸借を締結して金銭を借り入れ，流質期限前にその弁済を終えた。その後，Xは，Yに対し，利息制限法1条1項所定の利息の制限額を超えて支払った部分を元本に充当すると過払金が発生していると主張して，その過払金の返還を求める訴訟を提起した。

質店Yのなしうる主張について説明するとともに，その主張書面の起案例を示しなさい。そのうえで，Xの過払金返還請求の可否について説明しなさい。

A

〔1〕 問題の所在

質屋営業法における「質屋営業」とは，物品（有価証券を含む）を質に取り，流質期限までに当該質物で担保される債権の弁済を受けないときは，当該質物をもってその弁済に充てる約款を附して，金銭を貸し付ける営業をいい（質営法1条1項），「質屋」とは，質屋営業を営む者で，内閣府令に定める手続によって営業所ごとに，その所在地を管轄する都道府県公安委員会の許可を受けたものをいう（質営法1条2項）。

このように，質屋は，金融の担保として動産に質権を設定するもので，その貸金部分は純然たる金銭消費貸借であるから，「金銭を目的とする消費貸借」（利息1条）にあたるといえなくはない。とすると，金銭を目的とする消費貸借に関し，債権者の受ける元本以外の金銭は，礼金，割引金，手数料，調査料その他のいかなる名義をもってするかを問わず，利息とみなされる（利息3条）

のであるから，質屋が受領する利息も消費貸借上の利息であって，これ以外の別個の保管費用などではないと考えられる。

その一方で，質屋が受領する利息が，質屋営業法36条所定の金利（年109.5％（2月29日を含む1年ついては年109.8％。1日当たりについては0.3％））を上限とするものである限り，それは利息制限法の例外としての特例金利であって，利息制限法の適用はないとも考えられる。

本設問において，Xは，ロレックスの腕時計及びルイヴィトンのバッグを質物件として，Y（質屋）との間で金銭消費貸借を締結して金銭を借り入れ，流質期限前にその弁済を終えている（以下「本件質取引」という）。

そこで，本件質取引に利息制限法が適用されるか否かが問題となるが，ここでは，質屋営業法の法意との関係，質屋と質置主の法律関係を検討したうえで，Yのなしうる主張や，その主張書面の起案例を示し，最後にXの過払金返還請求について結論を導きたい。

〔2〕 質屋が質屋営業として行う金銭の貸付けに利息制限法が適用されるか

(1) 質屋営業法の法意との関係

質屋営業法には，「出資の受入れ，預り金及び金利等の取締りに関する法律」（以下「出資法」という）5条2項で罰則の対象となる金利下限を引き上げる規定（質営法36条）があり，これによって質屋は，出資法の罰則適用において特例が認められている。質屋営業法36条は，昭和29年法律第196条によって追加された条文であるが，このような特例が設けられたのは，そのころ審議されていた出資法（昭和29年法律第195号）5条2項の罰則規定を質屋にそのまま適用することは，以下の理由によって，相当でないとの判断によるものである。

すなわち，質屋営業法において，質屋は，①火災・盗犯防止及び質置主保護の観点から，都道府県公安委員会が質物の保管設備について一定の基準を定めた場合においては，当該基準に従い，質物の保管設備を設けなければ営業許可を受けることができない（質営法3条1項10号・7条），②内閣府令の定める方法で質置主の住所，氏名等を確認したうえ，質物について不正品の疑いがある場合においては，直ちに警察官にその旨を申告しなければならない（質営法13条）

など，通常の貸金業者にはない義務が課せられ，さらに，③質物又は流質物として所持する物品が，盗品又は遺失物であった場合においては，その質屋が当該物品を同種の物を取り扱う営業者から善意で質に取った場合においても，被害者又は遺失主から無償による回復を請求される（質営法22条），④質物又は流質物として所持する物品について，ぞう物又は遺失物と疑うに足りる相当な理由がある場合には，警察署長から30日以内の期間を定めてその物品の保管を命じられる（質営法23条）などの特別な危険を負担させられていることなどから，このような規制を実現するためには，通常の貸金業者より高額な費用が必要となり，他の貸金業者と同様の利率をもって罰則の対象とすることは相当でないというのが，質屋営業法36条が追加された趣旨である。

　ところで，最高裁昭和43年11月13日判決（民集22巻12号2526頁）によって，利息制限法所定の制限利息を超過する利息の支払を元本に充当し，その結果，過払金が発生した場合において，債務者が債権者に対し，過払金の返還請求をすることができることが認められるようになったものの，この判決を考慮して質屋営業法が改正されることはなかった。また，一般の貸金業者については，貸金業法（昭和58年法律第32号）43条（平成18年法律第115号による改正前のもの）によって，同条所定の要件（いわゆる17条書面や18条書面の交付など）を満たした場合における任意の弁済は，利息制限法の制限利率を超過した部分についても，出資法の罰則金利（特例）に反しない限度においては，有効な利息の債務の弁済とみなすとの例外が設けられた。そして，貸金業法制定と同日の出資法改正附則（昭和58年法律第33号）によって罰則金利の特例が定められていた日賦貸金業者や電話担保金融については，上記みなし弁済の規定によって，出資法の罰則金利までの利息の弁済について民事上も有効なものとされる余地が明文によって確認されたが，質屋営業法にはこのような明文規定が追加されることはなかった。

　しかし，質屋営業法は，質屋に対し，内閣府令で定める様式による帳簿の備え付け及び保存を義務づける（質営法14条・15条）ほか，質契約をしたときは，質札又は通帳を質置主に交付すること（質営法16条），利率，利息計算の方法，流質期限，その他質契約の内容となるべき事項，営業時間を営業所内の見やすい場所に掲示すること（質営法17条）などを義務づけていることからすると，質屋営業法には貸金業法17条，18条に類する規定が当初から存在していたとい

える。

　以上のような事情を総合考慮すると，質置主の質屋に対する利息制限法の制限利率を超える利率による利息の支払も，質屋が質屋営業法16条及び17条などの要件を具備しているときは，質屋営業法36条所定の上限利率の限度において有効な利息の支払として扱うのが，質屋営業法の法意であるといえる。

(2) **質屋と質置主の法律関係**

　質置主は，流質期限前はいつでも元利金を弁済して，その質物を受け戻すことができる（質営法18条1項）が，質屋は，流質期限を経過した時において，その質物の所有権を取得（質営法19条1項）し，その後は，原則として当該質物を処分することになる。質屋の業態としては，金銭の貸付けという形をとるものの，質屋が質置主に対して貸付金の取立てを行うことはなく，貸付金が弁済されない場合には，質屋は，質物を処分して貸付金の回収を図ることが予定されており，当該質物を処分した結果，その価格が貸付金に満たない場合であっても，質屋が質置主に対して差額分の貸付金返還請求権を有することはなく，差額分の損失は質屋が負担することになる。これに加えて，質屋は，質入期間中の質物の保管費用や質物の売却費用など，通常の貸金業者においては負担しない費用を負担しなければならない。このような質屋の業態に鑑みると，質屋が質置主から受領する利息をもって，利息制限法1条にいう「金銭を目的とする消費貸借における利息」にあたるとして，同法の制限利率を適用するに相当ではない。

〔3〕　Yのなしうる主張や，その主張書面の起案例

　Yは，利息制限法及び出資法の改正と質屋営業法36条の関係，質屋と質置主の法律関係について敷衍しつつ，質屋営業法に基づく質契約が利息制限法の適用対象とはならず，質屋営業法16条及び17条などの要件を具備しているときは，同法36条所定の上限利率の限度において有効な利息の支払となる旨を上記〔2〕の(1)・(2)に沿って主張することになるが，その起案例を示すと，以下のようになる。

■起案例

　質屋営業法に基づく本件取引には，利息制限法の適用はない。すなわち，質取引で質置主が支払う質屋営業法36条所定の金利を上限とする利息は，利息制限法の例外として特例金利であるとするのが，質屋営業法制定以来一貫した立法者の意思であり，有力な学説も質屋営業法36条は，利息制限法適用に関する特例金利の規定であるとの立場をとっている。

　質屋営業法にいう質契約は，金銭消費貸借と質権設定契約などを混合・一体化させた混合契約であり，質屋営業法は，このような質契約に対する規制法である。そして，質屋営業法は，同法が規定する利息以外の損害金などの受領を許容していない。質屋は，質物の保管費用や，質物の隠れた瑕疵による損害賠償金を受領することは許されない反面，防犯上の観点から数多くの義務を課されるなどの規制を受けている。質屋営業法にいう利息は，利息制限法3条の定める「金銭を目的とする消費貸借に関し債権者の受ける元本以外の金銭」とは内容，性格を異にしている。純利のほか質物保管料，質請手数料等を含んでおり，かつ，質屋営業法による各種特別の義務に基づく費用も含まれている。

　近年の一連の貸金業法などの改正でも，議論されたうえで質屋営業法36条の特例金利は廃止されず，質屋営業法の基本的改正がなかったこと，特に，貸金業の規制等に関する法律の一部を改正する法律（平成18年法律第115号）によって，出資法5条2項の利率が利息制限法の制限利率を踏まえて，年20％に改められた際にも，質屋営業法36条に関しては年109.5％という制限利率がそのまま維持されたという立法経過に照らすと，質屋営業法にいう利息は，通常の貸金業の利息と性格を異にするものであって，特例金利として過払金返還請求権が発生しない金利であるというのが立法者の意思であることは明らかである。

　質屋の業態としては，金銭の貸付けという形をとるものの，質屋が質置主に対して貸付金の取立てを行うことはなく，貸付金が弁済されない場合には，質屋は，質物を処分して貸付金の回収を図ることが予定されている。当該質物を処分した結果，その価格が貸付金に満たない場合であっても，質屋が質置主に対して差額分の貸付金返還請求権を有することはなく，差額分の損失は質屋が負担することになる。これに加えて，質屋は，質入期間中の質物の保管費用や，質物の売却費

用など通常の貸金業者においては負担しない費用を負担しなければならない。このような質屋の業態に鑑みると，質屋が質置主から受領する利息をもって，利息制限法1条にいう「金銭を目的とする消費貸借における利息」にあたるとして，同法の制限利率を適用するに相当ではない。

〔4〕 Xの過払金返還請求の可否

本設問からすると，Yは，質屋営業法2条1項所定の許可を受けた質屋であることが窺われるから，本件質取引当時，その店舗内に「質取引のご案内」として，利率（一般的に「質料」として掲示される），利息計算の方法，流質期限，営業時間などを記載した書面を掲示していることはもちろん，本件質取引における利率は，質屋営業法36条所定の上限利率を超えないものと推察される。そして，Yが本件質取引において質札又は通帳をXに交付しなかったような事実も窺われない。とすると，Xは，Yに対し，本件質契約に基づいて利息制限法の制限利率を超える利息を支払っているもののその支払は有効であり，同制限利率の超過部分を元本に充当することはできないこととなる。

したがって，Xに対し，過払金の返還請求をすることはできない。

［西村　博一］

Q46 | 破産免責者の過払金返還請求

Xは，自己破産手続において免責を得た後，貸金業者Y（同破産手続の債権者一覧表に掲記済み）に対し，過払金の返還を求める訴訟を提起した。

Yのなしうる主張について説明するとともに，その主張書面の起案例を示しなさい。そのうえで，Xの過払金返還請求の可否について説明しなさい。

〔1〕 論点の把握

破産事件の新受件数について，各種文献にその事件数の推移が紹介されているのを目にする。ある統計によれば，東京地方裁判所の破産事件新受件数は，平成15年まで増加をたどり，その後，平成16年，17年と減少したが，平成18年以降は再び増加し，平成19年には過去最高となり，その後は年々減少傾向をたどっている。他の地方裁判所においても，若干の違いはあれ，おおむね，類似した傾向を読み取ることができる（金法1965号19頁）。

そして，破産事件が増加傾向にあった時期においては，破産事件の裁判実務は，事件処理に忙殺される日々に追われていたのが現状であり，1件ごとの審査は，必ずしも多くの時間を注げなかったという実情があったとの指摘がある（金法1960号151頁）。

一方，時を同じくして，過払金返還請求事件も，一連の最高裁判例を踏まえて増加の一途をたどっており，いわゆるサラ金債務者の中には，過払金債権を有している者が相当数存在していたと思われる。

このような，破産事件の増加に伴う審査の問題（この点，過払金を看過して同時廃止決定をすることがないような手続を踏むことは，当時から全国各地の裁判所の取扱いで

あったのではないかと思われる（『過払金返還請求訴訟の実務』（別冊判タ33号）196頁脚注）との意見もあるように，必ずしも，本稿が，破産事件の増加傾向がみられた時期の，裁判所における破産事件の審査の質に問題があったと考えるものではないことは付言しておく）や，過払金返還請求事件にまつわる趨勢によって，破産申立時においては過払金債権が存在しないと考えられていたにもかかわらず，破産手続終結後，過払金債権の存在が発覚し，その返還請求がなされるという事態が生じえた。もし，破産手続が係属している時点で過払金の存在が発覚したのであれば，それは破産債権者に対する配当原資となり，破産者が管理処分権を有することになるものではないが，破産手続が終結した後に発覚したのであれば，破産手続の終結によって財産の管理処分権が破産者に復帰している以上，破産者が過払金返還請求権を行使することができるという考え方もできなくはない。その一方で，本来配当原資となるべきものを，破産者に収受させることは信義に反するという考え方もまた，十分可能である。

そこで，以下では，破産手続終結後に，破産者が過払金返還請求権を行使することができるかについて，検討することとする。

〔2〕 判例及び学説の分析

(1) 関連判例等

(a) 本件設問とは若干事案が異なるものの，破産手続終結後に破産者が過払金返還請求権を行使することができるかという論点のリーディング・ケースとして，札幌高判平17・6・29判タ1226号333頁がある（事件は過払金返還請求訴訟であるが，同訴訟係属中に控訴人（一審原告）が破産手続開始決定を受け，同時廃止，免責許可がなされたというものであり，本件設問とは，同時廃止決定の時期と過払金返還請求の時期の前後関係が逆転している）。

被控訴人（一審被告）は，控訴人の請求が信義則違反にあたる，権利の濫用にあたる等と主張して控訴人の請求を争ったが，「控訴人に関する破産手続は，破産宣告（破産手続開始決定）・同時廃止されたのであり，民法上，権利の主体に全く変更がないことになる……したがって，控訴人が本件訴訟を維持することが，被控訴人との関係で，民法上の権利関係に影響はない。したがって，控訴人が本件訴訟を維持することが，被控訴人との関係で，民法上の信義則に反す

るものとはいえない」として，控訴人による過払金返還請求を認め，控訴人の請求を認容した。

(b) 学説の中では，債務者が返還にかかる過払金を自己のために費消するわけではなく，債権者に対する弁済に充てるべきものであることを前提として，準再審（民訴349条1項）によって同時廃止決定を取り消し，破産管財人を選任して過払金の回収，破産債権者への配当を行うという方法を提案するものもある（『過払金返還請求訴訟の実務』（別冊判タ33号）199頁。この方法は，後記東京地裁平成23年11月17日判決においても触れられているが，「仮に準再審事由があるとしても」という言い回しがされていること等からして，準再審という手法をとりうるかについては，疑義が残ると思われる）。

(2) **最新判例**

その後，同時廃止，免責許可により破産手続が終結した破産者が，過払金の返還を請求することは，信義則に反し，権利の濫用にあたり，許されないという判例が出現した（東京地判平23・11・17，同平24・5・16，金法1960号148頁）。

すなわち，上記平成23年判決は，「原告による本件過払金返還請求権の行使は，本件過払金返還請求権を財産として申告しないという自己の行為によって惹起された被告の信頼を害するとともに，被告に経済的不利益を与え，かつ，本来であれば得ることのできない240万円以上もの利益（筆者注：過払金に対する法定利息である）を原告に得させるものであること，原告は，上記行為に伴い迅速に破産申立てを行うことができ，その結果迅速に破産手続開始決定・同時廃止決定及び免責決定を受けることにより，有形無形の利益を受けていることからすると，信義誠実の原則に反する，また，客観的にみて（最高裁昭和40年3月9日第二小法廷判決・民集19巻2号233頁，最高裁平成12年4月11日第三小法廷判決・民集54巻4号1368頁），権利の濫用にあたるものであって，許されないと解するのが相当である」とした。

上記平成24年判決も，ほぼ同趣旨の判示をし，破産者による過払金返還請求権の行使を否定した（なお，平成24年判決において認定された，過払金債権に対する利息は，60万円以上である）。

なお，いずれの判決も，過払金が破産債権者に公平に弁済される見通しはないことも判示している（この点，破産手続が終結した後に破産者の財産に関する訴訟を

提起した場合に，当該財産が破産財団を構成するものであったとしても，追加配当を予定すべき特段の事情がない限り，破産管財人は被告適格を有しない旨判示した判例（最〔2小〕判平5・6・25金法1400号101頁）が参考になる）。

〔3〕 設問の検討

(1) ポイント

Xによる過払金返還請求権の行使に関してYのなしうる主張の骨子は，信義則違反ないし権利濫用であるが，そのポイントは以下のとおりとなると思われる。

すなわち，①破産申立時に過払金返還請求権を申告しないという，X自身の行為によってYの信頼が害されること，②Xが，本来得られないはずの利息を得られることになり（なお，利息を得ることに加え，利息の金額の多寡も，過払金返還請求権の行使の可否に影響を与える要素となると考えることもできる。この点，上記平成23年判決は240万円以上，上記平成24年判決は60万円以上の利息を認定しており，金額の相場を分析するにあたって参考になる），かつ，それが破産債権者に公平に弁済される見通しはないこと，③Xは，破産申立時に過払金返還請求権を申告しないことによって，迅速に破産申立て，破産手続開始決定，同時廃止決定，免責許可決定を受けるという有形・無形の利益を受けていることである。その際，Xが破産申立時に過払金の存在を知らなかったことは結論を左右しないことにも留意する必要がある。

(2) 起案例

以上をもとに，Yの主張書面の起案例を示す。

　(a) Xは，破産申立時に，過払金返還請求権を財産として申告しなかったにもかかわらず，破産手続終結後にこれを行使している。Yは，破産申立時に過払金返還請求権が申告されなかったため，後日，Xが同請求権を行使しないとの信頼を抱いていたにもかかわらず，Xは，破産申立当初の行動と矛盾する行動にでたため，Yの信頼は害された。

　(b)(イ) Xは，破産手続終了後に過払金返還請求権を行使することによって，破産申立時までに行使したのであれば得ることができなかったはずの，○円もの利

息の支払を受けることができるようになってしまう。一方，Xは，破産申立時までに過払金の返還を受けるか，過払金を財産として申告していれば，原則として，それは破産債権者に配当されるべきものであって，Xに帰属するものではない。すなわち，Xとしては，破産申立時までに行使したのであれば得ることができなかった過払金が，予定どおり得られないというだけであって，何ら不利益はない。

(ロ) また，Xが仮に過払金の返還を受けた場合，これを破産債権者に公平に弁済する見通しはない。

すなわち，破産手続が終結した後に破産者の財産に関する訴訟を提起した場合，原則として，破産管財人は被告適格を有しないし，本件においては，追加配当を予定すべき特段の事情もない（最〔2小〕判平5・6・25金法1400号101頁）。準再審によって同時廃止決定を取り消し，破産管財人を選任して過払金の回収，破産債権者への配当を行うという方法についても，これが法律上許容されているとみることはできない。

(c) Xは，破産申立時に過払金返還請求権を申告しないことによって，破産申立てに際して，Yから取引履歴の開示を受け，引き直し計算を行う等の手間を省くことができ，迅速に破産申立てをすることができている。また，過払金返還請求権を申告していれば，破産管財人が選任され，過払金の回収や配当の手続を踏んだ上で破産手続が終結したはずであるにもかかわらず，それをしなかったため，同時廃止決定を受け，破産手続を迅速に終結させることができているし，同時廃止決定に伴い，免責許可決定も，同様に，迅速に受けることができている。

(d) 以上のとおり，Xは，自らの，破産申立時と矛盾する行為によってYの信頼を害していること，過払金返還請求権の行使を認めた場合，Xに本来得られないはずの○円もの利息を与えることになり，かつ，それが破産債権者に公平に弁済される見通しはないこと，Xは，破産申立時に過払金返還請求権を申告しないことによって，迅速に破産申立て，破産手続開始決定，同時廃止決定，免責許可決定を受けるという有形・無形の利益を受けていることからすると，Xの行為は，信義則に反し，又は権利の濫用にあたるものであるというべきである。

〔4〕 現在の運用等

　破産申立時に過払金返還請求権を申告しなかった者が，破産手続終結後に，過払金返還請求権を行使できるかについては，すでに述べたとおり，諸説あるところであるが，一方で，いずれの見解も，一義的には，精度の高い破産申立てやそれに対する審査を行うことで，存在するはずの過払金返還請求権を看過したまま破産手続を終結させないという処理を図ることこそ，重要であるという点には，争いがないと思われる（『過払金返還請求訴訟の実務』（別冊判タ33号）196頁，金法1960号150頁）。

　各裁判所では，過払金返還請求に関する一連の最高裁判決が下される前から，過払金返還請求権が看過されたままなされた破産申立てに対する対応策を定め，また，上記一連の最高裁判決や，それに伴い，業者が取引履歴開示に柔軟に応じるようになったこと等を踏まえ，全件債務者審尋を行ったり，一定期間を超える取引がある場合には，過払金の調査を行わせる等の運用を行っていた（判タ1246号24頁，『過払金返還請求訴訟の実務』（別冊判タ33号）192頁）。

　また，現在は，破産申立件数が増加の一途をたどっていた時代と比較すれば，1件当たりの破産申立書類の審査に費やすことのできる時間は相対的に増えたといっても過言ではないと思われる（東京地方裁判所では，破産事件の新受件数が平成19年に2万6561件あったが，以後，減少傾向をたどり，平成26年の新受件数は1万3063件となっており，半減している。その他の裁判所も，おおむね，同様の減少傾向にある。さらに，破産事件のうち，管財事件の割合が増加傾向にあり，裁判所の審査や破産管財人による資産調査によって，過払金の存在を看過したまま破産手続が終結するのを防ぐことができている（金法2013号24頁））。

　さらに，根本的な問題としていえば，平成22年改正貸金業法の施行に伴い，いわゆるグレーゾーン金利が廃止され，以後，貸金業者との関係における過払金は，原則として存在しえなくなった。したがって，本件設問のような事例自体，減少傾向にあり，かつ，近い将来，存在しえなくなることになるものと思われる。

　このように，過払金をめぐる一連の最高裁判決やそれに伴う業者の対応の変化を踏まえ，いっそう適切な運用が図られている中，破産事件の減少，関連法

令の改正も相まって，存在するはずの過払金返還請求権を看過したまま破産手続を終結させてしまうという弊害に対しては，適切に対処されているのである。

[西村　彬]

Q47 連帯保証人による過払金返還請求の要件事実

連帯保証人が行う過払金返還請求の要件事実について説明するとともに，その訴状（請求の趣旨及び原因）の起案例を示しなさい。

A

〔1〕 はじめに

　まず，金銭消費貸借取引において，連帯保証契約がなされ，連帯保証人が債務の返済を行ったが，その取引を利息制限法所定の制限利率で引直計算をすると過払金が生じた場合，その過払金返還請求の主体となるのは債務者か連帯保証人かが問題となる。

　この点について，連帯保証人の弁済それ自体は保証債務の履行として有効なものとして取り扱い，当該弁済金につき連帯保証人の債務者に対する求償金，すなわち債務者の連帯保証人に対する求償義務を前提に，債権者に対する過払金返還請求権は債務者に帰属するという考えがある。

　しかし，この考えによると，債務者が過払金返還請求権を行使しない場合や，債務者の訴訟活動の稚拙で過払金の額が少なくなる場合などもあり，連帯保証人の債務者に対する求償金請求が，債務者の債権者に対する過払金返還請求という権利行使の結果により大きな影響を受けることになり妥当でない。そもそも，貸金業者から借入れを行う債務者は，資力が十分でなく多重債務者となり経済的に破綻する者も多く，連帯保証人に直接債権者に対する過払金返還請求権を認めないと，連帯保証人の保護に欠けることになる。よって，連帯保証人も過払金返還請求の主体になると解すべきである。

　裁判例として，大阪地岸和田支判平元・12・21（判時1355号112頁）は，貸金業者乙から金銭を借り入れた甲が，その連帯保証人となった丙に対して，当該

借入金の返済を依頼するに際して，その代償として甲所有の不動産を丙に譲渡することを約し，所有権移転登記手続を済ませたうえ，丙が，当該約定に基づき，乙に対する返済を完了したが，その返済が利息制限法所定の制限を超える利息の支払を前提とするものであった場合において，乙に対して不当利得の返還を求めうるのは，甲であるのか，丙であるのかが争われた事案で，乙に対する不当利得返還請求権を有する者は，丙ではなく，甲であるとしている。この事案で，不当利得返還請求権を有する者が，連帯保証人ではなく，債務者であるとしているのは，債務者が連帯保証人に対して，元本完済後の超過部分を含めて金員を支払うことを委託し，このため必要な費用の支払に代えて売買物件を譲渡したのであり，連帯保証人は，債務者の委託とは無関係に自己の費用で連帯保証債務を弁済したものではなく，債務者の負担において元本完済後の超過部分を含んだ金員が支払われ，債務者の損失において債権者は元本完済後の超過部分の利得を受けたというべきであるとしている。この事案は，弁済の経緯に特殊性が見られるものであり，この判例も，上記のような委託がなく連帯保証人が単に連帯保証債務の弁済として金員を支払った場合には，利息制限法所定の制限利息を超える部分につき債務は不存在であるから，連帯保証人は，主たる債務者に求償することはできず，債権者に不当利得金として返還請求すべきことになり，そのほうが損失を被った保証人の利益になると解する余地もあると判示している。

また，大阪高判平20・1・29（金判1285号22頁）は，債権者に支払をしたのは債務者及び連帯保証人であると認定し，債務者の支払によって過払いが生じた分のみ債務者に過払金返還請求を認めている。この判例によると，連帯保証人が過払金返還請求を行った場合，連帯保証人の支払によって過払が生じた分については連帯保証人に過払金返還請求を認めることも可能といえる。

〔2〕 連帯保証人による過払金返還請求の要件事実

利息制限法所定の制限を超える金銭消費貸借上の利息・損害金を支払った債務者は，制限超過部分の充当により計算上元本が完済になったときは，その後に債務の存在しないことを知らないで支払った金額（過払金）の返還を請求できる（最〔大〕判昭43・11・13民集22巻12号2536頁，最〔3小〕判昭44・11・25民集23巻

11号2137頁)。連帯保証人が返済した場合は，同様に過払金の返還請求ができる。

過払金は不当利得の一種であるから，過払金返還請求の根拠は民法703条に求められる。Yが「法律上の原因なく他人（X）の財産又は労務によって利益を受け，そのために他人（X）に損失を及ぼした」場合に，Yは不当利得したことになり，これをXに返還する義務を負う。

不当利得の要件事実は，①Xの損失，②Yの利得，③上記①と②の間の因果関係，④Yの利得が法律上の原因に基づかないことである（民704条）。そして，貸金業者との金銭消費貸借で発生する過払金は，借主Xが貸金業者Yに対し，利息制限法所定の制限利率を超える利息・損害金を支払ったことにより発生するものあり，利息制限法の上限利率を超過する利息は法律上無効であるから，過払金は当然法律上の原因に基づかないものであり，Xの損失とYの利得とその間の因果関係も明らかであるといえる。なお，利息制限法に基づく引直計算は，事実ではなく法律の適用の結果である。よって，過払金の請求においては，XはYとの金銭消費貸借契約を特定し，この契約に基づく利息・損害金として金員を支払ったという事実を明らかにすれば，上記①から④を主張したことになる。この他，連帯保証人が支払を行ったときは，XとZ（連帯保証人）の連帯保証契約を締結した事実，Zが利息制限法所定の利率による利息を超える利息・損害金を支払った事実も主張しなければならない。また，過払金に対する民法704条の利息を請求する場合は，Yが悪意の受益者であることを主張することになる。

以上によれば，連帯保証人による過払金返還請求の要件事実は，次のとおりである。

① XとYとが金銭消費貸借契約を締結したこと
② 上記契約に関してXとZが連帯保証契約を書面で締結したこと
③ ZがYに対し，利息制限法所定の利率による利息を超える利息・損害金を支払ったこと
④ Yは悪意の受益者であること（民法704条の利息を請求する場合）

〔3〕 訴状の記載例

連帯保証人が債務の返済を行った場合の過払金返還請求訴訟の訴状の記載例

は，次のとおりである。

(請求の趣旨)
　被告は，原告に対し，○万○円及びこれに対する平成○年○月○日から支払済みまで年5分の割合による金員を支払え。

(請求原因)
　(1) 当事者
　被告は貸金業者であり，訴外○は被告との間で金銭消費貸借(以下「本件取引」という。)をしていた者である。原告と被告は本件取引につき，書面により連帯保証契約を締結した。
　(2) 本件取引の概要
　　ア　取引開始日　　平成　年　月　日
　　イ　取引終了日　　平成　年　月　日
　　ウ　取引の経過　　別紙1計算書のとおり
　(3) 引直計算及び不当利得
　本件取引は一連の取引であり返済はすべて連帯保証人である被告が行った。本件取引につき，利息制限法所定の法定利率を適用して計算すると，別紙計算書のとおり，本件取引終了時において過払金が○万○円となり，被告は，上記金額を法律上の原因なく取得している。
　(4) 悪意の受益者
　被告は貸金業者であり，本件取引について貸金業法旧43条1項のみなし弁済の主張立証をしていないことからすれば，利息制限法を超過する利息を収受することにつき悪意であったといえるから，前記過払金が発生した段階でそれに対する利息が発生し，その利率は5％である。
　(5) まとめ
　よって，原告は被告に対し，不当利得返還請求権に基づき，過払金並びに取引終了日までの利息及び上記元金に対する取引終了日の翌日から支払済みまでの利息を求める。

[丸尾　敏也]

Q48 | 時効消滅している過払金返還請求権による相殺の可否

(1) Xは，平成6年から平成8年まで，貸金業者Yとの間で，利息制限法の制限利率を超える利息の約定で継続的金銭消費貸借取引を行い，その取引によって，取引終了の時点（平成8年1月）で，20万円の過払金が生じていた（XのYに対する過払金返還請求権を，以下「本件過払金債権」という。なお，本件過払金債権については，平成18年1月に消滅時効期間が経過している）。

(2) そして，Xは，平成15年1月に，貸金業者Yから新規に180万円を借り入れ，この金銭消費貸借契約（以下「本件貸金契約」という）には，平成25年まで毎月1日に約定の元利金を分割返済し，その返済を1回でも怠れば期限の利息を失うと定められていた。Xは，平成22年6月1日の返済を怠ったため，期限の利益を失った。この時点でのXのYに対する貸金債務は50万円であった。

(3) Yは上記(2)の貸金について返還請求をしたが，Xは，平成23年6月に，Yに対して本件過払金債権（利息を含む）27万円を自働債権とし本件貸金契約の残債務を受働債権とする相殺を行い，相殺後の残債務につき返済すると主張した。

このようなXの相殺の主張は認められるか。

A

〔1〕 はじめに

本問の場合は，XのYに対する，平成18年1月に消滅時効期間が経過している本件過払金債権を自働債権として，YのXに対する貸金債権を受働債権とする相殺が認められるかどうかが問題となる。そして，民法508条は「時効によって消滅した債権がその消滅以前に相殺に適するようになっていた場合には，

その債権者は、相殺をすることができる。」と規定しており、時効消滅した債権を自働債権とする相殺を認めている。そのため、本問の場合に、民法508条の適用があるかが問題となるのである。

〔2〕 民法508条について

(1) 民法508条の立法趣旨・要件

　民法508条は、対立する両債権が相殺適状にあるときに、当事者は、あえて自分の債権の消滅を考えず、自動的に決済されたように解して何もしないまま過ごしてしまうといった事情があるために、当事者のその場合における信頼を保護しようとして、時効消滅した債権を自働債権とする相殺を許容する趣旨で設けられたものである。

　そして、時効消滅した債権を自働債権とする相殺をなしうるための要件は、①自働債権の消滅時効が完成していること、また、②消滅時効完成前に相殺適状にあったことである。相殺適状とは、双方の債権が相殺の要件[*1]を充たし、相殺の意思表示がありさえすれば、有効に相殺されるという状態をいう。

　本問の場合、XのYに対する本件過払金債権は、平成18年1月に消滅時効期間が経過しているとあるので、自働債権につき消滅時効が完成していることになる（すなわち、上記①の要件を充足する）。そのため、上記の本件過払金債権を自働債権として、YのXに対する貸金債権を受働債権とする相殺が認められるためには、消滅時効完成前に、XのYに対する本件過払金債権（自働債権）とYのXに対する貸金債権（受働債権）が相殺適状にあったかどうかが問題になる。

　　*1　相殺の要件については、民法505条に規定されている。その要件は、双方の債権が、①相対立していること、②同種の目的をもつこと、③弁済期にあること、④有効に存在することである。ただし、自働債権が時効消滅する前に双方の債権が相殺適状にあったときには、④の要件を備えないとしても、例外的に、民法508条によって相殺をなしうるとされている。

(2) 相殺適状になる時点

　継続的金銭消費貸借取引における基本契約にはいわゆる過払金充当合意を含んでおり、その場合には、過払金返還請求権の消滅時効は、特段の事情がない限り、取引終了時から進行を始めるとされており（最判平21・1・22民集63巻1号

247頁参照)，そのため，本問におけるX・Y間の継続的金銭消費貸借取引の場合にも，XのYに対する本件過払金債権の弁済期は，遅くとも取引終了の時点（平成8年1月）に来るものと解すべきである。一方，YのXに対する貸金債権については，弁済期の定めが設けられている。そのため，すでに弁済期にある本件過払金債権（自働債権）によって，弁済期の定めがある貸金債権（受働債権）に対する相殺をしようとする場合に，双方の債権についての相殺適状になるのは，どの時点からかが問題となる。

ところで，自働債権がすでに弁済期にある場合で，弁済期の定めがある受働債権についてその債務者が期限の利益を放棄しうる場合に，債務者が実際に期限の利益を放棄し，双方の債権が弁済期にあることの要件を充足させ，相殺適状になったとして相殺をなしうるかについては，異論なく肯定されている。さらに，上記のような場合に，債務者が期限の利益を放棄しなくても，相殺の意思表示をしたときには，そのような相殺の意思表示のなかに，通常，期限の利益の放棄の意思表示も含むものと解されている（大判昭7・4・20法律新報292号14頁参照）。そこで，このときには，特に期限の利益を放棄しなくても，相殺をなしうることになる。

以上を前提にして，すでに弁済期にある自働債権と弁済期の定めのある受働債権を相殺しようとする場合に相殺適状になるのはどの時点からか，すなわち，どの時点から相殺をなしうるのか，さらに，相殺をした場合にその効果が発生するのはどの時点からか（民506条2項参照）について問題となり，この点に関しては見解の対立がある。

(3) **自働債権について弁済期が到来すれば，相殺適状になるとする見解**

(a) まず，弁済期の定めのある受働債権については，その債務者は期限の利益を放棄しうるので，（特に期限の利益を放棄しなくても）常に弁済期の到来という相殺の要件を備えているとして，そのため，双方の債権が弁済期にあるという要件を充足し相殺適状になるというためには，自働債権について弁済期が到来したかだけを問題にすればよいとする見解がある。この見解によれば，自働債権について弁済期が到来すれば，その時点で自働債権と受働債権について相殺適状になり相殺をなしうるようになって，相殺の効果もその時点から生じることになる。すなわち，この見解では，相殺適状になるというために，弁済期の

定めのある受働債権について，期限の利益の放棄や期限の利益の喪失は必要でないことになる。

(b) この見解によると，本問の場合は，XのYに対する本件過払金債権の弁済期は平成8年1月であり，一方，Xは平成15年1月にYから180万円を借り入れ，この時に，YのXに対する貸金債権が発生する。すなわち，受働債権となる上記の貸金債権が発生した平成15年1月には，自働債権となる本件過払金債権の弁済期はすでに到来しているから，この平成15年1月から，双方の債権につき相殺適状になることになり，そのため，この時点から相殺をなしうるようになって，相殺の効果もこの時点から生じることになる。

そうすると，本問の場合，XのYに対する本件過払金債権につきYが時効を援用したかどうかは明確ではないが，時効を援用していても，本件過払金債権の時効消滅は平成18年1月の時点となるから，時効消滅する前の時点，つまり，平成15年1月の時点から，XのYに対する本件過払金債権（自働債権）とYのXに対する貸金債権（受働債権）は相殺適状にあったことになる。そのため，民法508条の適用があり，よって，Xは，上記の本件過払金債権をもって上記の貸金債権を相殺しうることになる。

したがって，本問において，Xは，平成23年6月に，Yに対して本件過払金債権（利息を含む）27万円を自働債権とし本件貸金契約の残債務を受働債権とする相殺を行い，相殺後の残債務につき返済すると主張しているが，このような主張は許容しうることになる。

(4) **最判平25・2・28の見解**

(a) しかし，最高裁判所は，上記(3)の見解を採用しなかった。すなわち，「既に弁済期にある自働債権と弁済期の定めのある受働債権とが相殺適状にあるというためには，受働債権につき，期限の利益を放棄することができるというだけではなく，期限の利益の放棄又は喪失等により，その弁済期が現実に到来していることを要するというべきである。」と判示し（最判平25・2・28民集67巻2号343頁），すでに弁済期にある自働債権によって弁済期の定めのある受働債権を相殺しようとする場合に，双方の債権についての相殺適状について，自働債権において弁済期が到来しており，しかも，弁済期の定めのある受働債権において，期限の利益を放棄することができるというだけでなく，実際に期限

の利益の放棄があるか期限の利益の喪失があって現実に弁済期が到来していなければならないとし，そのように受働債権に弁済期が到来した時点から相殺適状になるとしたのである。

そして，最高裁判所が理由とする点は，第1に，民法505条1項が「双方の債務が弁済期にあるとき……」に，「……相殺……ができる」と規定しているので，文理解釈上，相殺適状にあるというためには，自働債権のみならず受働債権についても現実に弁済期が到来していることが必要であると解すべきであるとする点である。第2に，上記(2)の見解のように，受働債権の債務者がいつでも期限の利益を放棄することができることを理由に自働債権の弁済期さえ到来すれば双方の債権につき相殺適状になると解すると，（受働債権の）債務者は相殺の意思表示をする時点まで期限の利益を享受しておりながら，相殺の効果は相殺適状になった時点に遡るから（民506条2項），その期限の利益を自ら遡及的に消滅させるという結果になってしまい，相当でないとする点である。

(b) 上記の最高裁判所が挙げている2つの理由は，ともに納得しうるものであり，よって，少なくとも裁判実務においては，上記の最高裁判所の見解に従うべきものと考える。

そうすると，本問の場合，XのYに対する本件過払金債権の弁済期は平成8年1月であり，一方，Xは平成15年1月にYから180万円を借り入れ，この時に，YのXに対する貸金債権は発生するが，Xは平成22年6月1日の返済を怠り，期限の利益喪失約款によって期限の利益を失うことになり，そこで，このように期限の利益を失った平成22年6月1日にこの貸金債権の弁済期が到来することになる。そのため，上記の最高裁判所の見解によれば，本件過払金債権と本件貸金債権の弁済期がともに到来し，双方の債権について相殺適状になったといえるのは，平成22年6月1日からとなる。

本問の場合，XのYに対する本件過払金債権につきYが時効を援用したかどうかは明確ではないが，Yが時効を援用すれば，上記の本件過払金債権は平成18年1月に時効消滅し，そして，相殺適状になったといえるのは上記のように時効消滅後の平成22年6月1日からとなる。そのため，民法508条における，自働債権の時効消滅の前に自働債権と受働債権が相殺適状にあったという要件を充足せず，民法508条の適用は認められない。すなわち，Xは，上記の本件

過払金債権を自働債権として上記の貸金債権を受働債権とする相殺をなしえないことになる。

　したがって，本問において，Xは，平成23年6月に，Yに対して本件過払金債権（利息を含む）27万円を自働債権とし本件貸金契約の残債務を受働債権とする相殺を行い，相殺後の残債務につき返済すると主張しているが，このような主張は認められないことになる。

[井手　良彦]

第5章

求償金請求訴訟の概要

〔1〕 連帯債務者の求償金請求訴訟

(1) 連帯債務における求償権と負担部分

　連帯債務とは，複数の債務者が同一内容の給付につきそれぞれ独立に債権者に対して全部の給付をする債務を負い，その中の1人が給付をすれば他の者も債務を免れるという多数当事者の債務である（民432条）。

　そして，連帯債務者の1人が，弁済その他の出捐（代物弁済，供託，更改，混同など）によって総債務者の共同の免責を得たときには，他の連帯債務者に対してその負担部分に応じた求償を請求することができる（民442条）。すなわち，1人の連帯債務者が，自らの負担部分以上について弁済などの出捐によって共同の免責を得たならば，負担部分以上の出捐については，実質上他人の債務の弁済に該当し，他の連帯債務者は不当利得をすることになるので，弁済した連帯債務者はこの利得の償還を求めることができるのであり，これが求償権の根拠となっている。

　ただし，上記の連帯債務者の負担部分は，割合であって，固定した数額（すなわち，総債権額に上記割合を乗じたことによって算出される固定した数額）ではないと解されている。この負担部分の割合は，連帯債務者間における特約又は連帯債務を負担することによって受ける利益の割合によって決まるが，そのような特約等が存在しないときには，平等の割合とされている。例えば，特約によれば，連帯債務者A，B，Cがそれぞれの負担部分をA－90％，B－10％，C－0％とすることもできるのである[*1]。

　　*1　上記の例で，連帯債務者A，B，Cのそれぞれの負担部分がA－0％，B－0％，

C－100％である場合，AとBは，Cの借金について保証する趣旨で連帯債務者になったものといえる。

(2) 連帯債務における求償権の成立

(a) 求償権の成立要件

1人の債務者が，①弁済その他の出捐により自分の財産を減少させて，②共同の免責を得たことである（民442条1項）。

そこで，共同の免責を得た連帯債務者が他の連帯債務者に対し求償金請求訴訟をするときには，請求原因事実として次のような要件事実を記載すべきことになる。

例えば，DとEの2人が共同で経営していた出版事業のためにF銀行から2人の連名で800万円の融資を受けて連帯債務を負担したが（負担部分は平等），経営が不調なため事業を中止した場合に，F銀行からDとEの2人に対し融資分の弁済請求があり，そのうちDが800万円を弁済した場合を想定する。

(イ) Fは，DとEに対し，両名を連帯債務者として，800万円を貸し渡した。

(ロ) Dは，平成27年2月1日，Fに対し，請求原因(イ)の債務800万円を弁済した。

さらに，請求原因事実の最後に記載する「よって書き」の記載例は，次のようになる。

「よって，原告（D）は，被告（E）に対し，連帯債務弁済に基づく求償権の行使により，400万円及びこれに対する弁済日の翌日である平成27年2月2日から支払済みまで民法所定年5分の割合による遅延損害金の支払を求める。」

(b) 求償の範囲

共同の免責を得た連帯債務者が他の連帯債務者に対して求償しうる範囲は，共同の免責を得た弁済額，免責のあった日以後の法定利息及び避けることができなかった費用その他の損害の賠償額を含むことになる（民442条2項）。そして，避けることができなかった費用とは，例えば，連帯債務者が支払った強制執行の費用（大判大5・9・16民録22輯1716頁参照）などである。

また，求償の範囲について，連帯債務者が利息制限法を超える約定利息についてまで債権者に弁済した場合に，他の連帯債務者に対して求償しうる範囲はどこまでか，つまり，利息制限法を超える約定利息についてまで求償しうるの

かという問題が考えられるが，この問題については，**Q51**の解説を参照されたい。

(c) 求償の割合

連帯債務者間の内部の求償関係においては，特約で決めたり，受ける利益で決まったりする負担部分の割合どおりに求償関係を処理すればよい。

ところで，求償関係の処理に関して，連帯債務者の1人が「一部弁済」をした場合，求償しうるのは自らの負担部分を超えて弁済し共同の免責を受けた場合に限られるのかという問題がある。例えば，連帯債務者A，B，C（負担部分は平等）が債権者に300万円の連帯債務を負っている場合に，Aが一部弁済を行い共同の免責を受けたとしてB及びCに対し求償しうるのは，自らの負担部分（100万円）を超えて，例えば200万円を弁済した場合に限られるのか，それとも，一部，例えば60万円でも弁済すれば求償しうるのかという問題である。これについては，連帯債務者の1人が一部弁済を行い共同の免責を受けた場合には，（たとえ自らの負担部分を超えていなくても，）その弁済額全部につき，他の連帯債務者に対しその負担部分の割合に応じた求償をなしうるものと考えるべきである（大判大6・5・3民録23輯863頁参照）。なぜならば，負担部分は固定した数額（すなわち，総債権額300万円に連帯債務者A，B，Cの負担割合を乗じた額＝100万円）ではなく割合と考えるべきであるから，連帯債務者の1人が共同の免責を受ける出捐をすれば，出捐部分につき負担部分の割合に応じて他の連帯債務者にも負担させるべきであり，また，このように解することが公平であるからである。したがって，上記の例によれば，Aが60万円でも弁済すれば，他の連帯債務者B及びCに対し，その負担部分に応じて20万円ずつの求償が可能となる[*2]。

> [*2] 平成27年3月31日に国会に提出された「民法の一部を改正する法律案」（民法改正法案）においては，民法442条を「連帯債務者の一人が弁済をし，その他自己の財産をもって共同の免責を得たときは，その連帯債務者は，その免責を得た額が自己の負担部分を超えるかどうかにかかわらず，他の連帯債務者に対し，その免責を得るために支出した財産の額（その財産の額が共同の免責を得た額を超える場合にあっては，その免責を得た額）のうち各自の負担部分に応じた額の求償権を有する。」と改正し，前掲大判大6・5・3の見解を明文化している。

(3) **連帯債務における求償権の行使**

共同の免責を得た連帯債務者は，他の連帯債務者に対し，上記に従って求償請求をすることになる。ただし，求償権を実際に行使するについては，以下のような特則が設けられている。

(a) 事前の通知，事後の通知

連帯債務者間の内部における求償権の行使に関して，連帯債務者の１人が弁済その他共同の免責を受ける出捐行為をする場合には，その事前と事後に他の連帯債務者に通知をしなければならず，そのような通知をしなければ，その後の求償権の行使の際に不利益を受けることがある（民443条）。

(イ) 事前の通知をしないで弁済などの出捐をした連帯債務者が，他の連帯債務者に対して求償請求をした場合に，他の連帯債務者は，自分が債権者に主張しえた事由をもって対抗しうる（民443条１項）。例えば，①債権者に相殺を主張しうる反対債権をもっていたこと（相殺の抗弁）[*3]，②自分の債務については未だ履行期が到来していないこと，③自分の債務については同時履行の抗弁権がついており，引換給付の主張（抗弁）をなしうること，④自分の債務については消滅時効が完成していること，また，⑤自分の債務を生じさせた契約は無効であるとか取り消したことなどをもって，弁済などの出捐をした連帯債務者が求償請求をすることに対して対抗できるのである。

(ロ) 他方，連帯債務者の１人が弁済などの出捐をしたのに，他の連帯債務者にその出捐行為をしたという事後の通知を怠っている場合に，その後，他の連帯債務者が債権者に二重に弁済などの出捐をした場合には，この事後の通知を受けずに出捐をした連帯債務者は，自己の出捐行為を有効なものとみなすことができる（民443条２項）。

ただし，上記の民法443条２項は当然に同条１項を前提にしており，よって，同条２項の保護を受けるためには，同条１項における事前の通知をしておかなければならず，そのため，事後の通知を受けずに弁済などの出捐をした連帯債務者が自らの出捐行為の前における事前の通知を怠っていた場合には，自己の弁済などの出捐を有効なものとみなすことはできないとされている（最判昭57・12・17民集36巻12号2399頁参照）。

　　＊３　相殺の抗弁が主張された場合の事後処理については，民法443条１項に規定されている。すなわち，弁済などの出捐をした連帯債務者が他の連帯債務者に対し求償

請求をした場合に，債権者に相殺を主張しうる反対債権をもっていたことで対抗されたときには，そのように対抗された反対債権は弁済などの出捐をした連帯債務者に当然に移転するものと考えるべきであり，この者は対抗された反対債権を行使しうる。つまり，求償できなかった部分について債権者に償還請求できるのである。

(b) 求償される連帯債務者のなかに無資力者がいる場合

例えば，連帯債務者Ａ，Ｂ，Ｃ（負担部分は平等）が債権者に300万円の連帯債務を負っており，Ａが300万円を弁済して共同の免責を受けた場合に，ＡがＢ及びＣに対して求償請求をした場合に，Ｃが無資力だったとすれば，Ｃの負担部分の100万円はＡとＢがその負担部分に応じて，すなわち，50万円ずつ負担することになる（民444条本文）。よって，ＡはＢに対して150万円の求償請求をなしうることになる。

ただし，Ｃに求償できなくなったのがＡの過失に基づくときは，上記のＢへの分担を請求することはできない（民444条但書）。上記の「Ａの過失に基づくとき」とは，例えば，ＡがＣに対する求償請求を怠っており，そのように怠っているうちに，Ｃの資力が減少し，求償を受けられなくなったような場合を指している。

さらに，例えば，連帯債務者Ａ，Ｂ，Ｃ（負担部分は，Ａ－０％，Ｂ－０％，Ｃ－100％）が債権者に300万円の連帯債務を負っており，Ａが300万円を弁済して共同の免責を受けた場合に，負担部分を１人で負っていたＣが無資力だったとすれば，ＡとＢが平等に負担することになる（大判大３・10・13民録20輯751頁参照）。よって，ＡはＢに対して150万円の求償請求をなしうることになる。なぜならば，たまたま弁済をしたＡにのみ全部の負担を負わせることは，公平に反するからである[4]。

  ＊４　民法改正法案においては，民法444条に２項を新設して，「前項に規定する場合において，求償者及び他の資力のある者がいずれも負担部分を有しない者であるときは，その償還をすることができない部分は，求償者及び他の資力のある者の間で等しい割合で負担する。」と規定し（改正法案444条２項），前掲大判大３・10・13の見解を明文化している。

(c) 連帯の免除がある場合

債権者と個々の連帯債務者との間で連帯の免除がなされることがある。この

ような連帯の免除がなされた場合について，その求償関係はどのようになるか。

(イ) 連帯の免除　連帯の免除とは，債権者と個々の連帯債務者との関係において，対外的債務額をこの連帯債務者の負担部分に該当する額に限定して，それ以上は請求しないようにすることをいう。連帯債務の場合，連帯債務者は全部給付義務を負っているが，連帯の免除は，連帯債務者のこのような義務を解体するものである。連帯の免除は，債務免除の一種であり，債権者の連帯債務者に対する意思表示によってなしうる。そして，連帯の免除には，絶対的連帯の免除と相対的連帯の免除の場合がある。

(ロ) 絶対的連帯の免除がある場合と求償関係　絶対的連帯の免除とは，すべての連帯債務者について全部給付義務を解体し，対外的債務額をこれらの債務者の各自の負担部分に限ることにする場合をいう。この場合には，連帯債務者の連帯債務は分割債務になり，債務者は，債権者に対して，各自の負担部分に対応する額につき給付義務を負うことになる。よって，この場合には，求償関係は発生しない。

(ハ) 相対的連帯の免除がある場合の求償関係　相対的連帯の免除とは，一部の連帯債務者について，対外的債務額をこの債務者の負担部分に限ることにする場合をいう。この場合には，連帯の免除を受けた債務者の債務だけが負担部分の額に減縮されることになる。つまり，残りの連帯債務者の債務額に影響せず，この者たちは連帯して全部給付義務を負うことになり，求償関係も発生することになる。

例えば，連帯債務者A，B，C（負担部分は平等）が債権者に300万円の連帯債務を負っている場合に，債権者がCに対し連帯の免除をして，その後，AとBに対し300万円を請求して，Aが300万円を弁済した場合において，Aは，Bに対し，その負担部分の100万円につき求償請求しうるほか，Cに対しても100万円を求償請求しうる。ただし，この場合にBが無資力であった場合には，Bの負担部分につきCが分担すべき50万円については，連帯の免除をした債権者が負担することになる（民445条）。よって，Bが無資力であった場合には，Aは，債権者に対し，Cの分担部分50万円を請求しうることになる。これは，債権者がCに対して連帯の免除をしたのは，①単に債権者はCに対して100万円（Cの負担部分は100万円であった）しか請求しないという趣旨であるというだけ

でなく、②いかなる場合にも100万円以上の負担を求めないという趣旨であると解したからである。しかし、連帯の免除をした債権者が、一般的に②のような趣旨の意思までも有していると解するのは困難であろう[*5]。そのため、民法445条の適用を制限し、連帯の免除をした債権者は、②のような趣旨の意思までは有していなかったものと認定したうえで、その場合には、債権者の意思どおりの効力を認めるのが相当である。すなわち、無資力者Bの負担部分については、（Aのほか）Cも分担すべきものとして、弁済をしたAは、Cに対して、Cの負担部分100万円のほか、Cの分担部分50万円についても（よって、合計150万円を）求償請求しうるものと考えるべきである。

> [*5] 本文に記載したように、現行民法445条の規定（債権者が連帯の免除をした場合に、債権者が弁済資力のない者の負担部分を分担するという規定）は合理を欠く内容を有するために、民法改正法案においては削除された。

(4) 連帯債務者の弁済と法定代位

ところで、連帯債務者の1人が弁済などの出捐によって共同の免責を得て、他の連帯債務者に求償をする場合には、当然に債権者に代位する（民500条）。連帯債務の場合、その内部の求償関係においては、出捐をした連帯債務者にとって、その負担部分を超える部分は他人の債務の弁済にあたるので、上記の法定代位により他の連帯債務者に対する求償権を確保させる必要があるからである。

〔2〕 保証人の求償金請求訴訟

(1) 保証人の求償権

保証人が保証債務を履行した場合、つまり、保証債務の弁済など自らの出捐によって主たる債務を満足させた場合には、他人のために費用を支出したのであるから、当然に主たる債務者に対し求償請求しうる。そして、主たる債務者が任意に求償請求に応じなければ、保証人は主たる債務者に対して求償金請求訴訟を提起することになる。

このような求償権については、保証人が主たる債務者から委託を受けて保証人になったかどうか、委託を受けていない場合には、主たる債務者の意思に反して保証人になったかどうかによって、異なる処理がなされることになる。

ところで，連帯保証人が保証債務を履行した場合の求償金請求訴訟における要件事実などについては，Q49の解説を参照されたい。

さらに，保証人が保証債務の弁済などによって主たる債務を満足させた場合には，保証人の求償権を確保するために，当然に債権者に代位しうることになる（民500条）。すなわち，債権者が債務者に対し有していた権利の一切を行使することが認められるのである。

このような弁済者の代位に関しては，Q50の解説を参照されたい。

(2) **委託を受けた保証人（受託保証人）の求償金請求**

(a) 求償権の法的性質——事後求償

主たる債務者の委託を受けて保証人となった者が保証債務の弁済などによって主たる債務を満足させた場合は，その弁済などは，委託を受けた者（受任者）が委任事務を処理した場合にあたり，そのため，この場合の保証人の求償についての法的性質は，委任事務の処理に必要な費用の償還請求（民649条・650条）に該当することになる。しかし，委任の場合には，受任者は常に費用の前払請求権を有するが（民649条），主たる債務者の委託を受けて保証人となった者の求償権は，事後求償権，すなわち，まず弁済などにより主たる債務者を免責させて，その後に行使しうるのが原則である（民459条1項）。すなわち，受託保証人も弁済などにより主たる債務者を免責させて，その後に，主たる債務者に求償を求め，それに応じてくれない場合に，求償金請求訴訟を提起すべきことになる。

(b) 事前求償権

上記(a)のように，保証人の求償については，事後求償が原則である。しかし，受託保証人の場合には，例外的に，あらかじめ求償しうる場合（事前求償）が認められている。すなわち，①保証人が過失なく，債権者に弁済すべき裁判の言渡しを受けたとき（民459条1項），②主たる債務者が破産手続開始の決定を受けたが，債権者がその破産財団の配当に加入しないとき（民460条1号），③債務が弁済期にあるとき，そして，この③の弁済期は，保証契約締結当時のものを基準にする。よって，保証契約の後に主たる債務者が債権者から期限の猶予を受けても，保証人に対抗できず，そのため，保証人は当初の弁済期を基準にして，あらかじめ求償することができる（同条2号）。④弁済期が不確定であって，

かつ、その最長期も確定できない場合に、保証契約締結後10年を経過したとき（同条3号）である*6。このような事前求償権については、保証は主たる債務の人的担保としての性質を有するところ、保証人が弁済などにより主たる債務者を免責させて、その後に求償したのでは、自らの出捐を回復できない可能性の高い場合に、保証人のリスク回避のために、受託保証人に限って、担保負担からの解放請求権を認めたものである。

ただし、上記の4つの場合に該当し、受託保証人が事前求償権を行使した場合にも、主たる債務者は無条件にこれに応じなければならないわけではなく、対抗措置が認められている。すなわち、受託保証人が事前求償権を行使した場合に、債権者が全部の弁済を受けない間は、主たる債務者は、受託保証人に対して、(i)自己に担保を提供することを請求でき、又は、(ii)自己に免責を得させることを請求できる（民461条1項）。さらに、(iii)受託保証人が事前求償権を行使した場合に、請求を受けた主たる債務者は、供託をし、事前求償権に相当する担保を提供し、又は、債権者と交渉して受託保証人を免責させることによって、事前求償を拒絶することができる（同条2項）。

 *6 民法改正法案においては、本文に記載した④の規定、つまり、現行民法460条3号（「債務の弁済期が不確定で、かつ、その最長期をも確定することができない場合において、保証契約の後10年を経過したとき。」）は削除された。その上で、460条3号には、新たに「保証人が過失なく債権者に弁済をすべき旨の裁判の言渡しを受けたとき。」との規定が加えられた（改正法案460条3号）。この規定は、本文に記載した①の規定と同じものである。つまり、現行民法459条1項から民法改正法案460条3号へ移されたのである。

(c) 求償の範囲

連帯債務の場合と同じである。すなわち、保証人が主たる債務者を免責させたところの弁済額、免責のあった日以後の法定利息及び避けることのできなかった費用その他の損害の賠償額について求償しうることになる（民459条2項・442条2項）。

(d) 求償権の制限

保証人は、弁済をする前と弁済をした後に、主たる債務者に通知をしなければならず、これを怠ると、求償請求に制約を受けることがある。この点は、連

帯債務の場合とまったく同じである（民463条1項・443条）。よって，前記〔1〕(3)(a)を参照のこと。

　受託保証人がいる場合には，主たる債務者も，弁済をした後には，受託保証人に通知をしなければならず，これを怠ると，受託保証人が善意で弁済したときに，その受託保証人は自らの弁済を有効とみなしうることになる（民463条2項・443条）*7, *8。主たる債務者に事後の通知義務を課すことによって，受託保証人が二重に弁済するのを避けようとしたものである。

　　*7　民法463条2項は，443条1項も準用することにしている。しかし，主たる債務者が事前の通知を怠って自らが弁済をしても，保証人に求償することはありえないので，この443条1項については準用の余地はない。

　　　このため，民法改正法案においては，現行民法463条2項が443条を準用することをやめることにした。そして，463条2項を「保証人が主たる債務者の委託を受けて保証をした場合において，主たる債務者が債務の消滅行為をしたことを保証人に通知することを怠ったため，その保証人が善意で債務の消滅行為をしたときは，その保証人は，その債務の消滅行為を有効であったものとみなすことができる。」と改定した（改正法案463条2項）。すなわち，受託保証人がいる場合につき，主たる債務者の債務消滅行為の後においてこの者に事後通知義務を課し，その上で，この事後通知を怠ったときには一定の不利益を被る旨を規定した。

　　　なお，民法改正法案においては，463条3項を新設し「保証人が債務の消滅行為をした後に主たる債務者が債務の消滅行為をした場合においては，保証人が主たる債務者の意思に反して保証をしたときのほか，保証人が債務の消滅行為をしたことを主たる債務者に通知することを怠ったため，主たる債務者が善意で債務の消滅行為をしたときも，主たる債務者は，その債務の消滅行為を有効であったものとみなすことができる。」と規定した（改正法案463条3項）。

　　*8　委託を受けていない保証人に対しては，主たる債務者は，この事後通知義務すら負わない。

(e)　求償権の消滅時効

　求償権の消滅時効がどの時点から進行を始めるのかという問題もあるが，この問題については，Q52の解説を参照されたい。

(3)　**委託を受けない保証人の求償金請求**

　この場合は，保証人は主たる債務者の委託を受けることなく保証人になったもので，このような保証人による弁済は，事務管理にあたる。したがって，こ

の場合の求償の法的性質については，事務管理者の費用の償還請求に該当する（民702条参照）。そして，このように委託を受けない保証人については，さらに次の2つの場合に分かれることになる。

　(a)　主たる債務者の意思に反しないで保証人になった場合

　この場合には，保証債務の弁済などによって主たる債務を満足させ，主たる債務者を免責させた場合に，保証人は，主たる債務者が「その当時（免責の当時）利益を受けた限度において」求償することができる（民462条1項，民702条1項・2項参照）。したがって，この場合には，利息や損害金を請求することはできない。

　この場合にも，受託保証人の場合（上記(2)(d)）と同様に，保証人は弁済をする前と弁済をした後に，主たる債務者に通知をしなければならず，これを怠ると，求償請求に制約を受けることがある（民463条1項・443条）*9。

　　　*9　民法改正法案においては，この場合の保証人に，債務消滅行為の後における主たる債務者への事後通知義務を課し，これを怠ると，求償請求に制約を受けることがある旨を規定している（改正法案463条3項。なお，*7を参照）。

　(b)　主たる債務者の意思に反して保証人になった場合

　この場合には，保証債務の弁済などによって主たる債務を満足させ，主たる債務者を免責させた場合に，保証人は，主たる債務者が「現に（求償の当時）利益を受けている限度においてのみ」求償することができる。したがって，免責の後求償の時までに，主たる債務者が債権者に対する反対債権を取得したときは，主たる債務者は，相殺できることをもって保証人の求償請求に対抗できることになる。その場合には，保証人は主たる債務者に対する求償権を失い，主たる債務者の反対債権は保証人に当然に移転するものと考えるべきであり，よって，保証人は，債権者に対して上記の反対債権を行使しうることになる（民462条2項，民702条3項参照）。

　この場合にも，民法463条1項が主たる債務者の意思に反して保証人になった者を除くとしていないので，保証人は弁済をする前と弁済をした後に，主たる債務者に通知をしなければならない（民463条1項・443条）*10。

　　　*10　主たる債務者の意思に反して保証人になった者の求償権の範囲は，求償の当時に主たる債務者が現に利益を受けている限度である（462条2項）。そのため，保証人

が弁済しその通知をしても，主たる債務者が，それ以降求償時までに，反対債権を取得したような場合には，これをもって保証人の求償に対抗できるのであり，よって，主たる債務者の意思に反して保証人になった者においては，通知の有無によって求償権の範囲に違いが生じるわけではない。

　主たる債務者の意思に反して保証人になった者の求償に関して，民法462条2項のほか，民法改正法案においては，463条3項を新設し「保証人が債務の消滅行為をした後に主たる債務者が債務の消滅行為をした場合においては，保証人が主たる債務者の意思に反して保証をしたときのほか，保証人が債務の消滅行為をしたことを主たる債務者に通知することを怠ったため，主たる債務者が善意で債務の消滅行為をしたときも，主たる債務者は，その債務の消滅行為を有効であったものとみなすことができる。」と規定している（改正法案463条3項）。

(4) 主たる債務者が複数いる場合の求償権

(a) 複数いる主たる債務者の全員について保証している場合

　この場合，保証人が弁済すれば，主たる債務者全員が債務を免れることになり，そこで，保証人は，主たる債務者全員に対して求償しうる。つまり，それぞれの主たる債務者は求償に応じる義務を負うことになる。

(イ) 主たる債務が分割債務である場合　　この場合には，主たる債務者の求償に応じる義務も，それぞれの主たる債務者について分割債務となる。

(ロ) 主たる債務が不可分債務又は連帯債務である場合　　この場合には，主たる債務者の求償に応じる義務も，それぞれの主たる債務者について不可分債務又は連帯債務となる。

(b) 複数いる主たる債務者の一部について保証している場合

(イ) 主たる債務が分割債務である場合　　この場合も，保証人が弁済すれば，主たる債務者も債務を免れることになり，そこで，保証人は，主たる債務者に対して求償しうる。しかし，この場合は，分割債務であるから，保証人が保証していない他の債務者が債務を免れることはなく，よって，他の債務者との関係で保証に基づく求償関係が生じることはない。

(ロ) 主たる債務が不可分債務又は連帯債務である場合　　この場合は，保証人が弁済すれば，主たる債務者だけでなく，保証人が保証していない他の債務者も債務を免れることになる。そこで，保証人は，主たる債務者に対して求償しうるのは当然として，保証していない他の債務者との関係についても問題に

なる。そして，この場合，本来であれば，弁済をした保証人は主たる債務者に全額の求償を求め，その後に，求償に応じた主たる債務者が他の債務者に負担部分に応じて求償することになる。しかし，このような求償関係は二度手間であるので，それを防ぐために，民法464条は，弁済をした保証人は，保証していない他の債務者に対して，その負担部分について求償しうるとしている*11。

*11 民法464条は，弁済をした保証人の利益確保のための規定である。すなわち，この規定によって，保証をした主たる債務者が無資力であっても，保証をしていない他の債務者に対して求償請求をなしうるので，自らの出捐部分の（一部）回復を図りうるからである。そのため，民法464条の存在によっても，原則どおり，弁済をした保証人が保証をした主たる債務者に対し全額の求償請求をすることについて，制約されないものと考えるべきである。そこで，弁済をした保証人は，主たる債務者に全額の求償請求をするか，民法464条によって各債務者にその負担部分に応じて求償請求をするかについて，選択権を有するものと解すべきである。

(5) 保証人が複数いる場合（共同保証）の求償権

共同保証とは，複数の保証人が同一の主たる債務を保証する場合をいう。1個の契約で複数の者が保証人になる場合のほか，一部の者が後から保証人になる場合にも，この共同保証が認められる。

(a) 分別の利益

共同保証人は，原則として，分別の利益をもつ。すなわち，それぞれの共同保証人は，主たる債務の額を保証人の頭数で割った額についてのみ，保証債務を負担することになる（民456条）。しかし，次の場合には，共同保証人は，分別の利益を有しない。すなわち，①主たる債務が不可分債務である場合（民465条1項），②保証連帯の場合（共同保証人間で各人が全額を弁済すると合意をした場合；同項），また，③連帯保証の場合である（大判大6・4・28民録23輯812頁参照，通説）。

(b) 共同保証人間の求償権

(イ) 共同保証人の1人が弁済など自らの出捐によって主たる債務を満足させた場合には，主たる債務者に対して求償権を取得する（民459条・462条）。したがって，この主たる債務者が任意に求償請求に応じない場合には，弁済などを行った共同保証人は，主たる債務者に対して，求償金請求訴訟を提起しうる。

(ロ) さらに，共同保証人の1人が弁済など自らの出捐によって主たる債務を

満足させた場合には、他の共同保証人に対しても求償権を取得する（民465条）。したがって、他の共同保証人が任意に求償請求に応じない場合にも、弁済などを行った共同保証人は、他の共同保証人に対しても、求償金請求訴訟を提起しうる。

ただし、次のように、共同保証人に分別の利益がある場合とない場合とで、規律される根拠条文が違っており、取扱いも異なってくる。

(i) 共同保証人に分別の利益がある場合　共同保証人に分別の利益がある場合には、自分の保証する数額（負担部分）を超える額を弁済した場合に、その超過額についてだけ、他の共同保証人に対して求償しうることになる。この場合は、もともと義務のない弁済をしたのであるから、あたかも委託を受けないで保証人になった者による弁済の場合に類似する。そのため、民法465条2項により委託を受けない保証人の求償権についての462条が準用され、この規定に従って規律されるのである。

(ii) 共同保証人に分別の利益がない場合　上記(a)の①、②、③のように、共同保証人に分別の利益がない場合には、それぞれの共同保証人は債権者に対して全額の弁済義務を負うが、共同保証人同士では負担部分だけの弁済義務を負うにすぎないとみるべきであるから[*12]、その関係は連帯債務者相互間の関係に類似する。そのため、共同保証人に分別の利益がない場合には、民法465条1項により連帯債務者間の求償に関する442条から444条までが準用され、共同保証人が「自己の負担部分を超える額」を弁済した場合に、他の共同保証人に対し、上記の規定に従って求償しうることになる。なお、この「自己の負担部分を超える額」（民465条1項）における「自己の負担部分」とは、連帯債務の場合（上記〔1〕(1)参照）と違って、負担割合ではなく、総債権額（ないしは債権全体の金銭的価値）に自己の負担割合を乗じることによって算出される固定した数額であると解されている。なぜならば、このような固定した数額部分については主たる債務者に対する求償だけで満足すべきであり、それを超える部分に限って、共同保証人相互で負担すべきものとし求償関係が生じると解するのが共同保証の趣旨に適合するからである。

　　[*12]　このうち③の場合、つまり連帯保証人が複数いる場合に、複数いる連帯保証人の間の内部関係においては、負担部分のあることを想定している。そして、各自の負

担部分を超える額を弁済した場合に求償関係が生じるとしている。そして，この場合の負担部分は，まず，特約によって決定され，特約がない場合には，平等と解すべきである（最判昭46・3・16民集25巻2号173頁参照）。なお，連帯保証の場合，連帯保証人と主たる債務者との関係では，連帯保証人に負担部分はないものと考えられている。

［井手　良彦］

第 6 章

求償金請求訴訟に関するQ＆A

Q49 | 求償金請求の要件事実

保証債務を履行した連帯保証人が行う主債務者に対する求償金請求の要件事実について説明するとともに，その訴状（請求の趣旨及び原因）の起案例を示しなさい。

A

〔1〕 求償金請求の要件事実

(1) 訴 訟 物

(a) 保証人からの求償金請求

　保証債務の履行は，保証人と債権者との間の保証契約から発生する保証人自身の債務の履行であるが，実質的には，主たる債務者の債務を同人に代わって満足させて消滅させるものである。このことからすると，保証債務を履行した保証人に主たる債務者に対する求償権を認めて，両者間の利益調整をすることが必要となる。

(b) 委託を受けた保証人の求償権

　保証人が主たる債務者の委託を受けて保証した場合は，主たる債務者と保証人との間には，保証委託契約（委任契約）が存在し，保証債務の履行は，保証委託契約によって委託された委任事務の処理ということができる。委任事務を

処理した受任者と委任者との間は事務処理費用償還請求権（民650条1項）により利益調整されており，このことから，主たる債務者の委託を受けた保証人の求償金請求訴訟の訴訟物の本質は保証委託契約（委任契約）に基づく事務処理費用償還請求権（民650条1項）と解される。なお，民法459条の保証人の事後求償権に関する規定は，委任契約に基づく事務処理費用償還請求権についての規定（民650条1項）の特則ということになる。

(c) 委託を受けていない保証人の求償権

委託を受けていない保証人による保証債務の履行は，義務なく他人の事務を管理したものとして，事務管理における事務処理と見ることができる。このことから，委託を受けていない保証人の求償金請求訴訟の訴訟物の本質は事務管理に基づく費用償還請求権と解される。

(2) **要件事実**

(a) 委託を受けた保証の場合

(イ) 主たる債務の発生原因事実　債権者と主たる債務者との間で発生した被保証債務の発生原因事実である。

なお，委託を受けた保証の場合，求償権が委任契約に基づくものであることから，主たる債務の発生原因事実まで主張・立証する必要はないとする見解もあるが，保証債務が主たる債務に対して附従性を有することや利息制限法などの原債権に対する法規制が保証人の求償権行使についても及ぶと解されることから，主たる債務の発生原因事実は請求原因事実であると解される。

(ロ) 書面等による保証契約の成立　保証人が債権者との間で主たる債務を保証する旨の合意をした事実である。平成16年民法改正により保証契約にあたって書面等の作成が必要とされることになった（民446条2項・3項）。同改正法の施行日は平成17年4月1日であり，同日以後に成立した保証契約について書面又は電磁的記録によってなされたことが必要となり（改正法附則3条），同事実が請求原因事実となる。

なお，民法改正法案465条の6ないし9では，保証人が法人である場合を除き，事業のために負担した貸金等債務を主たる債務とする保証契約は，その契約の締結に先立ち，その締結の日の1ヵ月以内に作成された公正証書で保証人となろうとする者が保証債務を履行する意思を表示していなければ効力を生じ

ないとされ，その公正証書の作成について厳格な規制がなされている。ただし，これらの規制はいわゆる第三者保証についての規制であり，会社の取締役が保証人となる場合等のいわゆる経営者保証については同規制の適用はなく，現行法上の要式性の規制によることになる。

なお，連帯保証の場合も，訴訟物は保証契約に基づく保証債務履行請求権であり，請求原因事実としては保証契約の締結を主張することで足り，連帯の特約は，債務者の催告の抗弁，検索の抗弁に対する再抗弁事由となる（**Q38**参照）。

(ハ) 保証債務の弁済，その他自己の財産をもって債務を消滅させる行為をしたこと　保証人の事後求償の場合，弁済等によって債務を消滅させたことを主張・立証する必要がある。

なお，主たる債務の弁済期前に弁済しても求償権は成立するが，主債務の弁済期が到来するまでは求償権行使ができない（大判大3・6・15民録20輯476頁）。このことから弁済期の到来が保証債務履行請求の請求原因事実となるとする見解と弁済期の到来は同請求の請求原因事実ではないが，主たる債務の弁済期の未到来が求償権行使を拒む主たる債務者の抗弁事由となるとする見解がある。

民法改正法案は，保証人の期限前の弁済について明文の規定を設けている。すなわち，保証人が弁済期前に弁済したときは，主たる債務の弁済期以後でなければ求償権を行使できず，また，求償権の範囲は主たる債務が消滅した当時利益を受けた限度であるとし（改正法案459条の2第1項・3項・462条1項・3項），加えて，委託を受けた保証人が主たる債務の弁済期以後弁済したときは弁済の日以後の法定利息等を請求できるが（同459条2項・442条2項），同保証人が弁済期前に弁済したときは弁済期以後の法定利息等しか請求できない旨を定めている（同459条の2第2項）。

(ニ) 保証委託契約の締結　保証委託を受けた保証人の求償請求訴訟の訴訟物は保証委託契約（委任契約）に基づく事務処理費用償還請求権であるから，同請求権の発生根拠となる保証委託契約の締結の事実が請求原因事実となる。これに対し，保証委託を受けた保証人の求償権と保証委託を受けていない保証人の求償権を統一的に把握する立場から，保証委託を受けた事実を要件事実とせず，保証委託を受けていない事実をもって，求償の範囲を減縮する抗弁とする見解もあるが，訴訟物が保証委託契約に基づく事務処理費用償還請求権であ

ることからすると相当とは考えられない。

　㈱　法定利息及び避けることができなかった費用その他の損害の発生及び額
　保証委託を受けた保証人の求償権の範囲は，主たる債務を消滅させた支出額のほか，弁済その他免責のあった日以後の法定利息及び避けることができなかった費用その他の損害の賠償を含む（民459条2項・442条2項）。保証人が同規定に基づいて「法定利息」を請求するためには，「弁済その他免責のあった日」について主張・立証する必要がある（なお，民法改正法案では，前記のとおり，委託を受けた保証人が弁済期前に弁済したときは主たる債務の弁済期以後の法定利息等しか請求できないとされており，その場合は主たる債務の弁済期も主張・立証することになる）。また，「避けることができなかった費用」としては，保証人が支払った訴訟費用，執行費用等がこれに該当するとされているところ（大判昭9・7・5民集13巻1264頁），保証人がこれらを請求する場合はその発生原因及び数額が要件事実となる。

　なお，保証人と主たる債務者との保証委託契約において，民法459条2項，442条2項で定める法定利息に代えて約定利率による遅延損害金を支払う旨の特約がなされることが多い。民法459条2項，442条2項が任意規定であることから，同特約は有効と解されているが（最判昭59・5・29民集38巻7号885頁），保証人が約定利率による遅延損害金を請求する場合は，特約の存在について主張・立証する必要がある。

　(b)　委託のない保証の場合
　(イ)　「主たる債務の発生原因事実」，「書面等による保証契約の成立」，「保証債務の弁済，その他自己の財産をもって債務を消滅させる行為をしたこと」が要件事実となり，その内容は委託を受けた保証の場合と同じである。

　(ロ)　なお，「保証委託がなかったこと」は，事務管理の要件事実でないことから，要件事実とはならない。

　(ハ)　委託のない保証の場合における保証人の求償権の範囲は，保証人が主たる債務者に債務を免れさせた「当時利益を受けた限度」であり，保証人は免責の日以後の法定利息や損害賠償を請求することはできない。

　また，委託のない保証の場合のうち，保証人が主たる債務者の意思に反して保証した場合の求償権の範囲はさらに狭く，主たる債務者が求償を受けた当時に「現に利益を受けている限度」であり，この場合，主たる債務者の意思に反

することが求償権の範囲を狭める事由であると考えられることから，同事実が主たる債務者の抗弁事由となる。

〔2〕 保証債務を履行した連帯保証人のする主債務者に対する求償金請求訴訟の訴状起案例

　A銀行とY間の金銭消費貸借契約の締結にあたって，YがXに対し，YのA銀行に対する前記金銭消費貸借契約に基づく借受金債務について連帯保証をすることを委託し，同委託に基づいてXとA銀行との間で連帯保証契約が締結されたが，YがA銀行に対する前記債務の支払を怠ったため，XがA銀行に対する連帯保証債務を履行したことによるXのYに対する求償金請求訴訟における訴状の起案例は，次のとおりである。

収　入
印　紙

訴　　　状

平成〇〇年〇〇月〇〇日

〇〇簡易裁判所　御中

　　　　　　　　　　　原告訴訟代理人司法書士　〇　〇　〇　〇　㊞

〒〇〇〇－〇〇〇〇
　〇〇県〇〇市〇〇町〇〇丁目〇〇番〇〇号
　　　　　　　　　原　　　告　　　　　X

〒〇〇〇－〇〇〇〇
　〇〇県〇〇市〇〇町〇〇丁目〇〇番〇〇号
　　　　　　　　　上記訴訟代理人司法書士　〇　〇　〇　〇
　　電　話　　〇〇〇〇－〇〇－〇〇〇〇
　　ＦＡＸ　　〇〇〇〇－〇〇－〇〇〇〇
〒〇〇〇－〇〇〇〇

　　　　　○○県○○市○○町○○丁目○○番○○号
　　　　　　　　　被　告　　　　　　　Y

求償金請求事件
　　訴訟物の価格　　70万5000円
　　貼用印紙　　　　○○○○円

第1　請求の趣旨
　1　被告は，原告に対し，70万5000円及びこれに対する平成27年4月1日から支払済みまで年14.6パーセントの割合による金員を支払え。
　2　訴訟費用は被告の負担とする。
　との判決及び仮執行の宣言を求める。
第2　請求の原因
　1　金銭消費貸借契約の成立
　　　被告は，訴外株式会社A銀行（以下「A銀行」という。）との間で，平成○○年○月○○日，以下のとおり金銭消費貸借契約を締結し，同日，その貸付けを受けた。
　　ア　貸付額　　　100万円
　　イ　利息　　　　年利3.5パーセント
　　ウ　返済方法　　毎月5日限り元金2万円及び利息を返済する。
　　エ　特約　　　　毎月の支払を一度でも怠ると，当然に期限の利益を喪失し，残元本に対する年14パーセントの割合による遅延損害金を支払う。
　2　保証委託契約の締結
　　　被告は，同日，原告との間で，原告が前記1の金銭消費貸借契約から生じる被告の債務を連帯保証をすることを目的とする次の内容の保証委託契約を締結した。
　　ア　被告は，原告に対し，前記1の金銭消費貸借契約に基づく被告のA銀行に対する債務を原告が連帯保証することを委託する。
　　イ　被告が前記1の金銭消費貸借契約の定めに違反したことにより，原告が

銀行から連帯保証債務の履行を求められたときは，原告は被告に対し通知，催告なくして保証債務を履行することができる。*1
　　ウ　原告が連帯保証債務を履行したときは，被告は，原告に対し，その弁済額及びこれに対する代位弁済日の翌日から支払済みまで年14.6パーセントの割合による遅延損害金を支払う。*2
　3　連帯保証契約の成立
　　　原告は，前記2の保証委託契約に基づき，平成○○年○月○○日付けの書面により，前記1にかかる被告のA銀行に対する債務について連帯保証契約を締結した。*3
　4　期限の利益の喪失
　　　被告は，A銀行に対し，平成○○年○○月○日分の支払を怠った。*4
　5　代位弁済
　　　原告は，A銀行に対し，平成27年3月31日，前記1の金銭消費貸借契約に係る被告の残債務70万5000円（残元金60万円，未払利息7万1000円，遅延損害金3万4000円）を代位弁済し，被告に対する求償権を取得した。*5
　6　よって，原告は，被告に対し，求償金70万5000円及びこれに対する代位弁済の日の翌日である平成27年4月1日から支払済みまで年14.6パーセントの割合による遅延損害金の支払を求める。*6

証拠方法

1　金銭消費貸借契約書（甲1号証）
2　保証委託契約書（甲2号証）
3　連帯保証契約書（甲3号証）
4　印鑑証明書（甲4号証）
5　代位弁済金受領書（甲5号証）

［注］
　＊1　保証人の事前の通知（民463条1項・443条1項）を不要とする特約である。保証人が事前の通知をすることなく弁済等の出捐行為をした場合，主たる債務者が債権者に対抗することができた事由を対抗されることになるが（民463条1項・443条1項），同規定は任意規定であり特約で排除することができる。同特約は，保証人の求償金請求

に対し，主たる債務者が債権者に対抗しえた事由を抗弁として主張した場合の再抗弁事由であるが，実務では，請求原因事実として記載されることが多い。

　なお，民法改正法案463条1項は，主たる債務者の委託を受けた保証人に限って事前通知をしない場合の不利益を定めている。これは，委託を受けない保証人の場合は，もともと求償権の範囲に制限があるため，事前通知義務を課す必要がないと考えられることによる。また，通知の内容について，現行法では債権者から履行の請求を受けたことを通知すべきであるが，民法改正法案463条1項では債務の消滅行為をする旨を通知すべきことになる。

＊2　求償債権の遅延損害金について約定利率によることを定めた特約である。

＊3　連帯保証の場合も，訴訟物は保証契約に基づく保証債務履行請求権であり，請求原因事実としては保証契約の締結を主張することで足りるが（Q37参照），実務では請求原因事実で連帯保証である旨主張されることが多い。

＊4　弁済期の到来（期限の利益の喪失）が保証債務履行請求の請求原因事実となるとする見解に基づく記載である。実務上，このような記載例が多い。なお，期限の利益喪失の要件事実について，特定の分割金の弁済期が経過したことを主張・立証すれば足りるとする見解と特定の弁済期において分割弁済を怠ったことを主張・立証する必要があるとする見解があるが，分割弁済を怠ったという消極的事実を要件事実とするのは相当ではないと考えられる（司法研修所編『民事訴訟における要件事実(1)』272頁参照）。

＊5　残元金と期限の利益の喪失日までの利息の残額及び期限の利益の喪失日から保証人の弁済日までの遅延損害金についての代位弁済である。

＊6　元本となるのは，原告が出捐した額であるから，その中に原契約である金銭消費貸借契約における利息や損害金が含まれていても，出捐額全部について遅延損害金が発生する。

[野藤　直文]

Q50 | 代位弁済者による原債権・連帯保証債権についての給付請求訴訟

代位弁済者が弁済により取得する求償権と弁済による代位により取得する原債権及び担保権との関係を説明するとともに，代位弁済者による原債権又は連帯保証債権についての給付請求訴訟において，請求が認容された場合の判決主文の記載例を示しなさい。

〔1〕 弁済による代位（代位弁済）

　債務者以外の第三者又は共同債務者（連帯債務者，保証人）が債権者に対して弁済その他自己の出捐（免責行為）によって債務を消滅させ債権者に満足を与えた場合，弁済者は，債務者に対し，求償権を取得し（事後求償権。民459条1項後段・462条），求償権の請求をすることができる。さらに，民法は，求償権の効力を確保するために，弁済者は，債権者に代位することを認め（民499条・500条），代位弁済者は，「自己の権利に基づいて求償をすることができる範囲内において，債権の効力及び担保としてその債権者が有していた一切の権利を行使することができる」（民501条前段）として，債権者の債務者に対する一切の権利（以下「原債権」という）を，代位弁済者が取得した求償権の範囲内で行使することを認める。この制度を「弁済による代位」（代位弁済）という。

　弁済による代位の法的性質については，代位弁済により原債権は消滅するが，本来ならば附従性により消滅するはずの原債権の担保権が，求償権を担保するために存続する（いわば接木される），すなわち，求償権が消滅した原債権にとって代わり，原債権の担保は求償権の担保にとって変わるとする構成（接木説）と，弁済により消滅するはずの原債権が消滅せず，したがって，附従する担保権も消滅しないとする構成の対立があり，さらに，後者においては，求償権を確保させるために原債権が消滅していないかのように法律上擬制されるとする説

（擬制説）と，弁済により原債権は消滅せず，代位弁済者に当然に移転するとする説（債権移転説）があったが，最〔3小〕判昭59・5・29民集38巻7号885頁は，「弁済による代位の制度は，代位弁済者が債務者に対して取得する求償権を確保するために，法の規定により弁済によって消滅すべきはずの債権者の債務者に対する債権（以下『原債権』という。）及びその担保権を代位弁済者に移転させ，代位弁済者がその求償権の範囲内で原債権及びその担保権を行使することを認める制度であ」るとして債権移転説によることを明らかにし，それに続く一連の最高裁判所判例（最〔1小〕判昭59・10・4裁判集民事143号1頁，最〔2小〕判昭59・11・16裁判集民事143号165頁，最〔3小〕判昭60・1・22裁判集民事144号1頁，最〔1小〕判昭61・2・20民集40巻1号43頁，最〔1小〕判平7・3・23民集49巻3号984頁，最〔3小〕判平9・9・9裁判集民事185号287頁，最〔3小〕判平23・11・22民集65巻8号3165頁，最〔1小〕判平23・11・24民集65巻8号3213頁）においても，その立場が確認された。

　債権移転説によれば，弁済による代位は，求償権を確保するための制度であり，原債権が，求償権確保のために，法の規定によって当然に移転する。原債権は，債権者と債務者の関係では代位弁済者の弁済により消滅し，債務者と代位弁済者の間では存続するものとして扱われるのであるから，代位弁済により相対的に（債務者・債権者間で）消滅する（原債権の相対的消滅）にとどまることになる。原債権が代位弁済者に移転することにより，担保権（抵当権等の物的担保はもちろん，保証人等の人的担保も含まれる）も，移転した原債権に随伴して，代位弁済者に移転する。代位弁済者は，求償権，原債権，原債権の担保権（物的担保，人的担保）のいずれをも行使することができることになる。弁済による代位の効果で最も大きいのは，担保権（物的担保，人的担保）の移転であるが（代位弁済者に原債権の行使を認める実際上の利益は，原債権に付されている担保権を利用することによって，代位弁済をした金員の確実な回収を図るところにある），原債権は固有の性質をもったまま移転するのであるから，代位弁済者が原債権についての抵当権等の物的担保権を行使するときでも，被担保債権は求償権ではなく原債権であり，原債権についての連帯保証債権等の人的担保権を行使するときも，保証される債務は依然として原債権である（前掲最〔3小〕判昭59・5・29，前掲〔1小〕判昭59・10・4，前掲最〔2小〕判昭59・11・16）。代位弁済者が原債権あるいは担保

権を実行した場合，原債権が満足を受けた限りで，求償権も満足を受けることになる。

なお，平成27年3月31日に閣議決定され，同日，第189回通常国会に提出された「民法の一部を改正する法律案」(以下「改正法案」という)は，501条1項を「前2条の規定により債権者に代位した者は，債権の効力及び担保としてその債権者が有していた一切の権利を行使することができる。」とすることを示すところ，これは，現民法501条前段の枠組みをそのまま維持するものであり，弁済による代位の意義は，改正法案のもとにおいても解釈に委ねられることになる。

〔2〕 原債権と求償権の関係

(1) 原債権の担保的機能

弁済による代位により，法律上，原債権は担保権とともに代位弁済者に移転することになるが，代位弁済者は，弁済によって求償権も取得しているので，原債権と求償権との関係が問題になる。

弁済による代位は，「代位弁済者が債務者に対して取得する求償権を確保するために，法の規定により弁済によって消滅すべきはずの原債権及びその担保権を代位弁済者に移転させ」るものであり(前掲〔3小〕判昭59・5・29に続く一連の最高裁判所判例)，「求償権を確保する」というのは，「原債権を求償権を確保するための一種の担保として機能させることをその趣旨とするものである」(前掲〔3小〕判平23・11・22，前掲〔1小〕判平23・11・24)。すなわち，代位弁済者の「求償権を確保するため」とは，「求償権の回収を確実ならしめるため」を意味し，実質は，原債権を求償権者に法律上当然に移転させることによって，原債権をして求償権に対する担保的機能を果たさせようとするものである。そして，原債権の移転による担保的機能とは，求償権確保のために原債権が譲渡担保の目的として求償権者に移転したのと同様の関係に立つものであるとされる(前掲〔3小〕判平23・11・22における田原睦夫裁判官の補足意見。なお，すでに，前掲最〔3小〕判昭59・5・29の調査官解説(塚原朋一・最判解説民事篇昭和59年度271頁)において，「確保する」という趣旨が「担保する」という趣旨を含むものであり，債権(多くは人的・物的担保を有する権利)という権利の譲渡による法定担保制度であるといえる，と

解説されている)。

　原債権が求償権確保のための担保的機能を有することを前提に，原債権と求償権の関係をみると，両者の間には，原債権と求償権は別個の債権であるという面（別債権性）と，原債権は求償権を確保することを目的として存在するという面（原債権の附従的性質）とがある。

(2) 原債権と求償権の別債権性

　代位弁済者が弁済により取得した求償権と弁済による代位により移転し取得した原債権とは別個の債権であるという関係は，具体的には次の点に現れる。

　(a)　原債権と求償権とは，元本額，弁済期，利息・遅延損害金の有無・割合が異なるので，総債権額が別々に変動する（前掲最〔1小〕判昭61・2・20)。

　(b)　原債権の担保権の被担保債権は，求償権ではなく，原債権である（前掲最〔3小〕判昭59・5・29, 前掲最〔1小〕判昭59・10・4, 前掲最〔2小〕判昭59・11・16)。

　(c)　原債権と求償権は，債権としての性質に差異があることにより，別個に消滅時効にかかる（前掲最〔1小〕判昭61・2・20)。

　(d)　代位弁済者が原債権を行使する場合には，債務者は，原債権及び求償権の双方についての抗弁をもって対抗することができる（前掲最〔1小〕判昭61・2・20)。

　(e)　原債権について，民法174条の2による時効期間の延長があっても，求償権の消滅時効期間の延長（時効延長効）が生じるものではない（前掲最〔1小〕判平7・3・23, 前掲最〔3小〕判平9・9・9)。

　前掲最〔1小〕判平7・3・23の事案は，債務者の破産手続の債権調査期日においては債権者からの届出債権（原債権）につき異議がなく，債権表に記載されたが，その後に債権全額を弁済した保証人が，債権の届出名義の変更の申出をしたもの，前掲最〔1小〕判平9・9・9の事案は，債権調査期日の前に債権（原債権）全額を弁済した保証人が，債権調査期日の後に債権の届出名義の変更の申出をしたものであるが，債権表に記載された届出債権が破産者に対し確定判決と同一の効力を有するのは（破124条3項 (旧287条1項)），届出債権につき異議がないことが確認されることによって，債権の存在及び内容が確定されることを根拠とするものであるから，代位弁済者が求償権の行使として債

権の届出名義の変更の申出をしても，求償権の存在及び内容については確定すべき手続がとられていないとして，求償権についての時効延長効が生じるものではないとされた。

(3) 原債権の附従的性質

弁済による代位により移転する原債権は，求償権を確保（担保）することを目的とする附従的性質（前掲最〔1小〕判昭61・2・20）を有するものであるという関係は，具体的には次の点に現れる。なお，原債権と求償権の関係は，一種の請求権競合であるが，通常の請求権競合（例えば，不法行為に基づく損害賠償請求権と債務不履行に基づく損害賠償請求権）におけるように両請求権が独立又は併存して競合するのではなく，互いに牽連又は原債権が求償権に対する一種の主従の関係を有しながら競合するのであり，主従（直列）の関係のある特殊な請求権競合（主従的競合）であると解されている。

(a) 代位弁済者が求償権を有していなければ，原債権への代位は生じず，原債権を行使することができない。

(b) 原債権は，求償権が消滅すると当然に消滅し，行使は求償権を上限とするなど，求償権の存在及び債権額を離れ，求償権と独立して行使することはできない（前掲最〔1小〕判昭61・2・20）。

(c) 裁判所が原債権及び担保権についての給付請求を認容する場合は，原則として，判決主文で，請求を認容する限度として求償権を表示すべきである（前掲最〔1小〕判昭61・2・20）。

(4) その他の原債権と求償権の関係

その他，弁済及び債権を行使する際の原債権と求償権の一体性が問題となる場面において，次の内容が判示されている。

(a) 代位弁済者に対して内入弁済があった場合，求償権と原債権とのそれぞれに内入れ弁済があったものとして，双方について弁済充当に関する民法の規定に従って充当される（前掲最〔3小〕判昭60・1・22）。

(b) 原債権の消滅時効が中断したときは，求償権についての消滅時効も中断する（前掲最〔1小〕判平7・3・23，前掲最〔3小〕判平9・9・9）。

代位弁済者による債権（原債権）の届出名義の変更の申出は，原債権の行使であるが，同時に求償権の担保権の行使と実質的に同視することができること

を理由に，求償権についての消滅時効の中断効が生じるとされた。

(c) 弁済による代位により原債権である財団債権（給料債権）を取得した代位弁済者は，破産者に対する求償権が破産債権にすぎない場合であっても，破産手続によらないで原債権を行使することができる（前掲最〔3小〕判平23・11・22）。民事再生手続において，代位弁済者の求償権が再生債権にすぎない場合であっても，弁済による代位により原債権である共益債権を取得した代位弁済者は，再生手続によらないで原債権を行使することができる（前掲最〔1小〕判平23・11・24）。

〔3〕 代位弁済者による原債権及び担保権の行使の訴訟

(1) 原債権及び担保権並びに求償権についての審理

代位弁済者が，代位弁済によって取得した原債権及び担保権を行使して給付又は確認の請求をする場合について，前掲最〔1小〕判昭61・2・20は，原債権及び担保権の行使によって「確保されるべき求償権の成立，債権の内容を主張立証しなければならず，代位行使を受けた相手方は原債権及び求償権の双方についての抗弁をもって対抗することができ」る旨を判示する。原債権と求償権は別個の債権であるから，代位弁済者が原債権及び担保権を行使して給付訴訟又は確認訴訟を提起する場合であっても，訴訟物となるのは，求償権ではなく，原債権又は連帯保証債権である。原告である代位弁済者は，例えば，貸金債務者に対する訴訟では原債権の成立を，連帯保証人に対する訴訟では，原債権の成立に加えて連帯保証契約の成立を主張・立証しなければならないのは当然であるが，代位弁済者による原債権及び担保権の行使は求償権の存する限度によって制約され，しかも，求償権による制約は実体法上の制約であるから（前掲最〔1小〕判昭61・2・20），裁判所は原債権及び担保権の行使の限界を画する求償権の成立及び内容についても審理・認定しなければならず，原告である代位弁済者は，求償権についても主張・立証しなければならないのである。被告は，原債権及び求償権の双方について，発生障害，変更，消滅等の抗弁を主張することができることになる。

(2) 代位弁済者による原債権及び担保権の行使の訴訟における判決主文

(a) 判決主文における求償権の表示

代位弁済者が，原債権及び担保権を行使して給付又は確認の請求をする訴訟において，審理の結果確定された求償権について，どのように判決において反映させるかが問題となるが，前掲最〔1小〕判昭61・2・20は，「裁判所が代位弁済者の原債権及び担保権についての請求を認容する場合には，求償権による右のような制約は実体法上の制約であるから，求償権の債権額が常に原債権の債権額を上回るものと認められる特段の事情のない限り，判決主文において代位弁済者が債務者に対して有する求償権の限度で給付を命じ又は確認しなければならないものと解するのが相当である」として，求償権の限度を判決理由中で判断をするだけでは足りず，原則として判決主文に表示しなければならない旨を判示する。求償権の債権額を判決主文に表示しないとすると，判決の効力は主文によって確定されるから（民訴114条1項参照），原債権は，判決以後は求償権と独立し，求償権の債権額を超えて代位行使されることが認められることになり，その不都合を避けるためには判決主文に表示する以外に方法はないからである。

　(b)　判決主文の記載例（以下は，前掲最〔3小〕判昭60・1・22の調査官解説（塚原朋一・最判解説民事篇昭和61年度25頁）及び塚原朋一「弁済代位によって取得した原債権の履行を求める場合の判決主文における求償権の表示」同編著『事例と解説民事裁判の主文』129頁による）

　(イ)　求償権の債権額が原債権の債権額を将来にわたって常に上回る場合
　前掲最〔1小〕判昭61・2・20によれば，判決主文で原債権の債権額の支払だけを命じれば足りることになる。原債権が債権額の満額について行使・実現されても，求償権の債権額を上回ることがないからである。判決主文は，「被告は，原告に対し，○○万円及びこれに対する平成○年○月○日から支払済みまで年○パーセントの割合による金員を支払え。」との表現になる。ただし，付帯請求部分を含めて求償権の額が原債権の額を将来にわたって常に上回ることを判決理由中において確定しなければならず，これを欠くときは，理由不備となる（民訴312条2項6号）。判決基準時後の事由により求償権が消滅したり，原債権の額を下回るような事態が生じた場合には，請求異議の訴えを提起してその旨の主張をすることになる。

　(ロ)　求償権の債権額が口頭弁論終結時には原債権の債権額より大きいが，将

来の一定時点以降は逆転して原債権より小さくなる場合　元本は求償権が大きく，遅延損害金の割合は原債権が大きい場合に起こることがある。求償権の債権額が大きい期間における原債権は，求償権によって制約されることはないが，求償権の債権額が原債権の債権額を下回ったときは，原債権は求償権の債権額の限度による制約を受けることになるから，判決主文に求償権の債権額が表示されなければならない。逆転する時点は判決の時点で計算上求めることはできるが，途中で内入れ弁済があったときは内入れ弁済は原債権と求償権の双方に対し充当され（前掲最〔3小〕判昭60・1・22），元利金の構成が異なってくるため，上記の時点は当然に変動し意味がなくなるから，判決主文で求償権の債権額を表示することが必要である。判決主文は，「被告は，原告に対し，○○万円及びこれに対する平成○年○月○日から支払済みまで年○パーセントの割合による金員を，原告が訴外某（注・求償債務者）に対し△△万円及びこれに対する平成△年△月△日から支払済みで年△パーセントの割合により支払を求める求償権の限度で，支払え。」との表現になる。求償権の債権額の表示部分を前半に持ってきて，「被告は，原告に対し，原告が訴外某（注・求償債務者）に対し△△万円及びこれに対する平成△年△月△日から支払済みで年△パーセントの割合により支払を求める求償権の限度で，○○万円及びこれに対する平成○年○月○日から支払済みまで年○パーセントの割合による金員を支払え。」との表現でも差し支えない。

　(ハ)　求償権の債権額が口頭弁論終結時には原債権の債権額より小さいが，将来の一定時点以降は逆転して原債権より大きくなる場合　代位弁済者が代物弁済によって当該物件の価格よりも多額の原債権を消滅させた場合で，しかも，求償権の利息又は損害金の割合が原債権の利息・損害金の割合よりも高いときが，この場合にあたる。判決主文は，上記(ロ)と同様の表現となる。

　(ニ)　求償権の債権額が口頭弁論終結時以降常に原債権の債権額より小さい場合　前掲調査官解説39頁及び塚原朋一・前掲133頁は，前掲最〔3小〕判昭60・1・22の趣旨に忠実に従うとすると判決主文は上記(ロ)，(ハ)と同様の表現の主文となるが，特に問題が指摘されるような特別の事情がない限り，判決主文において小さい求償権の債権額のみを表示する方法（簡略型）も実務上は許容されるのではないかと思われるとする。もちろん，判決理由中において付帯

請求部分を含めて求償権の額が原債権の額より将来にわたって常に下回ることを確定しておかなければならない。判決主文は，「被告は，原告に対し，△△万円及びこれに対する平成△年△月△日から支払済みで年△パーセントの割合による金員を支払え。」との表現になる。簡略型の判決主文で支払を命じているのは，金額上は求償権の債権額と一致しているが，あくまでも原債権である（求償権の債権額に減縮された原債権が表示されているのである）。したがって，表現上元金部分のようにみえる債権額が原債権である貸金の元金と一致するわけでもなければ，損害金部分のようにみえる債権額が原債権の損害金と一致するわけでもない。ただ，原債権の一部のみが認容されたような観を呈しており，代位弁済者は原債権の全額を取得したはずであることからすると，請求の一部棄却となるのもおかしいので，簡略型はあまり適当ではないとの指摘もあり（野田宏「担保訴訟における判決主文例」野田宏＝後藤邦春編『裁判実務大系(14)担保関係訴訟法』532頁），前掲調査官解説39頁においても，上記(ロ)，(ハ)と同様の表現の判決主文のほうが適切であることはいうまでもないとされている。

［増田　輝夫］

Q51 連帯債務者が利息制限法を超える利息を弁済した場合の求償額

連帯債務者が利息制限法を超える利息を弁済した場合，他の連帯債務者に対して求償しうる金額はどうなるか，説明しなさい。

A

〔1〕 はじめに

本問においては，債権者から，利息制限法所定の制限利率を超える利率の利息の約定のもと，金銭を借り入れた連帯債務者のうちの1人が，債権者に対して，約定利率による利息と元本の全額を支払った場合に，その連帯債務者は，他の連帯債務者に対し，利息制限法所定の制限利率を超えて支払った利息の部分についても，求償しうるかが問題となる。以下に，連帯債務の意義並びに連帯債務における負担部分及び求償関係について簡単に説明をして，その後，この問題について検討することにしたい。

〔2〕 連帯債務

(1) 連帯債務の意義

「連帯債務」とは，複数の債務者が同一内容の給付につきそれぞれ独立に債権者に対して全部の給付をするという債務を負い，その中の1人が給付をすれば他の者も債務を免れるという多数当事者の債務である（民432条）。

(2) 連帯債務における負担部分及び求償関係

連帯債務の場合，連帯債務者の1人が，弁済その他の出捐（代物弁済，供託，更改，混同など）によって総債務者の共同の免責を得たときには，他の連帯債務者に対してその負担部分に応じた求償を請求することができる（民442条）。

上記の負担部分は，割合であって，固定した数額（すなわち，総債権額に上記割

合を乗じることによって算出される固定した数額）ではないと解されている。そして，負担部分の割合は，連帯債務者間における特約又は連帯債務を負担することによって受ける利益の割合によって決まるが，そのような特約等が存在しないときには，平等の割合とされている。例えば，特約によれば，連帯債務者Ａ，Ｂ，Ｃがそれぞれの負担部分をＡ－90％，Ｂ－10％，Ｃ－０％とすることもできるのである。

　このように特約で負担部分を決めた場合や受ける利益で負担部分が決まる場合であっても，①連帯債務者間の内部の求償の関係においては，その負担部分の割合は，そのとおりの割合で効力を有すると解してよい。しかし，②債権者との関係では，同様に考えるわけにはいかない。すなわち，上記のような特約や受ける利益については債権者にわからないことが多いので，連帯債務者の１人に生じた事由が絶対的効力を有する場合，例えば，上記の特約をした事例で，連帯債務者Ａについて消滅時効が完成した場合などには，債権者は債権の90％を失うことになり（民439条），不測の損害を被ることになってしまうからである。そのため，債権者との関係では，連帯債務者の負担部分は原則として平等とし，ただし，債権者が実際の負担部分を知り，あるいは知りえた場合にのみ，連帯債務者は債権者に対して実際の負担部分を主張しうるものと考えるべきである。

　ところで，連帯債務者間の内部の求償の関係について，連帯債務者の１人が弁済その他共同の免責を受ける出捐行為をする場合には，その事前と事後に他の連帯債務者に通知をしなければならず，そのような通知をしなければ，その後の求償権の行使の際に不利益を受けることがある（民443条）。すなわち，①事前の通知をしないで弁済等の出捐をした連帯債務者が，他の連帯債務者に対して求償請求をした場合に，他の連帯債務者は，自分が債権者に主張しえた事由をもって対抗しうる（民443条１項）。例えば，債権者に相殺を主張しうる反対債権をもっていたこと（相殺の抗弁）[*1]，自分の債務については未だ履行期が到来していないこと，また，自分の債務を生じさせた契約は無効であるとか取り消したことなどをもって，弁済等の出捐をした連帯債務者が求償請求をすることに対して対抗できるのである。他方，②連帯債務者の１人が弁済等の出捐をしたのに，他の連帯債務者にその出捐行為をしたという事後の通知を怠っている場合に，その後，他の連帯債務者が債権者に二重に弁済等の出捐をした場合

には，この事後の通知を受けずに出捐をした連帯債務者は，自己の出捐行為を有効なものとみなすことができる（民443条2項）。ただし，この民法443条2項は当然に同条1項を前提にしており，よって，同条2項の保護を受けるためには，同条1項における事前の通知をしておかなければならず，そのため，事後の通知を受けずに弁済等の出捐をした連帯債務者が自らの出捐行為の前における事前の通知を怠っていた場合には，自己の弁済等の出捐を有効なものとみなすことはできないとされている（最判昭57・12・17民集36巻12号2399頁）。

　さらに，連帯債務者間の内部の求償の関係に関して，連帯債務者の1人が「一部弁済」をした場合の求償関係につき，求償しうるのは自らの負担部分を超えて弁済し共同免責を受けた場合に限られるのかという問題がある。例えば，連帯債務者D，E，F（負担部分は平等）が債権者に300万円の連帯債務を負っている場合に，Dが一部弁済を行い共同免責を受けたとしてE及びFに対し求償できるのは，自らの負担部分（100万円）を超えて弁済した場合（例えば，200万円を弁済した場合）に限られるのか，それとも，一部でも弁済すれば（例えば，60万円を弁済すれば）求償できるのかという問題である。これについては，連帯債務者の1人が一部弁済を行い共同免責を受けた場合には，（たとえ自らの負担部分を超えていなくても，）その弁済額全部につき，他の連帯債務者に対しその負担部分の割合に応じた求償をなしうるものと考えるべきである（大判大8・5・3民録23輯863頁参照）。なぜならば，負担部分は固定した数額（すなわち，総債権額300万円に連帯債務者D，E，Fの負担割合を乗じた額＝100万円）ではなく割合と考えるべきであるから，連帯債務者の1人が共同免責を受ける出捐をすれば，出捐部分につき負担部分の割合に応じて他の連帯債務者にも負担させるべきであり，また，このように解することが公平であるからである。したがって，上記の例によれば，Dが一部でも弁済すれば（例えば，60万円を弁済すれば），他の連帯債務者E及びFに対して，その負担部分に応じて求償しうることになる（すなわち，E及びFに対して，20万円ずつの求償が可能となる）[*2]。

　　＊1　本編第5章＊3を参照。
　　＊2　平成27年3月31日に国会に提出された「民法の一部を改正する法律案」（民法改正法案）においては，民法442条を「連帯債務者の一人が弁済をし，その他自己の財産をもって共同の免責を得たときは，その連帯債務者は，その免責を得た額が自

己の負担部分を超えるかどうかにかかわらず，他の連帯債務者に対し，その免責を得るために支出した財産の額（その財産の額が共同の免責を得た額を超える場合にあっては，その免責を得た額）のうち各自の負担部分に応じた額の求償権を有する。」と改正し，前掲大判大6・5・3の見解を明文化している。

〔3〕 最判昭43・10・29の見解

(1) 最判昭43・10・29の見解

設問の問題に関しては，最高裁判所の判決がある。事案は，上告人（X）と被上告人（Y）が連帯債務者であり，上告人が債権者（A）に対して利息制限法所定の制限利率を超える約定利率による利息と元本の全額を支払い，他の連帯債務者である被上告人（Y）に対して，利息制限法所定の制限利率を超えて支払った利息の部分についても，求償請求をしたというものである。このような事案について，最判昭43・10・29（民集22巻10号2257頁）は，「金銭消費貸借上の利息の約定が利息制限法所定の制限利率をこえるときは，その超過部分に関しては右約定は無効であるから，上告人らは連帯債務者として」債権者に対しては「右超過部分の利息債務を負担せず，したがって，右超過部分に関しては被上告人には負担部分たるべきものも存在しなかったものといわなければならない。してみれば，上告人が」債権者に対し「前記利息制限法所定の制限を超過する利息金相当の金員を任意に支払ったからといって，被上告人に対して右制限をこえる部分に相当する金員の求償を請求することは許されない」と判示した。

これは，①連帯債務者である上告人（X）と被上告人（Y）は，債権者（A）に対して，ともに利息制限法所定の制限利率を超える利息債務を負担していないのであるから（利息1条1項），そのように存在しない利息債務を支払っても求償権が発生するとはいえないものと考えるべきであるし，また，②連帯債務者である上告人（X）が上記のような超過部分の利息債務を支払い，他の連帯債務者である被上告人（Y）に対して超過部分について求償しうるとすると，その被上告人（Y）は，実質的に，超過部分についての支払を強制されたという結果になりかねず，妥当でなく，さらに，③上告人（X）が任意に支払った超過部分については，本来，上告人（X）から債権者（A）への返還請求も認

められなかったのであるから（旧利息1条2項），求償を認めるとなると返還請求が認められたのと同一の結果になってしまい，妥当でない*3。このような理由から，上記の最高裁判所の見解は導かれているものと解せられ，その見解は肯定すべきものと考える。

　　*3　ところで，利息制限法によれば，同法所定の制限利率を超える利息及び遅延損害金の約定は，その超過部分について無効であるとされており（利息1条・4条1項），かつては，債務者が上記の超過部分を任意に支払ったときは，債権者に対してその返還を請求することができないという規定が設けられていた（旧利息1条・4条の各2項）。しかし，平成18年の利息制限法の改正（施行日：平成22年6月18日）によって，このような旧利息制限法1条，4条の各2項はともに削除された。したがって，本文中の理由③は，平成18年の改正後は理由として成り立たないことになる。

(2) 本問の場合

したがって，最判昭43・10・29の見解に従うべきであり，本問の場合も，金銭を借り入れた連帯債務者のうちの1人が，債権者に対し約定利率による利息と元本の全額を支払った場合に，その連帯債務者は，他の連帯債務者に対して，利息制限法所定の制限利率を超えて支払った利息の部分について，求償できないものと考えるべきである。

なお，（連帯）保証人が，債権者に対して，利息制限法所定の制限利率を超える約定利率による利息を支払った場合にも，最判昭43・10・29の見解と同様の理由により，その（連帯）保証人は，主債務者に対して，利息制限法所定の制限利率を超えて支払った利息の部分について求償できないものと解すべきである。

〔井手　良彦〕

Q52 | 事後求償権の消滅時効

Aは、Yに対し、100万円を貸し付けた。Xは、Yとの間の保証委託契約による委託を受け、YのAに対する貸金債務を連帯保証した。

しかし、Yの振り出した約束手形が不渡りとなったため、上記保証委託契約における合意（契約書面中には、手形が下渡りになったとき、Xが事前求償権を取得するとの条項がある）によって、Xは、Yに対する事前求償権を取得したものの、Aに対し、連帯保証債務を履行したため、Yに対する事後求償権をも取得した。

この場合、事後求償権の消滅時効はいつの時点から進行を開始するのか、説明しなさい。

〔1〕はじめに

保証人は、債権者に対して弁済その他自己の出捐（免責行為）によって債務を消滅させた場合、債務者に対し、求償権を取得し（事後求償権。民459条1項後段・462条）、求償金の請求をすることができるように、保証人の求償権は事後求償権が原則である。しかし、民法は、委託を受けた保証人（受託保証人）については、一定の場合において、免責行為をする前でも、債務者に対し、あらかじめ求償することができることを定める（事前求償権。民459条1項前段・460条）。そこで、事前求償権と事後求償権との同一性ないし両者の関係をどう解すべきかが問題となる（求償権の個数論争）。

なお、平成27年3月31日に閣議決定され、同日、第189回通常国会に提出された「民法の一部を改正する法律案」は、460条3号を「保証人が過失なく債権者に弁済をすべき旨の裁判の言渡しを受けたとき。」とすることを示す。これは、現民法460条3号の発生事由（債務の弁済期が不確定で、かつ、その最長期をも

確定することができない場合において，保証契約の後10年を経過したとき）として想定されているのは，終身定期金債務の保証などであるが，主債務の額が定まらないなどの問題があり，事前求償になじむものではないことから，これを削除するとともに，それに代わり，現民法459条1項前段の事由を事前求償権に関する現民法460条中に定めることとするものである。

〔2〕 事前求償権の法的性質

事前求償権の法的性質については，受任者の委任事務処理費用前払請求権（民649条）を保証委託契約の趣旨に照らして制限したものであるとする説（委任事務処理費用説），保証人の事後求償権を保全（確保）するために一定の場合に認められたものであるとする説（事後求償権保全説），また，保証人の担保的地位からの解放を債務者に対して求める権利であるとする説（解放請求権説）がある。

(1) 委任事務処理費用説

受託保証人に認められている事前求償権（民459条1項前段・460条）は，受任者の委任事務処理費用前払請求権（民649条）に対応し，事後求償権（民459条1項後段）は，受任者の委任事務処理費用償還請求権（民650条1項）に対応するが，保証人が免責行為をするのに必要な費用の前払いを常に債務者に請求することができるのでは，債務者は保証を委任するまでもなく自ら弁済すればよく，また，保証人が債務者から前払いを受けて債務者の資力が失われるのでは，保証人を付けた意味（信用の供与）がなくなり，さらに，前払いを得た保証人が保証債務の履行をしない場合もあるので，民法は，受託保証人の免責行為前の求償権を一定の場合（保証人が保証債務を履行しなければならない可能性が高く，保証人の利益保護を図る必要がある場合。民459条1項前段・460条）に限って認めたものであり，民法649条は保証の委任に関する限り適用されないとする見解である。

(2) 事後求償権保全説

事前求償権の発生事由（民459条1項前段・460条）は，保証人が免責行為により取得する事後求償権を保全する必要性についての事由であり，また，事前求償権の消滅事由（民461条）は，事後求償権の保全の必要性の消滅事由ともいうべきであるように，事前求償権の発生，消滅は事後求償権の保全の必要性の発生，消滅にかかっており，事前求償権は事後求償権保全のためのものであると

する見解である。

(3) 解放請求権説

保証は債務の人的担保としての性質を有するので，保証人が現実に免責行為をしない場合でも，保証人に担保的地位からの解放についての保護の必要性が認められる一定の場合には，担保的地位からの解放を主たる債務者に対して求める権利を与える意味があり，事前求償権は，それ自体が保証委託関係から保証人を解放する機能を有する人的担保としての保証債務からの解放請求権として，自らの免責又は担保を請求しうるために認められた特別の権利であるとする見解である。

〔3〕 事前求償権と事後求償権との関係（求償権の個数論争）

(1) 求償権1個説（一元説）

免責行為前に行使することができる事前求償権と免責行為後に行使することができる事後求償権は，別個の求償権として存在するわけではなく，保証の委託を受けたことから発生する同一の求償権のみが存在するのであって，事前求償権は行使の時期が繰り上げられたにすぎないとする見解である。すなわち，民法459条1項前段及び460条に規定された免責行為前の求償権は，民法459条1項後段に規定された免責行為後における求償権と同じ権利であるが，免責行為前に一定の要件のもとに例外的に，民法459条1項後段に規定された求償権を事前に行使することを認めたものであって，民法460条柱書が「あらかじめ，求償権を行使することができる」と規定するのはその趣旨であるとする（後掲最〔3小〕判昭60・2・12における上告理由参照）。

(2) 求償権2個説（二元説）

事前求償権と事後求償権は，委託に基づいて保証したことの効果として，民法459条1項前段，460条と民法459条1項後段とで認められた2種類の求償権であり，別個の権利であるとする見解である。解放請求権説の立場からは，事前求償権には，委託保証関係としての人的担保である保証債務から保証人を解放するという事後求償権にはない独自の権能があることを強調する。

最〔3小〕判昭60・2・12民集39巻1号89頁は，事後求償権の消滅時効の起算点が問題となった事案において，「事前求償権は事後求償権とその発生要

件を異にするものであることは前示のところから明らかであるうえ，事前求償権については，事後求償権については認められない抗弁が付着し，また，消滅原因が規定されている（民法461条参照）ことに照らすと，両者は別個の権利であり，その法的性質も異なるものというべきであ」るとして，求償権2個説の立場をとることを明らかにした。

なお，求償権2個説を前提として，事前求償権と事後求償権の存続関係をめぐっては，①事後求償権が発生した後も，事前求償権は事後求償権に吸収されて消滅することなく存続し，事前求償権と事後求償権は併存するが，事前求償権は，担保的な性格から，事後求償権を保全する目的の範囲内でのみ認められることになるとする見解（併存貫徹説）と，②事前求償権が事後求償権と同一の経済的給付を目的としていること等を根拠とし，事前求償権が発生した後は，事前求償権は事後求償権に融合（吸収）され，事後求償権についても事前求償権に認められた権利・権能の行使が可能であるとする見解（融合説）がある。

〔4〕 事前求償権及び事後求償権の消滅時効

(1) 求償権の消滅時効期間

求償権の消滅時効期間は，当該求償権が民事債権か商事債権かにより異なり，民事債権は10年が原則である（民167条1項）のに対し，商事債権は5年（商522条）であるが，保証委託契約が商行為であるとき（当事者のいずれかが商人であるとき等）は，求償権は商事債権となり時効期間は5年となる。信用保証協会は商人ではないが，委託をする債務者が商人である場合には，信用保証協会の求償権は商事債権として5年の消滅時効にかかることになる（最〔2小〕判昭42・10・6民集21巻8号2051頁）。事後求償権のみならず，事前求償権についても同じである。

(2) 事前求償権の消滅時効

(a) 事前求償権の消滅時効の成否

事前求償権と事後求償権との関係に関する求償権1個説に立つ場合は，事前求償権は事後求償権と別個に消滅時効にかかることはないとの結論（消滅時効否定説）が導かれやすいのに対し，求償権2個説に立つ場合は，事前求償権は事後求償権と独立して消滅時効にかかるかが問題となる。委任事務処理費用説

の立場からは，受任者の委任事務処理費用前払請求権（民649条参照）は，民法460条各号所定の事由があるときから行使できる債権であるから，当該事由の発生時から権利を行使しうるとして消滅時効が進行するとの結論（消滅時効肯定説）が導かれやすいのに対し，事後求償権保全説の立場からは，保証債務の履行責任が存在する限り，すなわち，保証人の免責行為により保証債務が消滅するまでは，事前求償権は事後求償権を保全するため消滅時効にかからないとの結論（消滅時効否定説）に，解放請求権説の立場においても，保証人が人的担保としての地位にある限りは，免責又は担保を請求して保証債務からの解放を請求するために消滅時効にかからないとの結論（消滅時効否定説）が導かれやすい。

東京高判平19・12・5判時1989号21頁・金判1283号33頁は，原審（東京地判平19・2・27金判1283号39頁）が，事前求償権は，一般の民事債権と同様に，権利を行使することができる時から10年の経過による消滅時効を認めた（民167条1項）のに対し，事前求償権は，保証債務が存在し，履行によって保全されるべき事後求償権の発生が見込まれる場合には，事前求償権の消滅を認めることは相当ではないとして，事後求償権と別個に消滅時効が進行を開始することはないと解すべきである旨を判示する。本判決の立場でも，保証債務の履行責任がなくなったとき，すなわち，免責行為により事後求償権が成立したときは，その時点から事前求償権の消滅時効が進行し，結果的に，事後求償権の消滅時効の完成と同時に，その保全の手段である事前求償権も時効消滅すると解することになる。

(b) 事前求償権の消滅時効の起算点

事前求償権は事後求償権とは独立して別個に消滅時効にかかると解する場合，事前求償権の消滅時効の起算点については，①抗弁権の付着があっても（抗弁権は，債権者自らが除去しうるため，時効の進行を妨げない），事前求償権の成立時から進行するとの見解（成立時説），②債務者に対して事前求償を請求した時から進行するとの見解（請求時説），③事前求償権と事後求償権の一体性を強調し，求償権の消滅時効は，一体として，事前求償権に付着した抗弁が脱落し，具体的に権利を行使することができるようになる免責行為の時から進行するとの見解（免責行為時説）がある。

(2) **事後求償権の消滅時効**

(a) 事後求償権の消滅時効の起算点

受託保証人の債務者に対する事後求償権の消滅時効の起算点は、免責行為があった時であり、翌日から時効期間が起算されることになる（大阪高判昭59・5・30判タ535号212頁、名古屋地判昭58・10・7判タ521号201頁）が、事前求償権を取得し行使することができる場合においても同様に考えることができるかが問題となる。

求償権1個説に立つ場合は、事前求償権の発生の要件があれば求償権そのものが発生し、直ちに行使可能な権利であるから、事後求償権の消滅時効は、事前求償権が発生した時から進行するとの結論（事前求償権発生時説）が導かれやすいのに対し（ただ、求償権1個説に立つ場合も、結論的には、求償権の消滅時効は、免責行為をした時から進行するとする見解が多数である）、求償権2個説に立つ場合は、事前求償権と事後求償権は別個の権利であるから、それぞれの求償権の属性は別個に決定され、事後求償権の消滅時効は、保証人による免責行為をした時から進行するとの結論（免責行為時説）が導かれやすい。

前掲最〔3小〕判昭60・2・12は、前記のように事前求償権と事後求償権との関係について求償権2個説をとることを明らかにした上で、「主たる債務者から委託を受けて保証をした保証人（以下「委託を受けた保証人」という。）が、弁済その他自己の出捐をもって主たる債務を消滅させるべき行為（以下「免責行為」という。）をしたことにより、民法459条1項後段の規定に基づき主たる債務者に対して取得する求償権（以下「事後求償権」という。）は、免責行為をしたときに発生し、かつ、その行使が可能となるものであるから、その消滅時効は、委託を受けた保証人が免責行為をした時から進行するものと解すべきであり、このことは、委託を受けた保証人が、同項前段所定の事由、若しくは同法460条各号所定の事由、又は主たる債務者との合意により定めた事由が発生したことに基づき、主たる債務者に対して免責行為前に求償をしうる権利（以下「事前求償権」という。）を取得したときであっても異なるものではない。」旨を判示し、事後求償権の消滅時効は、受託保証人が事前求償権を取得したときであっても、免責行為をした時から進行するとの立場（免責行為時説）をとることを明らかにした。

(b) 事前求償権を被保全権利とする仮差押えの後に発生した事後求償権の消

第6章 求償金請求訴訟に関するQ＆A　　Q52　事後求償権の消滅時効

滅時効の中断

　事前求償権と事後求償権との関係についての求償権2個説の立場を徹底すると，事前求償権を被保全権利とする仮差押えによって事前求償権の消滅時効が中断しても，別個の権利である事後求償権の消滅時効は中断せず，時効により消滅するのかが問題となるが，最〔3小〕判平27・2・17（裁時1622号1頁，裁判所ホームページ（http://www.courts.go.jp/app/hanrei_jp/detail2?id=84862）。原審・大阪高判平24・5・24（金法1981号112頁））は，Y（個人）のZ（銀行）に対する借入金債務についてYから委託を受けて信用保証をした後，代位弁済をしたX（信用保証協会）が，Yに対して事後求償権に基づく求償金請求訴訟を提起したが，訴えの提起が代位弁済日から16年余りが経過しているため，事後求償権の消滅時効が争点となり，Xが事前求償権を被保全権利としてY所有の不動産に対する仮差押えをしているため，事前求償権を被保全権利とする仮差押えによって事後求償権についても消滅時効が中断するかが問題となった事案において，「事前求償権は，事後求償権と別個の権利ではあるものの（最高裁昭和60年2月12日第三小法廷判決・民集39巻1号89頁参照），事後求償権を確保するために認められた権利であるという関係にあるから，委託を受けた保証人が事前求償権を被保全債権とする仮差押えをすれば，事後求償権についても権利を行使しているのと同等のものとして評価することができる。また，上記のような事前求償権と事後求償権との関係に鑑みれば，委託を受けた保証人が事前求償権を被保全債権とする仮差押えをした場合であっても民法459条1項後段所定の行為をした後に改めて事後求償権について消滅時効の中断の措置をとらなければならないとすることは，当事者の合理的な意思ないし期待に反し相当でない。」として，「事前求償権を被保全債権とする仮差押えは，事後求償権の消滅時効をも中断する効力を有するものと解するのが相当である。」旨を判示した。

〔5〕　設問の検討

　受託保証人の債務者に対する事後求償権の消滅時効の起算点は，免責行為があった時であり，その翌日から時効期間が起算される（前掲大阪高判昭59・5・30，前掲名古屋地判昭58・10・7）。設問においては，XがAに対して連帯保証債務を履行したことによって取得したYに対する事後求償権（民459条1項後段）の消

滅時効は，Xが免責行為をした時，すなわち，XがAに対して連帯保証債務を履行した時点から進行を開始することになる。

ところが，設問においては，XとYとの間の保証委託契約において，Yの振り出した約束手形が不渡りとなったときは，免責行為の前であっても，XはYに対して事前求償権を取得するとの条項が定められており，Yの振り出した約束手形が不渡りとなり，Xは，Aに対して連帯保証債務を履行する前において，Yに対する事前求償権を取得していた（民459条1項前段・460条参照）ことから，受託保証人の債務者に対する事後求償権の消滅時効の起算点に影響を及ぼすかが問題となる。

事前求償権と事後求償権との関係について，両者は別個の求償権として存在するものではなく，民法459条1項前段，460条の求償権は，民法459条1項後段の求償権と同一の権利であり，一定の要件が満たされる場合に，免責行為の前であっても例外的に，法459条1項後段の求償権を事前に行使することが認められたものである（求償権1個説）と解すれば，求償権は，免責行為の前であっても，民法459条1項前段あるいは460条の事由が発生した時に求償権が成立し，その時点から求償権を行使することが可能となる以上，当該時点から求償権の消滅時効が進行を開始することになる。しかし，事後求償権は，保証人が債権者に対して弁済その他自己の出捐（免責行為）によって債務を消滅させ，債権者に満足を与えたことによって成立する（民459条1項後段）通常のかつ内容の確定した債権であり，弁済等債権の消滅事由の発生によって消滅するのに対し，事前求償権は，民法459条1項前段又は460条各号所定の事由の発生によって生じ，その事由を消滅させる事由（民461条）の発生によって消滅し，債権の内容も，免責行為によって取得する事後求償権の内容とは異なる。このように，事前求償権と事後求償権とは，発生事由及び消滅事由並びに債権の内容も異なるものである以上，法的に同一のものであると解するのは困難であって，別個の権利であると解すべきであり（求償権2個説。前掲最〔3小〕判昭60・2・12），事後求償権の消滅時効は，免責行為前に事前求償権を取得し行使することができる場合であっても，その時からではなく，事後求償権を取得し行使することができる時から起算すべきことになる（前掲最〔3小〕判昭60・2・12）。

したがって，設問においては，XのYに対する事後求償権の消滅時効は，X

がAに対する連帯保証債務を履行する前にYに対する事前求償権を取得していたとしても，Aに対して連帯保証債務を履行した時点から進行を開始すると解することになる。

[増田　輝夫]

第7章

その他の訴訟

Q53 | 請求異議訴訟の要件事実と防御方法

貸金請求訴訟の確定判決や，債務弁済契約公正証書（強制執行認諾条項あり）に基づく強制執行に対する請求異議訴訟（民執35条）の要件事実について説明するとともに，その訴状（請求の趣旨及び原因）の起案例を示しなさい。また，被告の防御方法について説明するとともに，その主張書面の起案例を示しなさい。

A

〔1〕 はじめに――前提となる基礎知識

(1) **請求異議訴訟の意義・目的**
(a) 意　義
　請求異議訴訟は，執行債務者が債務名義の執行力の排除を目的として提起するものである（民執35条1項）。例えば，債務者が，敗訴判決に従い，当該債務の弁済をしたにもかかわらず，債権者が当該判決に基づいて強制執行をするおそれがある場合，債務者は，当該判決の執行力を排除しておく必要がある。
(b) 目　的
　請求異議訴訟は，本来，現実にされた具体的執行の排除を目的とするものではない。しかし，実務上は，具体的執行の不許を求めることも認められている

（東京高判平7・5・29判時1535号85頁）が，これを否定するのが通説である。裁判例でも，東京地判平6・1・26判タ853号273頁は，「特別の事情がある場合」に限りこのような訴えも認められるとし，この「特別の事情」について具体的に判示している。

(2) 対象となる債務名義

確定判決，執行証書（執行力を有する公正証書），仮執行宣言付判決，仮執行宣言付支払督促をはじめとして，家事審判書，不動産引渡命令，破産債権表，請求認諾調書，調停調書，調停に代わる決定，和解に代わる決定など，あらゆる種類の債務名義（民執22条）が請求異議訴訟の対象となる。間接強制の決定も含まれる（東京高判平17・11・30判時1935号61頁）。

もっとも，仮執行宣言付判決，仮執行宣言付支払督促，仮執行宣言付損害賠償命令は，いずれも，確定前は，請求異議訴訟の対象とならない（民執35条1項前段括弧書）。また，仮差押え・仮処分命令，家事審判前の保全処分審判も，請求異議本訴訟の対象にならない。

(3) 請求異議の訴えの法的性質

請求異議の訴えの法的性質については，従来よりさまざまな見解が提唱されているが，形成訴訟とするのが実務である（形成訴訟説。大阪高判昭55・5・28高民集33巻2号73頁等）。すなわち，請求異議の訴えは，形成権たる執行法上の異議権に基づいて債務名義の執行力の排除を求めるものである。

(4) 訴訟物の個数

形成訴訟説では，執行力の排除を求める包括的1個の異議権が訴訟物となるため，異議事由が複数あっても訴訟物の個数は1個になる。

民事執行法35条3項（民執34条2項準用）は，その旨を裏から規定したものと理解することができる。なお，請求異議訴訟における請求棄却判決の既判力については争いがあり，執行力の存在のみならず，公正証書の債権の存否範囲にまで及ぶとする見解（東京高判平12・8・17判時1741号88頁）もある。

(5) 訴訟要件（訴えの利益）

当該債務名義に基づく強制執行が完結すれば，訴えの利益が失われる。

(6) 訴訟の終了

(a) 訴訟上の和解

形成訴訟説では、判決主文により形成されるのと同一内容の創設的効果を生じさせる訴訟上の和解（強制執行を許さないという条項の和解等）は許されない。形成的効果を生まない訴訟上の和解は認められるから、例えば、「強制執行はしない。」という文言の和解は認められる。

(b) 請求の認諾

請求の認諾も認められない。被告が争わない場合、請求原因事実に争いがないとして認容判決をすべきである。

〔2〕 要件事実

(1) **貸金請求訴訟の確定判決（以下「確定判決」という）の場合**

要件事実は、次のとおりである。

要件1　原告を債務者とする債務名義（確定判決）の存在
要件2　要件1の債務名義に表示された請求権の発生障害・消滅・阻止事由

(a) せりあげて主張・立証

債務名義が確定判決である場合、要件1を主張・立証すれば、本来抗弁事実である「請求権の存在及び債務名義の成立」が要件1の既判力により現れてしまうから、要件2も請求原因にせりあげて主張・立証する必要がある。

なお、具体的執行の不許を求める訴えの場合、特定の執行行為があったことも広義の要件事実となる。

(b) 異議事由

(イ) 当該請求権の発生障害、消滅、阻止事由（すべての債務名義について共通）

債務者（原告）は、債務名義（確定判決）に表示された請求権の存在又は内容について異議を主張することができる。

この異議事由には、①請求権の消滅事由（債務の弁済、代物弁済、免除、放棄、相殺、更改、混同、供託、消滅時効の完成など）、②請求権の効力の停止・制限事由（弁済期限の猶予、履行条件の変更、限定承認など）、③請求権の主体についての変動事由（執行債権の譲渡、免責的債務引受けなど）、④責任の制限、消滅を生ずる事由（破産、民事再生、会社更生における免責（破253条、民再178条・235条、会更204条1項））な

どがある。

　(ロ)　口頭弁論終結後に生じたもの　　債務名義が確定判決である場合，異議事由は，当該訴訟の口頭弁論終結後に生じたものに限られる（民執35条2項）。

　　(i)　異議事由にならないもの　　異議事由にならないものとして，口頭弁論終結後の，①取消し（最判昭36・12・12民集15巻11号2778頁，最判昭55・10・23民集34巻5号747頁各参照），②解除（大阪高判昭52・3・30判時873号42頁），③時効の援用（大判昭14・3・29民集18巻6号370頁）がある。いずれも，既判力により遮断されることを理由にしている。

　　(ii)　異議事由になるもの　　異議事由になるものとして，①口頭弁論終結後の相殺（最判昭40・4・2民集19巻3号539頁），②建物買取請求権の行使（最判平7・12・15民集49巻10号3051頁）がある。③建物買取請求権に基づく留置権，同時履行の抗弁権の行使についても異議事由になるというのが通説である。この場合の主文は，「被告の原告に対する……執行は，被告から原告に対する〇〇万円の支払と引換えにするのでなければこれを許さない。」などとなる（甲府地判昭40・4・26下民集9巻10号2160頁）。④限定承認については，口頭弁論終結前の限定承認であっても，異議事由とすることができる（大判昭15・2・3民集19巻2号110頁）。

(2)　**債務弁済契約公正証書**（強制執行認諾条項あり）（以下「公正証書」という）の場合

　要件事実は，次のとおりである。

要件1　原告を債務者とする公正証書の存在
要件2　要件1の公正証書が執行証書としての債務名義であること（金銭の一定額の給付請求権についてのものであり，執行認諾文言が記載されていること）

(a)　債務名義（執行証書）の存在自体によって異議権発生

　前記の要件事実によれば，特定の債務名義が存在すれば，その執行の危険性ないし可能性が存在することとなるため，当該債務名義の存在自体によって，その執行力の排除を求める執行法上の異議権が発生する。個々の異議事由については再抗弁に回る。

これに対し，異議事由についても債務者（原告）が請求原因で主張すべきとする見解がある。この見解では，公正証書は，作成の法定手続に照らし，その内容が当事者の意思に合致することは一般的制度的に保障されているから，特段の具体的な反対事情の主張書面がない限り，証書における当事者の意思表示は本人の意思に基づくものと推定され，反対事情の主張証明がない以上，請求は理由がないものとして棄却されることになる（東京高判昭55・6・26判時971号61頁）。したがって，前記要件事実にかかわらず，原告は，執行証書自体は有効に成立しているが，そこに表示された請求権が弁済によって消滅したこと，あるいは，執行受諾の意思表示が無権代理人によって行われたために執行証書がそもそも無効であること等を主張して，訴状の段階で争点を明確にすべきであるとする（後記〔3〕(2)はこの見解による）。

　具体的執行の不許を求める請求異議の訴えの場合，特定の執行行為があったことも広義の要件事実となる。

　(b) 当該請求権の発生障害，消滅，阻止事由
　前記(1)(b)(イ)と同じ。
　(c) 債務名義（執行証書）の成立を障害する事由
　公正証書の場合，①執行証書が無権代理人の嘱託により作成された場合（大判昭11・10・3民集15巻23号2035頁），②執行証書における執行認諾の意思表示に錯誤があって無効を主張する場合（最判昭44・9・18民集23巻9号1675頁），③公正証書に表示された準消費貸借契約が強迫によるものであるとして取り消された結果，公正証書は実体的に存在しない請求権について作成された場合（東京高判昭58・5・31判時1081号68頁），④白紙委任状を濫用して執行証書が作成された場合，⑤代理人が本人として執行証書の作成を嘱託した場合（最判昭56・3・24民集35巻2号254頁）等である。

〔3〕 訴状の起案例

(1) 確定判決の場合
　以下は，債権者（被告）が貸金請求訴訟事件の債務名義（確定判決）に基づいて，債務者（原告）に対し，具体的な強制執行を行った場合において，原告が上記貸金請求訴訟事件の口頭弁論終結後に債務全額の弁済をしていること（請

求権の消滅）を事由として訴えを提起した事例における訴状の一例である。

■異議事由──口頭弁論終結後に債務の全額を弁済したと主張する事例

訴　　　状

平成〇〇年〇〇月〇〇日

〇〇簡易裁判所　御中

原告訴訟代理人弁護士　甲　野　一　郎　㊞

〒〇〇〇－〇〇〇〇　〇〇市〇〇区〇〇町〇丁目〇番〇号
　　　　　　　　　　原　　　告　丙　川　三　郎
〒〇〇〇－〇〇〇〇　〇〇市〇〇区〇〇町〇丁目〇番〇号（送達場所）
　　　　　　　　　　訴訟代理人弁護士　甲　野　一　郎
　　　　　　　　　　電　話　〇〇〇－〇〇〇－〇〇〇〇
　　　　　　　　　　FAX　〇〇〇－〇〇〇－〇〇〇〇
〒〇〇〇－〇〇〇〇　〇〇市〇〇区〇〇町〇丁目〇番〇号
　　　　　　　　　　被　　　告　丁　原　四　郎

請求異議事件
　訴訟物の価額　金〇〇万〇〇〇〇円
　貼用印紙額　　金　　〇〇〇〇円

請　求　の　趣　旨

1　被告から原告に対する〇〇簡易裁判所平成〇〇年㈦第〇〇〇号貸金請求事件の判決に基づく強制執行を許さない。
2　訴訟費用は被告の負担とする。
との判決を求める。

請 求 の 原 因

1　原被告間には，○○簡易裁判所平成○○年(ハ)第○○○号貸金請求事件についての判決があり，この判決は，原告に対し，原被告間の平成○○年○○月○○の金銭消費貸借契約に基づく借受金残金○○万円及びこれに対する平成○○月○○日から支払済みまで年5分の割合による遅延損害金を被告へ支払うよう命じ，かつ，訴訟費用を原告の負担としている。
2　原告は，被告に対し，上記事件の事実審の口頭弁論終結後である平成○○年○○月○○日，前記債務全額を弁済した。
3　よって，原告は，上記判決の執行力の排除を求める。

証　拠　方　法

　　甲第1号証　　貸付証書（平成○○年○○月○○日付）
　　甲第2号証　　領収証（平成○○年○○月○○日付）

添　付　書　類

1　訴状副本　　　　1通
2　甲号証写し　　　各1通
3　委任状　　　　　1通

(2) 公正証書の場合

　以下は，債権者（被告）が金銭消費貸借契約公正証書（執行証書）に基づいて，債務者（原告）に対し，具体的な強制執行を行った場合において，原告が上記公正証書は，白紙委任状の濫用並びに無権代理人の嘱託により作成されたものであり，その執行力の排除を求めるとして訴えを提起した事例における訴状の一例である。

■異議事由──白紙委任状を濫用して執行証書が作成されたと主張する事例

訴　　状

平成○○年○○月○○日

第7章　その他の訴訟　　Q53　請求異議訴訟の要件事実と防御方法

○○地方裁判所　御中

原　告　丙　川　三　郎　㊞

〒○○○－○○○○　○○市○○区○○町○丁目○番○号（送達場所）
　　　　　　　　　原　　告　丙　川　三　郎
　　　　　　　　　電　話　○○○－○○○－○○○○
　　　　　　　　　ＦＡＸ　○○○－○○○－○○○○
〒○○○－○○○○　○○市○○区○○町○丁目○番○号
　　　　　　　　　被　　告　丁　原　四　郎

請求異議事件
　訴訟物の価額　金○○万○○○○円
　貼用印紙額　　金　　　　○○○○円

第1　請求の趣旨
　被告から原告に対する○○法務局所属公証人何某作成平成○○年第○○号金銭消費貸借契約公正証書に基づく強制執行を許さない。
第2　請求の原因
1　原，被告間には，被告を債権者，原告を債務者とする○○法務局所属公証人何某作成第○○号金銭消費貸借契約公正証書が存在する。
2　上記公正証書には，
　(1)　原告は平成○○年○○月○○日被告に対し，訴外甲が同日被告から弁済期平成○○年○月○日，利息年1割5分，遅延損害金年2割の約定で借り受けた200万円の借入金債務につき，連帯保証したこと，
　(2)　原告は，上記債務の弁済をしないときは，直ちに強制執行を受けることを認諾したこと，
　の記載がある。
3　しかしながら，原告は，上記公正証書記載の連帯保証契約をしたことがなく，

また，執行認諾の意思表示をしたこともない。

　すなわち，原告は平成〇〇年〇〇月〇〇日頃訴外甲から同訴外人が設立する××会社の発起人に原告の名義を使わせてもらいたいと懇願され，同訴外人とは古くから付き合いがあった間柄であったので，これを了承するとともに，手続に必要であるといわれて印鑑登録済みの原告の印鑑を同訴外人に貸与したところ，同訴外人は設立手続を了したのにさらに原告に無断で原告の白紙委任状を作成したうえ，その印鑑による印鑑証明書の交付を受け，平成〇〇年〇〇月〇〇日被告に上記白紙委任状等を交付し，原告を連帯保証人として前記200万円の融資を受けた。そして，被告は，同日上記白紙委任状に被告方の事務員訴外乙を原告の代理人として記載し，被告，訴外甲及び同乙が同道して，公証人何某に原告作成名義の上記委任状及び印鑑証明書を提出し公正証書の作成を委嘱したのであり，上記公正証書はこのようにして作成されたものである。

4　よって，原告は上記公正証書の執行力の排除を求める。

証　拠　方　法

　甲第1号証　金銭消費貸借契約公正証書（〇〇法務局所属公証人何某作成第〇〇号）

　甲第2号証　甲の陳述書（平成〇〇年〇〇月〇〇日付）

添　付　書　類

1　訴状副本　　　　1通
2　甲号証写し　　　各1通

〔4〕 被告の防御方法

(1) 確定判決の場合

(a) 抗弁①——請求権の存在及び債務名義の成立

　債務名義に記載された請求権が存在し，かつ，債務名義が適法に成立していれば，債務者（原告）は，責任財産に対する執行の可能性ないし危険性を受忍しなければならない。そこで被告（債権者）は，これを抗弁として主張することになる。

　要件事実は，次のとおりである。

> 要件1　債務名義（確定判決）に表示された請求権の発生原因事実
> 要件2　債務名義が成立したこと

(b)　抗弁②——異議事由の消滅等

　債務名義が確定判決である場合，債務者（原告）は，本来抗弁事実である債務名義（確定判決）に表示された請求権の存在又は内容について異議事由（前記〔2〕(1)(b)参照）を請求原因にせりあげて主張・立証してくる。そのため，債権者（被告）は，前記異議事由が消滅等したことを抗弁として主張することができる。

(2)　**公正証書の場合**

(a)　抗弁——請求権の存在及び債務名義の成立

　債務名義に記載された請求権が存在し，かつ，債務名義が適法に成立していれば，債務者（原告）は，責任財産に対する執行の可能性ないし危険性を受忍しなければならない。そこで被告（債権者）は，これを抗弁として主張することになる。

　要件事実は，次のとおりである。

> 要件1　執行証書に表示された請求権の発生原因事実
> 要件2　債務名義（執行証書）が成立したこと

(b)　再抗弁——異議事由

　(イ)　当該請求権の発生障害，消滅，阻止事由　　これに対し，債務者（原告）は，前記(a)要件1の請求権が消滅等したことを再抗弁として主張することができる。請求権の消滅事由等は，前記〔2〕(1)(b)(イ)記載のとおりである。

　(ロ)　当該債務名義（執行証書）の成立の障害事由　　また，債務者（原告）は，前記(a)要件2の執行証書の作成嘱託及び執行受諾の意思表示が無効であることなどを再抗弁として主張することができる（民執35条1項）。

　執行証書の成立の障害事由は，前記〔2〕(2)(c)記載のとおりである。

〔5〕 被告の防御の主張書面

(1) 確定判決の場合

以下は，前記〔3〕(1)における債務者（原告）の債務全額の弁済の主張に対し，債権者（被告）が上記債務全額の弁済は，被告の原告に対する別口債権に充当された旨主張した事例における答弁書の一例である。

■抗　弁──原告の全額弁済の主張に対し，被告が別口債権への充当を主張した事例

平成○○年(ハ)第○○○○号　請求異議事件
　原　　告　丙川三郎
　被　　告　丁原四郎

答　弁　書

平成○○年○○月○○日

○○簡易裁判所　御中

〒○○○-○○○○
○○市○○区○○町○丁目○番○号（送達場所）
　被　　　告　丁原四郎 ㊞
　電　話　○○○-○○○-○○○○
　FAX　○○○-○○○-○○○○

1　確定判決による債務名義の取得
　(1)　被告は，貸金の返還を求めて，平成26年6月10日原告に対する貸金請求訴訟を○○簡易裁判所に提起した。同裁判は，平成26年7月5日に終結し，同月12日，原告に対し，80万円の支払を命ずる判決（以下「本件判決」という。）が言い渡された。同判決は，同月29日に確定した。
　(2)　○○簡易裁判所の裁判所書記官は，平成26年8月9日，被告の申請によ

り本件判決の正本に執行文を付与した。
2 本件判決に係る貸金債権
　原告は，本件判決確定後の平成26年8月30日，被告に対し，本件判決で命ぜられた貸金債務全額を弁済した。これによって，被告の原告に対する貸金請求権は消滅したと主張する。
　しかしながら，被告は，原告に対し，本件判決に係る債権とは別に，平成24年9月25日に100万円を貸し渡しており（乙第1号証），被告は，原告の上記弁済金をすべてこの別口債権に充当した。
3 よって，原告の請求は理由がないので，請求棄却の判決を求める。

(2) 公正証書の場合

　以下は，債権者（被告）が準消費貸借契約公正証書（執行証書）に基づいて，債務者（原告）に対し，具体的な強制執行を行った場合において，原告が上記公正証書は，有効に作成されたものではないから，その執行力の排除を求める旨の訴えを提起した事例に対し，被告が上記公正証書作成の経緯，原告と被告間の準消費貸借契約の締結及び公正証書作成について原告の同意があったと主張した事例における答弁書の一例である。

■抗　弁──原告の執行証書の存在の主張に対し，被告が同執行証書は適法に成立していると主張している事例

```
平成○○年(ワ)第○○○○号　請求異議事件
　原　　告　○○○○
　被　　告　丙川三郎

　　　　　　　　　準　備　書　面

　　　　　　　　　　　　　　　　　　　　平成○○年○○月○○日

○○地方裁判所　御中
```

〒○○○-○○○○
○○市○○区○○町○丁目○番○号（送達場所）
被　　告　　丙　川　三　郎　㊞
電　話　○○○-○○○-○○○○
ＦＡＸ　○○○-○○○-○○○○

第1　本件土地買戻しの和解成立

　　被告は，原告との間で，平成25年に原告の金策のために別紙目録記載の土地（以下「本件土地」という。）を担保として提供することを約していたところ，原告は約定に反し本件土地をAに，AはこれをBに売却したため，被告は平成26年7月1日，A，Bを被告として所有権移転登記抹消登記手続請求訴訟を提起したが，同年10月13日，上記両名との間で被告がBに対し500万円を支払い，Bから本件土地の返還を受けることで和解が成立し，被告はBに上記金員を支払った。

第2　準消費貸借契約の締結及び公正証書作成の同意

　　上記のように被告は，原告のために500万円の出費を余儀なくされたため平成27年2月頃，原告に対し，上記金員の支払を求めたところ，原告は上記金員の支払義務があることを認めるとともに，被告との間で上記金員を消費貸借の目的として本件公正証書記載の条件で準消費貸借契約を締結し，かつ，これにつき執行認諾文言を含む公正証書を作成することに同意し，必要書類を被告に交付した。

第3　本件公正証書の作成

　　そして原告は，平成27年4月頃，△△△△を代理人として，公証人○○○○に対し，本件公正証書の作成を嘱託したものである。

［堀田　　隆］

Q54 | 不当利得保全のための債権者代位訴訟

　Aは，Bから出資金として300万円を詐取されるという不法行為に基づいて，Bに対し，出資金の一部である100万円の損害賠償債権とこれに対する平成17年3月12日から支払済みまで年5分の割合による遅延損害金債権を有していた（確定給付判決あり）。
　後日，Aは，Xに対し，上記損害賠償請求債権と遅延損害金債権（以下「本件代位原因債権」という）を譲渡した。
　Cは，平成15年6月13日，Bとの間で，弁済期同月30日，利息として10万円を支払う旨合意した上で，Bに対し，50万円を貸し付けた（以下「本件合意」という）。Bは，平成15年6月30日，Cに対し，元利金60万円を弁済した。
　Xは，①本件合意は，年405％を超える利息の利率が合意されているから公序良俗に違反して無効である，②CがBから受領した60万円は不当利得となり，その受領についてCは悪意の受益者である，③Bには上記不当利得債権及び法定利息債権以外に本件代位原因債権を満足にさせるに足りる財産はないと主張して，Bに代位して，Cに対し，60万円及びこれに対する利得の日の翌日である平成15年7月1日から支払済みまで年5分の割合による利息の支払を求める訴訟を提起した。
　Cは，10万円は利息ではなく，50万円の弁済を受けた後に，D（Cの知人であって，融資を必要とするBへの貸付けを頼んだ者）から，謝礼として受け取ったものであると主張した。
　上記債権者代位訴訟の帰趨について説明しなさい。

〔1〕 債権者代位訴訟

(1) **債権者代位権**

　債権者代位権とは，債務者がその一般財産の減少を放置する場合に，債権者が債務者に代わってその減少を防止する措置を講ずることを認める制度である。

　すなわち，債務者が任意に債務を履行しない場合は，債務者の一般財産（担保の目的となっていない財産）は，一般債権者の拠り所となり共同担保となる。そこで，このような一般財産（責任財産）の維持のために，民法は，債権者代位権（民423条）と債権者取消権（民424条）を認めたのであるが，財産管理を放置して消極的に財産減少をもたらす場合には，債権者代位権が債務者の一般財産を保全することになる。このように，民法423条は，債権者が債務者に代わって債務者の権利を行使して債務者の責任財産の維持・充実を図ることを認めているのである。

　債権者が代位権に基づいて債務者の権利行使に着手し，債務者にその通知をしたとき（通知しなくとも債務者が知ったときはその時から）は，債務者は，代位権行使を妨げるような処分行為をすることができない。このことは，裁判上の債権者代位権行使については非訟事件手続法88条3項で規定されているが，裁判外の債権者代位権行使についても同様に解されている。

　なぜなら，債権者に債務者の権利を管理する権限を与えたものである以上，論理上当然であり，このように解さなければ代位の目的を達することができないからである。

　これとは反対に，債務者がすでに自ら権利を行使している場合には，その行使の方法又は結果の良否にかかわらず，債権者は，債権者代位権を行使することはできない（最判昭28・12・14民集7巻12号1386頁）。

　なお付言しておくと，民法の一部を改正する法律案423条の6は，「債権者は，被代位権利の行使に係る訴えを提起したときは，遅滞なく，債務者に対し，訴訟告知をしなければならない」と規定し，被代位権利の行使に係る訴えを提起

した場合の訴訟告知を新設している。

また，判例・通説は，登記請求権や，不動産賃借人による賃貸人の有する物上請求権の代位行使のように，特定債権の保全のための債権者代位権を認めていて（大判明43・7・6民録16輯537頁），この点でも，債権者代位制度は重要な機能を有しているといえる。

なお付言しておくと，民法の一部を改正する法律案423条の7は，「登記又は登録をしなければ権利の得喪及び変更を第三者に対抗することができない財産を譲り受けた者は，その譲渡人が第三者に対して有する登記手続又は登録手続をすべきことを請求する権利を行使しないときは，その権利を行使することができる。この場合においては，前3条の規定を準用する」と規定し，登記又は登録の請求権を保全するための債権者代位権を新設している。

なお，債権者代位訴訟判決の効力は債務者に及ぶ（大判昭15・3・15民集19巻586頁）が，債権者代位訴訟による判決が当事者適格のない者によって取得された場合には，債務者は，代位債権者が自己の正当な債権者でなかったことを証明して，当該判決効の拘束から免れられる。

(2) 問題の所在

本設問において，Xは，Bに代位して，Cに対し，債権者代位訴訟を提起している。債権者代位権の行使は，詐害行為取消権の場合（民424条1項）と異なり，裁判所で行うことを要しないが，相手方（第三債務者C）が任意に応じなかったため債権者代位訴訟を提起したものと考えられる。Xは，債権者代位権によってCの財産に対する権利を取得するのであるから，Xの権利の行使は，自己の名において行うのであり，債務者Bの代理人として行うものではない。

CのBに対する貸付け（本件合意）は，利息制限法所定の上限利率を大きく超える利息の合意を内容としている。

Cは，Dから頼まれ，融資を必要とするBに50万円を貸し付け，17日後の弁済期日に利息10万円を含む60万円の弁済を受けている。そこで，①利息10万円の取得行為は社会の倫理や道徳に反する悪質な行動となるのか否か，②本件合意は，利息制限法所定の上限利率を上回る率の謝礼を支払うとする部分のみが無効となるのか又は貸付全体が無効となるのか，③Cは，利息10万円を受け取ったとき，それが違法であるとの認識を有していたのか否かがそれぞれ

問題となる。

　ところで，債権者代位訴訟の要件事実は，①被保全債権の発生原因事実，②無資力，③代位行使される権利の発生原因事実である。以下では，必要に応じてこれらの要件事実に触れつつ，XのCに対する債権者代位訴訟の帰趨について検討することにする。

〔2〕 被保全債権の発生原因事実

　本設問の事案からすると，Xが主張すべき被保全債権の発生原因事実は，以下のようになる。

1　Aは，Bから出資金として300万円を詐取されたという不法行為に基づいて，Bに対し，出資金の一部である100万円の損害賠償債権及びこれに対する平成17年3月12日から支払済みまで年5分の割合による遅延損害金債権を有していた。
2　Aは，Xに対し，上記1の損害賠償債権及び遅延損害金債権を譲渡した。

---

〔3〕 Bの無資力

　債権者において，債務者が無資力であることを立証することは極めて困難であるが，この点，民法は，債務者の無資力を要件として規定していないなどとして，第三債務者側に，債務者が資力を有していることの立証責任を負わせるべきであるとする見解がある（天野弘「債権者代位権における無資力理論の再検討（上）」判夕280号24頁，同「（下）」判夕282号34頁）。

　しかし，債務者が自己の権利を行使するか否かは債務者の自由である。それにもかかわらず，その例外として，代位権者に対して債務者の債権関係に交渉することを認めるという債権者代位制度の趣旨からすると，債権者が金銭債権についてこの制度を利用する場合には，債務者の無資力について主張・立証しなければならないとするのが判例・通説である（最判昭40・10・12民集19巻7号1777頁）。

　Xは，Aから，AがBに対して有する損害賠償債権及び遅延損害金債権を譲

り受けていて、しかも、これらの債権は、確定した給付判決に基づくものであるから、その判決正本に承継執行文（民執27条2項）の付与を得て、Bの銀行等に対する預貯金債権について執行裁判所から差押命令を得ているものと思われる。その差押債権が存在すれば、Xは、債権の満足を得られるので本件訴訟の提起は不要となるが、債権者代位訴訟が提起されていることからすると、銀行等は、執行裁判所に対し、その差押債権がない旨の陳述したものと推察される。とすると、Bの無資力要件は満たされることになる。

〔4〕 代位行使される権利の発生原因事実

本設問の事案からすると、Xが主張すべき代位行使される権利の発生原因事実は、以下のようになる。

---

1 Cは、平成15年6月13日、Bとの間で、同月30日を弁済期、利息として10万円を支払う旨合意したうえで50万円を貸し付けた。
2 Bは、平成15年6月30日、Cに対し、元利金60万円を弁済した。
3 上記1の合意においては、年405％を超える高い利率で合意されているところ、Cは、Bの窮迫、無思慮に乗じてそのような内容の契約を締結させたのであるから、上記1の合意は公序良俗に違反し無効である。したがって、CがBから受領した60万円は不当利得となる。
4 CはBから、60万円を受領する際、上記1の合意が無効であり、60万円を受領する法律上の原因がないことを知っていたから、悪意の受益者として法定利息を支払う義務を負う。

---

〔5〕 Bの不当利得返還債権について

Cは、利息10万円と約して、Bに対して50万円を貸し付け、その弁済期に元利金60万円の弁済を受けていることから、60万円全部が不当利得となるか否かが問題となる。

(1) 拠り所となる判例

上記問題点を考えるうえで、最高裁判所平成20年6月10日第三小法廷判決

（民集62巻6号1488頁）が参考になる。

　それは，ヤミ金融の統括者Aは，その支配下にある各店舗の店長又は店員をヤミ金融業に従事させ，顧客Bらに対し，約定利率年数百ないし数千％で金銭を貸し付けていたところ，各店舗がBらに貸付けとして金銭を交付したのは，Bらから元利金等の弁済の名目で違法に金銭の交付を受けるための手段にすぎず，Bらは，上記各店舗に弁済として交付した金員と同額の財産的損害を被ったとして，不法行為に基づいて，Aに対し，損害賠償を求める訴えを提起したというものである。

　この訴訟では，ヤミ金店舗からBらに対する貸付けの形をとった金銭の交付が，不法原因給付にあたりBらがこれに相当する額の利益を得たことを根拠に，貸付金相当額を損益相殺としてBらの損害額から控除することが許されるか否かが争点となった。

　原審は，Bらが貸付けとして交付を受けた金銭相当額について損益相殺を認め，その額を控除したうえでBらの各請求を一部認容したが，これを不服とするBらが最高裁判所に上告受理の申立てをした。

　上告受理決定をした最高裁判所は，民法708条（不法原因給付）は，反倫理的行為に係る給付については不当利得返還請求を許さない旨を定め，これによって，反倫理的行為については，同条但書に定める場合を除いて法律上保護されないことを明らかにしたものと解すべきであるとして，「反倫理的行為に該当する不法行為の被害者が，これによって損害を被るとともに，当該反倫理的行為に係る給付を受けて利益を得た場合には，同利益については，加害者からの不当利得返還請求が許されないだけでなく，被害者からの不法行為に基づく損害賠償請求において損益相殺ないし損益相殺的な調整の対象として被害者の損害額から控除することも，上記のような民法708条の趣旨に反するものとして許されないものというべきである」との規範を定立したうえで，「前記事実関係によれば，著しく高利の貸付けという形をとって上告人らから元利金等の名目で違法に金員を取得し，多大の利益を得るという反倫理的行為に該当する不法行為の手段として，本件各店舗から上告人らに対して貸付けとしての金員が交付されたというのであるから，上記の金員の交付によって上告人らが得た利益は不法原因給付によって生じたものというべきであり，同利益を損益相殺な

いし損益相殺的な調整の対象として上告人らの損害額から控除することは許されない」と判示した。

(2) 本設問へのあてはめ

上記最高裁判決によると，貸し付けた金銭の返還を受けること自体が公序良俗に違反するような行為とされるのは，異常な高利の利息を取得するための貸付けが行われ，その弁済名目で元利金の弁済を受ける行為が，社会の倫理・道徳に反する悪質な行為にあたるような場合ということになる。

CのBに対する貸付けは，17日間という極めて短期間の貸付けに対して利息10万円を支払うとの合意を含むものであるが，本設問からすると，Cがヤミ金融業者にあたる事情は窺われないから，Cの10万円は謝礼であるとの主張は認められるであろう。とすると，Cは，知人のDから頼まれて50万円をBに融資してやり，17日後に60万円の弁済を受けたというだけであって，謝礼も10万円にとどまるのであるから，上記最高裁判決に照らすと，社会の倫理・道徳に反する醜悪な行動があるとまでは認められない。とすると，本件合意が公序良俗に違反して無効であるとはいえず，Cが弁済を受けた貸金50万円については不当利得とはならない。

もっとも，利息制限法3条によると，金銭消費貸借に関して元本以外に金銭が支払われた場合には，その名目の如何を問わず利息とみなされる。そして，利息の合意には上限利率が定められており，これを超過する部分は無効となる（利息1条）。

この点，CのBに対する貸付け（本件合意）における10万円の謝礼は貸付けの見返りとして授受されたことは否定できないから，利息制限法3条に基づいて利息とみなされる。CのBに対する貸付け（本件合意）に適用される法定利率は年18％が上限であり（利息1条2号），これによると，Cが適法に受領できる利息は4438円となる。

■計算式

・50万円×0.18×18日（貸付日から利息が発生するため18日となる）÷365日＝4438円

・したがって，CのBに対する貸付け（本件合意）のうち4438円を超える謝礼部

分は無効となるから，Cは，受領した謝礼金10万円から適法に受領できる利息4438円を控除した9万5562円を不当利得していることになる。

〔6〕 悪意の受益者

　悪意の受益者とは，当該利得が法律上の原因を欠くことを知っていることをいう。悪意の受益者は，その受けた利益に利息を付して返還しなければならない（民704条前段）。

　そして，不当利得返還請求権は，法律の規定によって生ずる債権であって，商行為によって生ずる債権ではないから，その利息は民法所定の年5分の割合によることとなる。

　本設問からは，Cが10万円程度の謝礼を受け取ることが違法であると認識していた事情は窺われないから，9万5562円の受領について，Cが悪意の受益者であるとは認められない。

〔7〕 本設問の結論

　以上によると，Xが代位を主張する不当利得返還請求債権は，9万5562円の限度で認められることになる。

［西村　博一］

事項索引

あ
愛人契約 …………………… 182
悪意の受益者 ……………… 406
　──の推定 ……………… 378

い
一部請求 …………………… 142
一連計算 …………………… 401
違約金の合意 ……………… 170

う
閏年の日数処理 …………… 57

え
営業的金銭消費貸借 ……… 38
　──の特則 ……………… 418

か
確認の利益 ………………… 292
貸金等根保証契約
　………… 112, 132, 323, 343
貸金返還請求事件の請求原因
　事実 ……………………… 183
貸金返還訴訟と借換え …… 28
過払金 ……………………… 416
　──の元本充当 ………… 375
　──の充当理論 ………… 47
　──を看過して同時廃止決
　　定をすることがないよう
　　な手続 ………………… 433
過払金返還債務の承継につい
　ての判例 ………………… 421
過払金返還請求 …………… 400
　──の要件事実 ………… 400
過払金返還請求権 ………… 445
借換え ……………………… 23
借主の確定 ………………… 201
借増し ……………………… 23
　──・借換えの法的性質
　…………………………… 23

元本
利息制限法1条1項におけ
　る── …………………… 412
連帯保証人による──
　…………………………… 440

き
期限の利益 ………………… 212
　──の喪失
　……… 83, 212, 404, 448
　──の放棄 ……… 86, 446
期限の利益喪失約款
　………………………… 84, 214
求償権
　保証における── ……… 465
強制執行認諾条項 ………… 499
共同保証 …………………… 321
極度額 ……………………… 413
金貨金融 …………………… 240
金　銭
　──が交付される前に登記
　　された抵当権 ………… 16
　──の交付前に作成された
　　公正証書 ……………… 16
　──の端数処理 ………… 58
金銭消費貸借 ……………… 3
　──に基づく請求（訴訟
　　物） …………………… 140
　──の意義 ……………… 3
　──の機能 ……………… 4
　──の法的性質 ………… 7
　──の要物契約性 ……… 8
金銭消費貸借契約 ………… 181
　──の終了 ……………… 76
　──の成立時期 ………… 20
　──の貸借型理論 ……… 77
　──の返還の時期の定めが
　　ある場合 ……………… 81
　──の返還の時期の定めが
　　ない場合 ……………… 78
禁反言の法理 ……………… 356

け
原債権と求償権の関係 …… 475
検索の抗弁性 ……………… 317
権利抗弁 …………………… 249

こ
公正証書 …………………… 499
口頭弁論
　──の再開 ……………… 276
　──の終結 ……………… 276
交付目的物についての要物性
　の緩和 …………………… 19
小切手 ……………………… 222

さ
債権者代位権 ……………… 510
債権者代位訴訟の要件事実
　…………………………… 512
催告の抗弁権 ……………… 316
裁判長の訴状審査権 ……… 264
債務の承認 ………………… 91
債務不存在確認訴訟 ……… 286
債務名義 …………………… 497
再割引 ……………………… 232
詐害行為取消権 …………… 259
錯　誤 ……………………… 345

し
時効中断 …………………… 92
　──の再抗弁 …………… 159
　──のためにする再訴の訴
　　状の起案例 …………… 303
　──のための再訴の許否
　　………………………… 300
時効の停止 ………………… 92
時効利益の放棄 …………… 91
事後求償 …………………… 457
事前求償 …………………… 457
事前求償権と事後求償権との
　関係 ……………………… 489

518　事項索引

質屋営業法の法意……… 428
質屋と質置主の法律関係
　……………………… 430
執行証書……………… 499
釈明権の行使………… 268
17条書面……………… 26
重要な書証の写し…… 266
重　利………………… 33
受諾和解……………… 275
出資法……………… 39, 44
準消費貸借
　…… 95, 101, 147, 243, 252
　――の成立と新・旧両債務
　　との関係………… 103
準消費貸借契約……… 184
準備書面……………… 266
準文書………………… 129
少額訴訟債権執行手続… 282
少額訴訟の対象となる事件
　……………………… 278
少額訴訟判決に対する不服申
　立て………………… 281
商業手形……………… 232
証人尋問……………… 272
　――の申出………… 270
消費貸借契約をめぐる紛争類
　型…………………… 193
証明責任の分配……… 150
消滅時効
　――の援用………… 90
　――の起算点……… 88
　――の効果………… 90
書証の取調べ………… 271
書証申出……………… 269
信用保証会社………… 55
審理計画……………… 266

す

随伴性…………… 107, 313

せ

請求異議の訴え……… 497
請求の特定…………… 286

そ

相　殺…………… 404, 444
相殺適状……………… 445
争点整理……………… 267
訴　状………………… 264
訴訟外の相殺の抗弁と訴訟上
　の相殺の抗弁……… 173
訴訟上の相殺の抗弁の法的性
　質…………………… 173
訴訟物………………… 326
　――の個数………… 141

た

代位弁済……………… 473
代位弁済者による原債権及び
　担保権の行使の訴訟… 478
第三者による詐欺…… 347
代物弁済……………… 60
　――の予約………… 71
諾成的消費貸借…… 10, 229

ち

遅延損害金
　………… 36, 146, 167, 146
　――の要件事実…… 167
地方公共団体の借入れ… 204

て

手形買戻請求権……… 236
手形割引……………… 231
電子証明書…………… 126
電子署名……………… 124
電磁的記録…………… 123
　――による保証契約… 123
天引金額に制限超過部分が生
　じる場合…………… 208
電話担保金融………… 39

と

動機の錯誤…………… 345
同時履行の抗弁……… 247
答弁書………………… 265
特定認証業務………… 127

取引分断の主張……… 403

に

日常家事債務………… 121
日賦貸金業者………… 39
認　諾………………… 298

ね

根保証…………… 112, 131
根保証契約……… 323, 342

は

破産手続が終結した場合に破
　産法人が負担する債務の帰
　趨…………………… 367

ひ

引換給付の判決……… 250
表見代理……………… 118

ふ

附従性………… 107, 312, 342
不当利得返還請求…… 401
不法原因給付………… 190
不渡り………………… 227
分別の利益……… 321, 462

へ

弁済期の合意の態様… 72
弁済の抗弁…………… 156

ほ

包括基本契約………… 22
包括的金銭消費貸借… 11
法人格否認…………… 203
暴利行為……………… 241
補充性…………… 107, 313
保証委託契約…… 108, 314
保証契約……………… 106
　――の書面性……… 110
保証債務……………… 311
保証債務履行請求…… 326
　――に対する防御… 331
保証人

――の求償権………… *456*
――の責任の範囲…… *132*
本人尋問………………… *272*
――の申出…………… *270*

み

みなし弁済… *26, 35, 45, 405*
みなし利息…………… *38, 53*

む

無権代理………………… *116*

め

名義貸し………………… *202*

も

目的物の交付の態様・方法についての要物性の緩和

………………………… *17*

や

約束手形………………… *222*

ゆ

融通手形………………… *226*

よ

要件事実………………… *327*
要式性…………………… *314*
要素の錯誤……………… *346*
要物契約………………… *220*

り

利　息………… *36, 144, 163*
利息計算の公式………… *42*
利息債権………………… *31*

――の発生要件………… *32*
――の要件事実………… *163*
利息制限法……… *37, 44, 412*
利率単位………………… *41*

れ

連帯債務…………… *450, 482*
――における求償権… *451*
――における負担部分
………………………… *482*
連帯債務者の負担部分… *450*
連帯の免除……………… *455*
連帯保証………… *319, 352*

わ

和　解
　訴訟上の――………… *273*
　――に代わる決定…… *275*

■編集者

梶 村 太 市（常葉大学法学部教授・弁護士）
西 村 博 一（宇治簡易裁判所判事）
井 手 良 彦（東京簡易裁判所判事）

《SEIRIN PRACTICE》
プラクティス　金銭消費貸借訴訟

2015年7月27日　初版第1刷印刷
2015年8月8日　初版第1刷発行

編集者　梶 村 太 市
　　　　西 村 博 一
　　　　井 手 良 彦

発行者　逸 見 慎 一

発行所　東京都文京区本郷6丁目4-7　株式会社 青林書院
振替口座　00110-9-16920／電話03（3815）5897〜8／郵便番号113-0033
ホームページ ☞ http://www.seirin.co.jp

印刷／藤原印刷　落丁・乱丁本はお取り替え致します。
Ⓒ2015　Printed in Japan
ISBN978-4-417-01662-5

JCOPY 〈(社)出版者著作権管理機構　委託出版物〉
本書の無断複写は著作権法上での例外を除き禁じられています。複写される場合は、そのつど事前に、(社)出版者著作権管理機構（電話03-3513-6969, FAX03-3513-6979, e-mail：info@jcopy.or.jp）の許諾を得てください。